거인의 어깨에서
사회와 힘을 묻다

거인의 어깨에서
사회와 힘을 묻다

벤진 리드 지음

토마셀로에서 드닌까지
62 거인의 사유를 깊이 있게 만나다

ON THE SHOULDERS OF GIANTS: ASKING ABOUT SOCIETY AND POWER

자이언톡

· 간행사 ·

거인의 어깨 너머,
디지털 불멸의 지혜를 향하여

    2022년 11월 30일 ⋯ 오픈AI에서는 ChatGPT를 베타 형식으로 일반 사용자에게 공개하였다. 그 당시 나는 내가 창업하였던 디지털 휴먼 기업 클레온Klleon의 본사를 미국으로 옮기기 위한 작업으로 샌프란시스코만 건너편, 산호세의 낯선 거리를 헤매고 있었다. 실리콘밸리의 심장부에서 마주한 ChatGPT는 나에게 커다란 충격과 함께 깊은 영감을 안겨주었다. 생각했던 것보다 훨씬 빠른 속도로, 인간의 지능을 닮아가는 범용 인공지능(AGI)이 우리의 삶 속으로 파고들고 있었던 것이다.

    범용 인공지능은 마치 인류가 쌓아 올린 모든 지식과 지혜를 집어삼키는 거대한 블랙홀처럼 느껴졌다. 어떻게 질문을 던지는가에 따라 그 블랙홀은 놀랍도록 정교하고 심오한 답을 내놓기도 하였고, 때로는 맥락을 벗어난 터무니없는 거짓이나 편견을 쏟아내기도 하였다. 그 무한한 가능성과 명백한 위험성 앞에서, 나는 클레온의 핵심 기술인 디지털 휴먼 '클론klone'과 범용 인공지능의 결합을 떠올렸다. 어쩌면 우리는 이 기술을 통해 소크라테스에서 아인슈타인까지, 공자에서 마리 퀴리까지, 인류 역사를 수놓았던 위대한 사유와 행동의 거인들을 디지털 세상 속에서 생생하게 되살려내고, 그들의 지혜와 직접 대화할 수 있지 않을까? 하는 담대한 상상이었다.

프로젝트 이름을 '자이언톡Giantalk'으로 명명하고, 이 가능성을 현실로 만들기 위한 여정을 시작했다. 내부적으로 팀을 꾸려 기술적, 내용적 타당성을 검토한 결과, 이 꿈을 상용화 수준으로 구현하기까지는 최소 5년 이상의 시간과 막대한 자금이 필요할 것으로 예측되었다. 무엇보다도, 위대한 거인들의 사상과 삶을 깊이 있게 이해하고 디지털 휴먼으로 재현하기 위한 방대하고도 신뢰할 수 있는 인문학적 콘텐츠 구축이 선행되어야 했다. 기술만으로는 영혼 없는 껍데기를 만들 뿐, 진정한 지혜의 부활은 불가능하기 때문이다.

우리는 '자이언톡'이라는 이름 아래, 이 꿈의 씨앗을 뿌리고 지식의 토양을 다지기 위한 첫걸음으로 출판사를 설립하게 되었다. 인류 지성의 위대한 유산을 체계적으로 정리하고 대중과 공유하는 동시에, 미래의 디지털 휴먼 메타버스를 위한 핵심 콘텐츠를 확보하기 위함이다. 철학, 실천, 문학과 예술, 학문, 역사 분야에 걸친 방대한 시리즈를 기획하였고, 그 대장정의 서막을 여는 것이 바로 이 '철학 3부작', 『거인의 어깨에서 존재와 참을 묻다』, 『거인의 어깨에서 사회와 힘을 묻다』, 『거인의 어깨에서 인간과 삶을 묻다』이다.

왜 철학에서 시작하는가? 존재와 참, 사회와 힘, 인간과 삶에 대한 근본적인 물음이야말로 인류 사유의 뿌리이자 줄기이며, 우리가 마주한 현재와 미래의 복잡한 문제들을 헤쳐 나갈 지혜의 원천이라고 믿기 때문이다. 우리는 동서고금의 철학자, 종교가, 과학자 등 179명의 사상가들을 엄선하여, 그들의 핵심적인 사유와 생애를 깊이 있게 탐구하고 현대적인 의미를 조명하고자 노력했다.

　이 책들의 집필 과정은 그 자체로 새로운 시대의 실험이었다. 각 분야의 인간 전문가들과 나를 포함한 기획팀, 그리고 챗지피티, 제미니, 딥시크 등 다양한 인공지능 모델들이 하나의 팀처럼 협업했다. 인공지능은 방대한 자료 조사와 초기 논점 정리에서 놀라운 효율성을 보여주었다. 하지만 인공지능이 쏟아내는 정보의 파편들을 꿰어 의미 있는 맥락을 만들고, 사상의 깊이를 탐색하며, 비판적 시각으로 오류를 걸러내고, 최종적으로 독자들이 이해하기 쉬운 언어로 재구성하는 것은 여전히 인간 전문가들의 몫이었다. 이 과정은 인공지능이라는 거대한 지식의 블랙홀에서 빛나는 성찰의 조각들을 길어 올리고, 그것들을 조심스럽게 엮어 독자들에게 전달하는 여정이었고 인공지능과 인간의 지적 협력의 모범적 사례였다.

　독자 여러분들이 이 책들을 통해 인류 지성사를 빛낸 거인들의 어깨 위에 서서, 시공을 초월한 그들의 사유와 마주하는 지적 희열을 경험할 수 있기를 기대한다. 그리고 조만간 이 책 속의 거인들이 우리의 디지털 휴먼 기술과 인공지능을 통해 여러분 앞에 생생한 모습으로 다가와 직접 대화를 건넬 그날도 기대해 주길 바란다.

　이 방대하고 의미 있는 여정에 기꺼이 동참해주신 인간 저자 및 연구자분들, 그리고 보이지 않는 곳에서 묵묵히 데이터를 처리하고 가능성을 열어준 인공지능을 포함한 '자이언톡' 집필팀 모두에게 깊은 감사의 말씀을 전한다. 우리의 이 작은 노력이 과거의 지혜와 미래의 기술을 잇는 다리가 되어, 독자 여러분의 삶과 사유를 더욱 풍요롭게 만들 수 있기를 소망한다.

기획자 겸 발행인 진승혁 드림

· 머리말 ·

해체와 충돌의 시대,
우리에게 필요한 것은 '거인의 어깨'

　우리는 지금 혼돈의 시대, 경계가 무너지고 질서가 흔들리는 세상에 서 있다. 전쟁의 그림자가 세계 곳곳을 덮치고 있고, 글로벌 무역전쟁은 세계 질서를 근본적으로 흔들고 있다. 민주주의 선진국으로 여겨졌던 나라들에서 정치적 양극화와 극단적 포퓰리즘이 만연하고, 한국에서는 충격적인 계엄 선포와 내전에 가까운 정치적 대립을 겪으며 민주주의가 중대한 시험대에 오르기도 하였다. 인공지능을 둘러싼 국가 주권의 문제가 제기되고, 빅테크 기업들의 데이터 기반 디지털 권력이 점점 커지고 있다. 팬데믹과 기후 위기는 전 세계적으로 기저를 흔들며 우리의 삶은 한층 더 불확실하고 불안한 상황에 놓였다. 국가의 미래와 글로벌 공동체의 운명도 자욱한 안개 속에서 한 치 앞을 내다보기가 어렵다.

　지금 우리가 목격하는 이 모든 혼란은 어디에서 비롯되었으며, 우리의 미래는 과연 어디로 향하고 있는가? 이 책은 바로 이 질문에 대한 해답을 찾기 위한 여정이다. 혼돈 속에서 더 깊이 있는 시선을 갖추기 위해, 우리는 시대를 앞서 고민한 사상가, 즉 '거인'들의 어깨 위에 올라서야 한다.

이 책은 『거인의 어깨에서 묻다』라는 제목의 철학 3부작 중 하나로 '사회와 힘'의 문제를 다루고 있다. 인간은 사회적 존재로서, 의식과 삶 자체가 사회로부터 강하게 영향을 받는다. 또한 인간은 류적 존재로서 사회적 참여와 실천을 통해 자신의 삶을 실현한다. 이 책은 인류가 사회를 구성하고 질서가 탄생하기 시작한 시점부터, 21세기 흔들리는 민주주의적 가치 속에 새로운 대안을 모색하는 현재까지 역사적 흐름과 사유의 성격을 고려하여 총 15장의 생각덩어리로 구성되었다.

각 장은 일정한 역사적 흐름을 따라 구성되기도 하였지만, 무엇보다도 인류의 사유 속에서 주로 '사회와 힘'에 관련한 '본질적 질문들'을 중심으로 구성되었다. 상세하게 정리하면 쉬워진다는 것을 이번에 글을 쓰면서 깨달았다. 철학적 사유가 어렵게 느껴지는 이유는 대체로 해당 철학적 사유를 쉽게 설명한다고 피상적으로 표면적으로 다루기 때문이라는 것을 이 책을 준비하면서 절실하게 느꼈다. 철학을 어렵지 않으면서도 깊이 있게 사유하는 방식은 가능하다. 이 책은 그 가능성을 현실화하고자 한다.

신념만이 이해와 관용을 가능하게 해준다

세상은 거대한 흐름이다. 보이지 않는 힘들이 우리의 삶을 밀고 당긴다. 권력은 우리가 일하는 방식, 소비하는 패턴, 사고의 틀마저 결정한다. 사회는 개인을 만든다. 우리가 어떤 시대와 환경에서 태어났느냐에 따라 기회와 선택지는 달라진다. 문제는 이 거대한 흐름 속에서 우리가 수동적 존재로 머물 것인가, 아니면 흐름을 이해하고 스스로 방향을 설정할 것인가 하는 것이다.

우리는 종종 '정치'가 나와는 거리가 먼 이야기라고 생각하지만, 실은 그 반대다. 정치적 선택은 우리의 삶을 가장 직접적으로 뒤흔든다. 어떤 세상이 정의로운가, 어떤 질서가 공정한가, 어떤 방향으로 나아가야 하는가? 이 모든 질문들은 정치적 신념과 맞닿아 있다. 중요한 것은, 그 신념의 형성과 유지와 변화이고 그 신념에 대한 이해와 스스로의 선택이다.

우리는 본능적으로 익숙한 것을 받아들이고, 내가 속한 사회적 환경과 미디어, 교육을 통해 사고방식을 구축한다. 하지만 그것만으로 충분할까? 시대는 변하고, 권력의 형태는 달라지며, 기존의 상식은 언제든 뒤집힐 수 있다. 내 신념이 단단하면서도 유연하려면, 다양한 생각들을 접하고 끊임없이 질문해야 한다. 동의하지 않는 의견이라도 한 번은 들어볼 필요가 있다. 우리가 진짜로 원하는 사회가 무엇인지 고민하기 위해서다.

게다가 현대는 진실하지 않는 시대이고 많은 주장들이 강한 어조로 충돌하는 시대다. 너무나 투명하고 너무나 풍부하며 너무나 생생한 정보들이 흘러다니지만, 그럴 수록 우리는 무엇이 옳고 그른지, 무엇이 진짜 나에게 도움이 되고 해가 되는지를 알기 쉽지 않다. 시대를 관통해 권력과 사회를 고민한 인류 역사 속 거인들의 사유를 통해, 우리는 보다 넓고 깊은 시야를 가질 수 있을 것이다. 단순히 누가 옳고 그른가를 판단하는 것이 아니라, 사회의 구조를 이해하고 변화의 원리를 읽어내는 힘을 기르는 것. 그것이야말로 진짜 주체적으로 살아가는 첫걸음이 아닐까?

우리에겐 지금 단단한 신념이 필요하다. 누가 뭐라 해도 흔들리지 않는 완고함이 아니라, 스스로 따져보고 책임지는 태도에서 비롯된 신념. 이런 신념은 낯선 생각을 밀어내는 방패가 아니라, 그 생각을 이해하고 들을 수 있는 내면의 여유를 만들어준다. 그제야 우리는 나와 다른 입장을 적으로 규정하지 않고, 질문하고 반응하며 관용이라는 태도를 실천할 수 있게 된다.

유희(遊戱, Play)로서의 '생각'

호이징가(1872~1945)의 '호모 루덴스'에 따르면 '놀이'는 인간 문화의 본질적 요소이다. 인류 역사에서 가장 즐거운 놀이는 '생각'을 가지고 노는 것이었다. '생각'을 읽고, '생각'을 토론하고, '생각'으로 논쟁하고, '생각'을 쓰는 일은 생각보다 즐거운 일이다. 니체(1844~1900)는 '유희적 사유' 개념을 통해 진리를 너무 무겁게 받아들이지 말고, 다양한 시각에서 탐색하고 실험해야 한다고 주장하였다.

이 책은 거인들의 생애나 생각, 업적 등을 평면적으로 다루는 것이 아니고, 일련의 생각덩어리 속에 거인들의 사유를 배치하여 사유와 사유가 충돌하고 사유와 사유가 조화하면서 쉽고 재미있으면서 오래도록 기억될 수 있도록 구성되어 있다. 각 생각덩어리에는 2~7명의 사상가들이 배치되고, 독자들에게는 마치 역사적 천재들과 카페에서 수다를 나누는 듯한 경험을 선사한다.

디지털 시대의 자극적이고 현란하지만 감각적이고 단편적인 콘텐츠를 잠시 밀어두고, 진정한 유희로서의 '생각'을 즐겨 보길 바란다.

멀리 가기 위한 지도와 나침반

몇 권의 책을 읽었다고 인생의 긴 여정에 필요한 '삶의 근육'이 완전해질 수는 없다. 우리는 끊임없이 앞으로 가야한다. 더 깊게 생각해야 하고, 더 넓게 봐야 하고, 더 멀리 가야한다.

우리에게 필요한 지식과 지혜는 이미 상상하기 어려울 정도로 방대하고 깊이있게 쌓여있고 바로 우리의 손이 닿은 곳에 존재한다. 인류의 모든 지혜와 지식과 정보가 인터넷과 인공지능에 저장되어 있다. 우리에게 필요한 것은 우리 스스로에게 '무엇'이 필요한지에 대한 자각 뿐이다.

이 책은 우리가 스스로의 삶에 '무엇'이 필요한지를 몰라 방황할 때나 혹은 그 '무엇'을 적극적으로 찾고자 할 때, 그 '무엇'이 '무엇'인지를 알려주는 지도와 나침반이 될 수 있다.

교양은 사치가 아니라 생존의 도구

무엇보다도 이 책은 빠르고 효율적으로 21세기 교양의 탄탄한 토대를 만들어줄 것이다. 인류 역사의 사유 중에서도 '존재와 참', '사회와 힘', '인간과 삶'은 가장 본질적이고 기초적인 사유이다. 그 위에서 인류는 학문과 실용지식을 만들어왔다.

살아가면서 글을 쓰거나, 대화를 하거나, 언어를 통해 설득해야 할 때 이 책은 친근하면서도 강력한 무기가 되어 줄 것이다.

혼돈의 시대에 길을 잃은 이들에게는 나침반과 지도가 되어 줄 것이고, 교양을 갈구하지만 어디서 시작할지 모르는 이들에게는 거인들의 사유가 체계적인 로드맵을 제시한다.

지적 허영을 넘어서 진정한 성찰을 원하는 이들에게 이 책은 우리는 어떻게 무엇을 생각해야 하는가라는 질문으로 실마리를 제공한다.

이 책은 인류의 거대한 생각의 숲으로 들어갈 수 있는 열쇠가 될 것이다. 거인들이 남긴 발자국을 따라 생각의 숲을 거닐다 보면, 어느새 자신만의 길을 개척하고 있을 것이고, 스스로가 거인이 되어 있음을 알게 될 것이다.

자이언톡 팀을 대표하여 벤진 리드

차례

간행사 | 거인의 어깨 너머, 디지털 불멸의 지혜를 향하여 · 4

머리말 | 해체와 충돌의 시대, 우리에게 필요한 것은 '거인의 어깨' · 7

일러두기 · 16

제0장 사회의 탄생: 인간은 왜 어떻게 함께 살게 되었는가? · 17

    01 토마셀로 | 인간은 왜 사회를 이루는가? · 18

    02 헨릭 | 인류는 어떻게 사회를 만들 수 있었는가? · 25

    03 보엠 | 권력에 대한 억제는 어떻게 생겼는가? · 30

    04 하라리 | 허구는 어떻게 집단을 탄생시키는가? · 35

제1장 권좌: 권력은 어떻게 태어나고, 어떻게 사라지는가? · 41

    05 맹자 | 항산이 없으면 항심도 없는가? · 42

    06 한비자 | 법, 세, 술로 세상을 다스릴 수 있는가? · 47

    07 키케로 | 자연법은 어떻게 공익을 실현하는가? · 52

    08 아우렐리우스 | 스토아적 덕은 시민과 황제에게 어떻게 구현되는가? · 56

제2장 권좌: 어떻게 태어나고, 어떻게 사라지는가? · 61

    09 마키아벨리 | 권력은 어떻게 획득되고 유지되는가? · 62

    10 홉스 | 리바이어던은 사회적 폭력을 어떻게 억제하는가? · 68

    11 로크 | 권력의 정당성은 어떻게 확보되는가? · 73

    12 몽테스키외 | 권력 분립은 자유를 어떻게 보장하는가? · 79

    13 토크빌 | 민주주의는 왜 평등과 동시에 위험을 내포하는가? · 84

제3장 유토피아: 자유와 평등 · 89

- 14 모어 | 유토피아는 어떻게 가능한가? · 90
- 15 루소 | 일반의지는 어떻게 형성되는가? · 95
- 16 밀 | 자유는 어떻게 사회를 발전시키는가? · 103

제4장 국가와 사회: 어떻게 구성되고, 어떻게 변화하는가? · 109

- 17 엥겔스 | 국가의 본질과 역할은 무엇인가? · 110
- 18 뒤르켐 | 사회적 사실은 개인을 어떻게 강제하는가? · 117
- 19 베버 | 합리화는 강철우리를 만들어내는가? · 124
- 20 알튀세르 | 국가는 어떻게 재생산되는가? · 135

제5장 시장과 국가: 정보와 가격과 혁신 · 142

- 21 스미스 | 시장은 자유와 평등을 어떻게 실현하는가? · 144
- 22 하이에크 | 자유와 시장은 문명을 확대하는가? · 151
- 23 프리드먼 | 경제적 자유는 정치적 자유와 어떤 관계인가? · 156
- 24 폴라니 | 경제는 사회에서 독립적일 수 있는가? · 164
- 25 마추카토 | 시장과 국가! 누가 혁신을 이끄는가? · 175

제6장 세계: 어떻게 움직이는가? · 185

- 26 모겐소 | 국제 관계에서 국가는 어떻게 행동해야 하는가? · 186
- 27 월러스틴 | 중심-주변은 구조인가? · 192
- 28 헌팅턴 | 문명의 충돌은 피할 수 있는가? · 200
- 29 네그리&하트 | 제국과 다중의 싸움은? · 207
- 30 스티글리츠 | 정보비대칭은 시장을 어떻게 무너뜨리는가? · 214

제7장 이데올로기와 공론장 : 대화는 가능한가? · 223

- 31 듀이 | 공중의 형성을 위한 교육은 어떻게 이뤄져야 하는가? · 224
- 32 아렌트 | 공적 영역에서 행위와 담론과 사유의 역할은? · 230
- 33 하버마스 | 공론장의 부활은 어떻게 가능한가? · 238

제8장 지식과 미디어 : 생각의 지배자들 · 245

- 34 그람시 | 문화적 헤게모니는 어떻게 대체되는가? · 246
- 35 호르크하이머&아도르노 |
  계몽과 이성이 어떻게 억압을 만들어내는가? · 252
- 36 맥루한 | 미디어는 개인을 어떻게 규정하고 변화시키는가? · 260
- 37 보드리야르 | 시뮬라크르와 투명성의 지옥에서 살아내는가? · 266

제9장 통제와 배제 : 현대의 재생산 · 275

- 38 푸코 | 규율과 담론은 사회를 어떻게 통제하는가? · 276
- 39 부르디외 | 아비투스는 계층을 어떻게 재생산하는가? · 286
- 40 바우만 | 액체 현대에서 연대는 어떻게 가능한가? · 293
- 41 지젝 | 이데올로기는 어떻게 숭고해지는가? · 299

제10장 정의 : 영원한 꿈 · 305

- 42 벌린 | 적극적 자유란 무엇인가? · 306
- 43 롤스 | 무지의 베일은 어떻게 정의를 설계하는가? · 311
- 44 노직 | 최소국가는 자유를 어떻게 극대화하는가? · 317
- 45 누수바움 | 정의는 역량과 관계없이 균등하게 적용되는가? · 330
- 46 샌델 | 공정함이란 무엇인가? · 337

제11장 인정과 정체성: 누구이며, 어떻게 받아들여지는가? · 343

　47 호네트 | 인간은 인정을 통해 자신을 실현하는가? · 344
　48 스피박 | 서발턴은 말할 수 있는가? · 349
　49 크렌쇼 | 인종, 젠더, 계급이 교차할 때에는? · 356
　50 버틀러 | 젠더는 타고 나는가? · 362
　51 킴리카 | 소수 집단은 어떻게 인정받을 수 있는가? · 371
　52 프레이저 | 인정을 넘어서는 반-헤게모니 구축은? · 380

제12장 연결: 새로운 행위자와 힘의 등장 · 389

　53 라투르 | 인간과 비인간은 분리된 적이 있는가? · 390
　54 카스텔 | 권력은 네트워크 속에 존재하는가? · 399
　55 주보프 | 감시 자본주의는 어떻게 작동하는가? · 405

제13장 민주주의: 위기와 극복 · 411

　56 후쿠야마 | 역사의 종말은 어떻게 끝났는가? · 412
　57 스나이더 | 폭정에 맞서 우리를 보호하는 방법은? · 419
　58 하조니 | 민족국가는 대안이 될 수 있는가? · 428

제14장 민주주의 너머: 새로운 대안을 찾아서 · 437

　59 무페 | 급진적 민주주의는 실현 가능한가? · 438
　60 피케티 | 자본주의는 불평등을 완화할 수 있는가? · 445
　61 왕후이 | 중국 모델이 대안으로 되는가? · 451
　62 드닌 | 자유주의 이후의 대안은? · 459

일러두기

1. 이 책은 거인의 어깨에서 묻다 시리즈 '철학' 편 총 3권 중 하나로 '사회와 힘'을 다루고 있다.

2. 인명은 필요한 곳에서 영문 혹은 한문을 병기하고 생몰년도를 표기하였다.

3. 서명, 주요 개념 등은 영문 혹은 한문을 병기하였다. 일부 꼭 필요한 경우에는 라틴어나 독일어 불어를 병기한 경우도 있다. 반복되는 개념의 경우는 필요한 곳 외에는 병기를 생략하였다.

4. 강조(개념 등)의 필요가 있을 때는 따옴표를 둘렀고, 인용문은 겹따옴표를 둘렀다. 인용문은 별도로 출처를 명시하지 않았으면 해당 권에서 다루는 철학자의 저술에서 발췌한 것이다.

5. 색인은 따로 제공하지 않았다. 이 책의 성격이 엄밀한 학술서는 아니고, 일정한 순서와 체계 속에서 사유를 제공하는 방식으로 목차만으로 충분히 원하는 정보를 얻을 수 있다고 보았다.

6. 각 절의 맨 뒤에는 '주요 저술' 항목을 통해 해당 절에서 다룬 사유와 관련된 주요 저술을 정리하였다. 국내 번역본이 있는 경우는 번역자와 간행 년도를 함께 표기하였고, 여러 권의 번역서가 있을 경우 가장 최근 번역본을 표시하였다.

7. 거인의 어깨 철학 3부작의 저술에 필요한 자료들은 원전 및 SEP(Stanford Encyclopedia of Philosophy), IEP(Internet Encyclopedia of Philosophy), REP(Routledge Encyclopedia of Philosophy) PhilPapers, Project Gutenberg 등의 온라인 데이터베이스를 활용하였다.

8. 거인의 어깨 철학 3부작의 자료 조사, 초고, 어록 추출, 교정, 번역, 윤문 등 저술 전반에 걸쳐 다양한 인공지능(Scolar AI, Chat GPT, Write For Me, Gemini, Claude, DeepSeek 등)이 함께 하였다. 인공지능과 인간이 결합한 본 프로젝트의 내용 상 오류 및 기타 문제의 최종 책임은 대표저자인 벤진 리드에게 있음을 밝힌다.

PART 0

사회의 탄생:
인간은 왜
함께 살게 되었는가?

인간은 왜, 그리고 어떻게 사회를 이루게 되었는가? 오늘날 우리가 이해하는 '사회'는 법과 국가, 시장과 권력, 제도와 규범, 문화와 이데올로기 등으로 구성되어 있지만, 그 기원은 훨씬 더 오래된 시간의 층위에 놓여 있다. 이 '기원'을 이해하지 않고서는, 사회철학적 어떤 사유도 허공 위의 설계일 가능성이 존재한다. 이런 측면에서 이 책의 서장 형식으로 제 '0'장을 만들어 인간 사회의 기원에 대한 최신 연구들을 탐색해본다.

토마셀로(1950~)의 '공유 의도성', 헨릭(1968~)의 '문화적 학습 기계', 보엠(1931~2021)의 '역지배계층', 하라리(1976~)의 '허구'는 각각, 그리고 함께 '사회'에 대한 철학적 탐구의 출발점을 제공한다.

01 | 토마셀로 1950~
인간은 왜 사회를 이루는가?

"인간을 독특하게 만드는 것은 단지 개인의 지능이 아니라, 서로의 머리를 맞대는 능력이다. 공유 의도성은 우리가 협력하고, 문화를 만들고, 언어를 창조하며, 궁극적으로 복잡한 사회를 살아가는 능력의 기초가 된다."

— 『이기적 원숭이와 이타적 인간』, 2009

인간은 왜 홀로 살지 않고 복잡한 사회를 이루어 살아가는가? 이 질문에 철학자들은 생존의 필요성, 이기심을 극복하기 위한 이성적 계약 등 다양한 답변을 제시해왔다. 현대 발달심리학과 비교심리학, 인류학의 연구 성과, 특히 마이클 토마셀로(Michael Tomasello, 1950~)의 연구는 이 질문에 더욱 근본적이고 심층적인 답변의 실마리를 제공한다.

사회성의 뿌리, 공유 의도성

"유인원도 함께 일할 수 있다. 그러나 오직 인간만이 공동의 목표에 대한 공유된 약속을 형성할 수 있다" – 토마셀로 연구의 핵심은 인간이 다른 유인원과 근본적으로 다른 심리적 능력, 즉 '공유 의도성 Shared Intentionality'을 진화시켜 왔다는 점에 있다. '공유 의도성'은 여러 개인이 각자의 목표를 가지고 동시에 행동하는 것을 넘어선다. 참여자들이 '우리'라는 주체로서 공동의 목표와 계획을 세우고, 이를 달성하기 위해 '각자의 역할'을 조율하며 협력하는 능력을 의미하는 것이다. '공유 의도성'은 다음과 같은 요소들을 포함한다.

첫째, 공동 목표 인식이다. 이는 '나와 너'가 함께 특정 목표를 추구하고 있다는 상호 이해를 말한다.

둘째, 공동 주의이다. 이것은 동일한 대상이나 사건에 함께 주의를 기울이고, 상대방도 나와 같은 것에 주의를 기울이고 있음을 말한다.

셋째, 역할 분담 및 상호 조정 능력이다. 공동 목표 달성을 위해 각자 맡은 역할을 이해하고, 상대방의 행동에 맞춰 자신의 행동을 조절하는 능력이다.

넷째, 상호 이해 및 의사소통 능력이다. 파트너의 의도와 관점을 이해하고, 자신의 의도를 전달하는 언어적, 비언어적 의사소통 능력을 말한다.

마지막으로, 협력적 동기이다. 공동의 활동에 참여하고, 파트너가 어려움을 겪을 때 도우려는 내재적인 동기이다.

　토마셀로는 침팬지를 비롯한 다른 유인원들도 정교한 사회적 인지 능력을 가지고 있다고 보았다. 그들도 집단 사냥 등에서 협력적인 행동을 보인다. 하지만 토마셀로는 그들에게 인간과 같은 심층적인 '공유 의도성'은 부족하다고 주장하였다. 유인원의 협력은 주로 각자의 개별적인 목표를 추구하는 과정에서 나타나는 부수적인 결과로, 공동의 목표와 역할을 인간처럼 명확하게 공유하고 이해하는 능력은 제한적이다.

　"인간은 특히 사냥이나 아이 양육과 같은 협력적 활동을 위해, 타인의 목표와 의도를 이해하며 타인과 조율할 수 있는 방식으로 진화해왔다" – 토마셀로는 인간만이 가진 특별한 능력, '공유 의도성'의 기원을 초기 인류의 생존 방식에서 찾았다. 그는 초기 인류가 다른 유인원과 다른 생태학적 도전에 직면했다고 보았다. 특히 식량을 확보하고 스스로를 보호하는 과정, 아이 양육 등에서 혼자 힘만으로는 한계가 뚜렷해졌다. 협력의 필요성은 인간의 인지 능력 발달에 영향을 미쳤다. 성공적인 협력을 위해서는 단순히 함께 행동하는 것을 넘어, 공동의 목표를 인식하고, 각자의 역할을 분담하며, 서로의 의도를 이해하고 행동을 조율하는 능력이 필수적이었다. 이 과정에서 '공유 의도성'과 관련된 인지 능력 및 협력적 동기는 자연 선택을 통해 인간 종의 보편적인 특성으로 자리 잡게 되었다. 이처럼 토마셀로는 생존을 위한 상호의존적인 협력의 필요성이 인간의 독특한 사회성과 인지 능력, 즉 '공유 의도성'을 진화시킨 핵심 동력이었다고 설명한다.

사회를 직조하는 씨실과 날실 – 협력, 문화, 언어

"공유 의도성은 인간을 독특하게 만든다. 그것은 우리의 협력, 문화, 언어의 토대이다" – 토마셀로는 공유 의도성을 통해 인간 사회의 기원이 정교하고도 협력적인 사고의 진화라는 점을 강조한다. 토마셀로의 공유 의도성은 인간 사회를 구성하는 가장 중요한 세 가지 요소. 즉 협력, 문화, 언어를 가능하게 한 인지적 기반이었다.

무엇보다 공유 의도성은 정교한 협력과 분업의 전제 조건이 되었다. 인간은 단지 옆 사람과 함께 행동하는 존재가 아니다. 우리는 공동의 목표를 세우고, 그 목표를 달성하기 위한 역할을 능동적으로 나누며, 서로의 행동과 의도를 예측하고 조율할 수 있다. 이는 토마셀로가 반복해서 강조하는 바처럼, 인간만이 가진 사회적 인지능력이다.

더 나아가, 공유 의도성은 인간이 문화를 형성하고 그것을 누적적으로 발전시킬 수 있는 능력으로 이어졌다. 우리는 '무엇을 하느냐'보다 '왜 그렇게 하느냐'를 배우며, 기존의 방식을 개선하고, 다음 세대에 더 나은 방식으로 지식을 전달한다. 토마셀로는 이를 '문화적 레칫 효과cultural ratchet effect'라 불렀으며, 이는 인류 문명의 지속적인 발전을 설명하는 데 핵심적 개념이다. 일단 문화적 산물이 만들어지면, 그것이 사라지지 않고 다음 세대로 고정ratchet된 상태에서 더 나아간 발전이 이루어진다. 문화는 마치 톱니바퀴의 레칫 장치처럼, 후퇴하지 않고 점점 앞으로만 나아가는 구조를 갖는다.

마지막으로, 공유 의도성은 언어의 탄생과 정교화에 결정적인 역할을 했다. 언어는 공동의 주의와 상호 이해를 바탕으로 구성된다. 우리가 말을 할 때, 말하는 사람과 듣는 사람은 서로가 무엇에 주목하고 있는지를 알고, 어떤 의도를 갖고 말하는지를 추론한다. 이러한 기반 없이는 상징도, 문법도 의미를 가질 수 없다. 토마셀로는 언어의 뿌리가 공유된 주의에서 비롯되었으며, 언어는 다시 협력과 문화 전승을 비약적으로 강화시키는 인지적 증폭기로 기능한다고 주장한다.

이처럼 협력, 문화, 언어는 인간 사회의 직물을 짜는 세 개의 날실이며, 그 모든 것을 꿰어내는 '공유 의도성'은 보이지 않지만 결정적인 씨실이다. 우리는 '나는 생각한다'는 고립된 사유보다, '우리는 함께 생각한다'는 협력적 사고의 진화를 통해 인간다움에 도달했다.

도덕은 어디서 왔는가

"도덕성은 우리가 생존하기 위해 점점 더 복잡한 방식으로 타인과 협력해야 했기 때문에 등장했다" – 마이클 토마셀로는 도덕을 고립된 개인의 이성이 아니라, 협력과 상호의존의 진화적 맥락 속에서 등장한 사회적 산물로 본다. 도덕은 인간이 함께 살아가는 존재가 되면서 생겨난 행동 조정 메커니즘이다. 우리의 조상들은 생존을 위해 협력할 필요가 있었고, 협력은 신뢰와 책임, 공정함이라는 사회적 규범 없이는 작동하지 않았다. 도덕은 바로 이 공동체적 삶의 필요로부터 발생했다. 즉, 도덕은 원래부터 이타적이거나 윤리적인 것이 아니라, 상호의존적인 삶을 지속하기 위한 실용적 장치였다. 도덕의 진화는 크게 두 단계를 거쳤다고 토마셀로는 본다.

첫 번째는 쌍방적 협력의 단계이다. 초기 인류는 사냥, 도구 사용, 자식 양육 등에서 협력해야만 했고, 협력의 효율을 높이기 위해 서로를 배려하고, 의무를 인식하며, 공동 목표에 기여할 수 있어야 했다. 이때의 도덕은 '당신과 내가 서로에게 해야 할 일'이라는 형태로 나타났다. 여기서 중요한 것은 '공감'이 아니라 '공평성'과 '상호책임성'이다.

두 번째 단계는 집단적 도덕의 등장이다. 인간은 점점 더 큰 규모의 사회를 이루며 살아가게 되었고, 이제는 개인 간의 협력으로는 공동체를 유지하기 어려워졌다. 이에 따라 도덕은 제3자의 시선, 보편적 규범, 사회적 비난과 칭찬이라는 새로운 요소를 포함하게 된다. 이 시점부터 인간은 무엇이 옳은가를 호혜의 논리가 아니라, 집단의 정의와 일관성 속에서 판단하게 되었다. 토마셀로는 이것이 도덕의 '문화적 진화'이며, 인간만이 수행할 수 있는 '규범적 판단'의 기원이라 설명한다.

도덕의 기원에 대한 이러한 설명은 전통적 윤리 이론과는 다르면서도 보완적인 시각을 제공한다. 예컨대 칸트(1724~1804)는 도덕이 오직 이성에서 나오는 자율적 명령이라고 보았지만, 토마셀로는 도덕이 타자와의 상호작용, 공동체의 기대, 문화적 학습을 통해 형성된다고 본다. 그러나 그는 도덕이 단순한 감정의 반사이거나 문화적 상대주의로 보지는 않는다. 오히려 공감 능력, 책임 인식, 규범 수용이라는 인간 고유의 능력들이 도덕을 보편성과 실천 가능성을 동시에 지닌 것으로 만들었다고 본다.

협력과 상호 이해의 근본적 가치

"인간이 사회를 이루는 이유는 함께 있어야 생존할 수 있기 때문이 아니라, 함께 생각하고 함께 살아가는 능력을 진화시켜왔기 때문이다" – 만약 인간 사회의 토대가 생존 경쟁이나 이기적 계약이 아니라, 함께 살아가려는 심층적 동기와 상호 이해의 능력이라면, 협력과 공감, 조율과 분담의 가치는 미덕을 넘어 사회 존립의 핵심 원리로 이해되어야 할 것이다. 이러한 통찰은 규범과 제도의 정당성에 대한 평가 기준에도 변화를 제안한다. 규범과 제도는 그것이 얼마나 효과적인 통제수단인가보다, 얼마나 구성원들의 협력적 삶을 가능하게 하고, 공유된 가치를 실현하는 데 기여하는가가 핵심적 물음이 되어야 한다. 이는 개인의 자유와 권리를 중심에 둔 전통적 자유주의의 패러다임을 넘어서, 인간의 상호의존성과 공동체적 유대라는 토대 위에서 사회를 다시 사유하게 만든다.

나아가, 사회 구성원 간의 신뢰, 공감 능력, 그리고 효과적인 의사소통은 사회적 자본의 본질적 구성요소로 자리매김해야 한다. 이 요소들이 약화될 때, 사회는 제아무리 법과 제도를 갖추었더라도 내적으로 균열되고, 외적으로 위기에 봉착할 수 있다. 사회 전반에서 어떻게 협력적 관계를 증진하고, 상호 이해의 폭을 넓혀갈 수 있을 것인지는 사회철학의 주요 과제이다.

사회란 우리가 만들어놓은 제도나 질서의 총합이 아니라, 끊임없이 타인과 마음을 나누며 다시 짜여지고 있는 관계의 직물이다. 이 직물의 실타래를 이해하는 것은, 앞으로 우리가 논의하게 될 질서, 권력, 자유, 정의, 국가, 시장 등의 거대한 개념군을 사유하는 데에 꼭 필요한 전제일 것이다.

마이클 토마셀로의 연구는 인간이 왜 사회를 이루어 사는가에 대한 설득력 있는 설명을 제공한다. 사회는 타인과 마음을 나누고 함께 무언가를 이루려는 인간 고유의 심리적 능력, 즉 '공유 의도성'에서 비롯되었다. 이 능력은 복잡한 협력, 누적적인 문화 발전, 언어라는 강력한 소통 도구를 가능하게 했고, 이것이 인간 사회의 핵심 구성 요소가 되었다.

우리는 인간의 깊은 협력적 본성을 인정하고, 사회적 신뢰와 상호 이해를 증진하며, 규범과 제도가 공동의 선에 기여하도록 설계하고, 미래 세대가 협력적 시민으로 성장하도록 교육의 중요성에 주목해야 한다. 인간 사회는 고정된 실체가 아니라, 공유된 마음과 노력으로 끊임없이 함께 만들어가는 과정이다. 토마셀로의 통찰은 우리가 이 과정을 더욱 깊이 이해하고, 더 나은 공동의 미래를 설계하는 데 귀중한 지침을 제공한다.

✒ 주요 저술

- **이기적 원숭이와 이타적 인간**(Why We Cooperate, 2009/허준석, 2011) | 인간은 본능적으로 협력하는 존재가 아니라, 사회적 맥락 속에서 협력을 학습한 존재임을 주장한다.

- **생각의 기원**(A Natural History of Human Thinking. 2014/이정원, 2017) | 인간의 사고는 도구 사용 → 언어 → 추상적 사고로 진화하였으며, '나는 생각한다'보다 '우리는 함께 생각한다'는 협력적 사고 과정이 인간 지성의 핵심임을 연구하였다.

- **도덕의 기원**(A Natural History of Human Morality, 2016/유강은, 2018) | 도덕성은 집단적 삶에서 발생한 '상호의존'의 산물.로 인간은 협력과 공감, 책임 의식이 진화하면서 도덕적 존재가 되었음을 연구하였다.

02 | 헨릭 1968~
인류는 어떻게 사회를 만들 수 있었는가?

"우리 종의 성공은 본래 지능 때문이 아니다.
오히려 우리가 문화를 통해 지식을 집단적으로 축적하고, 이를 세대에 걸쳐 누적해 나갈 수 있기 때문에 인간은 똑똑해진 것이다. 문화는 단지 인간 정신의 산물이 아니라, 인간 정신을 형성하는 요소이기도 하다."

—『호모사피엔스』, 2015

지구상의 수많은 종 가운데 유독 인간만이 어떻게 전 지구적으로 번성하며 고도로 복잡한 사회를 건설할 수 있었을까? 흔히 우리는 뛰어난 지능이나 유전적 특성에서 그 답을 찾으려 하였다. 그러나 인류학자이자 문화 진화론자인 조지프 헨릭(Joseph Henrich, 1968~)은 이러한 통념에 도전하며, 인간 성공의 진정한 비결은 우리의 유전자가 아닌, 세대를 거쳐 축적되고 발전해 온 '문화'에 있다고 주장한다.

인간을 만든 것은 문화적 진화이다

"인간은 문화적 학습자, 정확히 말하면 문화적 학습 기계다" – 조지프 헨릭은 인간을 '문화적 학습 기계 cultural learning machines'로 규정하며, 바로 이 능력이 인간 진화의 결정적 전환점이었다고 본다. 헨릭에 따르면 인간은 단순히 타인의 행동을 모방하는 것에 그치지 않는다. 우리는 타인의 의도와 전략을 추론하고, 다양한 대안 중에서 더 효율적이고 성공적인 행동 방식을 선택적으로 학습한다. 또한, 인간은 다른 종에서는 거의 관찰되지 않는 '가르침teaching'이라는 상호작용을 통해, 정교한 지식과 기술을 세대 간에 전달한다. 이와 같은 복잡하고 효과적인 사회적 학습 능력은, 단일한 개체가 일생 동안 획득할 수 있는 정보의 양을 훨씬 넘어서는 집단적 지식의 축적과 개선을 가능하게 했다.

"누적적 문화 진화는 개인 혼자서는 결코 발명할 수 없는 방식으로, 환경적 도전에 대한 해결책을 축적하게 해준다" – 이렇게 한 세대에서 다음 세대로 지식이 전달되고, 그것이 수정·강화·확장되는 과정을 헨릭은 '누적적 문화 진화'라 부른다. 예컨대, 알래스카 원주민이 혹한의 환경에서 생존하는 법을 배우고 전수하는 과정, 아프리카의 수렵채집민이 독이 있는 식물과 약초를 구별해 사용하는 지식, 전통 장인이 도구를 세밀하게 다듬고 고안해내는 기술 모두가 이 문화적 진화의 산물이다. 이 지식들은 어떤 '천재 개인'의 산물이 아니다. 그것은 수많은 이름 없는 손과 눈과 마음이 세대를 거쳐 조금씩 덧붙이고 교정한, 집단적 지혜의 결정체다. 인간은 다른 동물들과는 달리, 진화의 주도권을 문화에 넘겨준 유일한 존재이다. 그리고 이 과정은 유전적 진화보다 훨씬 빠르고 유연하며, 그 결과는 생물학적 변화로는 도저히 도달할 수 없는 복잡성과 다양성을 낳았다.

인간의 지능은 더 이상 고정된 두뇌 용량이나 추론 능력 같은 생물학적 특성에 의해 정의되지 않는다. 헨릭은 인간의 인지 능력은 오히려 문화적 정보 저장고에 얼마나 깊고 넓게 접속할 수 있는가에 달려 있다고 말한다. 똑같은 뇌를 가진 인간도, 문화적으로 고립된 환경에서는 기초적인 생존도 어려울 수 있으며, 반대로 문화적 자산이 풍부한 사회에서는 누구나 복잡한 기술과 추상 개념을 활용할 수 있다. 인간 지능은 '혼자'가 아니라 '함께' 만들어진 것이며, 사회적·문화적 맥락 속에서만 그 진정한 힘을 발휘한다.

"우리의 문화적 실천은 유전적 진화 자체를 형성해왔다" – 더 나아가, 문화는 사회 안에서 순환하는 정보에 그치지 않는다. 헨릭은 문화가 인간의 유전적 진화에도 영향을 미치는 '유전자–문화 공진화 gene-culture coevolution' 이론을 통해, 사회와 생물학의 경계를 허문다. 대표적인 사례가 바로 낙농업이다. 유제품을 섭취하는 문화가 확산되자, 성인기에도 락토오스를 소화할 수 있는 유전형질이 특정 인구집단에 퍼지기 시작했다. 다시 말해, 문화가 인간의 유전자 선택 환경 자체를 바꾸어 놓은 것이다.

사회를 묶는 강력한 힘, 사회적 규범

"사회적 규범은 대규모 협력을 가능하게 하는 인류의 비밀 무기다" – 인간은 유전적 특성이나 생물학적 본능만으로 복잡한 사회를 유지하지 않는다. 우리가 수백 명, 수천 명, 때로는 수백만 명이 모인 거대한 공동체를 구성하고, 비교적 안정된 질서를 유지하며 살아갈 수 있는 이유는 무엇일까? 조지프 헨릭은 이 질문에 답하며, 인간 사회를 이루는 숨은 동력은 다름 아닌 '사회적 규범 social norms'에 있다고 말한다. 그리고 이 규범들은 문화적 진화의 핵심 요소이자, 인간 협력의 토대를 이루는 핵심 메커니즘으로 작동해 왔다.

'사회적 규범'은 특정 집단 내에서 어떤 행동이 허용되고 기대되는지를 정의하는 비공식적 규칙이며, 개인들은 이러한 규범을 사회적 학습을 통해 습득한다. 중요한 점은, 이러한 규범은 개인의 선택이 아니라 집단의 암묵적인 기대와 합의에 의해 형성되며, 위반 시에는 비난, 평판 하락, 제재 등 다양한 사회적 비용이 따르게 된다는 것이다. 이로써 규범은 행동의 유인을 조정하고, 개인들 사이의 신뢰와 협력의 토대를 구축한다.

"규범은 누군가가 고안한 것이 아니다. 그것은 사회적 학습과 집단 수준의 선택에 의해 형성된 행동 양식의 진화된 패턴이다" – 이 규범들은 누군가가 설계한 합리적 계약의 결과가 아니다. 헨릭에 따르면, 사회적 규범은 집단 간의 경쟁, 생존, 확산의 과정을 거치며 문화적으로 선택된 산물일 가능성이 높다. 어떤 규범은 집단 내 협력을 강화해 생존율을 높였고, 그런 집단이 더 성공적으로 번성하며 규범을 전파했다. 반면, 비효율적이거나 협력을 해치는 규범은 시간이 지나면서 사라지거나 다른 규범으로 대체되었다. 규범은 문화적 진화의 결과이자, 다음 세대에게 학습되고 계승되는 사회적 유산인 것이다.

문화와 규범의 상대성

조지프 헨릭의 문화진화론은 인간 사회의 기원을 설명하는 과학적 이론이자, 사회철학이 반드시 성찰해야 할 깊은 함의를 담고 있다. 인간의 사고와 행위는 문화적 환경 속에서 형성되며, 우리는 언제나 특정한 문화적 렌즈를 통해 세계를 이해하고 판단한다.

이와 같은 인식은 특히 서구 중심적 인간 이해의 한계를 드러낸다. 헨릭은 현대 심리학과 경제학 실험들이 'WEIRD(서구적W, 교육받은E, 산업화된I, 부유한R, 민주적인D)' 사회에 편중되어 있음을 지적하며, 그것이 인류 보편을 대표한다고 보기 어렵다고 주장한다. 이 통찰은 인간 이해의 전제 자체를 문화적으로 상대화하며, 다양한 문화와 제도, 가치체계에 대한 존중과 이해가 필수적임을 일깨운다.

문화의 형성은 중립적이지 않다. 어떤 전승은 특정 집단의 배제와 차별을 정당화할 수 있으며, 또 어떤 문화는 협력과 공존의 길을 열어줄 수 있다. 문화는 사회를 가능하게 하지만, 동시에 사회의 방향을 결정한다. 따라서 사회는 자기반성과 선택을 통해 어떤 문화적 자원을 강조하고 보존할지를 끊임없이 고민해야 한다. 이러한 이해는 우리에게 중요한 사회철학적 과제를 안겨준다. 우리는 문화가 개인과 사회에 미치는 지대한 영향을 인식하고, 책임감 있는 자세로 문화를 가꾸고 전달해야 한다. 또한 사회적 규범의 순기능과 역기능을 성찰하며, 협력과 연대를 증진하되 배타성을 경계하고 다양성을 존중하는 지혜를 발휘해야 한다.

조지프 헨릭은 인간 사회의 발전과 복잡성이 타고난 지능이나 유전적 특성보다는 문화적 진화의 힘, 특히 사회적 학습과 규범의 역할에 의해 추동되었음을 설득력 있게 보여주었다.

헨릭의 통찰은 사회를 고정된 실체나 단순한 개인들의 합이 아니라, 끊임없이 진화하는 문화적 생태계로 바라보게 한다. 이 문화적 역동성을 깊이 이해하는 것이야말로 우리 사회가 직면한 도전들을 해결하고 더 나은 미래를 만들어가는 데 필수적인 출발점이 될 것이다.

🖋 주요 저술

- **호모사피엔스(The Secret of Our Success, 2015/주명진 외, 2024)** | 인간의 지적·신체적 능력은 오히려 열등한데, 문화적 학습 능력 덕분에 성공하였음을 주장한다. 문화는 인간을 길들이고, 새로운 적응 능력을 가능하게 하며, 도구 사용, 언어, 사회 규범 등은 유전자보다 빠른 방식으로 인간 진화를 주도하였다고 본다. 인간 진화의 주도권이 생물학이 아닌 문화적 적응력에 있다는 패러다임 전환을 시도한다.

03 | 보엠 1931~2021
권력에 대한 억제는 어떻게 생겼는가?

"우리 조상들은 알파형 지배를 사회적으로 용납 가능한 수준으로 낮추는 데 성공했고, 그 결과로 이타적 처벌과 도덕적 분노가 싹틀 수 있는 사회 환경을 만들어냈다."

—『도덕의 탄생』, 2012

　소수의 지배와 다수의 복종, 불평등과 억압의 역사는 인류 문명과 함께 해 온 것처럼 보인다. 우리는 종종 위계질서와 권력의 집중을 인간 사회의 피할 수 없는 속성으로 받아들이곤 한다.
　인류학자 크리스토퍼 보엠(Christopher Boehm, 1931~2021)은 이러한 통념에 도전하며, 인류 역사의 상당 기간 동안 많은 사회가 적극적으로 평등주의를 유지해왔음을 밝혔다. 그의 연구는 권력이 부재한 상태가 아니라, 오히려 권력의 집중을 막으려는 공동체의 역동적인 노력이 평등 사회의 핵심임을 보여준다.

평등주의는 투쟁의 산물

　"평등주의는 인간의 자연스러운 조건이 아니다. 그러나 위계 또한 마찬

가지다" – 우리는 종종 고대의 수렵채집 사회를 위계가 형성되기 이전의 '자연스러운 평등 상태'로 상상하곤 한다. 크리스토퍼 보엠의 연구는 이러한 인식을 반박한다. 그는 50개 이상의 유랑 수렵채집 사회에 대한 인류학적 자료를 면밀히 분석하며, 이들 사회가 단순히 위계를 가지지 않은 사회가 아니라, 의도적으로 평등을 유지하기 위해 권력에 저항하는 사회임을 밝혀낸다. 즉, 평등주의는 주어진 상태가 아니라, 끊임없는 사회적 투쟁의 결과로 확보된 것이다.

인간은 다른 유인원들과 마찬가지로 '지배하려는 성향alphadom'을 본능적으로 지니고 있다. 그러나 인간은 또한 그러한 지배 욕망을 인식하고, 그것을 제어할 수 있는 사회적 협력 능력과 도덕 감시 체계를 함께 진화시켜 왔다. 이 두 가지가 충돌하는 지점에서, 수렵채집 사회는 '잠재적 지배자alpha-type individuals'의 등장에 대해 민감하게 반응하고, 이들이 권력을 장악하기 전에 다수의 구성원이 연합하여 억제하는 정치적 메커니즘을 작동시킨다.

"평등주의적 행동은 열세한 구성원들이 연합하여 잠재적 지배자를 억제하는 전략이다" – 보엠은 이러한 권력 구조를 '역지배 계층reverse dominance hierarchy'이라고 명명한다. 기존의 지배 구조가 소수가 다수를 통제하는 방식이라면, 역지배는 다수가 소수의 권력 집중 시도를 선제적으로 견제하고 제어하는 구조다. 이 구조는 집단적 제재 행위를 통해 작동한다. 이는 현대 국가의 법이나 제도와 비교하면 원시적일지 모르나, 사회의 권력 균형을 유지하고 자율성을 지키려는 인간 본성의 집단적 표현이라 할 수 있다. 구성원들은 권력자의 독주를 허용하지 않기 위해 정당화된 감시와 통제를 수행하며, 이를 통해 사회적 규범을 확립하고 유지한다. 이 과정은 구성원 모두가 참여해야만 효과를 발휘한다는 점에서 윤리적 책임의 분산 또한 전제한다. 보엠은 이러한 평등주의의 진화를 '정치적 자연선택political natural selection'이라 부른다. 즉, 지배 욕망을 가진 개인이 배제되고, 동료들과 협력하고 존중하는 이들이 공동체의 중심에 자리 잡게 되며, 그 결과 평등을 선호하는 사회적 행동이 선택되고 복제되어 유전적·문화적으로 전승된다는 것이다. 인간 사회에서 자유와 평등은 자연상태의 대립 개념이 아니라, 서로 긴장 속에서 진화해온 협력적 구조물이며, 이는 사회철학적으로 매우 깊은 시사점을 던진다.

보엠의 이론은 인간 사회를 지배 본능과 평등 지향 사이의 긴장과 조율의 장으로 재구성한다. 평등은 '원시적 순수함'의 잔재가 아니라, 집단적 정치 기술과 도덕 감시, 사회적 상호작용이 만들어낸 문화적 진화의 산물이다. 인간은 단지 위계적 본능을 억제한 존재가 아니라, 그 억제를 사회적으로 조직해낸 유일한 동물이다.

지배자를 막는 방법: 사회적 제재의 작동 원리

"잠재적으로 지배적인 개인을 통제하는 것은 평등주의 질서를 유지하는 데 필수적이었다" – 평등주의 사회는 단순히 위계가 존재하지 않는 상태가 아니다. 그것은 끊임없이 위계를 감시하고 억제하는 능동적이고 조직화된 사회적 실천의 결과다. 보엠은 소규모 수렵채집 집단에서 발견되는 이러한 권력 억제 구조의 핵심 메커니즘이 '사회적 제재 social sanctioning'에 있다고 설명한다. 다시 말해, 평등은 무위의 상태가 아니라, 잠재적 지배자에 대한 감시와 응징을 가능하게 하는 문화적 장치에 의해 유지되는 질서다.

"사회적 통제는 도덕적 결단을 지닌 집단적 연합 행동을 통해 이루어졌다" – 사회적 제재는 일회적이고 즉흥적인 반응이 아니라 점진적이고 예측 가능한 규범적 장치다. 제재는 종종 가벼운 사회적 신호에서 시작하여,

점차 강도 높은 집단적 응징으로 발전한다. 초반에는 은근한 뒷담화, 비웃음, 조롱, 개인적인 거리두기와 같은 미묘한 사회적 압력이 작동한다. 그러나 이러한 경고에도 불구하고 지배적인 행동이 지속될 경우, 보다 노골적인 공개 비판, 집단의 불복종, 명시적인 대립이 발생한다. '사회적 따돌림 ostracism'은 여기서 하나의 핵심 수단이 된다. 보엠은 특히 무력보다는 사회적 고립이 평등주의 사회에서 가장 흔하고 효과적인 제재 도구였다고 강조한다. 상황이 극단에 이를 경우, 추방과 공동체의 합의에 따른 처형까지도 발생한다. 이러한 추방이나 처형은 집단의 생존과 평등 원칙을 지키기 위한 규범적 선택으로 기능한다. 즉, 이러한 극단적 제재조차도 분노나 복수심에 기인한 폭력이 아니라, 집단적으로 정당화된 정치적 결정인 셈이다.

이는 권력의 최종 소재가 개별적인 지배자의 능력이나 카리스마에 있는 것이 아니라, 규범을 공유하고 집행하는 '도덕 공동체' 그 자체에 있다는 점을 의미한다. 다시 말해, 공동체는 정치적 행위자이며, 그 통치는 비공식적이지만 효과적인 감시와 제재를 통해 실현된다. 인간의 도덕성과 정치성은 이렇게 긴밀하게 연결되어 있다. 구성원들은 단지 규칙을 따르는 존재가 아니라, 규범을 만들고 집행하며, 사회적 균형을 조율하는 윤리적·정치적 존재들이다.

보엠의 이러한 분석은 현대 정치철학에도 중요한 함의를 던진다. 법이나 제도, 선거와 같은 공식적 장치 이전에, 인간 사회는 문화적으로 내면화된 권력 감시 체계를 통해 질서를 유지해왔다. 오늘날에도 우리는 권력자의 행동을 평가하고 감시하며, 비난하고, 때로는 사회적 압력으로 통제한다. 시민 불복종 운동이나 소셜 미디어에서의 '캔슬링 Cancelling'은 현대 사회에 남아 있는 역지배의 흔적들이라 볼 수도 있다. 보엠은 평등과 자유가 무력한 순응이나 순진한 자연 상태에서 비롯된 것이 아니라, 정치적 경계 짓기와 도덕적 집행의 끊임없는 과정을 통해 쟁취되고 유지되는 가치임을 보여준다.

크리스토퍼 보엠의 연구는 평등주의가 단순히 원시적인 상태가 아니라, 공동체가 적극적인 노력과 정교한 사회적 메커니즘(역지배 계층과 사회적 제재)을 통해 성취하고 유지해 온 '정치적 산물'임을 밝혔다. 이는 권력 문제에 대한 우리의 이해를 심화시킨다.

권력 투쟁은 인류 역사만큼이나 오래되었을 수 있지만, 그 결과가 반드시 지배와 복종으로 귀결되는 것은 아니며, 공동체의 집단적 의지와 행동이 개인의 권력욕을 효과적으로 제어할 수 있음을 보여준다. 보엠의 통찰은 위계질서의 불가피성을 강조하는 결정론적 시각에 도전하며, 사회 구조 형성에 있어 공동체의 능동적 역할을 부각시킨다. 그의 연구는 현대 사회의 권력 구조와 불평등 문제를 비판적으로 성찰하고, 보다 평등하고 민주적인 공동체를 모색하는 데 중요한 영감을 제공한다.

✎ 주요 저술

- **숲속의 평등**(Hierarchy in the Forest: The Evolution of Egalitarian Behavior, 1999/김성동, 2017) | 인간은 유인원처럼 위계적 본능을 갖고 있지만, 수렵채집 사회는 이를 의식적으로 억제하여 평등을 유지해왔음을 연구하였다.

- **도덕의 탄생: 인간 양심의 기원과 진화**(Moral Origins: The Evolution of Virtue, Altruism, and Shame, 2012/김아림, 2019) | 수치심, 규범 위반에 대한 제재, 도덕적 평판 등의 기제가 도덕의 진화를 이끌었다고 주장한다. 인간 도덕성이 유전적 이기심을 넘어설 수 있는 사회적 메커니즘을 강조하였다.

04 | 하라리 1976~
허구는 어떻게 집단을 탄생시키는가?

"우리는 성서의 창조 이야기, 호주 원주민의 꿈의 시간 신화, 현대 국가들의 민족주의 신화 같은 공통의 신화를 직조할 수 있다. 이러한 신화는 사피엔스에게 유연하고 대규모로 협력할 수 있는 전례 없는 능력을 부여했다."

―『사피엔스』, 2011

    인류는 지구상의 다른 어떤 동물과도 비교할 수 없을 정도로 거대하고 유연한 규모로 협력하는 능력을 보여준다. 개미나 벌과 같은 사회적 곤충은 혈연관계와 본능에 기반한 경직된 협력을 보이며, 침팬지와 같은 유인원은 소규모 집단 내에서의 직접적인 상호작용을 넘어서기 어렵다. 무엇이 인간, 사피엔스로 하여금 수많은 낯선 사람들과 함께 도시를 건설하고, 국가를 운영하며, 전 지구적인 교역망을 구축하게 만들었을까?

    생물학적으로 인간의 뇌는 그렇게 설계되어 있지 않다. 인지과학자 로빈 던바(Robin Dunbar, 1947~)는 인간이 직접적으로 사회적 유대와 신뢰를 유지할 수 있는 집단의 최대 크기를 약 150명이라고 추정했다. 이를 넘어서는 관계는 신뢰 기반보다는 기호, 규범, 제도와 같은 상징 체계를 필요로 한다. 바로 이 지점을 돌파하게 한 것이, 이스라엘의 역사학자 유발 노아 하라리(Yuval Noah Harari, 1976~)가 말하는 '허구fiction'의 힘인 것이다.

인지 혁명: 상상력의 도약과 허구의 탄생

"수많은 낯선 사람들이 협력할 수 있는 것은 공통된 허구를 믿기 때문이다" – 인간은 언제부터 사회를 이루며 살아가게 되었는가? 유발 하라리는 이 물음을 '상상력의 진화'라는 인지적 전환의 결과로 재구성한다. 그의 저서 『사피엔스(2011)』에 따르면, 약 7만 년 전 발생한 '인지 혁명 Cognitive Revolution'은 호모 사피엔스를 동물적 존재에서 문화적·사회적 존재로 탈바꿈시킨 결정적인 계기였다. 이 시기에 인간은 정보를 나열하고 현실을 묘사하는 수준을 넘어서, 존재하지 않는 것에 대해 말하고, 공유하고, 믿기 시작했다. 그는 인간이 '허구 fiction'를 창조하고 그것을 집단적으로 믿고 행위하는 능력을 갖추게 되었다는 점을 강조한다. 인간의 언어는 다른 동물들과 달리 단순히 "저기에 사자가 있다"는 정보 전달에서 그치지 않고, 사자는 우리 부족의 수호신이다, 이 들판은 조상신의 땅이므로 침범할 수 없다는 식의 상상된 이야기를 생성하게 되었다. 이는 현실과 상상의 경계를 넘나들며 사회적 연대를 만들어내는 힘으로 작동했다.

"이 세계에는 신도, 국가도, 돈도, 인권도, 법도, 정의도 존재하지 않는다. 이들은 모두 오직 인간들의 집단적 상상 속에서만 존재한다" – 이렇게 만들어진 허구의 세계는 '상호주관적 실재 intersubjective reality'로서, 물리적으로는 존재하지 않지만 수많은 사람이 함께 믿고 있다는 이유만으로 엄청난 사회적 영향력을 발휘한다. 국가, 신화, 종교, 법, 인권, 돈, 기업 등은 모두 이러한 '공유된 상상력'의 산물이다. 네안데르탈인은 불이나 도구를 쓸 수 있었지만, 자신들이 속한 부족의 '운명'이나 '의무'에 대해 이야기를 나눌 수 없었다. 상상의 공동체를 만들어낼 수 없었던 그들은 점차 역사에서 사라졌고, 집단적 허구를 조직화할 수 있었던 사피엔스는 지구의 지배자가 되었다.

하라리는 『사피엔스』에서 인류 역사의 결정적 도약은 '진실'이 아니라 '허구'를 믿는 능력에 있었다고 주장한다. 이 '허구'는 물리적으로 존재하지 않지만, 수많은 사람들이 함께 믿는 상호주관적 실재로서, 인간 협력의 근본 조건이 되었다. 이 상상된 질서들은 각기 다른 장소, 경험, 이해관계를 지닌 사람들이 마치 같은 목적과 소속을 갖는 것처럼 행동하게 만들었다. 예컨대 돈은 그 자체로는 아무 가치도 없다. 종이, 금속, 전자 신호에 불과한 것들이지만, 우리가 그것이 가치를 가진다고 믿는 순간 전 지구적 경제 시스템이 작동한다.

"법, 종교, 국가는 허구이다. 그러나 바로 그 허구가 수백만 명을 하나로 묶을 수 있었다" – 국가, 종교, 법, 기업도 마찬가지다. '프랑스'라는 실체는 산과 강, 사람들의 물리적 집합이 아니라, 공유된 이야기와 상징(깃발, 헌법, 국경선, 역사)을 통해 형성된 하나의 허구적 실재다. 민족 신화와 공통의 언어, 기념일, 국기와 국가는 수백만 명의 익명한 사람들 사이에 강한 정체성을 만들어낸다. 하라리는 이를 '상상의 공동체 imagined communities'라 부르며, 인간이 생물학적 한계를 넘어서 집단을 형성하는 데 성공한 비결로 강조한다. 종교 역시 대표적인 예다. 신, 천국과 지옥, 윤회, 경전과 계율 등은 직접 증명할 수 없는 개념이지만, 수천 년 동안 인류를 하나의 거대한 도덕 공동체로 묶는 서사적 기반이 되어왔다. 수백만 명의 사람들이 '보이지 않는 존재'를 신뢰하고, 그 이름으로 대성당을 세우고, 전쟁을 벌이며, 삶과 죽음을 의식화하는 데까지 이른 것이다.

하라리는 '법'과 '인권' 역시 허구라고 말한다. "모든 인간은 평등하다"는 명제는 생물학적으로 증명될 수 없다. 하지만 우리가 그것을 함께 믿는 순간, 그것은 헌법이 되고, 사법 시스템이 되고, 국제 인권 조약이 된다. 즉, 현대 사회는 허구를 법적으로 구조화하고 제도화함으로써 그것에 현실성을 부여하는 메커니즘 위에 서 있다.

"인간의 집단은 대부분 허구 위에 세워진 실재이다" – 그는 '허구'는 단순히 사람들을 협력하게 만드는 도구가 아니라, 집단 자체의 존재 조건이라고 말한다. 다시 말해, '허구'는 사회를 연결하는 매개를 넘어, 사회라는 집합 자체를 형성하고 정당화하는 토대가 된다는 것이다. 이 허구들이 엮어내는 것은, 바로 대규모 협력의 그물망이다. 친족 관계나 감정적 유대에 의존하지 않고도, 수많은 사람들이 특정 질서 속에서 역할을 수행하고 책임을 공유하며 공동의 목표를 추구할 수 있게 만든다. '허구'는 개인의 정체성과 행위의 정당성, 삶의 의미까지도 규정하는 깊은 영향력을 행사한다.

현실을 지배하는 것은 이야기다

"두 사람이 같은 신을 믿고, 같은 국기를 존중하며, 같은 법률에 동의할 때, 그들은 하나의 집단이 된다" – 우리가 믿는 이야기, 우리가 공유하는 상징, 우리가 받아들이는 정체성의 구조가 사회를 만들고, 그것을 통해 우리는 비로소 '함께' 존재하게 된다. 사회란 더 이상 인간 군집이나 법·제도의 집합만은 아니다. 그것은 의미가 공유되고, 존재가 이야기되고, 질서가 서사화되는 상상적 공동체의 결과물이다. 즉, 인간은 허구를 통해 정체성을 만들고, 그것을 통해 자신이 속한 사회적 현실을 정의한다. 이는 도덕과 질서, 권력과 이념, 심지어 자유와 평등이라는 가치들조차도 정치적 상상력의 산물일 수 있다는 가능성을 제기한다. 하라리는 현실을 물질적 기반이 아니라 이야기에 의해 재정의하고, 신념이 실재를 만든다는 전환적 관점을 제시한다.

"이야기를 구성하는 자가 현실을 지배한다" — 이처럼 허구가 사회 질서와 대규모 협력의 기초라면, 어떤 이야기를 만들어내고 퍼뜨리는가는 곧 지배력의 원천이 된다. 정치인, 종교인, 언론인, 교육자, 법률가, 기업가, 마케터에 이르기까지, 사회의 허구를 창출하고 유지하는 이들이 가장 근본적인 권력을 갖는다. 하라리는 역사를 더 강력한 허구를 발명한 자들이 이긴 이야기로 본다. 그 허구는 때로 사람을 하나로 묶고 협력을 가능케 하지만, 다른 한편으로는 배제와 억압, 폭력과 전쟁의 기원이 되기도 한다.

현재의 사회 구조가 허구에 기반하고 있다면, 그것은 불변의 진리가 아니라 변경 가능한 서사다. 인간은 새로운 허구를 상상하고, 공유된 믿음을 바꾸며, 제도를 재설계할 수 있다. 혁명과 종교개혁, 민주주의의 확산, 시민권 운동, 성소수자 인권의 진보 등은 모두 지배적인 허구를 대체한 상상력의 전환에서 비롯되었다. 그러나 이는 동시에 중대한 윤리적 책임을 요구한다. 허구는 단지 협력을 위한 수단이 아니라, 현실을 통제하고 사람들을 움직이는 도구이기 때문이다. 파시즘, 식민주의, 인종차별, 성차별 등 수많은 폭력과 억압 역시 강력하고 정교하게 구성된 허구적 서사에서 비롯되었다.

우리는 허구를 통해 사회를 만들었고, 지금도 매일 그 허구 안에서 살아가고 있다. 그러나 동시에 우리는 그 허구를 다시 말하고, 다시 상상하며, 다시 쓰는 주체이기도 하다. 사회란 고정된 실체가 아니라 이야기의 공간이며, 인간은 그 이야기의 공동 저자다. 하라리는 우리에게 묻는다.
"지금 우리가 믿고 있는 이야기, 그것은 우리가 바라는 미래를 실현할 수 있는 이야기인가?"

유발 하라리는 인지 혁명을 통해 허구를 창조하고 공유하는 능력을 획득한 것이 호모 사피엔스가 지구를 정복하고 복잡한 문명을 건설할 수 있었던 핵심 동력이었음을 설득력 있게 제시하였다. 하라리의 통찰은 우리가 사는 현실의 본질, 권력의 작동 방식, 이야기의 중요성에 대해 근본적인 질문을 던진다. 또한, 사회 변화의 가능성과 함께 우리가 어떤 허구를 믿고 따를 것인지에 대한 성찰의 책임을 일깨운다.

우리가 엮어낸 이 거대한 허구의 그물망 속에서, 그 힘을 인지하고 더 나은 세상을 위한 이야기를 만들어나가는 지혜가 그 어느 때보다 필요한 시점이다.

주요 저술

- **사피엔스**(Sapiens: A Brief History of Humankind, 2011/조현욱, 2023) | 인간이 어떻게 '사피엔스'라는 종으로서 세계를 지배하게 되었는지를 탐구한다. 신화, 언어, 협력 능력이 인류의 가장 큰 성공 요인임을 강조하면서, 인간이 '허구적 질서'(종교, 국가, 돈 등)를 창조하면서 문명을 발전시켰다고 분석한다.
- **호모 데우스**(Homo Deus: A Brief History of Tomorrow, 2015/김명주, 2023) | 인간이 기술과 과학을 통해 '신적인 존재'가 되려 한다는 개념을 탐구. AI, 유전자 조작, 생명 연장 기술이 인간의 본질을 어떻게 변화시킬지 논의하고, '데이터교'를 제시하며, AI와 빅데이터가 인간을 대체할 가능성을 경고한다.
- **21세기를 위한 21가지 제언**(21 Lessons for the 21st Century, 2018/전병근, 2018) | 현대 사회가 직면한 기술, 정치, 환경, 교육, 민주주의 등의 핵심 문제를 다룸. AI와 빅데이터가 가져올 자유 의지의 종말, 감정 해킹, 데이터 독재에 대한 경고하고, 인류가 AI 시대를 준비하기 위해 윤리적·철학적 논의의 중요성을 강조한다.
- **넥서스**(Nexus: A Brief History of Information Networks from the Stone Age to AI, 2024/김명주, 2024) | 정보 네트워크의 역사를 탐구하는 유발 하라리의 최신 저서로, 석기 시대부터 인공지능(AI) 시대까지, 인간이 정보를 저장하고 공유하며 문명을 발전시켜 온 과정을 조명한다.

PART
1

질서와 제도:
덕과 법, 그리고 권력의 정초

한 인간이 누런 대지를 바라보고 있었다. 새들은 날고, 물은 흐르며, 태양은 떠올랐다가 지는 것이 너무나 자연스러웠다. 그러나 인간의 세계는 달랐다. 강이 흐르듯 자연스럽게 흘러가지 않았다.

누구는 소유했고, 누군가는 빼앗겼다. 누구는 군림했고, 누군가는 복종했다.

인간은 본래 선한가?

왜 덕을 말하는가?

법은 무엇이고 어디에서 시작된 것인가?

이 장에서는 맹자(BC 372~289)의 '왕도정치', 한비자(BC 280~233)의 '법, 세, 술', 키케로(BC 106~43)의 '자연법', 마르쿠스 아우렐리우스(121~180)의 '스토아적 덕' 개념을 통해 고대 동서양의 사회와 질서에 대한 원초적 사유를 살펴본다.

05 | 맹자 BC 372~289
항산이 없으면 항심도 없는가?

"백성이 가장 귀하고, 사직(국가)이 그 다음이며, 군주는 가장 가볍다. 그러므로 군주는 백성을 위해 존재해야 하며, 만약 군주가 백성을 해친다면 백성은 그를 버릴 수 있다. 진정한 왕도정치는 군주가 백성을 부모처럼 사랑하고, 인의로 나라를 다스리는 것이다."
—『맹자』, BC 250 경

정치는 언제부터 철학의 주제가 되었을까? 사람이 사람을 다스리고, 질서를 만들며, 힘과 정의 사이에서 균형을 잡으려 한 순간부터, 권력은 철학의 오래된 질문 중 하나였다. 이 질문은 단지 '누가 다스릴 것인가'가 아니라, '왜, 어떻게, 누구를 위해' 다스리는가라는 물음으로 이어진다. 맹자(孟子, BC 372~289)는 이 질문에 체계적인 사유로 응답한 최초의 철학자들 중 대표적인 인물이다.

맹자가 활동했던 전국시대(戰國時代, 기원전 403~221년)는 중국 역사상 가장 혼란스러운 시기 중 하나였다. 각 제후국들은 독립적인 세력으로 성장하면서 끊임없는 전쟁을 벌였다. 군주들은 강력한 중앙집권적 국가를 지향했다. 혼란 속에서 다양한 사상들이 등장했다. 법가는 법과 권력을 통해 질서를 유지해야 한다고 주장했고, 묵가는 전쟁을 멈추고 평화를 유지하기 위해 겸애兼愛와 공리주의적 사고를 강조했다. 도가는 자연과 조화를 이루는 무위자연無爲自然의 정치가 필요하다고 보았다.

맹자는 인간 본성을 '선善'으로 규정하며, 사회의 본질을 '덕德'과 '법法'의 조화 속에서 파악했다. 맹자는 '치자(治者, 통치자)'와 '피치자(被治者, 백성)'의 관계를 도덕적 상호의존과 '민본주의民本主義' 틀에서 설명했다. 또한, 경제적 안정이 도덕적 삶의 전제 조건이라는 '항산恒産'에 대한 사유를 통해 경제와 정치의 상관관계를 강조했다.

인간 본성과 정치 질서: '성선설'은 정치 이념이다

맹자는 인간 본성을 '선하다'고 보았다. 그러나 사회철학의 눈으로 볼 때, 맹자의 성선설은 정치 질서의 이상적 조건에 대한 선언이다. 맹자에게서 "인간은 선하다"는 말은 곧 그 선함이 실현될 수 있는 정치와 사회가 필요하다는 당위로 이어진다. 성선설은 곧 정치 이념이다.

맹자에 따르면, 인간은 누구나 인仁, 의義, 예禮, 지智의 네 가지 덕성의 단초를 타고난다. 이는 연민, 정의감, 수치심, 분별력이라는 인간 내면의 도덕적 감각을 뜻한다. 그러나 이러한 선한 본성은 스스로 자라나는 것이 아니라, 적절한 사회적 환경과 정치 질서 속에서 유지되고 확대되어야 한다. 인간이 본래 선하지만, 빈곤과 불의, 억압과 착취 속에서는 악해질 수 있다는 사실을 맹자는 누구보다 잘 알고 있었다.

"군자가 덕으로 백성을 다스리면 바람이 풀을 휩쓸 듯 따를 것이다" — 이런 배경 속에서 맹자는 왕도정치王道政治를 주장한다. 강제와 공포로 백성을 다스리는 패도霸道가 아닌, 도덕과 인仁의 정치, 즉 덕치德治를 강조했다. 정치란 인간의 선한 본성을 보호하고 꽃피우는 환경을 조성하는 일이어야 하며, 백성을 생존하게 할 뿐 아니라 존엄하게 살아갈 수 있도록 만들어야 한다. 맹자에게 있어서 올바른 정치는 사람을 사랑하는 정치, 민을 위한 정치이다.

백성과 사직과 군주의 관계

"백성이 귀하고, 사직이 그 다음이며, 군주는 가볍다民爲貴, 社稷次之, 君爲輕" – 그는 국가의 가장 중요한 구성 요소는 백성이라고 강조하며, 백성의 안녕과 행복이 통치의 최우선 과제가 되어야 한다고 주장했다. 백성은 국가의 경제적·사회적 기반을 이루며, 그들의 노동과 충성이 국가의 안정과 번영을 가능하게 한다. 따라서 통치자는 백성의 노력을 존중하고 그들의 권리를 보호해야 한다. 통치자는 백성의 생계를 보장하고, 평등한 법과 정의를 통해 사회적 안정과 조화를 유지해야 한다. 백성이 안정되고 만족스러운 삶을 살 수 있을 때, 국가도 강력하고 지속 가능하다.

"이利로써 백성을 다스리면, 백성은 이익을 따라 움직일 뿐이다. 인仁과 의義로 다스려야 한다" – 통치자는 '덕'을 바탕으로 백성을 이끌어야 하고 통치자의 도덕적 본보기가 백성에게 선한 영향을 미쳐야 한다. 반면, 통치자가 사리사욕을 추구하거나 백성을 억압한다면, 민심은 이탈하고 국가의 기틀은 흔들릴 수밖에 없다.

통치자가 권력을 올바르게 행사하지 못하면 백성은 정당한 이유로 그를 배척할 수 있다. 이는 그의 '혁명의 정당성' 개념으로 이어진다. 피치자인 백성은 단순히 통치를 받는 수동적 존재가 아니라, 통치자와 상호 의존적 관계를 이루는 중요한 존재이다. 백성은 자신의 통치자를 평가하고, 그들이 도덕적 기준에 부합하지 않을 경우 저항할 수 있다. 피치자는 단순히 복종하는 존재가 아니라, 통치의 정당성을 확인하고 유지하는 핵심적 역할을 한다.

왕도 정치의 본질: 무항산자 무항심

"항산이 없는 자는 항심이 없다" – 여기서 '항산恒産'은 지속적으로 유지될 수 있는 경제적 기반, 즉 안정적인 생업이나 재산을 의미하며, '항심恒心'은 도덕적 의지, 곧 올바른 마음가짐을 뜻한다. 경제적 안정(항산)이 없으면 도덕적 의지(항심)도 유지될 수 없으며, 그 결과 사회가 혼란에 빠질 수 있다. 이는 사회경제적 현실이 인간의 도덕성과 행동에 미치는 영향을 설명하는 매우 현실적인 주장이다.

맹자는 인간이 생계에 위협을 받을 경우, 도덕적 선택을 지속하기 어렵다고 보았다. 사람이 가난에 시달리면 도덕성을 잃기 쉽다는 말처럼, 경제적 기반이 없는 사람은 생계를 유지하기 위해 수단과 방법을 가리지 않게 되고, 결국 법을 어기거나 부정한 행동을 할 가능성이 높아진다. 인간 본성이 악해서가 아니라, 극심한 가난과 경제적 불안이 도덕적 선택을 어렵게 만들기 때문이다.

맹자는 또한 경제적 안정이 사라지면 사회 전체가 혼란에 빠질 것이라고 경고했다. 만약 백성에게 경제적 안정(항산)이 없는데도 불의不義를 행하지 않는다면, 그것은 짐승처럼 사는 것과 다름없다. 빈곤과 불평등이 심화되면, 백성들은 생존을 위해 도덕보다는 현실적인 선택을 하게 되고, 결국 사회 전체가 붕괴할 위험이 있다.

맹자의 사상은 시대를 초월하여 오늘날에도 큰 울림을 준다. 도덕적 리더십과 민본주의, 경제적 안정과 윤리적 삶의 상관관계를 강조한 그의 주장은 현대 민주주의 국가와 복지국가의 핵심적 원리로 작동되고 있다.

무엇보다 맹자의 사유는 오늘날 우리에게 정치와 도덕의 통합 가능성을 다시 상기시킨다. 우리는 너무 자주 도덕 없는 정치, 혹은 정치 없는 도덕 중 하나를 선택해야 하는 현실에 처해 있다. 하지만 맹자는 말한다. 도덕과 정치는 분리되어서는 안 되며, 오히려 서로를 통해 완성되어야 한다. 권력은 도덕을 통해 스스로를 정당화하고, 도덕은 정치 제도 속에서 사회적 조건을 갖출 수 있어야 한다.

이 통합적 사유야말로 맹자가 우리에게 남긴 가장 강력한 유산이다. 그의 철학은 과거에만 머무르지 않고, 오늘의 문제를 다시 사유하게 만든다.

정치는 어떻게 인간을 존엄하게 만들 수 있는가?
제도는 어떻게 공공선을 보장할 수 있는가?
도덕은 어떻게 사회 구조 속에서 작동해야 하는가?

주요 저술

- **맹자(孟子, Mencius, BC 250경)** | 맹자가 제자들과 나눈 대화, 천하의 제후들을 만나 유세하였던 기록, 다른 사상가와의 논쟁 등을 기록한 책으로 사서오경에 속하는 유교 경전으로 총 7편 14장구로 구성되어 있다. 국내에는 다양한 번역본이 존재한다.

06 | 한비자 BC 280?~233
법, 세, 술로 세상을 다스릴 수 있는가?

"사람은 본래 이기적이며, 군주는 법과 술을 통해 백성을 통제해야 한다. 법은 공정하고 명확해야 하며, 누구에게나 예외 없이 적용되어야 한다. 군주는 개인적인 감정이나 도덕적 이상에 휘둘리지 않고, 법을 이용하여 권력을 안정적으로 유지해야 한다. 오직 법치만이 강한 국가를 만들 수 있다."

— 『한비자』, BC 200년 경

사회는 어떻게 유지될 수 있는가? 권력은 어떤 방식으로 작동해야 하는가? 한비자(韓非子, BC 280?~233)는 전국시대 말기의 혼란 속에서 이러한 질문을 던졌으며, 유가의 도덕적 통치가 현실적으로 불가능하다고 보았다. 그 대신, 그는 '법法', '세勢', '술術'을 기반으로 한 강력한 법치주의를 주장했다. 그는 인간 본성이 이기적이며, 이를 효과적으로 통제하기 위해서는 엄격한 법, 군주의 권위, 객관적인 행정 시스템이 필수적이라고 보았다.

인간 본성과 군주의 역할

"사람은 누구나 자기를 위하여 일하며, 그 행위가 옳은지 그른지는 신경 쓰지 않는다" – 한비자는 인간 본성을 성악설적 관점에서 바라보았다. 그에게 인간은 기본적으로 이기적이며, 자신의 이익을 우선시하는 존재였다.

따라서 도덕이나 인仁, 예禮 같은 유교적 가치로는 사회를 유지할 수 없다고 보았다. 그가 주장하는 바는 명확했다. 인간은 본능적으로 욕망을 추구하며, 자발적으로 선한 행동을 하지 않는다. 때문에 도덕적 감화보다 강제력 있는 '법'과 '규율'이 필수적이다.

"인간은 태어나면서부터 이익을 탐하며, 이를 제어할 수 있는 것은 법뿐이다" – 한비자는 사회 질서를 유지하기 위해서는 강력한 권력이 필수적이라고 보았다. 그는 군주君主의 역할을 강조하며, 군주는 신하나 백성을 신뢰하는 것이 아니라 '법'과 '규율'을 통해 권력을 유지해야 한다고 주장했다. 군주가 특정한 개인을 신뢰하면, 그 신하는 자신의 이익을 위해 권력을 남용할 가능성이 크다. 군주는 개인적 정情이 아니라 법과 규율에 의존해야 한다.

법 · 세 · 술: 질서를 위한 권력의 삼중 구조

한비자에 따르면 국가는 도덕적 감화로 움직이지 않는다. 사회 질서를 유지하는 힘은, 인간의 본성과 세상의 현실에 대한 정확한 이해 위에 세워져야 한다. 그것은 이상이나 감성의 정치가 아니라, 통제와 예측의 기술이다. 여기서 등장하는 것이 법法, 세勢, 술術이다.

"법이란 문서로 기록되어 관청에 두고, 백성들이 피하고 좇아야 할 바를 알게 하는 것이다" – 한비자에게 있어 '법'은 단지 규칙이 아니라, 사회 전체의 예측 가능성과 공정성을 담보하는 질서의 뼈대다. 법은 사사로운 판단이 아니라 문서로 고정된 기준이며, 누구에게나 예외 없이 적용되어야 할 '공적 장치'다. 이는 오늘날 법치주의의 선구적 사유로 평가받는다. 군주의 자의적인 명령이나, 신하의 교언영색이 사회를 지배해서는 안 된다. 사회 질서란 개인의 선의나 권력자의 인격이 아니라, 모두가 따라야 하는 공개된 규범에 의해 유지되어야 한다는 것이다. 이러한 법은 사회적 신뢰의 기반이 되며, 동시에 권력을 제약하는 원리로 기능한다. 감정과 우연에 의해 흔들리지 않는 기준, 그것이 바로 법이다.

"성인은 신하의 지혜에 의존하지 않고, 오직 권세에 의지한다" – 법만으로는 사회가 움직이지 않는다. 한비자가 말하는 '세勢'는 통치자의 지위 자체에서 나오는 권위와 위력이다. 다시 말해, 개인이 아무리 어질거나 유능하더라도, 적절한 권력 구조를 갖추지 않으면 다스릴 수 없다는 현실주의적 인식이다. 여기서 '세'는 조직의 위계, 관료제의 힘, 지위에서 나오는 압력을 의미한다. 통치는 개인적 카리스마가 아니라, 구조화된 권력 시스템이어야 한다. 이 사유는 오늘날의 제도 설계, 헌법 권한 분립, 조직화된 리더십의 논리로 이어진다. 권력은 사람에 종속되어선 안 되고, 지위에 의해 제도화되어야 한다.

"현명한 군주는 말로 명령하지 않고, 문서로도 쉽게 정을 드러내지 않는다" – '술術'은 통치자의 기민한 전략, 심리적 통제, 정보 관리의 기술이다. 법과 세가 외부 구조를 설계하는 장치라면, 술은 통치자가 권력을 안전하게 행사하기 위해 사용하는 내면적 기술이다. 술은 인간의 본성을 의심한다. 사람은 감언이설로 속이며, 겉과 속이 다르고, 권력 앞에서 쉽게 변심한다. 한비자는 통치자가 직접 감정을 드러내거나, 비공식적으로 명령을 내리는 것을 경계했다. 권력은 드러나면 약해지고, 감시하지 않으면 전복당한다. 술은 감시 체계이며, 간접 통치의 기술이고, 정보를 통한 권력의 보존 기술이다. 현대의 감시사회, 빅데이터 권력, 행정 정보 통제 구조는 한비자의 '술' 개념과 통한다.

유가와 법가의 대립과 조화

　정치철학은 두 세계 사이를 오간다. 하나는 어떻게 살아야 하는가라는 물음이 제기되는 이상국가이고, 다른 하나는 어떻게 사회를 안정시킬 것인가라는 절박한 질문이 던져지는 현실국가다. 이 두 세계는 철학적으로 분리될 수 없지만, 어느 한쪽에 무게중심이 쏠리기 마련이다. 바로 그 선택의 지점에서 동아시아 사상의 두 큰 흐름인 유가와 법가는 뚜렷이 갈라진다.

　공자(BC 551~479)와 맹자(BC 372~289)로 이어지는 유가는 도덕에 기초한 통치를 핵심으로 삼는다. 군주는 먼저 덕을 닦고, 백성은 그 덕에 감화되어 따르는 정치가 유가의 이상이다. 백성은 사랑과 정의로 대우받을 때 충성하고 순응한다는 믿음은 유가 사상의 출발점이다. 유가에게 정치란 백성의 삶을 안정시키고, 그 마음을 얻는 일이다. 덕 있는 군주는 백성을 사랑하며, 백성은 그에 응답한다. 유가가 꿈꾸는 사회는 모두가 덕으로 연결된 도덕 공동체이며, 제도는 그런 도덕을 실현하기 위한 수단일 뿐이다.

　이에 반해 법가는 감화의 가능성을 부정한다. 한비자는 인간이 덕으로 이끌어진다는 생각 자체가 환상이라고 본다. 사람은 이익에 따라 움직이며, 아무리 어진 군주라 해도 인간의 마음을 통제할 수 없다는 것이 법가의 기본 전제다. 인간을 불완전한 존재로 보는 법가는 도덕이나 신뢰보다 구체적이고 예측 가능한 제도적 통제를 우선시한다. 법으로 행동을 규정하고, 세로 권위의 위력을 행사하며, 술로 인간 심리를 분석하고 통제하는 것이 법가적 정치다. 한비자에게 정치는 이상을 실현하는 수단이 아니라, 불완전한 인간들 사이에서 질서를 유지하고 혼란을 방지하기 위한 장치다.

　유가와 법가의 차이는 이상과 현실의 대립이라기보다, 정치철학이 무엇을 중심에 두고 묻고 있는가의 차이다. 유가는 어떻게 살아야 하는가라는 물음을 던지며, 인간의 본성과 도덕, 공동체의 가치를 중시하는 윤리적 정치의 전통을 이룬다. 반면 법가는 어떻게 사회를 안정시킬 것인가에 집중하며, 제도와 규율, 권력 구조와 행정 기술을 중시하는 기술적 정치의 흐름을 형성한다. 이 차이는 곧 정치철학이 어디에 무게를 두고 출발하는가를 보여준다.

오늘날 우리는 이 두 사상의 유산을 동시에 살아가고 있다. 민주주의와 복지국가는 유가적 이상을 따르고, 법치주의와 행정제도는 법가적 현실 감각을 반영한다. 중요한 것은 언제나 균형이다. 덕만으로는 체제를 지탱할 수 없고, 제도만으로는 사람을 납득시킬 수 없다. 도덕 없는 정치는 냉혹하고, 정치 없는 도덕은 무력하다. 맹자와 한비자, 이 두 전통은 이상과 현실이라는 양극단이 아니라, 우리가 어떤 사회를 만들고 유지할 것인가에 대한 지속적인 긴장의 축이다. 정치란 바로 그 긴장 속에서만 살아 있는 것이다.

한비자는 도덕적 이상주의를 거부하고, 법과 권력의 논리를 중심으로 강한 국가를 건설해야 한다고 주장했다. 그는 법을 통한 질서 유지, 신하들의 견제, 군주의 절대 권력의 필요성을 강조하며, 국가를 운영하는 현실적 전략을 제시했다. 한비자의 사상은 현대 정치와 사회 시스템을 이해하는 데 중요한 통찰을 제공하며, 법과 제도가 공정하게 운영될 때만이 사회가 안정적으로 유지될 수 있음을 시사한다.

✒ 주요 저술

- **한비자(韓非子, BC 265~233 /김원중, 2016)** | 총 55편으로 구성되어 있으며, 그의 법치 사상, 군주론, 인간 본성론 등이 종합적으로 정리된 책이다. 전국시대의 혼란 속에서 강력한 법과 군주의 권위를 바탕으로 한 국가 운영 원칙을 제시하는 법가 사상의 결정체이다.

07 | 키케로 BC 106~43
자연법은 어떻게 공익을 실현하는가?

"법은 자연에 부합하는 올바른 이성이다. 로마나 아테네에서 다르지 않고, 지금이나 미래에도 변함이 없으며, 모든 민족과 모든 시대를 아우르는 하나의 영원하고 불변하는 법이다."

―『법률론』, BC 52

마르쿠스 툴리우스 키케로(Marcus Tullius Cicero, BC 106~43)는 로마 공화정 말기의 정치가, 철학자, 웅변가로 널리 알려져 있다. 키케로는 플라톤(BC 427~347)과 아리스토텔레스(BC 384~322)의 정치철학을 바탕으로, 공화정과 법의 중요성을 강조하면서도 도덕과 정의가 통치의 중심에 있어야 한다고 주장했다. 특히, 그는 법 없이 정의가 있을 수 없으며, 정의 없이는 사회가 유지될 수 없다는 신념을 바탕으로, '자연법 lex naturalis', '공화주의 Res Publica', 시민의 권리와 의무에 대한 철학적 논의를 발전시켰다.

사회의 기원과 국가

"인간에게는 이성이 주어졌고, 이 이성으로 인간 공동체의 기초가 놓였다" ― 키케로는 인간을 본성적으로 사회적인 존재, 즉 '사회적 동물 animal sociale'로 규정하며 사회의 기원을 인간의 사회적 본성에서 찾았다. 인간은 생존의 필요나 이익 추구를 넘어, 인간 본성 자체가 타인과의 교류와 협력을 갈망하며 공동체를 형성하도록 이끈다. 키케로는 인간에게 고유한 '이성 ratio'과 '언어 oratio' 능력이 사회 형성에 결정적인 역할을 한다고 강조하였다. '이성'은 인간으로 하여금 보편적인 진리와 선을 추구하게 하며, '언어'는 타인과의 소통과 협력을 가능하게 하여 공동의 목표를 설정하고 달성하도록 돕는다. 인간은 이성과 언어를 통해 상호 설득과 합의를 이루어 사회 질서를 형성하고, 정의로운 공동체를 건설할 수 있다.

"국가의 목적은 공익이며, 정의가 없다면 국가가 존재할 수 없다" – 국가는 인위적인 계약으로 만들어진 것이 아니라 '인간 본성'에 기반한 자연스러운 결합체이다. 인간은 본래 사회적인 동물이며, 국가 또한 인간의 본성으로부터 자연스럽게 발생한 공동체이다. 국가의 주된 역할은 권력을 휘두르는 데 있는 것이 아니라, 시민들 사이의 정의와 질서를 확립하고 유지하는 데 있다. 키케로에게 있어 국가는 권력의 집합체가 아니라, 법과 정의를 공유하는 공동체였다.

권력의 정당성과 한계

"법 없는 권력은 폭력일 뿐이다" – 키케로는 '권력 Imperium'을 공동체를 위한 책임 있는 행위로 보았다. 만약 권력이 법과 정의라는 견제 장치 없이 행사된다면 필연적으로 '독재 Tyrannia'로 변질될 수 있다. 키케로는 로마 공화정이 붕괴하고 독재정으로 전락하는 상황을 목격하면서, 권력 자체가 지닌 위험성을 인지하고 권력이 반드시 법과 윤리적 기준에 의해 통제되어야 한다고 역설하였다.

키케로는 권력 자체를 본질적으로 악으로 보지는 않았으나, 권력의 남용과 부패를 심각하게 경계하였다. 권력은 공공선을 실현하고 사회 질서를 유지하는 데 필요한 도구이지만, 동시에 개인의 탐욕과 야망에 의해 쉽게 남용될 수 있는 위험성을 내포하고 있다. 국가는 법과 시민의 합의로 유지되며, 한 사람의 뜻에 종속될 수 없다. 키케로는 최상의 정치 체제는 공화정 Res Publica이며, 권력은 분립되어야 한다고 주장하였다.

자연법과 실정법

"우리는 정의를 위해 태어났으며, 법은 단지 관습이나 의견이 아니라 자연에 의해 세워졌다" – 키케로는 법을 자연법과 실정법으로 구분하며, 법의 근원이 인간이 아닌 자연과 신에 있음을 강조했다. '자연법 Lex Naturalis'은 인간의 본성에 내재된 불변의 법칙으로, 옳고 그름을 판단하는 이성적 기준이다. 이는 인간이 만들어낼 수 있는 것이 아니라 발견해야 하는 법이며, '실정법 Lex Posita'은 인간 사회에서 합의를 통해 만들어진 법을 의미한다. 실정법이 정당성을 가지려면 자연법에 부합해야 하며, 자연법을 위반하는 실정법은 무효이다. 진정한 법은 옳고 그름을 이성적으로 판단할 수 있는 자연법이며, 이는 모든 인간에게 동일하게 적용된다.

키케로는 자연법이 인간 사회에서 실현되기 위해 따라야 할 원칙을 세 가지로 정리했다.

첫째, 모든 인간은 '동등한 법적 권리'를 가진다. 그는 신이 부여한 동일한 이성을 가진 인간은 자연법 아래에서 평등하다고 주장했으며, 이는 후에 모든 시민이 법 앞에 평등하다는 법치주의 개념으로 발전했다.

둘째, 법은 '공동선'을 추구해야 한다. 그는 "법은 개인의 이익이 아니라 공동체의 공공선을 위해 존재한다"고 말하였고, 이 사상은 사회계약론과 공화주의 정치철학의 기초가 되었다.

셋째, 법은 '도덕'과 '정의'를 실현해야 한다. 법이 정의롭지 않다면 그것은 단순한 힘의 명령에 불과하며, 정의 없는 법은 폭력에 불과하다. 이러한 정의 개념은 후대의 자연권 사상과 인권법의 기초가 되었다.

키케로는 법과 정의는 인간 본성에 내재한 이성에서 비롯되며, 참된 정치는 공동의 이익을 위한 시민적 덕과 정의의 실현을 목적으로 해야 한다고 강조한다. 키케로의 자연법 사상은 오늘날 법치주의와 공공정책의 기본 원칙으로 연결된다. 그의 철학은 법과 권력이 단순한 통치 수단이 아니라, 정의와 공공선을 실현하는 도구여야 함을 강조한다. 정의롭지 않은 법은 법이 될 수 없다는 그의 신념은 시대를 초월해 여전히 울림을 준다.

주요 저술

- **공화국**(De Re Publica, BC 54년~BC 51년/김창성, 2021) | 정의, 공익, 법의 역할을 중심으로 이상적인 국가는 공익의 증진과 법치의 유지를 목적으로 해야 하며, 법은 자연법에 기초해야 한다고 주장한다.

- **법률론**(De Legibus, BC 52년/성염, 2021) | 법의 기원과 본질, 그리고 도덕적 기초를 탐구하며, 이상적인 법체계는 자연법과 조화를 이루며, 시민과 국가의 권리와 의무를 명확히 해야 함을 논의한다.

- **의무론**(De Officiis, BC 44년/박문재, 2025) | 개인과 공직자가 공익을 위해 어떤 도덕적 의무를 가져야 하는지 논의하며, 정의는 사회의 기반이며, 공익을 위한 행동은 도덕적 의무임을 강조한다.

08 | 아우렐리우스 121~180
스토아적 덕은 시민과 황제에게 어떻게 구현되는가?

"인간은 서로를 위해 존재하며, 우리가 태어난 이유는 협력하고 조화를 이루기 위함이다. 그러므로 한 사람의 행동이 사회 전체에 해를 끼친다면, 그는 자신을 해치는 것과 같다. 우리는 몸의 각 부분처럼 서로 연결되어 있으며, 한 부분이 병들면 전체가 고통받는다. 따라서 네가 하는 모든 행동이 공동체를 이롭게 하는지 자문해야 한다."
— 『명상록』, 170~180

마르쿠스 아우렐리우스(Marcus Aurelius, 121~180년)는 로마 황제이자 스토아 철학자였으며, '철인 군주'의 이상을 실현한 인물로 평가된다. 아우렐리우스의 통치 기간은 반란과 침략, 경제적 어려움이 지속된 시기로, 공동체의 안정과 통합이 중요한 과제였다. 마르쿠스는 공동체를 구성원 간의 상호 협력과 정의를 실현하는 장으로 보았으며, '스토아적 덕'이 이를 가능하게 한다고 주장했다.

키케로(BC 106~43)가 보편적 '자연법'에 기반하여 정의와 도덕적 질서가 유지된다고 보았다면, 아우렐리우스는 이를 계승하면서도 외부 세계와 운명을 수용하면서 개인의 내적 성찰과 자기 통제, 그리고 공동체를 위한 각자의 헌신을 강조하였다. 이러한 사유는 그대로 국가 지도자에게도 적용되어, 지도자는 사익이 아닌 국가와 시민의 복지를 최우선으로 삼아야 한다는 주장으로 펼쳐진다.

스토아 철학: 자연의 질서와 공동체와의 연결

아우렐리우스의 사회철학은 스토아 철학의 핵심 개념을 바탕으로 한다. '스토아 철학'은 기원전 3세기 제논(BC 490~430경)으로부터 시작된 사상으로, 자연법, 이성, 미덕, 운명에 대한 수용 등을 강조한다. 스토아 철학에서는 인간과 사회가 '자연'의 질서에 따라 조화를 이루어야 하며, '이성'을 통해 정의롭고 질서 있는 사회를 구축할 수 있다고 보았다.

"삶은 자연과 함께, 자연을 따라 사는 것이다" – 스토아 철학에서는 우주가 합리적 질서에 의해 지배된다고 보고, 인간 역시 이성을 통해 이를 이해하고 따를 수 있다고 믿는다. 인간 사회도 '자연법'에 따라 조화롭게 유지되어야 하며, 법과 제도 역시 이성을 기반으로 정의롭게 운영되어야 한다. 만물이 자연의 질서 속에서 존재하며 인간 또한 그 일부라는 생각은 그의 철학의 근간을 이룬다.

"인간은 서로를 위해 존재한다. 그렇다면 그들을 가르치든지, 아니면 인내하라" – 또한 그는 스토아적 세계시민주의를 강조하며, 모든 인간이 하나의 '공동체(communitas, 코뮤니타스)'를 이루어야 한다고 주장했다. 로마 황제로서 그는 특정 민족이나 국가의 이익이 아니라 인류 전체를 고려하는 윤리적 보편주의를 지향했으며, 인간은 모두 신의 자녀로서 하나의 공동체에 속한다고 보았다. 이러한 철학은 사회 질서가 특정 계급이나 국가의 이익이 아니라 인류 공동체 전체를 고려해야 한다는 사상을 뒷받침한다. 정치는 특정 계층이 아닌 보편적 인간성을 기반으로 운영되어야 하며, 모든 인간은 인종, 계급, 출신에 관계없이 평등한 도덕적 가치를 지녀야 한다.

사회는 계약이나 강제력에 의해 유지되는 것이 아니라, 인간의 자연적 본성 속에서 형성된다. 모든 개인은 우주적 자연의 일부로서, 서로를 돕고 지원해야 할 의무를 가진다. 아우렐리우스는 인간은 사회적 동물이며, '공동체'를 위해 행동할 때 가장 덕스럽다고 강조했다. 개인의 행동은 공동체 전체에 영향을 미치며, 개인이 스토아적 덕을 실천할 때 공동체도 안정과 조화를 이룬다.

개인들은 스토아적 덕을 실현해야 한다

"어떤 직업과 신분에 있든, 자신에게 맡겨진 역할을 덕을 가지고 수행하는 것이 가장 중요하다" – 아우렐리우스는 사회가 단순히 법과 규칙만으로 유지되는 것이 아니라, 개인들이 덕을 실천함으로써 조화롭게 운영된다고 믿었다. 그가 강조한 '덕'은 도덕적 이상이자, 사회적 역할과 책임 속에서 실천해야 하는 가치였다. 스토아적 덕은 '지혜 sapientia', '용기 fortitudo', '절제 temperantia' '정의 iustitia'의 네 가지 덕목으로 나뉜다. '지혜'는 바른 판단을 통해 정의를 실현하는 능력으로 지도자의 판단력이나 법률가의 공정성으로 드러난다. '용기'는 두려움 없이 옳은 일을 실천하는 태도로 시민의 권리 수호나 사회적 정의 실현에서 드러난다. '절제'는 감정을 통제하고 균형을 유지하는 능력으로 공정한 정책 결정과 법과 제도의 준수와 시민과 시민 간의 조화로 드러난다. '정의'는 모든 이에게 공정함을 실현하는 원칙으로 법의 평등한 적용과 권력의 남용 방지로 드러난다.

"네가 통제할 수 없는 것에 대해 걱정하지 말고, 네 자신을 다스리는 것에 집중하라." – 이러한 철학은 사회적 질서가 법과 강제력에 의해 유지되는 것이 아니라, 개인의 내적 성찰과 윤리적 책임에 의해 형성된다고 본다. 즉, 개인이 도덕적 원칙을 준수하면 사회 전체가 자연스럽게 안정되며, 조화로운 공동체가 형성될 수 있다는 것이다.

"네가 좋은 사람이 되고자 한다면, 사회를 위해 기여하라." - 이러한 철학적 관점에서 볼 때, 사회는 개인의 조화로운 협력을 통해 유지되며, 각자는 자신의 역할을 수행하면서 공동체 전체의 이익을 위해 노력해야 한다. 사회적 책임을 다하는 것이 개인의 도덕적 완성과 연결되며, 이를 통해 건강한 사회 질서가 유지될 수 있다고 그는 믿었다.

황제는 시민의 노예가 되어야 한다

"황제는 시민의 노예가 되어야 하며, 시민을 위한 삶을 살아야 한다" - 아우렐리우스는 정치 지도자가 단순한 권력자가 아니라, 도덕적 본보기가 되어야 한다고 주장했다. 그는 지도자가 이성을 바탕으로 결정을 내려야 하며, 감정과 사적인 욕망에 휘둘려서는 안 된다고 보았다. 지도자의 역할은 권력을 행사하는 것이 아니라, 사회에 봉사하는 데 있으며, 이는 스토아 철학의 핵심 원칙과도 일맥상통한다.

스토아 철학은 모든 인간은 이성logos을 공유하는 존재이며, 우주는 이성에 따라 질서를 이루고 있다고 본다. 황제 혹은 지도자는 이 우주적 질서 속에서 공동체 전체를 조화롭게 이끄는 역할을 맡은 자이다. 아우렐리우스의 이런 관점은 오늘날의 '공복public servant' 개념과도 직결되며, 권력은 시민 위에 군림하는 것이 아니라 시민을 위해 봉사하는 책임이라는 민주적 정치철학의 토대와 연결된다.

"나는 선한 황제가 되어야 하며, 그것은 곧 인내하고, 이성을 따르고, 욕망을 절제하며, 봉사하는 것이다" - 현대 정치에서 종종 윤리와 권력은 분리된다. 그러나 마르쿠스 아우렐리우스는 윤리적 인간이 곧 좋은 통치자라고 믿었다. 이러한 관점은 통치자의 도덕성과 정치적 정당성의 일치를 강조한다. 그의 리더십 모델은 '카리스마'나 '강력한 권위'가 아니라, 겸손·자기 절제·공동체 봉사라는 스토아적 미덕에 기반한다. 이것은 현대 조직이나 공동체의 리더십 모델에서도 통용되는 방식으로, '서번트 리더십Servant Leadership'의 고전적 원형이라 할 수 있다.

키케로(BC 106~43)는 법과 정의에 근거한 정치적 공동체의 윤리적 기반을 중심에 두었다면, 마르쿠스 아우렐리우스는 우주적 질서와 내적 덕을 강조하며 자기 수양을 통한 공동체 조화를 강조하였다. 그는 인간은 서로를 위한 존재로 태어났으며, 각자는 자연 질서 속에서 맡은 역할을 수행함으로써 공동선을 실현해야 한다고 본다.

마르쿠스 아우렐리우스의 철학은 개인 수양의 차원을 뛰어넘어, 공동체 전체의 도덕적 질서와 정치적 이상을 아우른다. 그는 스스로를 시민을 위한 봉사자로 규정했고, 권력의 본질은 섬김과 책임에 있다는 통찰을 남겼다. 그의 사유는 권위의 정당성을 윤리적 기반에서 찾으려는 후대 사상에 큰 영향을 주었으며, 오늘날에도 도덕성과 공공성의 회복이 필요한 시대에 유의미한 지침이 된다.

✒ 주요 저술

- **명상록(Meditations, 170년~180년/김지영, 2024)** | 스토아 철학에 기초하여 개인의 덕과 공동체적 책임을 성찰하며, 개인이 공동체의 조화와 공익에 기여하는 방법을 논하였다.

PART 2

권좌: 어떻게 태어나고, 어떻게 사라지는가?

한 남자가 왕좌에 앉아 있다. 어떤 이는 그를 신의 대리인이라 불렀고, 어떤 이는 폭군이라 저주했다. 왕은 법을 만들고, 법을 어겼다. 전쟁을 선포하고, 평화를 외쳤다. 백성은 그에게 충성을 맹세했으나, 때론 반란을 도모하기도 했다.

권력(權力, Power)은 언제나 존재했으며, 권력을 둘러 싼 인간들의 투쟁은 계속되어 왔다.

이 장에서는 마키아벨리(1469~1527)의 '군주론', 토마스 홉스(1588~1679)의 '리바이어던', 몽테스키외(1689~1755)의 '권력분립론', 토크빌(1805~1859)의 '다수자 전제' 개념을 통해 신의 통치가 무너지고 인간의 통치가 시작된 근대 유럽에서의 권력을 둘러 싼 치열한 사유들을 살펴본다.

09 | 마키아벨리 1469~1527
권력은 어떻게 태어나고 유지되는가?

"사랑은 변할 수 있지만, 두려움은 군주의 권력을 보호해 준다. 그러나 두려움을 조성하되 증오를 사지 않도록 신중해야 한다. 사람들은 자신의 생명과 재산을 위협받지 않는 한, 두려움을 받아들이지만, 불필요한 잔인함은 반발을 불러일으킬 것이기 때문이다."

— 『군주론』, 1521

권력이란 도덕적 이상이 아니라 현실적 필요에서 비롯된다. 니콜로 마키아벨리(Niccolò Machiavelli, 1469~1527)는 르네상스 시기의 혼란스러운 정치 환경 속에서, 권력이 어떻게 형성되고 유지되는지를 철저히 현실주의적 관점에서 분석한 사상가였다. 그는 권력의 기원이 신성한 권위나 도덕적 원칙에서 비롯되는 것이 아니라, 힘, 계책, 그리고 현실적 이해관계에 의해 결정된다고 보았다.

권력 운영의 3가지 요소: 운명, 힘, 미덕

마키아벨리에게서 권력의 기원과 운영을 설명할 때 중요한 개념은 '운명(Fortuna, 포르투나)', '힘(Forza, 포르차)', 그리고 '미덕(Virtù, 비르투)'이다. 특히 'Virtù(비르투)'는 일반적인 의미와는 달리 마키아벨리적 맥락에서 독특한 해석이 필요하다.

"운명은 여성과 같아서, 강하게 다루는 자에게는 순종한다" – 'Fortuna(포르투나)'는 운명, 우연, 시대적 흐름, 외부 환경과 같은 통제할 수 없는 요소들을 의미한다. '운명Fortuna'이 권력의 형성에 중요한 역할을 하지만, 인간이 완전히 그것에 종속되어서는 안 된다. 권력자들은 운명을 단순히 받아들이는 것이 아니라, 자신에게 유리하게 만들거나 그 변화를 기회로 활용해야 한다. 마키아벨리는 능동적인 행동을 통해 운명을 통제하려는 노력이 중요하다고 강조했다.

"싸움에는 두 가지 방식이 있다. 하나는 법이고, 하나는 폭력이다" – 'Forza(힘)'는 물리적 강제력과 군사력을 의미한다. 권력은 궁극적으로 강한 군사력과 무력 위에서 유지된다. 군사력이 없는 군주는 언제든 권력을 잃을 수 있으며, 강력한 군대를 가진 지도자는 정치적 안정성을 유지할 수 있다. 『군주론』에서 그는 군주가 '용병'이나 외국 군대에 의존하면 실패할 가능성이 크며, 반드시 자신이 직접 통제할 수 있는 군대를 가져야 한다고 주장했다.

"행운을 믿는 사람은 운명에 휘둘리지만, 미덕Virtù을 갖춘 사람은 자신의 길을 개척한다" – 마키아벨리의 권력에 관한 철학에서 가장 중요한 개념은 바로 'Virtù(비르투)'이다. 이 개념은 단순한 도덕적 '미덕virtue'이 아니라, 군주가 정치적 목표를 달성하기 위해 가져야 할 실천적 능력과 역량을 의미한다. 전통적으로 '비루투'는 도덕적 미덕, 선한 성품, 윤리적 삶을 의미하지만, 마키아벨리는 이 개념을 다르게 해석했다. 그에게 '비루투'란 지도자가 현실적 상황을 정확하게 판단하고, 그에 맞는 행동을 실행할 수 있는 능력과 결단력을 뜻한다. 이상적인 도덕적 기준을 고수하는 것이 아니라, 필요할 때는 냉혹하고, 과감하게 행동하는 것이 'Virtù'에 포함된다.

권력의 획득: 힘과 운명의 결합과 미덕의 역할

"운명은 반쯤은 인간이 통제할 수 없지만, 나머지 반은 그의 행동에 달려 있다" – 권력은 우연히 주어지는 것이 아니라, 운명, 힘, 미덕의 결합을 통해 형성된다. 마키아벨리는 군주가 권력을 얻는 방식에 따라 국가의 운명이 결정된다고 보았으며, 다음과 같은 방식으로 권력이 형성될 수 있다고 분석했다.

첫번째는 세습적 권력이다. 기존의 왕조나 가문을 통해 물려받는 권력으로, 프랑스 왕조나 신성 로마 제국 등이 대표적이다.

두번째는 군사적 정복을 통한 권력의 획득이다. 힘과 전략을 통해 직접 권력을 장악하는 것으로 체사레 보르자(Cesare Borgia, 1475~1507)를 예로 들고 있다.

세번째는 정치적 책략에 의한 권력의 획득이다. 동맹, 음모, 외교적 계책을 활용하여 권력을 확보하는 방식으로 프란체스코 스포르차(Francesco Sforza, 1401~1466)가 이 경우에 해당한다.

네번째는 민중의 지지를 얻고 대중의 신뢰를 받아 자연스럽게 권력에 오르는 경우이다. 마키아벨리는 로마의 여러 집정관 및 공화정 인물들을 이 경우에 해당하는 것으로 보았다.

"군주는 짐승과 인간 양쪽의 방식을 쓸 줄 알아야 하며, 여우와 사자를 본받아야 한다" – 가장 안정적인 권력은 세습된 왕권이지만, 새로운 군주가 정권을 장악하려면 무력과 계책을 모두 사용해야 한다. 사자는 덫을 피할 수 없고 여우는 늑대를 물리칠 수 없다. 그러므로 덫을 알아채는 여우가 되고 늑대를 쫓아낼 수 있는 사자가 되어야 한다. 여기서 사자는 forza 즉, 무력과 힘의 상징이며, 여우는 기만과 책략, 즉 virtù의 측면을 상징한다. 마키아벨리는 둘 다 필요하다고 말한다. 특히, 사자와 여우를 본받아 '운명'을 통제하는 것이 중요하며, 군주는 기회를 포착하고 그것을 활용할 능력을 갖추어야 한다.

권력의 유지: 안정과 통치 기술

"군주는 두려움을 주되, 미움을 사지 않도록 해야 한다" – 권력을 획득한 후에는 이를 유지하는 능력이 중요하다. 마키아벨리는 권력 유지를 위해 다섯가지 원칙을 제시했다.

무엇보다도 중요한 것은 철저한 현실 인식이다. 이상적인 도덕적 가치보다는 현실을 직시하고, 상황에 맞는 실용적 선택을 해야 한다.

두번째로는 두려움과 사랑의 균형이다. 군주는 백성에게 사랑받는 동시에 두려움을 주어야 한다. 그러나 둘 중 하나를 선택해야 한다면, 두려움을 우선시해야 한다. 두려움은 반란과 도전을 억제하는 데 효과적이다.

세번째로는 법과 힘의 병행 사용이다. 군주는 여우처럼 간교함을 통해 함정을 피하고, 사자처럼 강력한 힘으로 적을 제압해야 한다. 이는 법적 통치와 군사적 강압이 조화를 이뤄야 함을 뜻한다.

네번째로는 군사력과 안정된 제도이다. 군주는 자신의 권위를 강화하고 외부의 위협에 대처하기 위해 강력한 군사력을 유지해야 한다. 특히, '용병'보다는 자신의 국민으로 구성된 군대를 신뢰해야 한다고 강조했다.

다섯번째로는 유능한 책략과 조작 능력을 갖춰야 한다고 보았다. 군주는 정치적 술수를 사용할 줄 알아야 하며, 적을 제거하고 아군을 효과적으로 관리해야 한다.

마키아벨리는 군주정만을 옹호한 것이 아니라, 공화정과 군주정이 각 상황에 따라 다르게 작동할 수 있다고 보았다. 그는 『군주론』에서 군주정의 현실적 운영 방식을 설명했지만, 『로마사 논고』에서는 공화정의 장점을 논의하며 권력이 지나치게 한 손에 집중되는 것을 경계했다.

마키아벨리와 공화정

"갈등은 공화국을 파괴하는 것이 아니라, 오히려 강하게 만든다" – 마키아벨리는 공화국이 번영하기 위해서는 시민들의 덕성과 갈등이 필수적이라고 주장한다. 일반적으로 정치적 갈등은 혼란과 불안을 초래한다고 여겨지지만, 그는 오히려 갈등이 공화국을 더욱 강하게 만든다고 보았다. 로마 공화국이 오랜 기간 강성할 수 있었던 이유는 귀족(원로원)과 민중(평민) 사이의 긴장이 생산적인 방식으로 조정되었기 때문이다.

"국가는 무기로 세워질 수 있지만, 오직 법으로만 지속될 수 있다" – 그는 또한 법과 제도의 중요성을 강조한다. 로마 공화국이 존속할 수 있었던 중요한 이유 중 하나는 정치적 자유를 보장하는 제도적 장치들이 마련되어 있었기 때문이다. 공화국이 안정적으로 유지되기 위해서는 법이 모든 계층에게 공정하게 적용되어야 하며, 특정 계층이 권력을 독점하는 것을 방지해야 한다.

"시민이 무기를 들지 않으면, 언젠가는 사슬을 차게 된다" – 마키아벨리는 군사력과 시민의 역할에 대해서도 깊은 통찰을 제공한다. 그는 용병을 활용하는 군대보다 시민군을 구성하는 것이 공화국의 생존을 위해 필수적이라고 보았다. 용병은 돈을 받고 싸우는 존재로서, 국가의 이익보다는 개인적 이득을 우선시하는 경향이 강하기 때문에 쉽게 부패할 수 있다. 반면, 시민군은 공화국의 자유와 공동체를 지키기 위한 존재로서, 국가에 대한 충성심과 책임감을 갖는다.

"국가는 시민의 덕이 살아 있을 때에만 존속할 수 있다" – 그의 공화주의 철학에서 가장 중요한 요소 중 하나는 '부패'에 대한 경계이다. 부패는 시민들의 덕성이 약화되고, 사익이 공익보다 우선시되는 순간부터 시작된다. 공화국이 부패하면, 권력은 점차 소수 엘리트에게 집중되고, 결국 독재적인 체제로 변질될 가능성이 높아진다. 그는 공화국이 지속되기 위해서는 시민들이 적극적으로 정치에 참여하고, 공적 윤리를 유지하며, 법과 제도를 지속적으로 개혁해야 한다고 주장했다.

마키아벨리는 정치에서 도덕과 윤리가 어디까지 영향을 미쳐야 하는지에 대한 근본적인 질문을 던진다. 그의 사상은 현실적이지만, 권력이란 무엇이며, 어떻게 행사되어야 하는가에 대한 논쟁을 불러일으켰다.

마키아벨리는 또한 현실 정치에서 작동할 수 있는 공화주의 모델을 고민하였다. 그의 사상은 정치적 이상주의와 현실주의를 동시에 담고 있으며, 민주주의와 공화주의에 대한 깊이 있는 통찰을 제공한다.

✒ 주요 저술

- **전술론**(The Art of War, 1521/정명진, 2024) | 군사적 전략과 군대 조직의 중요성을 다루며, 군사력은 강력한 권력 유지를 위한 필수적 도구임을 주장한다.

- **군주론**(The Prince, 1532/민지현, 2024) | 권력을 획득하고 유지하기 위한 실용적이고 현실적인 통치 방법을 제시하며, 군주의 덕목과 운명의 상호작용을 논의한다.

- **로마사 논고**(Discourses on Livy, 1532/강정인, 2019) | 로마 공화정을 정치철학적으로 분석하였고, 군사부터 내정까지 각 분야에서 공화정이 자유와 독립의 가치 위에서 무엇을 해야 하는지 상세히 다룬다.

10 | 홉스 1588~1679
리바이어던은 절대적이어야 하는가?

"무제한적 자유는 필연적으로 만인의 만인에 대한 투쟁을 초래하며, 생명과 안전을 위협하는 혼란을 가져온다. 그러므로 인간은 자신의 자연적 권리를 일부 포기하고, 강력한 주권자에게 권력을 위임함으로써 사회 질서를 확립해야 한다."

―『리바이어던』, 1651

    토머스 홉스(Thomas Hobbes, 1588~1679)는 인간이 '자연 상태'에 놓여 있을 때, 각자는 본능적으로 자신의 생존과 이익을 위해 행동하며, 결국 끝없는 충돌과 폭력이 발생한다고 보았다. 그가 말한 자연 상태란 법과 정부가 존재하지 않는 상태로, 이곳에서는 '만인의 만인에 대한 투쟁 Bellum omnium contra omnes'이 벌어진다. 인간은 본질적으로 이기적이며, 타인을 신뢰할 수 없기 때문에 개인의 생명과 재산을 보호할 수 있는 강한 권력이 필요하다.

    홉스는 영국 내전(1642~1651)시기의 혼란을 목격하며, 무정부 상태에서 인간이 얼마나 잔인하고 폭력적일 수 있는지를 깨달았다. 그는 자연 상태에서 인간은 생존 본능과 이기심에 따라 행동하며, 끊임없는 불안과 폭력에 시달린다고 보았다. 이러한 폭력과 불안을 종식시키기 위해 인간은 자발적으로 권리를 포기하고, 강력한 주권자를 중심으로 한 사회 계약을 통해 질서를 구축해야 한다는 논리를 제시했다.

폭력과 혼란, 그 해결로서의 리바이어던

"자연 상태의 인간은 세 가지 원인으로 싸운다. 경쟁, 불신, 그리고 명예가 그것이다" – 홉스는 인간이 자연 상태에서 폭력과 혼란에 빠지는 이유를 '경쟁Competition', '불신Diffidence', '명예Glory'의 세 가지로 요약했다. '경쟁'은 자원을 두고 벌어지는 충돌이고, '불신'은 서로를 믿지 못하는 상태에서 선제 공격의 유혹이며, '명예'는 자존심과 지위를 둘러싼 갈등을 말한다. 이러한 본성적 충돌은 공동체의 안정과 개인의 생존을 위협하며, 무정부 상태에서는 누구도 안전을 보장받을 수 없다. 그는 자연 상태를 "고독하고, 가난하며, 비참하고, 야만적이고, 짧다"라고 묘사하였다.

"리바이어던은 모든 인간의 공포를 통제하기 위해 세워진 인공적인 인격이다. 그 안에서 우리는 우리의 자연적 권리를 양도하고, 평화를 얻는다" – 홉스는 이러한 상태를 극복하기 위해 '리바이어던Leviathan'을 제시한다. 인간은 자연 상태의 혼란을 벗어나기 위해 서로의 동의하에 사회 계약을 체결한다. 사회 계약은 개인이 자신의 일부 권리를 포기하고, 이러한 권리를 '주권자(리비아어던)'에게 위임함으로써 공동체의 안전과 질서를 보장하는 내용이다. 평화는 계약에서 시작되고, 계약은 법의 보호 아래에서만 지속된다.

'리바이어던'은 홉스가 제시한 강력한 주권자 혹은 국가의 비유적 상징이다. 주권자, 즉 리바이어던은 개인 간의 갈등을 조정하고, 법과 질서를 통해 폭력을 억제하는 역할을 맡는다. '리바이어던'은 법을 위반하거나 폭력을 사용하는 개인이나 집단에게 '강제력'을 행사함으로써 사회 질서를 유지한다. 이는 주권의 핵심 역할이며, 사회 계약의 정당성을 보장한다. 홉스에게 있어서 강제력의 사용은 리바이어던의 가장 강력한 특징이었다.

권력과 복종

"두려움이 없는 곳에 법도 없다" – 홉스는 인간의 본성을 고려했을 때, 개인들이 자발적으로 도덕적 질서를 유지하는 것은 불가능하다고 보았다. 따라서 국가는 법과 강제력을 통해 사람들을 통제해야 한다. 법이 없으면 사람들은 다시 자연 상태로 돌아가고, 서로를 해칠 것이다. 홉스의 사상에서 권력의 통제란 곧 법의 통제이며, 법은 강력한 주권자가 유지할 때만 효과적이다. 만약 법이 나뉘거나, 주권자가 약해지면 다시 혼란이 발생하고, 사회는 붕괴한다. 홉스는 민주적 견제보다는, 권력이 하나로 집중되고 법이 철저하게 집행되는 것이 사회 안정에 필요하다고 보았다.

"진정한 자유란, 법이 보장하는 질서 속에서만 가능하다" – 홉스의 이론은 강한 국가 권력을 강조하는 만큼, 전체주의적 정치 체제와 연결될 수도 있다. 하지만 그는 독재를 옹호한 것은 아니고, 개인의 자유와 사회 질서 사이에서 현실적인 균형을 찾으려 했다. 홉스에게 자유란 절대적인 것이 아니라, 법의 보호 아래에서만 존재할 수 있는 것이다. 개인이 자유롭게 행동할 수 있으려면, 사회가 먼저 안전하고 질서 정연해야 한다. 그는 절대 군주제가 곧 독재로 이어지는 것은 아니며, 오히려 국가가 강해야만 시민들이 자유롭게 살 수 있다고 보았다.

홉스의 리바이더던 사상을 둘러싼 쟁점, 그리고 현대적 의의

홉스의 사회계약 이론은 이후 존 로크(1632~1704)와 장자크 루소(1712~1778)의 이론 발전에 중요한 기초를 제공하며, 현대 사회계약론의 출발점이 되었다.

그러나 그의 이론은 비판과 논쟁의 대상이 되기도 한다. 가장 큰 비판은 절대적 권력의 위험성에 있다. 홉스의 주권 개념은 권력 남용과 독재를 정당화할 수 있다. 주권자의 권한에 대한 견제 장치가 없다는 점에서 이는 자유주의적 관점과 충돌한다. 존 로크는 홉스의 주권 개념을 비판하며, 권력을 제한하는 헌법적 장치와 자연권 보호의 필요성을 강조하였다. 또한, 루소는 홉스의 자연 상태 개념이 지나치게 부정적이라고 지적하였다. 루소는 자연 상태를 평화롭고 자유로운 상태로 묘사하며, 사회적 불평등의 원인을 문명에서 찾았다.

홉스의 사상은 자연 상태에서의 인간은 불안과 폭력 속에서 살아가지만, 강한 권력이 있으면 평화가 유지된다라고 요약되고, 그 핵심에는 '강한 권력=리바이어던'이 있다. 이로써 홉스는 절대군주제에 철학적 근거를 제공하며, 근대 정치철학의 실용적 전통을 열었다. 동시에 그는 국가 권력의 정당성을 국가 외부가 아닌, 인간 내부의 공포와 이성에 두었다는 점에서 근대적 사유의 전환을 상징한다.

'리바이어던'이라는 강력한 주권자의 필요성은, 오늘날의 국가 안보, 치안 유지, 법치주의 논의에서 반복적으로 등장한다. 인간의 본성과 권력의 기원을 탐색한 홉스는 내부의 무질서를 막기 위한 강한 권위의 필요성을 강조했으며, 이는 국가 비상권력이나 행정권 강화의 이론적 근거로 된다. 홉스는 자유를 무제한의 행동이 아니라 법이 허용하는 범위 내에서의 안전한 행동으로 정의했고, 이 정의는 현대 자유주의와 권위주의 사이에서 이루어지는 '자유냐, 질서냐'의 쟁점에서 여전히 살아 있다. 911 테러 이후 미국사회에서의 감시사회 정당화, 팬데믹 시기의 국가 권한 확대 등의 상황에서 특히 홉스의 정치철학이 소환된다. 홉스가 묘사한 '자연 상태'는 현대 국제정치학에서 국가 간 무정부 상태 anarchy와 그로 인한 안보 딜레마를 설명하는 모델로 재해석되기도 한다.

　토마스 홉스의 정치철학은 근대 국가론의 기초를 세우며 주권의 절대성과 국가의 정당성에 대한 사유에 깊은 영향을 주었다. 그는 자연 상태에서 인간은 이기적이고 폭력적이며 "만인의 만인에 대한 투쟁" 상태에 놓여 있다고 보았고, 이 혼란을 피하기 위해 모든 개인이 권리를 양도하고 강력한 주권자(리바이어던)에 복종해야 한다고 주장했다. 루소나 로크가 그와 대립하면서도 사회계약론의 틀을 계승한 것처럼, 홉스는 정치철학의 출발점이자 논쟁의 중심으로 남아 있다.

　홉스의 정치철학은 오늘날에도 질서와 자유, 권위와 합의 사이의 긴장을 사유하는 데 여전히 유효한 사상적 기반이 된다. 그의 정치철학은 국가의 역할, 권력의 한계, 시민의 자유, 국제정치의 갈등구조를 이해하는 데 깊은 통찰을 제공하고 있으며, 현대 정치의 긴장과 모순을 미리 설계한 철학적 모델로 기능하고 있다.

✒ 주요 저술

- **철학적 기초들: 인간에 관하여**(The Elements of Law, Natural and Politic, 1640/이준호, 2023) | 인간 본성과 이기심을 분석하며, 폭력을 억제하기 위해 법과 강력한 권위의 필요성을 주장함. 초기 저작으로, 리바이어던에서 제시한 사상의 기초를 형성하였다.

- **시민론**(De Cive, 1642/이준호, 2013) | 자연 상태에서 발생하는 무질서와 폭력을 막기 위해 시민사회의 필요성을 논의하며, 사회계약 이론을 구체화함. 법, 권리, 의무의 역할을 강조하며, 평화로운 사회를 위한 통치의 역할을 규정하였다.

- **리바이어던**(Leviathan, 1651/최공웅 최진원, 2021) | 자연 상태에서의 만인의 만인에 대한 투쟁 상태를 설명하며, 이를 억제하기 위해 강력한 통치권을 가진 주권자의 필요성을 역설함. 사회계약을 통해 개인이 자신의 권리를 국가에 양도하고, 이를 통해 평화와 질서를 유지한다고 주장하였다.

11 | 로크 1632~1704
권력의 정당성은 어떻게 확보되는가?

"모든 인간은 자연 상태에서 평등하며, 자유롭고 독립적인 존재이다. 그 누구도 타인의 생명, 건강, 자유 또는 재산을 침해할 수 없다. 사람들은 자연권을 더욱 확실히 보장받기 위해 사회계약을 통해 정부를 형성하며, 이 정부는 국민의 동의에 의해 정당성을 가진다."

— 『통치론』, 1689

　존 로크(John Locke, 1632~1704)는 근대 경험론 철학의 선구자이자 자유주의와 민주주의의 기초를 마련한 사상가로, 그의 철학은 현실 정치체제의 형성에 커다란 영향을 미쳤다. 그는 인간이 본래 이성을 지닌 존재이며, 사회는 자연적 계약을 통해 형성된다는 철학적 입장에서 출발하여, 정부의 존재 이유와 그 한계를 논리적으로 설명했다. 그의 사유는 이후 민주주의 발전 과정에서 핵심적인 이론적 토대를 제공했으며, 오늘날까지도 정치철학의 중요한 지침으로 남아 있다.

17세기 영국과 로크의 시대적 문제의식

　로크가 살았던 17세기 영국은 정치적 격변의 시기였다. 절대왕정이 지배하던 유럽의 다른 지역과 달리, 영국에서는 의회와 왕권 간의 대립이 심화되면서 기존의 정치 체제가 거세게 흔들리고 있었다. 찰스 1세의 전제정치가 청교도 혁명(1642~1651)을 촉발했고, 이후 공화정과 군사 독재를 거쳐 왕정이 복귀하는 등 정치적 불안이 지속되었다. 1688년 명예혁명을 통해 제임스 2세가 폐위되고, 의회 중심의 입헌군주제가 성립되었으며, 바로 이 시기에 로크는 자신의 정치철학을 집대성했다.

그가 『통치론』을 저술한 목적은 왜 정부가 필요하며, 어떤 조건에서 정당한 정부가 될 수 있는지를 명확히 규정하는 것이었다. 토머스 홉스(1588~1679)가 절대군주의 필요성을 강조하며 강력한 권력을 통해 사회 질서를 유지해야 한다고 주장한 반면, 로크는 국가의 역할이 시민의 자연권을 보호하는 데 있다고 보았다. 그는 정부가 국민의 동의에 의해 존재해야 하며, 만약 정부가 권력을 남용할 경우 국민은 이에 저항할 권리를 가진다고 주장했다. 이러한 논리는 이후 민주주의 체제의 기본 원리가 되었으며, 근대 국가의 정당성을 설명하는 주요 이론이 되었다.

재산권: 노동을 통해 획득한 소유의 정당성

"그가 자신의 노동을 섞고, 자신의 작업을 부가하는 순간, 그것은 그의 소유가 된다" – 로크는 자연권 중에서도 주목할 부분이 바로 재산권Property Rights을 특별히 강조했다는 점이다. 그는 개인이 노동을 통해 자연 상태의 자원을 변화시킬 때, 그것이 개인의 소유가 된다고 보았다. 예를 들어, 들판의 과일은 누구의 것도 아니지만, 사람이 그것을 따서 자신의 것으로 만들면 그 과일은 개인의 소유가 된다. 즉, 노동이야말로 재산을 정당화하는 근거라는 것이 로크의 주장이다.

그는 재산권이 보호받지 못하면 개인의 자유도 위협받을 수밖에 없다고 보았으며, 정부의 주요 역할 중 하나가 바로 개인의 재산을 보호하는 것이라고 강조했다. 로크의 재산권 개념은 이후 자유주의 경제사상의 기초가 되었으며, 애덤 스미스(1723~1790)의 시장경제 이론에도 영향을 미쳤다. 현대 경제 체제에서 사유재산 보호와 계약 자유가 중요한 원칙으로 작동하는 것은 로크의 사상이 반영된 결과이다.

자연권과 사회계약

"모든 인간은 동등하게 자유롭고 독립적이며, 누구도 타인의 생명, 건강, 자유, 또는 재산을 침해할 수 없다" – 존 로크는 인간이 태어나면서부터 '생명Life', '자유Liberty', 그리고 '재산Property'을 가질 권리를 부여받았다고 보았다. 이 자연권은 어떠한 정부도 침해할 수 없는 근본적인 권리이며, 국가는 이를 보호하기 위해 존재해야 한다. 이러한 자연권 사상은 기존의 왕권신수설과 정면으로 대립하는 것이었다. 왕이 신의 대리자로서 절대적인 권력을 행사해야 한다는 기존의 논리는 더 이상 타당하지 않으며, 모든 정당한 권력은 국민의 동의에서 비롯된다는 것이 로크의 핵심 주장이었다.

"인간은 본래 모두 자유롭고 평등하며 독립적이기 때문에, 누구든 다른 이의 정치권력에 복종하게 되려면 그의 자발적인 동의가 필요하다" – 존 로크는 자연상태에서도 인간은 자연법에 따라 이성적이고 평등하게 살아간다고 보았다. 그러나 자연상태에는 재판관이 부재하고, 권리를 침해당했을 때 보호받기 어렵다는 한계가 있다. 이러한 불안을 극복하기 위해 사람들은 자유롭고 평등한 상태에서 '사회계약Social Contract'을 맺고 정치공동체를 구성한다. 로크에게 있어 '사회계약'은 권력을 위임하는 계약이지, 권리를 포기하는 계약이 아니다. 인간은 계약을 통해 자신의 자연권(생명·자유·

재산)을 더욱 확실히 보호하려고 정부를 수립한다. 이때 정부의 목적은 국민의 재산을 보호하고, 법의 지배를 통해 정의를 실현하는 것이다. 로크의 사회계약론은 국가권력의 정당성은 국민의 동의에 달려 있으며, 정부는 자유를 보장하기 위한 수단에 불과하다는 원리를 확립했다. 이로써 그는 군주주권이 아닌 입헌주의와 민주주의의 이론적 기반을 마련한 것이다.

이 점에서 로크는 홉스(1588~1679)와 명확히 구별된다. 토머스 홉스는 자연상태를 '만인의 만인에 대한 투쟁'으로 묘사하며, 개인들이 자연권을 완전히 양도하고, 절대 주권자인 리바이어던Leviathan에게 무제한의 권력을 부여함으로써 평화를 확보해야 한다고 주장했다. 반면 로크는 자연상태를 완전히 무정부적 상태로 보지 않으며, 인간의 이성과 도덕성을 인정하고, 정부의 권한도 자연권 보호를 위한 제한적 위임으로 본다.

"통치자가 법을 지키지 않거나 국민의 자유를 억압할 때, 국민은 그 정부를 전복시킬 권리를 가진다" – 로크의 사회철학에서 가장 급진적인 부분은 '저항권right to revolution' 개념이다. 그는 국민이 정부에 권력을 위임했다고 해서, 그것이 무조건적인 복종을 의미하는 것은 아니라고 보았다. 오히려 정부가 자연권을 침해할 경우, 국민은 이를 거부하고 새로운 정부를 세울 권리가 있다고 주장했다. 로크의 저항권 개념은 반란을 조장하는 것이 아니라, 정부가 본래의 목적을 상실했을 때 국민이 민주적으로 새로운 정부를 세울 권리가 있음을 명확히 한 것이다. 이는 이후 현대 민주주의에서 정기적인 선거와 국민의 정치적 참여가 중요한 이유를 설명하는 원리가 된다.

로크의 이론은 절대왕정을 정당화한 홉스(1588~1679)와는 차별된다. 홉스는 국가의 역할을 강력한 통치로 보았지만, 로크는 정부가 개인의 동의에 의해 형성되어야 하며, 국민의 재산을 보호하는 역할을 수행해야 한다고 보았다. 로크의 철학은 이후 근대 입헌주의와 민주주의 정치철학에 결정적인 영향을 미쳤다. 로크의 사상은 미국 독립선언(1776)의 핵심 사상으로 이어졌다. 실제로 토마스 제퍼슨(1743~1826)은 독립선언문을 로크의 사상을 반영하여 작성했다.

종교와 국가의 분리

"인간의 영혼을 구원할 책임은 그 어떤 정치권력에도 위임되지 않았다" – 존 로크는 근대 자유주의 정치철학의 가장 깊은 뿌리 중 하나를 제공한 사상가로 『관용에 관한 편지(1689)』에서 종교적 관용과 정치와 종교의 분리를 주장하였다. 로크에게 국가와 교회는 본질적으로 구분되어야 할 두 개의 영역이다. 국가는 시민의 생명, 자유, 재산이라는 외적 권익을 보호하는 역할을 맡고 있으며, 그 역할은 공공의 이익에 기반한 강제력에 의해 수행된다. 반면, 교회는 강제가 아닌 내적 신념을 통해 형성되는 자발적 결사체다. 그렇기에 교회는 스스로의 권위를 강제할 수 없고, 국가는 교회의 신앙적 영역을 침해할 수 없다.

"정치는 서로 다른 신념을 조화롭게 공존하게 하는 예술이며, 그 바탕은 강제가 아니라 관용이다" – 로크는 중세 이래 얽혀 있었던 국가와 종교의 결합을 철저히 분리하려 했다. 특히, 그는 강제된 신앙은 참된 신앙이 될 수 없다고 강조하며, 종교적 강제는 도덕적으로 뿐 아니라 신학적으로도 정당화될 수 없다고 보았다. 로크는 이로써 정치권력의 한계를 설정하고, 신앙의 자유를 개인의 가장 고유한 권리 중 하나로 자리매김하였다. 그의 철학은 단지 자유를 주장한 것이 아니라, 자유가 지속되기 위한 정치적 조건을 고찰한 사유였다.

존 로크는 자연상태 속 인간의 이성과 권리를 출발점으로 삼아, 재산권을 자유의 핵심으로 규정하고, 계약과 동의를 통해 정당한 정부의 기초를 마련하였다. 정부는 개인의 생명, 자유, 재산을 보호하기 위해 존재하며, 그 사명을 저버릴 경우 저항권은 정당하게 발동된다. 또한 로크는 종교와 국가의 분리를 통해 개인의 양심과 신앙의 자유를 제도적으로 보장하고자 했다.

이처럼 로크는 자유와 권위, 신앙과 공권력 사이의 균형을 설계하며, 근대 자유주의 정치철학의 토대를 구축하였다. 그의 사유는 단지 과거의 것이 아니라, 오늘날까지도 자유로운 사회가 스스로를 정당화하고 유지하는 철학적 조건을 제시해준다.

🖋 주요 저술

- **인간 오성론**(An Essay Concerning Human Understanding, 1690/추영현, 2017) | 인간 지식의 기원과 본질을 탐구하며, 경험이 모든 지식의 기초임을 주장. 빈 서판설을 통해 선천적 관념을 부정하고, 감각 경험과 반성적 사고를 통한 관념 형성 과정을 체계적으로 설명하였다.
- **통치론**(Two Treatises of Government, 1689/문지영, 2022) | 정부와 개인의 권리, 자연권, 사회계약론을 다룬 저작. 절대 군주제를 비판하며, 국민 주권과 정부의 정당성을 논의. 근대 민주주의와 자유주의 정치철학의 기초를 제공하였다.
- **관용에 관한 편지**(A Letter Concerning Toleration, 1689/고인성, 2021) | 종교적 관용과 자유를 옹호하며, 국가와 종교의 분리를 주장. 강제적 신앙의 부당함을 논의하며, 개인의 양심과 신앙의 자유를 강조한다.

12 | 몽테스키외 1689~1755
권력 분립은 자유를 어떻게 보장하는가?

"자유를 보장하기 위해서는 권력이 분리되고 서로 견제하도록 설계되어야 한다. 입법권, 행정권, 사법권이 한 사람 또는 하나의 기관에 집중되면, 그 나라는 자유가 아닌 독재로 나아갈 것이다. 따라서 진정한 자유란 법과 제도가 균형을 이루며, 각 권력이 서로를 견제하는 체제 속에서만 실현될 수 있다."

―『법의 정신』, 1748

몽테스키외(Montesquieu, 1689~1755)는 근대 정치철학의 선구자로, 그의 저서 『법의 정신(1748)』에서 '권력 분립 separation of powers'의 원리를 제안하며 자유를 보장하는 핵심 기제로 설명하였다. 그는 프랑스 절대 왕정의 권력 집중과 그로 인한 억압을 목격하면서, 권력 남용을 방지하고 개인의 자유를 보장하기 위한 체계적 대안을 모색하였다. 특히, 영국의 입헌군주제를 관찰하며 권력 분립과 법치주의가 자유를 유지하는 데 효과적임을 발견하였다.

권력의 운영: 삼권분립과 법치

"어디서든 권력을 가진 자는 그것을 남용하려 한다. 그러므로 권력을 제한하는 장치가 필요하다" – 몽테스키외는 권력의 속성을 '확장하려는 본성'으로 이해하였다. 그는 권력이 집중될 경우 필연적으로 남용될 가능성이 높다고 보았다. 권력의 분산과 상호 견제는 자유를 보장하는 데 필수적이다. 몽테스키외는 권력을 세 가지 주요 기능으로 나누고, 이를 서로 다른 기관에 분배해야 한다고 주장하였다. 이는 오늘날 입법부, 행정부, 사법부로 구분되는 권력 분립의 기초이다.

'입법권'은 법을 제정하고 공공의 복지를 위한 정책을 설계한다. 입법부는 국민의 대표로서 법률을 통해 사회의 질서를 유지하며 권력의 방향을 설정한다. 입법부는 국민의 대표로서 정책과 법을 제정하지만, 행정부와 사법부가 입법부의 과도한 권력 행사를 견제해야 한다.

'행정권'은 법을 집행하고 국가의 운영을 관리하는 역할을 한다. 행정부는 법의 집행을 충실히 이행하며 국민의 일상적인 필요를 충족시키는 데 집중한다. 행정부는 국가 운영과 법 집행을 책임지지만, 입법부의 감시를 받아야 하며, 사법부는 행정권의 집행이 법의 범위를 벗어나지 않도록 감독해야 한다.

'사법권'은 법의 해석과 적용을 통해 분쟁을 해결하고 정의를 유지하는 권력이다. 사법부는 공정하게 법을 집행하며, 다른 권력의 남용을 방지하는 최후의 보루 역할을 한다. 사법권은 독립성을 유지하며, 입법부와 행정부의 간섭 없이 공정하게 운영되어야 한다. 이는 법의 공정성과 국민의 권리 보호를 보장하는 필수 요소이다.

"진정한 자유는 법이 존재하는 곳에서 가능하다" — 몽테스키외는 자유를 개인의 자율성으로 이해하지 않았다. 그는 자유를 법 아래에서 안전하게 살아갈 수 있는 상태로 정의하였다. 개인의 권리가 보장되고, 자의적 권력 행사가 억제되는 상태가 진정한 자유라는 것이다. 즉, 절대적 자유란 존재하지 않으며, 자유를 유지하기 위해서는 반드시 법과 제도의 제약이 필요하다.

"법의 목적은 인간을 자유롭게 만드는 것이다" – 법은 또한 명령이 아니라, 시민의 자유를 보호하는 역할을 해야 한다. 몽테스키외는 국가가 시민의 자유를 제한할 수는 있지만, 그 제한이 정당한 법적 절차에 의해 이루어져야 한다고 보았다. 법이 공정하게 적용되려면, 국가가 특정 계층이나 개인의 이익을 위해 법을 만들고 운영해서는 안 된다. 법은 왕이나 군주의 개인적 의지에 따라 변하지 않고, 일관된 원칙에 의해 운영되어야 한다. 법과 권력은 서로 조화를 이루어야 하며, 법이 권력을 견제하고 균형을 유지할 때만 진정한 자유가 보장될 수 있다.

정치제도의 상대성: 보편성 너머의 자유 철학

"법은 단순히 국가의 형식을 따르는 것이 아니라, 국민의 성격, 풍습, 기후, 종교에 따라 달라져야 한다" – 몽테스키외는 근대 정치철학의 전환점에서 권력의 분산뿐 아니라, 정치제도의 상대성과 다양성을 강조하였다. 그는 정치체제를 하나의 보편적 모델로 규정하거나, 이상적 형태로 일반화하는 시도를 철저히 경계했다. 그는 정치제도를 구성하는 조건이 단지 제도적 설계나 법문에 국한되지 않으며, 사회 전체의 자연적·문화적 환경과 밀접하게 연관되어 있다는 점을 강조하였다 그는 국가마다 다른 역사와 기후, 경제구조, 종교관, 언어, 심지어 시민들의 기질까지도 법과 제도 형성에 영향을 미친다고 보았다. 따라서 어떤 사회에 적합한 제도가 다른 사회에서는 전혀 작동하지 않을 수도 있다. 특히, 그는 기후가 인간의 체질과 행동양식에 영향을 주며, 이는 다시 도덕과 법률, 정치 질서에까지 파급된다고 보았다. 예컨대, 추운 지역의 국민은 인내심이 강하고 조직적이지만, 더운 지역의 사람들은 정열적이되 통제를 어려워할 수 있다는 그의 분석은 당시로서는 급진적인 문화지리적 통찰이었다.

"법은 그것이 만들어진 국민에게 철저히 고유한 것이어야 하며, 한 나라의 법이 다른 나라에 맞을 수 있는 것은 극히 우연한 일이다" – 몽테스키외는 이처럼 단일하고 추상적인 '이상국가'를 상정하기보다는, 각 사회의 구체적 현실에 맞는 제도의 설계와 운용을 중시하였다. 그에게 정치적 자유는 단일한 형식에서 나오지 않으며, 구조와 문화가 조화를 이루는 상황에서만 실현 가능하다. 이는 오늘날 우리가 '제도 이식'이나 '서구 민주주의 모델의 보편성'을 비판하게 만드는 사유의 근거이기도 하다. 실제로 20세기 이후의 정치문화론, 정체유형론 regime typology, 비교정치학의 제도적 접근법들은 몽테스키외의 이러한 상대주의적 통찰에 뿌리를 두고 있다.

그는 법이 '형식'이 아니라 '정신'이어야 한다고 강조했으며, 이 정신은 단지 법률 문장 속이 아닌 사회 전체의 삶과 구조 속에서 작동하는 가치 체계였다. 이로써 그는 법의 형식주의적 해석을 넘어서, 정치철학과 사회과학의 경계를 가로지르는 사상적 전통을 열었다. 몽테스키외의 사유는 법과 제도는 현실의 인간과 삶의 조건을 반영할 때에만 정당성을 가질 수 있다는 근본 명제를 우리에게 남긴다. 그는 철저하게 '조건적 자유', 즉 역사적·지리적·문화적 조건 위에서만 실현 가능한 자유를 상상했고, 바로 그 점에서 그의 정치철학은 고전적 이상주의와 차별화된다. 이러한 철학은 오늘날에도 여전히, 비교정치학, 법사회학, 국제관계 이론 등에서 정치 제도의 수용성과 맥락성을 설명하는 핵심 틀로 작용하고 있다.

몽테스키외의 정치철학은 권력의 분산, 법의 지배, 그리고 정치제도의 상대성을 통해 자유와 질서가 공존하는 사회를 설계하고자 했다. 그는 권력의 남용을 방지하기 위해 권력이 권력을 견제해야 한다고 보았으며, 법은 단지 명령이 아니라 사회와 인간의 조건에서 유래하는 질서라고 이해했다. 또한 모든 사회에 동일한 제도를 적용할 수 없으며, 제도는 각 사회의 역사·문화·기후적 맥락에 맞게 설계되어야 한다고 주장했다. 자유는 하나의 이상적 형식이 아니라, 적합한 환경 속에서 구현되는 실천적 조건이라는 그의 주장은 오늘날 민주주의 이론의 복합성과 다양성을 설명하는 데에도 여전히 유효하다. 몽테스키외는 자유를 추상적 이상이 아니라, 구체적 현실 안에서 지켜내야 할 섬세한 균형으로 이해한 철학자였다.

주요 저술

- **법의 정신**(De l'esprit des lois, 1748/진인혜, 2023) | 그의 대표 저서로, 법의 본질과 사회적 역할을 탐구하며, 정치 체제에서 권력 분립의 필요성을 이론적으로 체계화함. 입법권, 행정권, 사법권의 분리 원칙을 통해 독재와 권력 남용을 방지하고 개인의 자유를 보장해야 한다고 주장하였다.
- **로마인의 흥망성쇠 원인에 대한 고찰**(Considérations sur les causes de la grandeur des Romains et de leur décadence, 1734/김미선, 2013) | 로마 제국의 흥망을 분석하며, 강력한 법치와 균형 잡힌 통치가 국가의 안정과 번영에 필수적임을 강조하였다.

13 | 토크빌 1805~1859
민주주의는 왜 위험을 내포하는가?

"다수는 때때로 개인의 권리를 억압할 수 있으며, 이는 전제정치와 다를 바 없다. 진정한 자유란 단순히 투표권을 행사하는 것이 아니라, 독립적인 사법부, 지역 자치, 언론의 자유, 그리고 시민들이 스스로의 권리를 지킬 수 있는 정치적 문화에서 비롯된다."

— 『미국의 민주주의』, 1840

알렉시 드 토크빌(Alexis de Tocqueville, 1805~1859)은 프랑스 정치철학자이자 역사가로, 민주주의와 평등 사회의 본질을 분석하였다. 그는 프랑스 혁명 이후의 혼란과 미국 민주주의의 안정적 발전을 비교하며, 민주주의가 평등을 실현하는 강력한 도구임과 동시에 새로운 억압을 초래할 가능성을 지닌다고 주장했다.

민주주의의 위험성

"민주주의에서의 권력은 다수의 손에 있다. 그러나 다수의 권력이 전제정과 다를 바 없는 수준에 이를 때, 가장 큰 위험이 발생한다" – 민주주의는 사회적 장벽을 허물고, 모든 시민에게 동등한 기회를 제공한다. 평등은 시민들 간의 적대감을 줄이고, 사회적 안정성을 강화한다. 민주주의는 정치적 참여를 확대해 시민들이 직접 정치 과정에 참여하고 자신의 목소리를 낼 수 있는 체계를 제공한다. 이러한 점에서 민주주의는 자유와 평등을 증진하는 사회적 진보의 도구로 작용한다.

그러나 그는 민주주의가 반드시 긍정적인 결과를 낳는 것은 아니며, 그 속에서 권력의 올바른 운영과 통제가 필요하다고 경고했다. 민주주의가 발전하는 과정에서 국가 권력은 점점 더 강해질 가능성이 있으며, 사람들이 자발적으로 강한 정부를 받아들이게 될 위험이 있다. 그는 민주주의가 '다수자 전제 Tyranny of the Majority'라는 새로운 위험을 초래할 수 있다고 경고했다. 다수의 의지가 지나치게 강력해질 경우, 소수의 권리가 침해될 가능성이 있다. 동시에, 민주주의가 촉진하는 평등은 개인주의를 심화시키며, 시민들이 공공선보다 자신의 사적 이익에 몰두하게 만든다. 이는 사회적 연대를 약화시킨다.

다수자 전제는 다수의 의견이 항상 옳다는 믿음에서 시작된다. 민주주의 사회에서는 다수결 원칙이 중요하지만, 다수가 항상 옳은 결정을 내리는 것은 아니다. 대중은 자신들의 의견이 곧 정의롭고 공정하다고 믿으며, 그것을 반대하는 소수를 억압할 가능성이 크다. 예를 들어, 인종차별이나 여성 참정권 문제에서도 다수는 기존의 체제를 유지하려 했으며, 소수의 권리를 인정하지 않으려는 경향을 보여왔다.

다수자 전제: 민주주의의 그림자

"다수는 자신이 정의의 수호자라고 믿으며, 스스로를 제한할 필요가 없다고 여긴다. 이때 자유는 가장 쉽게 침해된다" – 토크빌은 폭정을 다음과 같이 2가지 유형으로 구분하여 정의했다.

첫번째는 전통적인 독재로 왕이나 독재자가 법과 국가를 지배하는 형태이다. 두번째는 '다수자 전제'이다. 민주주의 사회에서 다수가 법과 국가를 지배하면서, 소수의 의견과 권리를 억압하는 형태를 의미한다. 다수는 자신이 가진 힘을 의심하지 않으며, 그것을 제한할 필요가 없다고 생각한다. 이것이 바로 위험이다.

"인간은 자유를 사랑한다고 말하지만, 그들이 진정으로 사랑하는 것은 평등이다" – 다수자 전제는 정치적 자유보다 평등을 우선시하는 경향에 기초한다. 토크빌은 평등이 확대될수록 사람들이 자유보다는 안정을 원하게 될 가능성이 높다고 보았다. 사람들은 평등한 기회와 동일한 권리를 누리는 것을 중요하게 생각하지만, 자유가 조금씩 제한되는 것에는 둔감할 수 있다. 대중이 강한 정부를 원하면 점점 더 많은 권한이 중앙 정부에 집중되면서, 자유가 점진적으로 침식될 가능성이 있다.

"시민들이 직접 행동하고, 권력을 분산시키지 않는다면, 결국 자유는 사라질 것이다" – 토크빌은 다수자 전제를 막기 위해 반드시 자유를 보호하는 장치가 필요하다고 보았다. 그는 다음과 같은 방법이 민주주의에서 다수의 독재를 방지하는 핵심 요소라고 보았다.

첫째, 헌법과 법치주의 강화가 필요하다. 헌법과 법은 단순히 다수의 의견을 반영하는 것이 아니라, 소수의 권리를 보호할 수 있도록 구성되어야 하며, 권리의 침해는 헌법과 법률을 통해 억제되어야 한다.

둘째, 권력의 분산과 삼권분립이 필요하다. 한 기관이 절대적인 권력을 가지면 결국 독재로 흐를 수 있기 때문에, 견제와 균형이 필요하다.

셋째, 지방자치 강화가 필요하다. 중앙 정부가 모든 권한을 가지는 것이 아니라, 지방 정부와 시민 사회가 자율적으로 운영될 수 있도록 해야 한다.

넷째, 언론과 여론의 다양성을 보장해야 한다. 소수 의견도 자유롭게 표현될 수 있도록 언론과 사상의 자유가 보장되어야 한다.

지방 자치와 시민사회

"지방자치는 국민이 정치적 자율성을 배우는 첫 번째 장소이다" – 그는 미국의 '지방 자치 local self-government'를 연구하면서, 미국이 민주주의를 유지할 수 있는 이유가 바로 지방 정부가 강하게 유지되고 있기 때문이라고 분석했다. 지방자치 과정에서 시민들은 정부 운영 기술을 배우고, 자신의 권리를 이해하며, 민주주의 사회의 진정한 의미를 깨닫는다. 중앙정부가 모든 것을 통제하는 사회에서는, 국민들이 정부에 의존적이 되어 정치에 대한 관심과 능력을 상실하게 된다. 반면, 지방자치를 통해 시민들이 자신의 공동체 문제를 스스로 해결하는 경험을 하게 되면, 민주주의 정신이 강해지고 정부를 견제하는 능력이 생긴다.

"지방정부는 국가의 강한 근본이자, 자유의 원천이다" – 토크빌은 중앙집권적인 정부가 민주주의를 약화시키는 위험을 내포하고 있다고 보았다. 중앙 정부가 모든 정책을 결정하고 시행하면 시민들은 자신의 정치적 역할을 잃어버리고 국가에 의존하게 된다. 지방 정부가 강할수록 중앙 정부의 권력을 분산할 수 있으며, 시민들이 스스로 정치에 참여할 수 있다. 지방 정부는 국가 운영의 작은 단위이지만 시민들이 직접 법을 만들고 정책을 결정할 수 있는 공간이다.

"지방자치의 붕괴는 곧 민주주의의 종말을 의미한다" – 중앙 정부가 지방 정부의 권한을 점점 더 가져갈수록, 국민들은 점점 더 정치에 무관심해지고, 결국 민주주의는 죽는다. 정치에 무관심해진 국민들은 독재적인 지도자의 출현을 막을 능력을 상실하며, 지방자치가 약화되면 국가가 권위주의적으로 변할 수 있다. 국민이 자신의 정치적 권리를 스스로 행사할 수 없는 사회는 민주주의를 지속하기 어렵다.

진정한 민주주의는 다수결 그 자체가 아니라, 다수 안에서도 소수의 자율과 다양성을 보호하고 증진시키는 능력에 달려 있다. 토크빌은 미국 민주주의를 관찰하며, 자유를 위협할 수 있는 가장 큰 요소로 '다수의 전제'를 지적했다. 이런 위험 속에서도 토크빌이 민주주의의 지속 가능성을 긍정할 수 있었던 핵심은 바로 지방자치와 시민참여에 있었다. 지방자치는 시민 개개인이 정치에 참여하고, 자율적으로 공공 문제를 해결할 수 있는 훈련장이며, 자유의 학교였다.

그는 자유가 단지 중앙권력의 부재에서 오는 것이 아니라, 시민들이 자율적 공동체를 통해 스스로를 통치하는 경험에서 나온다고 보았다. 토크빌의 통찰은 오늘날에도 유효하다. 거대한 국가 권력이나 대중 여론의 압도 앞에서 풀뿌리 민주주의와 지방자치의 중요성은 우리 시대 더욱 부각되고 있다.

🖋 주요 저술

- **미국의 민주주의**(Democracy in America, 1835년~1840/이용재, 2018) | 미국의 정치, 사회, 문화 구조를 분석하며 민주주의의 작동 원리와 그 영향에 대해 심도 있게 탐구하였다.
- **구제도와 혁명**(The Old Regime and the Revolution, 1856/이용재, 2014) | 프랑스 혁명을 분석한 저서로, 혁명이 어떻게 기존의 정치적, 사회적 구조를 붕괴시키고 새로운 질서를 구축했는지를 탐구하였다.

PART
3

유토피아:
자유와 평등

누군가 말했다.
"이상적인 사회는 존재할 수 없다."
또 다른 누군가는 의심했다.
"그렇다면 왜 우리는 언제나 더 나은 세상을 상상하는가?"
인간은 자유를 갈망하고, 평등을 외치면서도, 늘 그 사이에서 갈등한다.
이 장에서는 토머스 모어(1478~1535)의 '유토피아', 루소(1712~1778)의 '일반 의지', 밀(1806~1873)의 '자유론' 등을 중심으로 근대 사회에서 자유와 평등의 조화를 통한 이상적 질서를 추구한 사유들을 살펴본다.

14 | 모어 1478~1535
유토피아는 어떻게 가능한가?

"한 사람이 부를 독점하면 다른 많은 사람들이 필연적으로 가난에 빠지게 된다. 만약 모든 재산이 공공의 것이고, 누구나 자신의 필요에 따라 나누어 가진다면, 탐욕과 착취가 사라지고 사회는 진정한 조화를 이룰 수 있을 것이다."

—『유토피아』, 1516

　　토머스 모어(Thomas More, 1478~1535)는 영국의 인문주의자이자 정치가로, 르네상스 시대의 이상적 사회를 구상한 사상가이다. 그는 유토피아Utopia를 상상 속의 섬으로 설정하며, 평등Equality, 정의Justice, 공공선Common Good이 실현된 사회의 청사진을 그렸다. 모어는 유토피아를 통해 현실 사회의 부조리와 불평등을 비판하며, 더 나은 사회를 향한 대안을 꿈꿨다.

유토피아의 특징: 재산 공유와 평등한 노동

　　"정의와 평등이 실현되는 곳에서 나는 신성한 시민이 된다" – 토머스 모어는 정의와 평등이 공존하는 이상적인 사회가 실현될 수 있는가라는 질문을 던진 최초의 근대 사상가였다. 그의 대표작『유토피아(1516)』는 제목 그대로 이상적이지만 현실에는 존재하지 않는 사회를 그린 작품이다. 모어는 이 작품 속에서 사적 소유가 없으며, 평등한 사회가 어떻게 운영될 수 있는지를 탐구했다. 모어는 당시 유럽 사회의 불평등과 경제적 착취를 비판하며, 공동체 중심의 평등한 사회가 이상적이라고 보았다. 그러나 그는 개인의 자유 또한 보장되어야 하며, 강제적 평등이 아닌 자발적 평등이 중요하다고 강조했다. 모어는 자유와 평등이 조화를 이루는 사회가 가능하다고 믿었으며, 이를 실현하기 위해서는 경제적, 사회적 구조 자체가 변화해야 한다고 주장했다.

"사적 재산이 존재하는 한 정의로운 사회는 실현될 수 없다" ― 토머스 모어는 불평등의 근본 원인을 사적 소유에서 찾았다. 그는 모든 재산이 공동으로 소유되어야 하며, 사적 소유가 존재하는 한 평등한 사회는 불가능하다고 생각했다. 유토피아는 '사유 재산'이 없고, 재산을 공동으로 소유하는 체제이다. 사유재산은 인간의 탐욕과 불평등의 근본 원인이다. 유토피아에서는 모든 사람이 자신의 필요를 충족할 수 있도록 자원이 공평하게 분배되며, 누구도 과잉 소비하거나 부족함을 겪지 않는다. 유토피아에서는 토지와 생산 수단이 개인이 아닌 공동체의 소유로 되어 있다.

"모든 사람이 노동에 참여하고, 결과를 공유할 때 비로소 평등이 실현된다" ― 토머스 모어는 유토피아에서 노동의 의미를 재정의하며, 자유와 평등, 그리고 인간 존엄성을 실현하는 중요한 요소로 보았다. 그는 당시 유럽 사회의 불평등과 착취 문제를 비판하며, 노동의 공평한 분배와 인간다운 삶의 조화를 강조했다. 그는 경제적 불평등을 해소하기 위해 노동을 평등하게 분배해야 한다고 주장했다. 유토피아에서는 모든 시민이 하루 6시간만 일하도록 정해져 있으며, 남녀노소 모두 노동에 참여해야 한다. 누구도 과도하게 노동하지 않으며, 동시에 실업도 발생하지 않는다. 모든 사람이 교육을 받도록 하여, 노동이 단순한 생존의 수단이 아니라 사회적 가치 창출의 과정이 되도록 했다. 유토피아에서는 남는 시간을 교육, 문화 활동, 공동체 봉사에 활용하도록 장려한다. 이러한 체계는 인간이 경제적 필요를 충족하는 것뿐만 아니라, 정신적 성장을 추구하는 데 시간을 할애할 수 있도록 한다. 유토피아에서 노동은 단순히 경제 활동을 넘어 인간의 존엄성을 유지하고 자유로운 삶을 가능하게 하는 필수적인 요소이다.

유토피아의 정치: 평등과 정의의 조화

"모든 시민은 국가의 운영에 참여할 권리와 의무를 가진다" – 토머스 모어는 정치 체제 또한 평등과 정의의 원칙에 기반해야 한다고 믿었다. 평등한 사회를 만들기 위해서는 정치적 민주주의가 필수적이다. 유토피아에서는 모든 시민이 정치적 의사 결정에 참여할 수 있으며, 지도자는 선출을 통해 선출된다. 또한 권력이 소수에게 집중되지 않도록 정기적으로 지도자를 교체하는 제도를 운영했다.

"지도자가 시민의 자유와 평등을 보장하지 않는다면, 그는 더 이상 지도자가 아니다" – 유토피아의 지도자들은 공익을 최우선으로 고려하며, 권력을 남용하지 않도록 설계된 제도 속에서 활동한다. 이는 통치자가 도덕적 책임을 다하고, 백성을 위해 봉사하는 리더십을 통해 정의로운 사회를 유지한다는 모어의 이상을 반영한다.

"그들은 모든 사람이 변호사의 도움 없이도 스스로 이해하고 해석할 수 있을 만큼 명확한 법만을 제정한다" – 유토피아에서는 법 또한 단순하고 명확하며, 모든 시민에게 평등하게 적용된다. 모어는 복잡하고 불공정한 법 체계가 사회적 갈등과 부패를 초래한다고 보았기 때문에, 최소한의 법으로 최대한의 정의를 실현하는 체제를 구상했다. 유토피아의 법은 개인의 자유를 침해하지 않으면서도 공동체의 이익을 보장하는 것을 목표로 한다.

유토피아에서 종교의 자유와 관용

"인간의 영혼은 불멸하며, 선행은 신의 축복을 받고, 악행은 벌을 받는다" – 모어는 종교를 사회 질서와 도덕적 가치의 핵심 요소로 보았다. 그러나 그는 특정한 종교를 옹호한 것이 아니라, 다양한 신앙을 포용하면서도 사회적 질서를 유지하는 방식을 고민했다. 그가 구상한 유토피아에서는 신앙이 강요되지 않으며, 시민들은 각자 자유롭게 종교를 선택할 수 있다. 유토피아인들은 신이 존재한다는 믿음을 공통적으로 가지지만, 각자가 다른 방식으로 신을 숭배할 수 있도록 허용한다. 종교가 다르더라도 공동체의 조화를 해치지 않는 한, 자유롭게 믿을 수 있다.

그는 종교적 갈등이 끊이지 않던 당시 유럽 사회를 비판하며, 유토피아에서는 종교의 자유와 관용을 통해 사회적 조화를 이루는 이상적인 모습을 제시했다. 그는 종교가 갈등의 원인이 아니라, 사회적 연대와 도덕적 발전을 촉진하는 도구로 작용해야 한다고 보았다. 유토피아에서는 모든 시민이 자신의 신앙을 자유롭게 선택할 수 있으며, 서로의 종교를 존중한다.

"신을 믿지 않는 사람은 윤리를 지킬 동기가 없다" – 모어는 종교적 관용을 강조했지만, 무신론에는 비판적인 태도를 보였다. 무신론자들은 개인적으로 믿음을 가지지 않을 수 있지만, 신앙을 부정하는 발언을 공공연히 하는 것은 금지되었다. 그러나 무신론자라고 해서 처벌받지는 않으며, 종교적 논쟁에 휘말리지 않는 한 공동체 내에서 살아갈 수 있다.

완전한 평등을 향해 나아가는 사회가 있을 수는 있지만, 완전한 평등이 실현된 사회는 존재할 수 없다. 토머스 모어의 『유토피아』는 중세 봉건 질서와 부패한 현실 정치에 대한 통렬한 비판이자, 인간 이성과 도덕이 구현될 수 있는 이상 공동체의 철학적 상상의 산물이다. 토머스 모어는 사유재산, 불평등, 권력 집중이 인간성 타락의 원인이라고 보았고, 공유, 협력, 도덕, 교육을 중심으로 하는 사회를 제시함으로써 훗날 근대적 정치사상, 사회주의 이론, 비판적 이상주의의 길을 열었다.

토머스 모어의 유토피아는 현대 사회에서도 여전히 중요한 질문을 던지고 있다.
사적 소유 없이도 자유로운 사회가 가능할까?
경제적 평등이 이루어진다면 개인의 자유는 어디까지 보장될 수 있을까?
노동이 평등하게 분배되는 사회는 현실적으로 운영될 수 있는가?
모어의 사상은 오늘날에도 자유와 평등의 조화를 고민하는 데 중요한 철학적 논의를 제공한다. 그의 유토피아는 허구적 이상향이 아니라, 사회적 불평등을 해결하기 위한 근본적인 고민을 담고 있는 모델이다.

주요 저술

- **유토피아**(Utopia, 1516/김남우, 2025) | 이상적인 사회를 상상하여, 사유재산이 없고 평등과 협력을 중심으로 운영되는 가상의 섬나라를 묘사함. 이는 사회적 불평등과 부패를 비판하며, 대안적 사회 모델을 제시한 최초의 유토피아적 작품으로 평가받는다.
- **대화**(Dialogue of Comfort Against Tribulation, 1534) | 도덕적 사회와 정의 실현을 위한 인간의 의무와 책임을 논의하며, 사회의 이상을 신앙과 결합하여 설명한다.

15 | 루소 1712~1778
일반의지는 어떻게 형성되는가?

"자연 상태에서 인간은 평등하고 자유로웠으나, 문명이 발전하면서 사적 소유가 등장했고, 그것이 불평등과 억압의 근원이 되었다. 첫 번째 사람이 땅에 울타리를 치고 '이것은 내 것이라'고 선언했을 때부터, 인간 사회에는 갈등과 착취가 시작되었다."

―『인간 불평등 기원론』, 1755

장 자크 루소(Jean-Jacques Rousseau, 1712~1778)는 개인의 자유와 공동체의 조화를 끊임없이 고민하며, 자유롭고 평등한 사회를 위한 정치적 이상을 제시하기 위해 노력했다. 동시대의 계몽주의자들과 달리, 그는 이성과 문명이 반드시 인간을 발전시키는 것은 아니라고 보았다. 그는 인간 본성의 선함을 강조하며, 자연 상태의 인간을 이상적으로 보았다. 루소는 시민들이 '일반의지'를 형성하고, 이를 통해 사회 계약을 맺음으로써 자유와 평등이 보장되는 이상적 사회를 건설할 수 있다고 믿었다.

자유와 평등을 위한 새로운 사회 계약

장 자크 루소는 자유와 평등의 조화는 가능한가라는 질문을 던지며, 인간과 사회의 관계를 탐구했다. 그는 인간이 원래 '자연 상태 État de nature'에서는 평등하고 자유로웠지만, 사회가 형성되면서 불평등이 발생했다고 주장했다. 루소의 사상은 자연 상태와 사회 상태의 대비를 통해 자유와 평등의 가치를 재조명하고, 이상적인 사회를 향한 열망을 보여준다.

"어떤 사람이 땅을 울타리로 둘러치고 이것은 내 것이다라고 선언했을 때, 인류는 처음으로 노예 상태에 빠졌다" – 인간이 문명 사회를 형성하면서 사유재산, 법, 계급이 등장했고, 이로 인해 불평등이 심화되었다. 소수의 부유층이 다수를 지배하는 구조가 생기면서 자유도 함께 사라졌다. 법과 제도는 원래 모든 시민을 보호하기 위해 존재해야 하지만, 현실에서는 소수의 이익을 보호하는 도구로 전락했다. 그는 이런 상황을 '인위적 불평등'으로 보았다. 루소는 이런 불평등한 사회를 극복하고 자유와 평등을 회복하기 위한 새로운 '사회계약 Contrat social'이 필요하다고 주장한다.

"자신의 법을 만드는 사람만이 자유로운 존재이다" – '사회계약'에 의해 구성된 국가는 모든 시민이 공동의 법을 만들고, 그 법이 시민의 자유를 보장하는 방식으로 운영되어야 한다. 즉, 국가는 시민 개개인의 자유를 억압하는 것이 아니라, 자유를 보호하는 역할을 한다. 각 개인은 공동체에 권리를 양도하지만, 동시에 그 공동체의 일원으로서 동일한 권리를 가진다.

일반의지: 공공선을 향하여

"일반의지는 항상 공공의 이익을 지향하며, 그것이 그 본질이다" – '사회계약'에 의해 형성된 국가는 '일반 의지 Volonté Générale'에 따라 운영된다. '일반의지'는 공동체 전체의 공공선을 위한 의지를 의미한다. 루소는 일반의지를 '개별의지'와 비교하여 다음과 같이 설명하였다.

첫째, 일반의지는 개인의 이익이 아닌, 사회 전체의 이익을 목표로 하는 공공선을 추구한다. 개별의지는 개인이나 특정 집단의 이익을 목표로 한다.
둘째, 일반의지는 다수결가 아닌 사회 전체가 공정하게 합의한 의지여야 한다. 개별의지는 개인이나 집단이 자신의 이익을 바탕으로 결정한다.
셋째, 일반의지는 개별의지와 충돌할 수 있다. 이 경우 개인은 일반의지에 따를 때 가장 자유롭다. 개인의 이익만 추구한다면 사회는 불평등해지고 혼란스러워지며, 개인의 가장 큰 이익인 자유는 지켜지기 어렵다.
넷째, 일반의지는 사회적 상황에 따라 달라질 수 있으며, 구성원들의 합의와 토론을 통해 끊임없이 수정될 수 있다.

"다수결은 단지 의견의 수가 많다는 것이며, 반드시 정의는 아니다" – 일반의지는 다수결 투표가 아닌, 공동체 구성원들이 숙고하고 논의하여 도출해야 한다. 개인들이 공공선을 고민하며 자신의 이익을 넘어선 의견을 제시하고, 공개적인 논의를 통해 다수 시민들이 합리적으로 판단하여 공익을 위한 방향을 결정하는 과정이 일반의지 형성 과정이다. 예를 들어, 학교 무상급식 논의에서 개인적으로 세금을 더 내고 싶지 않다고 '개별의지'는 반대하지만, 사회 전체의 공익을 고려하여 학생들의 건강과 기회의 평등을 중시하면서 '일반의지'는 찬성한다.

"일반의지 만이 국가를 설립된 목적, 즉 공공선을 따라 이끌 수 있다" – 일반의지는 정치적 권위의 정당성을 시민적 참여와 공공의 합의에서 찾는다. 일반의지는 공동체 전체가 하나의 도덕적 인격으로 형성될 수 있는 가능성을 열며, 시민 전체가 입법자이자 피통치자가 되는 민주주의의 이상적 원형을 제시한다. 일반의지가 제대로 작동하려면 무엇보다도 시민 개개인이 도덕적으로 교화되고 공공선을 우선시하는 시민적 덕성을 지녀야 한다. 모두가 자기 이익만 좇는다면 일반의지는 생겨날 수 없다.

또한 루소는 일정 수준의 사회경제적 평등이 보장되어야 한다고 말한다.

부와 권력이 소수에게 집중되면 공공의 이익은 왜곡될 수밖에 없다. 그런 환경에서는 일반의지가 아니라 특권계급의 전체의지가 지배하게 된다. 정치 구조 역시 중요하다. 루소는 시민이 직접 법을 만드는 직접민주주의적 구조를 이상으로 본다. 대의에 의한 간접적 정치가 아니라, 모든 시민이 법의 주체가 되어야 한다. 그래야 법이 개인의 자율성과 연결된다. 무엇보다 중요한 건 시민 개개인의 참여 의식과 제도의 보장이다. 정치적 무관심 속에서는 어떤 형태의 정의도 가능하지 않다.

"전체의지는 각자의 사적 이익을 반영한 의지들의 단순한 합일 뿐이지만, 일반의지는 오직 공공의 이익만을 고려한다. 이 둘은 전혀 다른 것이다" – 이런 전제가 충족되지 않는 상태에서 루소의 일반의지 이론은 위험성도 내포하고 있다. 루소는 전체의지와 일반의지를 철저히 구분하였다. 전체의지는 단순한 합이나 다수의 힘일 뿐이고, 일반의지는 이성과 도덕에 기초한 공동선의 표현이다. 이 둘을 혼동하면 권위주의나 독재로 흐를 위험이 있다. 실제로 루소의 일반의지가 공공의 선이라는 이름으로 개인의 자유를 억압하거나, 전체주의를 정당화하는데 악용될 수 있다는 비판도 다양하게 제기되었다. 그럼에도 불구하고, 루소가 제안한 일반의지 개념은 공동체의 도덕적 기반을 어떻게 구성할 것인가라는 문제를 직시하게 한다. 루소는 자유를 단순한 '하고 싶은 대로 하는 것'이 아니라, 공공의 법과 도덕 속에서 자율적으로 살아가는 상태로 정의했다. 일반의지는 바로 이 공공성과 자율성 사이의 긴장을 감당하려는 정치적 사유의 표현이다.

자유로운 시민, 평등한 공화국

루소에게 평등은 단순히 경제적 균등 문제가 아니라, 모든 시민이 자유로운 주체로서 정치 공동체에 참여할 수 있는 근본 조건이었다. 이를 위해 그는 구체적으로 부의 극단적 편중을 막고, 자립적인 시민을 육성할 수 있는 사회 구조를 제안했는데, 이는 크게 '극단적 부의 불평등 제한'과 '소농 중심의 사회 지향'이라는 두 축으로 나타난다.

"어떤 시민도 다른 시민을 살 수 있을 만큼 부유해서는 안 되며, 어떤 시민도 자신을 팔아야 할 만큼 가난해서는 안 된다" – 루소가 『사회계약론』에서 제시한 이 문구는 그의 평등관의 핵심을 압축적으로 보여준다. 그는 사회 구성원 간 부의 격차가 일정 수준을 넘어서면, 자유롭고 평등한 시민들의 공화국이라는 이상 자체가 근본적으로 훼손된다고 경고했다. 극단적인 부는 소수의 손에 과도한 권력을 쥐어주어, 그들이 돈으로 다른 시민의 자유를 사거나 법과 정치에 부당한 영향력을 행사하게 만든다. 반대로 극단적인 가난은 시민들을 생존의 압박 속으로 내몰아, 자신의 자유와 존엄성을 팔아 생계를 유지해야 하는 비참한 예속 상태로 전락시킨다. 이러한 상황에서는 부자도 가난한 자도 진정한 의미의 자유로운 시민일 수 없으며, 공동의 선을 추구하는 '일반의지'는 제대로 작동할 수 없다. 따라서 루소는 정치 공동체의 건강성을 유지하기 위해 국가가 입법과 정책을 통해 부의 양극화를 적극적으로 제어해야 한다고 주장했다.

"농업은 모든 기술 중에서 첫 번째이자 가장 존경할 만한 기술이다" – 루소는 극단적인 부의 불평등을 제한하는 것과 더불어, 사회 구조 자체를 보다 평등하고 건강하게 유지하기 위한 방안으로 '농업 중심 사회'를 이상적인 모델로 제시했다. 그는 당시 점차 팽창하던 상공업과 금융 자본주의가 부의 집중, 인위적인 욕망의 창출, 인간 소외, 도덕적 타락을 심화시킨다고 비판했다. 반면 농업은 인간이 자연과 직접 교감하며 자신의 노동으로 생계를 유지하는 가장 자연스럽고 정직한 활동이라고 보았다. 이러한 관점에서 루소는 국가가 토지 소유를 관리하여 극단적인 대토지 소유를 억제하고, 가능한 한 많은 시민이 자신의 땅을 경작하며 자립적인 삶을 영위할 수 있도록 적극적으로 지원하고 장려해야 한다고 제안했다. 이는 단순히 농업을 예찬하는 것을 넘어, 사회적 평등과 시민적 자유를 위한 구체적인 사회경제적 토대를 마련하려는 정치적 구상이었다.

루소의 정치 사상: 시민 교육

"우리의 기관과 능력이 자라나는 것은 자연의 교육이며, 이를 사용하는 법을 배우는 것은 사람으로부터의 교육이고, 감각하는 다양한 대상들로부터 경험하는 것은 사물로부터의 교육이다" – 자유로운 사회를 유지하려면, 시민들은 자유롭게 사고하고 행동할 수 있도록 교육받아야 한다. 루소는 그의 교육론의 핵심을 담은 『에밀』에서 인간은 본래 선하게 태어났으나, 강제적이고 인위적인 교육이 아이들의 본성을 왜곡하고 억압한다고 보았다. 그는 기존의 억압적인 교육 방식에서 벗어나, 아이들이 자연의 흐름에 따라 자유롭게 성장할 수 있도록 하는 자연주의 교육을 주창하였다. 루소는 자연주의 교육을 통해 아이들이 개인의 자유뿐만 아니라 공동체 의식을 함양할 수 있다고 믿었다. 그는 『에밀』에서 '에밀'이 사회 구성원으로서 역할을 수행할 수 있도록 공공 정신을 기르는 데에도 힘썼다. 루소는 '에밀'이 다른 사람들과의 관계 속에서 자신의 행동이 미치는 영향을 이해하고, 공동체의 이익을 위해 봉사하는 마음을 갖도록 교육하였다.

"그에게 과학을 가르치지 말고, 그 스스로 발견하게 해라. 만약 권위로 이성을 대체하게 된다면, 그는 더 이상 스스로 생각하지 못하고, 타인의 사고 장난감이 될 뿐이다" – 루소의 자연주의 교육에서 가장 중요한 원칙은 아이를 자연의 법칙에 따라 키우는 것이다. 아이는 성인의 축소판이 아니므로 성장 단계에 맞게 배우고 경험해야 하며, 부모와 교사는 아이를 통제하기보다는 자연스럽게 탐구하도록 유도해야 한다. 강압적인 지식 교육이 아닌 경험을 통한 학습을 강조하며, 책을 통해 배우는 것이 아니라 직접 경험하며 배워야 한다. 도덕 교육 역시 강요가 아닌 자연스러운 공감에서 비롯되어야 한다. 아이들에게 규칙을 주입하기보다 스스로 느끼고 깨닫게 해야 하며, 동물을 학대하는 것이 왜 잘못된 행동인지 설명하기보다 동물의 고통을 보고 자연스럽게 공감할 수 있도록 유도해야 한다.

도덕적 자유와 자기애

"본능이 이끄는 삶은 동물의 것이며, 법이 이끄는 삶은 노예의 것이다. 자신이 만든 법에 따라 살아가는 삶, 그것이 바로 인간의 삶이다" – 장 자크 루소는 진정한 자유는 단순한 방종이 아닌, 도덕적 선택에서 비롯된다고 주장하였다. 인간이 욕망에 따라 행동하는 것은 자유가 아니라 욕망의 노예가 되는 것으로, 자신의 행동이 공동체에 미치는 영향을 고려하며 책임 있는 선택을 할 때 진정한 자유를 누릴 수 있다. 개인의 자유와 공동체가 조화를 이루는 상태가 이상적이며, 개인은 공동체의 '일반의지'를 따를 때 자신도 보호받고 자유를 누릴 수 있다.

"본능적 자기애는 생존을 위한 것이며, 사회적 자기애는 타인의 눈에 비친 나 자신을 사랑하는 병적 자기애다" – 루소는 인간의 자기애(자신을 사랑하는 감정)에도 두 가지 종류가 있다고 보았다. 첫째는 인간이 생존을 위해 기본적으로 가지는 자기 보호 본능인 '본능적 자기애(Amour de soi, 아무르 드 스와)'이다. 이는 건강한 형태의 자기애로, 자존감과 자기 계발의 원천이 된다. 둘째는 사회가 만들어낸 허영심과 비교의식에서 비롯된 자기애인 '사회적 자기애(Amour propre, 아무르 프로프르)'이다. 이는 타인의 평가에 따라 자신을 가치 있게 여기며, 과도한 경쟁과 질투심을 초래한다. 루소는 인간이 본능적 자기애를 유지하면서 사회적 비교에 의해 타락하지 않는 것이 중요하다고 강조했다. 문명화된 사회가 인간을 불행하게 만드는 이유가 사람들이 진정한 자신을 찾기보다 타인의 시선과 평가에 의존하기 때문이다.

루소는 공동체 전체의 이익을 고민하고, 도덕적 자유를 실현하며, 시민 스스로가 주체가 되어 정치에 참여할 것을 요구했다. 그의 사상은 이상주의적으로 보일 수 있지만, 우리가 더 나은 사회를 고민할 때 여전히 유용한 나침반이 된다. 개인의 자유와 공동체의 책임이 충돌하는 시대에, 루소의 철학은 우리가 어떤 방향으로 나아가야 할지를 성찰하게 만든다.

주요 저술

- **인간 불평등 기원론** (Discours sur l'origine et les fondements de l'inégalité parmi les hommes, 1755/박아르마, 2021) | 사회적 불평등의 기원을 탐구한 철학적 에세이로 원시적 자연 상태에서는 인간이 평등했지만, 사유재산과 문명이 발전하면서 불평등이 심화됨을 주장한다.
- **사회계약론** (Du contrat social, 1762/권혁, 2021) | 국가와 사회의 정당성은 계약에서 비롯되며, 국민 주권과 일반의지 개념을 제시함. 현대 민주주의와 공화주의의 기초를 형성한 책이다.
- **에밀** (Émile, ou De l'éducation, 1762/황성원 고봉만, 2021): 자연주의 교육 철학을 제시하며, 아이의 자발성을 중시하는 교육론을 펼침. 근대 교육사상에 지대한 영향을 끼친 저작으로, 오늘날의 아동 중심 교육에도 연결된다.

16 | 밀 1806~1873
자유는 어떻게 사회를 발전시키는가?

"진리라고 믿는 것이 반대 의견과의 충돌 없이 지속되면, 점차 활력을 잃고 형식적인 독단이 되어버린다. 따라서 우리는 반대 의견을 단순히 용인하는 것이 아니라, 적극적으로 장려해야 하며, 이를 통해 사회적 진보를 이끌어야 한다."

— 『자유론』, 1859

존 스튜어트 밀(John Stuart Mill, 1806~1873)은 근대 자유주의 철학의 중심 인물로, 개인의 자유와 사고의 독립성에 대한 깊은 통찰을 제시한 영국의 사상가이다.

18세기 말부터 시작된 산업혁명은 영국 사회를 급격히 변화시켰다. 대량 생산과 자본주의 경제가 발전하면서 부의 집중이 심화되었고, 노동 계급의 빈곤이 심각한 사회문제로 떠올랐다. 또한 19세기 영국에서는 선거권 확대와 정치적 민주화가 본격적으로 진행되었다. 1832년 1차 선거법 개정을 통해 부유한 중산층 남성들에게 선거권이 주어졌으나, 여전히 노동자와 여성은 정치적 권리에서 배제된 상태였다. 이런 배경 속에서 밀은 개인의 자유가 사회적 압력이나 권위주의로부터 보호받아야 한다고 주장하며, 자유가 사고와 표현의 발달에 필수적인 토대임을 강조했다. 또한 밀은 노동자와 여성의 정치적 권리 및 공리주의에 기반한 사회주의적 요소의 도입을 주장하였다.

해악 원칙과 표현의 자유

 존 스튜어트 밀은 그의 저서 『자유론(1859)』에서 자유가 개인의 사고와 표현을 해방시키는 근본적 수단임을 역설하였다. 밀은 개인이 자유롭게 생각하고 의견을 표현할 수 있을 때, 사회는 진보하고, 진리가 발견되며, 개인은 자신의 잠재력을 실현할 수 있다고 강조하였다. 밀은 이런 사유를 '해악 원칙 Harm Principle'과 '표현의 자유 freedom of expression'로 제시한다.

 "자유는 타인에게 해를 끼치지 않는 한, 그 누구도 개인의 생각과 표현을 억압할 권리가 없다" - 밀은 개인의 자유가 절대적으로 존중받아야 하며, 타인에게 해를 끼치지 않는 한 국가나 사회가 간섭해서는 안 된다고 주장했다. 이는 그가 제시한 '해악 원칙'의 핵심으로, 어떤 개인의 행동이 사회적으로 용납될 수 있는지는 그것이 타인에게 해를 주느냐에 따라 판단해야 한다는 것이다. 이러한 주장은 당시 민주주의가 확산되면서 다수의 지배가 개인의 자유를 억압하는 문제, 즉 '다수의 전제'가 대두되던 시대적 배경과 맞물려 있었다. 동시에 밀의 '해악 원칙'은 어떤 행위가 타인에게 해를 끼친다면, 그때는 사회가 개입할 정당성이 생긴다는 주장이기도 하다.

 "어떠한 의견도 억압되어서는 안 된다. 우리는 그 의견이 진리인지 오류인지 알지 못하며, 심지어 오류라 하더라도 그것과의 논쟁을 통해 우리의 진리는 더욱 강해진다" - 밀은 사고와 표현의 자유가 없으면 진리 탐구가 정체되거나 왜곡된다고 주장하였다. 사고의 자유는 지적 다양성을 촉진하며, 복잡한 문제에 대한 통찰력과 혁신적 아이디어를 가능하게 한다. 자유로운 논쟁은 단순히 개인의 사상적 폭을 넓히는 데 그치지 않고, 사회 전체의 발전을 위한 필수적인 기초를 제공한다. 개인이 자신의 신념과 가치를 형성하려면 다양한 관점과 아이디어를 접하고, 이를 비판적으로 검토할 기회를 가져야 한다. 지적 성숙은 자유로운 사고의 직접적인 결과이다. 개인은 다양한 의견을 경청하고 비판적으로 사고함으로써 자신의 신념을 주체적으로 형성할 수 있다. 이러한 과정은 타인의 의견과 논쟁을 통해 사고의 깊이를 더하게 만든다.

자유로운 사고는 창의성과 혁신을 촉진한다. 억압되지 않은 사고는 새로운 아이디어와 창의적 발상을 가능하게 하며, 이는 개인뿐만 아니라 사회 전체의 발전으로 이어진다. 자유로운 사고와 표현은 또한 사회적 연대를 강화한다. 다양한 의견이 허용되는 사회는 관용과 상호 존중의 문화를 형성하며, 이는 사회적 안정성과 통합을 증진시킨다. 정치적 책임성 역시 자유로운 표현과 논쟁에서 비롯된다. 시민들은 권력 남용을 감시하고, 권력자들이 시민의 요구와 비판에 응답하도록 요구할 수 있다. 이는 민주주의의 건강한 작동을 보장하며, 자유로운 사고와 표현이 민주주의 유지에 얼마나 중요한지를 보여준다.

공리주의와 사회주의적 사유

"만족한 돼지보다, 불만족한 소크라테스가 낫다" – 밀의 시대에는 공리주의적 개혁, 즉 '최대 다수의 최대 행복'을 실현해야 한다는 주장이 확산되었다. 존 스튜어트 밀은 이러한 흐름 속에서 기존 공리주의를 더욱 발전시키며 자유주의적 원칙을 유지하면서도 사회 개혁을 강조하는 방향으로 나아갔다. 공리주의에 대한 그의 사유는 『공리주의(1863)』에서 잘 표현된다. 밀의 공리주의는 그의 아버지 제임스 밀(1773~1836)과 스승 제레미 벤담(1748~1832)의 영향을 받았다. 벤담은 '최대 다수의 최대 행복'을 목표로 하는 공리주의를 주창했다. 벤담의 공리주의는 행복을 쾌락의 총합으로 보고, 모든 쾌락을 동등하게 취급했다. 존 스튜어트 밀은 이러한 입장을 보완하며 '질적 공리주의'를 제시했다. 그는 정신적·도덕적 쾌락이 육체적 쾌락보다 더 높은 가치를 지니며, 인간의 지적·도덕적 발전이 행복의 핵심이라고 주장했다. 밀은 공리주의를 양적인 기준이 아닌 질적인 차원을 고려하는 윤리적 판단 기준으로 확립함으로써, 보다 인간적인 사회를 만들기 위한 철학적 기틀을 마련했다.

"자유는 방임이 아니며, 정의로운 사회를 위해 부와 권력은 공정하게 나누어져야 한다" – 경제 문제에 있어서 밀은 자유시장 경제의 원칙을 인정하면서도, 사회적 불평등 해소를 위한 정부의 개입이 필요하다고 보았다. 그는 산업혁명으로 인해 심화된 부의 불평등과 노동자의 열악한 처우를 해결하기 위해 일정한 사회주의적 요소를 도입할 필요가 있다고 주장했다. 그는 토지 소유권을 제한해야 하며, 토지는 개인의 사유재산이 아니라 사회의 공동 자산으로 간주되어야 한다고 보았다. 또한 노동조합과 협동조합을 장려함으로써 자본가의 일방적 지배를 견제해야 하며, 누진세 제도를 도입하여 부의 재분배를 촉진해야 한다고 주장했다. 이러한 입장은 당시 자유방임적 자본주의의 폐해가 뚜렷해지면서 사회주의적 개혁 요구가 커지던 시대적 흐름과 맞물려 있다.

밀은 극단적인 사회주의를 지지하지는 않았지만, 자유주의와 사회주의의 조화를 모색하며 경제적 정의를 실현하려 했다. 이처럼 밀의 사회철학은 자유주의적 원칙을 유지하면서도, 사회적 정의와 경제적 평등을 실현하기 위한 개혁적인 요소를 포함하고 있었다. 밀에게 있어 중요한 것은 개인의 존엄성과 자율성이 제도적 평등 속에서 실현되는 구조였다. 그는 자유가 경쟁과 약육강식 속에서 방치될 경우, 오히려 소수의 특권을 공고히 하며 다수의 자유를 침해할 수 있다는 점을 간파하였다. 따라서 진정한 자유는 평등을 통해 보호받아야 하며, 사회는 자유주의적 원칙을 유지하면서도 분배 정의와 공공의 복지를 실현할 수 있는 방향으로 나아가야 한다고 믿었다.

여성의 권리와 사회적 평등

"남성과 동등한 기회를 박탈당한 여성의 침묵 속에는, 문명이 놓치고 있는 절반의 가능성이 갇혀 있다" – 존 스튜어트 밀은 여성의 권리에 대한 문제에 깊은 철학적 관심을 가졌다. 그는 자신의 저술 『여성의 종속(1869)』을 통해 남성과 여성은 본질적으로 동등한 지적·도덕적 능력을 지녔다고 강하게 주장하였다. 그는 여성의 교육권과 참정권이 정당하게 보장되어야 하며, 여성에게 정치·경제·사회 전반에서 동등한 기회를 제공하는 것이 문명사회로 나아가기 위한 필수 조건임을 역설했다. 당시 19세기 중반 영국은 여성의 법적 지위가 극히 열악했고, 여성은 투표권은 물론 재산권, 교육받을 권리조차 제대로 인정받지 못하던 상황이었다.

"한 성(性)의 법적 종속은 본질적으로 잘못된 것이며, 지금 인류 발전의 가장 큰 장애물 중 하나이다" – 밀은 이러한 남성 중심 사회구조를 비판하며, 성평등이 곧 자유의 확장이라는 점을 강조했다. 그는 여성의 지위 향상이 단지 여성 개인의 문제가 아니라, 사회 전체의 도덕성과 지적 발전, 나아가 민주주의의 성숙에 필수적 요소라고 보았다. 그는 여성 억압이 도덕적으로나 이성적으로 어떤 정당성도 가질 수 없다고 단언하였다. 그의 이러한 사상은 오늘날까지 성평등과 여성 인권 논의에서 여전히 중요한 철학적 기반으로 자리 잡고 있다. 밀은 성평등이 단순한 도덕적 이상을 넘어, 사회 정의와 발전을 위한 구조적 원칙임을 누구보다도 앞서 주장한 사상가였다.

존 스튜어트 밀은 개인의 자유와 사회적 정의 사이의 균형을 모색한 근대 자유주의의 선구자였다. 그는 타인에게 직접적인 해를 끼치지 않는 한, 개인의 자유는 최대한 보장되어야 한다고 주장하였다. 동시에 그는 공리주의라는 윤리 체계를 통해 사회 전체의 행복을 증진시키는 방향으로 제도를 설계하고자 했다. 또한 그는 후기 사상에서 공리주의의 한계를 보완하고자 사회주의적 사유를 일부 받아들이기도 하였다. 밀은 법적·정치적 평등뿐 아니라 성별 고정관념의 철폐를 주장했다. 이는 그의 자유주의가 단순히 정치적 권리 차원에 그치지 않고, 인간의 자기실현과 평등의 실현에까지 나아간다는 것을 보여준다.

밀의 사회철학은 개인의 존엄성과 사회적 연대, 그리고 도덕적 진보를 함께 고려한 총체적 사유다. 그의 사상은 오늘날에도 여전히 표현의 자유, 성 평등, 복지국가, 정치 참여 등의 논의에 철학적 토대를 제공하고 있다. 현대 사회의 복잡성과 갈등 속에서 밀의 철학은 자유와 정의를 동시에 추구하는 실천적 사유의 원천으로서, 여전히 깊은 통찰을 제공한다.

주요 저술

- **자유론**(On Liberty, 1859/정미화, 2024) | 개인의 자유와 사회적 간섭의 한계를 논의하며, 개인의 자유가 사회 발전의 핵심 동력이라고 주장함. 자유는 진리 탐구, 개인 성장, 사회 진보를 가능하게 하는 조건으로 설명한다.
- **공리주의**(Utilitarianism, 1863/정민화, 2022) | 자유와 행복의 관계를 도덕 철학적 관점에서 논의하며, 최대 다수의 최대 행복이 사회의 도덕적 기준이 되어야 한다고 주장한다.
- **여성의 종속**(The Subjection of Women, 1869/정민화, 2022) | 여성의 권리를 옹호하며, 성별에 의한 불평등이 사회적, 도덕적, 경제적 발전을 저해한다고 주장한다.

PART
4

국가와 사회: 어떻게 구성되고, 어떻게 변화하는가?

한 인간이 세상을 바라보았다.
거대한 도시의 공장 굴뚝에서 연기가 솟아오르고, 노동자들은 땀을 흘리며 기계를 돌렸다.
한쪽에서는 부가 쌓이고, 다른 한쪽에서는 배고픔이 쌓였다.
이 장에서는 프리드리히 엥겔스(1820~1895)의 '사적유물론'과 '국가의 소멸', 에밀 뒤르켐(1858~1917)의 '사회적 사실'과 '사회적 연대', 막스 베버(1864-1920)의 '사회행동'과 '합리화', 루이 알튀세르(1918~1990)의 국가와 계급의 재생산 개념 등을 통해 근대 말에서 현대 초입까지, 보수와 혁명의 파도가 번갈아오던 격동의 시기에 전개된 국가와 권력의 변동과 유지 원리를 둘러 싼 치열한 사유들을 살펴본다.

17 | 엥겔스 1820~1895
국가의 본질과 역할은 무엇인가?

"국가는 본질적으로 한 계급이 다른 계급을 억압하는 도구이며, 따라서 노동계급이 권력을 장악하고 기존의 국가 구조를 철폐하지 않는 한, 참된 해방은 있을 수 없다."

—『가족, 사유재산, 국가의 기원』, 1884

프리드리히 엥겔스(Friedrich Engels, 1820~1895)는 칼 마르크스(1818~1883)와 함께 마르크스주의를 창시하고, 변증법적 유물론과 사적유물론을 체계화한 사상가였다. 그는 계급투쟁과 프롤레타리아 혁명의 필요성을 주장했으며, 마르크스 사후 『자본론』 2·3권을 정리하여 마르크스주의 경제학을 완성하는 데 결정적인 역할을 했다. 또한 가족과 국가 형성의 기원을 분석하며 마르크스주의를 사회학적으로 확장했고, 자연과학과 변증법적 유물론을 연결하려 했다.

사회 변화의 근본 원리: 사적 유물론

"인간은 물질적 생산과 물질적 교류를 발전시키면서, 자신의 실존과 함께 사고 방식 및 집단적 사고의 산물들을 변화시킨다" – 프리드리히 엥겔스는 칼 마르크스와 함께 '사적 유물론Historical Materialism'이라는 혁명적인 사상 체계를 구축하였다. 사적 유물론은 인류 역사의 발전 과정을 관념이나 정신이 아닌, 물질적 생산력과 생산관계의 변화라는 경제적 토대에서 설명하려는 시도이다. 사적 유물론의 핵심은 사회의 '토대Base'가 '상부구조Superstructure'를 결정한다는 명제에 있다. 여기서 토대는 특정 시대의 생산력과 생산관계로 이루어진 경제 구조를 의미한다. 반면 상부구조는 정치, 법률, 종교, 철학, 예술 등 사회의 이데올로기적 형태들을 포함한다. 엥겔스와 마르크스는 인간의 의식이나 사상이 사회를 결정하는 것이 아니라, 오히려 사회의 물질적 존재 조건, 즉 경제적 토대가 인간의 의식과 사회 제도를 결정한다고 보았다.

"사회가 일정 단계의 발전에 이르면 물질적 생산력과 기존의 생산관계가 충돌하게 되고, 생산력의 발달이 오히려 생산관계의 족쇄로 전환된다. 그때 비로소 사회혁명의 시대가 시작된다" – 역사의 변화는 생산력의 발전에 따라 기존의 생산관계가 더 이상 맞지 않게 될 때, 즉 토대 내부의 모순이 심화될 때 발생한다. 여기서 '생산력'은 기술, 노동력, 생산 도구 등을 의미하며, '생산관계'는 노동자와 자본가, 영주와 농노 등 생산 수단을 소유하는 계층과 그렇지 않은 계층 간의 관계를 의미한다. 즉, 생산력의 발전은 생산관계의 변화를 야기하고, 이는 사회 전체의 변화로 이어진다. 이 모순은 계급 투쟁이라는 형태로 나타나며, 결국 사회 혁명을 통해 새로운 생산관계와 그에 맞는 상부구조를 가진 사회로 이행하게 된다.

엥겔스는 이러한 사적 유물론의 기본 원리를『가족, 사유재산, 국가의 기원(1884)』을 통해 인류 사회의 변화 과정에 적용하여 설득력 있게 제시하였다. 엥겔스에 따르면, 생산력의 발전은 잉여 생산물을 낳았고, 이는 사유 재산의 발생으로 이어졌다. 사유 재산, 특히 생산 수단의 사적 소유는 부의 불평등과 사회적 분열을 심화시켰다. 더 나아가 엥겔스는 사유 재산의 등장이 기존의 모계 중심적 가족 형태를 부계 중심적 가족 형태로 변화시키는 결정적인 요인이었다고 주장하였다. 재산 상속의 필요성이 남성 중심의 가부장제를 확립시켰으며, 이는 여성의 사회적 지위 하락으로 이어졌다. 또한, 사적 소유 관계를 보호하고 계급 간의 갈등을 관리하기 위해 이전에는 존재하지 않았던 강제력, 즉 '국가'라는 상부구조가 필연적으로 등장하게 되었다. 이는 국가가 특정 계급의 이익을 대변하고 유지하기 위한 도구라는 사적 유물론의 핵심적인 시각을 뒷받침한다.

엥겔스의 국가론: 계급 지배의 도구

"현실에서 국가는 궁극적으로 한 계급이 다른 계급을 억압하기 위한 기계에 불과하며, 민주공화국에서도 군주제만큼이나 그러하다" – 엥겔스에게 국가는 영원불변하거나 사회 전체의 이익을 대변하는 중립적인 기구가 아니었다. 오히려 그는 국가를 특정 역사적 단계에서 경제적 이해관계의 대립, 즉 화해 불가능한 계급 모순의 산물이자 표현으로 파악하였다.

엥겔스는 인류의 초기 사회가 생산 수단의 공동 소유에 기반한 원시 공동체 형태였다고 보았다. 이 시기에는 계급 분화나 조직화된 강제 권력으로서의 국가가 존재하지 않았다. 그러나 생산력, 예를 들어 농업 기술이나 도구의 발전은 점차 잉여 생산물을 가능하게 하였고, 이는 곧 사유 재산의 발생으로 이어졌다. 생산 수단을 소유한 집단과 그렇지 못한 집단이 나뉘면서 사회는 처음으로 경제적 이해관계가 근본적으로 대립하는 계급들, 즉 지배 계급과 피지배 계급으로 분열되었다.

이렇게 사회가 적대적인 계급들로 나뉘자, 이들 간의 이해 충돌은 더 이상 자체적으로 해소될 수 없는 수준에 이르렀다. 엥겔스는 이러한 계급 간의 적대와 투쟁이 사회 전체를 파멸시키는 것을 막기 위한, 그리고 기존의 사회 질서, 즉 생산 수단을 소유한 지배 계급의 우위를 유지하기 위한 필요성 때문에 국가라는 특별한 공권력이 등장하게 되었다고 설명하였다. 국가는 마치 사회 외부에 존재하며 사회 위에 군림하는 힘처럼 보이지만, 실제로는 사회 내부의 화해 불가능한 모순의 결과물인 것이다.

따라서 국가의 가장 근본적이고 일차적인 기능은 바로 계급 지배의 도구로서 역할하는 것이다. 국가는 경제적으로 가장 강력한 힘을 가진 계급, 즉 생산 수단을 지배하는 계급이 정치적으로도 지배력을 확보하도록 보장하는 장치이다. 이를 통해 지배 계급은 피지배 계급에 대한 착취 구조를 안정적으로 유지하고, 이러한 질서를 합법적이고 정당한 것으로 포장한다. 국가는 이를 위해 가시적인 물리적 강제력, 즉 군대, 경찰, 사법기관, 감옥과 같은 '특별한 무장 조직'을 동원한다. 이러한 강제력은 지배 계급의 소유권을 침해하는 행위(예: 절도, 재산 파괴)를 처벌하고, 기존 질서에 도전하는 피지배 계급의 저항(예: 파업, 봉기)을 폭력적으로 억압하는 데 사용된다. 법률 체계 역시 지배 계급의 이해관계를 반영하고 보호하는 방식으로 구성되고 집행된다.

나아가 국가는 물리적 강제력뿐만 아니라, 이데올로기적 장치를 통해서도 지배를 공고히 한다. 교육, 종교, 언론 등 다양한 사회 제도를 통해 지배 계급의 가치관과 세계관을 사회 전체의 보편적인 가치인 것처럼 전파한다. 이를 통해 피지배 계급 스스로가 현존하는 불평등한 질서를 당연하고 자연스러운 것으로 받아들이게 만들고, 지배 질서에 대한 순응을 유도한다.

물론 국가는 때때로 도로 건설, 교육 제공, 전염병 관리 등 사회 구성원 전체에게 이익이 되는 듯한 공공적 기능을 수행하기도 한다. 그러나 엥겔스는 이러한 기능조차 궁극적으로는 자본주의적 생산 관계를 원활하게 유지하고 사회 안정을 도모함으로써 지배 계급의 장기적인 이익과 안정적인 통치 기반을 유지하는 데 복무한다고 분석하였다. 즉, 국가는 계급 갈등이라는 현실 위에 서서 이를 중립적으로 '조정'하는 것처럼 보이지만, 그 실체는 언제나 경제적 지배 계급의 편에 서서 그들의 이해관계를 관철하고 사회적 모순을 관리하는 강력한 도구인 것이다.

프롤레타리아 혁명과 국가 소멸의 필연성

"국가는 폐지되는 것이 아니라, 저절로 소멸해 간다" — 프리드리히 엥겔스는 자본주의 체제가 내포한 근본적인 모순, 즉 생산의 사회적 성격과 생산 수단의 사적 소유 사이의 깊어지는 갈등으로 인해 계급 투쟁이 격화되고 결국 프롤레타리아 혁명이 필연적으로 발발할 것이라고 예측하였다. 그는 이 혁명이 정권 교체에 그치는 것이 아니라, 국가라는 제도 자체를 근본적으로 새로운 역사적 단계로 이행시키는 전환점이 될 것이라고 보았다. 혁명에 성공한 노동자 계급(프롤레타리아)은 기존의 부르주아 국가, 즉 자본가 계급의 이해관계를 대변하고 그 지배를 유지하기 위해 구축된 억압 기구를 그대로 인수하는 것이 아니라, 이를 철저히 분쇄한다. 부르주아 국가는 그 구조와 기능 자체가 소수 착취 계급의 이익에 봉사하도록 설계되어 있어, 다수 노동자 계급의 해방이라는 목표를 실현하는 도구가 될 수 없기 때문이다.

기존 국가 기구를 타파한 자리에 노동자 계급은 자신들의 정치 권력, 즉 '프롤레타리아 독재'를 수립한다. 엥겔스와 마르크스가 사용한 '독재'라는 용어는 오늘날 흔히 연상되는 일인 또는 소수 엘리트에 의한 전체주의적 통치와는 거리가 있다. 이는 역사상 처음으로 사회의 절대다수를 차지하는 피착취 계급이 구舊 착취 계급인 소수 자본가 계급에 대해 행사하는 계급적 지배를 의미한다. 이 과도기적 국가 형태의 핵심 목표는 두 가지이다.

첫째, 혁명 이후에도 필연적으로 발생할 구 지배 계급의 반혁명 시도를 분쇄하고 새로운 사회 질서를 공고히 하는 것이다.

둘째, 생산 수단(공장, 토지 등)에 대한 자본가들의 사적 소유를 폐지하고 이를 사회 전체의 공동 소유로 전환하여, 착취의 물질적 토대 자체를 제거하고 사회주의적 생산 관계를 확립하는 것이다.

따라서 이 단계의 국가는 여전히 한 계급이 다른 계급을 억압하는 '계급 지배의 도구'라는 본질을 지니고 있다. 그러나 이전의 모든 국가 형태가 소수 착취 계급이 다수 피착취 계급을 억압하는 도구였던 반면, 프롤레타리아 국가는 사회의 압도적 다수가 소수의 착취자를 통제하고 궁극적으로 모든 계급을 철폐하기 위해 사용하는, 역사상 유일하게 스스로의 소멸을 목표로 하는 특수한 국가 형태라는 점에서 근본적인 차이가 있다.

사회 내에 더 이상 억압하거나 통제해야 할 특정 계급이 존재하지 않게 되면, 계급 지배와 갈등 관리라는 국가의 핵심 기능은 자연스럽게 불필요해진다. 엥겔스는 이때 국가가 어떤 세력에 의해 폭력적으로 '폐지abolished' 되는 것이 아니라, 마치 사용하지 않는 신체 기관이 퇴화하듯 점진적으로 그 기능을 잃고 사회생활에서 사라져가는 '소멸absterben'의 과정을 겪게 될 것이라고 보았다. 국가의 정치적 기능, 즉 사람에 대한 지배는 점차 사회 전체의 공동 관심사인 생산 과정의 합리적 관리와 '사물에 대한 행정administration of things'으로 대체될 것이다. 최종적으로 사회는 국가라는 별도의 강제 권력 기구 없이, 자유롭고 평등한 생산자들의 자율적인 연합체로서 운영되는 완전한 코뮌주의 사회로 이행하게 될 것이라는 것이 엥겔스가 제시한 전망이었다.

  엥겔스는 마르크스와 공동으로 사적 유물론의 관점에서 역사를 하나의 자연사로 바라보았다. 즉, 인간 사회의 변화는 도덕적 이상이나 우연적 사건이 아니라 생산력과 생산관계, 계급투쟁이라는 구조적 조건에 의해 필연적으로 전개된다는 것이다. 이 맥락에서 국가는 사적 소유와 계급지배를 유지하는 억압적 장치에 불과하다. 엥겔스는 계급이 폐지되고 생산수단이 사회적으로 소유되며, 인간의 자유로운 연합이 가능해질 때, 국가는 역사적 기능을 다한 채 '소멸'할 것이라고 본다.

  이러한 엥겔스의 사유는 오늘날에도 깊은 울림을 남긴다. 엥겔스의 이론은 단순한 과거의 급진적 선언이 아니라, 사회구조와 권력의 본질을 성찰하게 만드는 하나의 철학적 나침반으로 여전히 작용하고 있다.

주요 저술

- **반듀링론**(Anti-Dühring, 1878/김민석, 2012) | 역사유물론을 체계화하였다.
- **가족, 사유재산, 국가의 기원**(The Origin of the Family, Private Property and the State, 1884/김경미, 2018) | 국가와 사유재산의 탄생을 다룬다. 원시공산사회에서부터 계급사회의 발전 과정을 묘사하고 있다.
- **루트비히 포이어바흐와 독일 고전철학의 종말**(Ludwig Feuerbach and the End of Classical German Philosophy, 1885/양재혁, 2015) | 독일 고전철학(특히 헤겔과 포이어바흐)을 비판하며 변증법적 유물론을 옹호한 저작이다.
- **자연 변증법**(Dialectics of Nature, 사후출간, 1925/한승완 외, 2012) | 자연과학과 변증법적 유물론의 관계를 다루고 있다. 자연과학의 발전과 자연과학의 사회적 역할을 해명하는 세계관과 이론을 제시할 목적으로 집필되었다.

18 | 뒤르켐 1858~1917
사회적 사실은 개인을 어떻게 강제하는가?

"사회적 사실은 개인의 외부에 존재하며, 개인의 행동을 강제하는 힘을 가진다. 사회학의 임무는 이러한 사회적 사실을 과학적으로 연구하고, 그것이 어떻게 사회 질서를 유지하고 변화시키는지 분석하는 것이다."

— 『사회학적 방법의 규칙들』, 1895

사회는 끊임없이 변화하면서도 일정한 질서를 유지하는 구조적 시스템이다. 이러한 사회 질서는 어떻게 형성되며, 무엇이 그것을 지속시키는가? 이 질문에 대한 답을 찾기 위해, 다양한 사회철학자들이 경제적, 문화적, 권력적 측면에서 사회 구조를 분석해왔다.

에밀 뒤르켐(Émile Durkheim, 1858~1917)은 사회학을 철학이나 심리학에서 분리하여 독자적인 과학으로 정립하고자 했던 프랑스의 대표적인 사회학자이다. 그가 사회학의 고유한 연구 대상을 명확히 하고 과학적 분석의 토대를 마련하기 위해 제시한 핵심 개념이 바로 '사회적 사실 social fact'이다. 뒤르켐에게 사회적 사실은 사회 현상을 개인의 심리나 의지와는 독립된 객관적인 실체로 파악하고 분석하기 위한 필수적인 도구였다.

뒤르켐은 또한 '기계적 연대'와 '유기적 연대' 개념을 통해 사회적 결속의 원리와 방향에 대한 통찰을 제공하기도 하였다.

사회 분석의 객관적 도구: '사회적 사실'

"사회적 사실은 개인에게 외재하며, 일정한 강제력을 가지고 있어 그에게 강요되는 행위, 사고, 감정의 방식이다" – 뒤르켐은 그의 저서 『사회학적 방법의 규칙들(1895)』에서 '사회적 사실'을 개인에게 외재外在하며, 그 자체의 고유한 존재를 가지면서 개인에게 강제력을 행사하는 모든 행위 양식(고정되었든 아니든)이라고 정의하였다. 이 정의에는 사회적 사실의 핵심적인 두 가지 특징이 담겨 있다.

첫째는 '외재성 externality'이다. 사회적 사실은 개별 행위자의 의식 속에서 생겨나는 것이 아니라, 개인의 외부, 즉 사회 속에 이미 존재한다. 예를 들어 우리가 사용하는 언어, 우리가 따라야 하는 법률, 우리가 사용하는 화폐 시스템, 도덕적 규범 등은 우리가 태어나기 전부터 존재했으며, 우리가 사라진 후에도 존속할 사회적 실체이다. 이것들은 개인이 임의로 창조하거나 변경할 수 있는 것이 아니며, 사회 구성원 전체에게 공유되는 집합적인 성격을 띤다.

둘째 특징은 '강제력 coercive power'이다. 사회적 사실은 개인의 행위와 사고, 감정에 대해 구속력을 행사한다. 이러한 강제력은 법률 위반 시 가해지는 처벌처럼 명시적이고 직접적일 수도 있지만, 사회적 관습이나 유행을 따르지 않을 때 받게 되는 비난, 조롱, 소외감 또는 사회생활의 어려움과 같은 비공식적이고 간접적인 형태로도 나타난다. 개인이 특정 종교 의례에 참여하거나, 특정 방식으로 옷을 입거나, 특정 도덕 규칙을 따르는 것은 단순히 개인적인 선호의 문제가 아니라, 그 사회가 개인에게 부과하는 암묵적 혹은 명시적 압력의 결과인 경우가 많다. 뒤르켐은 개인이 이러한 사회적 압력을 내면화하여 자발적으로 따르는 것처럼 보일 때조차 그 근저에는 사회적 사실의 강제력이 작용하고 있다고 보았다.

"사회학자는 아직 탐구되지 않은 사회적 사실의 영역에 들어갈 때, 모든 선입견을 버리고 빈 마음으로 접근해야 한다" – 이러한 정의에 기초하여 뒤르켐은 사회학의 핵심적인 방법론적 원칙으로 사회적 사실을 사물things처럼 다루라고 주장했다. 이는 사회 현상을 연구할 때, 연구자의 주관적인 편견이나 선입견prenotions을 배제하고, 마치 자연과학자가 외부 세계의 사물을 관찰하고 측정하듯이 객관적이고 경험적인 태도로 접근해야 함을 의미한다. 나아가 뒤르켐은 사회적 사실은 오직 다른 사회적 사실에 의해서만 설명될 수 있다고 강조했다. 즉, 특정 사회 현상(예: 특정 사회의 자살률)의 원인을 설명할 때, 개인의 심리 상태나 생물학적 요인에서 직접적인 답을 찾기보다는, 그 사회의 구조적 특징이나 다른 사회적 사실(예: 사회 통합의 정도, 종교적 집단의 응집력, 경제 위기 등)에서 원인을 찾아야 한다는 것이다. 이는 사회학이 심리학이나 생물학과는 구별되는 고유한 설명 수준(사회적 수준)을 가지고 있음을 천명한 것이며, 사회 현상의 독자적인 실재성sui generis을 강조한 것이다.

사회적 사실의 유형과 기능

"사회적 사실은 두 가지 차원에서 작용한다. 하나는 형체가 있고, 다른 하나는 의식 속에서다" – 뒤르켐은 사회적 사실을 개념화할 뿐 아니라 일정한 틀로 분류하기도 했다. 가장 널리 알려진 분류는 '물질적 사회적 사실faits sociaux matériels'과 '비물질적 사회적 사실 faits sociaux immatériels'의 이분법이다. '물질적 사회적 사실'은 제도나 조직과 같이 물리적으로 존재하며 외형을 갖는 사회 구조를 말한다. 정부 조직, 법률 제도, 교육 기관, 교회, 도시 계획 등이 그 예이다. 이러한 사회적 사실은 사회 구조를 구성하는 토대로서, 명확히 식별되고 연구될 수 있다. 반면, '비물질적 사회적 사실'은 물리적 형태가 없지만 집단 내에 공유되고, 개인을 규제하며, 사회 속에서 작동하는 규범과 신념을 가리킨다. 도덕, 관습, 종교적 믿음, 언어, 사회적 가치, 집합적 정체성 등이 이에 포함된다. 뒤르켐은 이러한 비물질적 사실이야말로 사회의 본질을 이해하는 데 결정적인 요소라고 보았다.

"도덕은 단순히 이상이 아니라 사회가 우리에게 부과하는 의무이다" – 뒤르켐은 특히 비물질적 사회적 사실을 더 세분화하여 설명하였다. 그는 이를 크게 두 범주로 나누었다.

첫째는 '도덕적 사실 faits moraux'이다. 이는 사회가 구성원에게 요구하는 도덕 규범과 의무로, 사회적 질서를 유지하기 위한 보편적 행동 기준을 포함한다. 둘째는 '집합적 표상 représentations collectives'이다. 이는 종교, 신화, 이데올로기, 언어와 같은 사회 집단이 공유하는 상징 체계나 의미 구조로, 사회적 현실을 해석하고 정당화하는 데 사용된다. 이 두 가지는 사회의 내적 구조를 구성하며, 인간이 속한 공동체 속에서 자신의 위치를 이해하게 하는 기반이다.

"자살은 철저히 사회적인 사실이다. 그것은 사회적 흐름 속에 잠겨 있다" – 사회적 사실에 대한 기본 분류 외에도, 뒤르켐은 자신의 텍스트 전반에서 다양한 개념적 시도를 펼친다. 그 중 대표적인 것이 '사회적 흐름 courants sociaux'이라는 개념이다. 이는 『자살론(1897)』에서 등장하며, 일정한 집단 내에서 형성되는 정서적 분위기나 감정의 흐름을 뜻한다. 예컨대, 경제적 위기나 급격한 사회 변화가 가져오는 사회적 불안은 개인의 자살률에도 영향을 미친다. 뒤르켐은 이를 통해, 개별 행위가 아니라 집합적 감정의 작용이 인간 행동을 설명한다는 점을 강조하였다. 이는 오늘날 집단 심리나 문화적 기류에 대한 사회학적 접근의 기초가 된다.

"우리가 자주 사용하는 개념이 항상 명확한 것은 아니다. 그것은 종종 형성되어 가는 과정에 있다" – 한편, 현대 사회학자들은 뒤르켐의 텍스트를 분석하고 해석하면서 다양한 분류 체계를 도입해 왔다. 예컨대 '규범적 사실', '제도적 사실', '집합의식적 사실', '형성된 사회적 사실', '사회심리적 사실', '제도화된 사실', '사회적 흐름' 등은 모두 뒤르켐의 사상을 확장하여 설명하려는 시도에서 등장한 개념이다. 일부는 뒤르켐 본인이 암묵적으로 사용했거나, 특정 문맥에서만 언급된 개념을 체계화한 것이다. 따라서 오늘날의 사회학 교과서에서 볼 수 있는 사회적 사실 분류는 많은 경우 뒤르켐의 사상을 현대적으로 재구성한 결과물이라 할 수 있다.

이러한 사회적 사실들은 단순히 외부에서 작용하는 규율일 뿐 아니라, 사회 통합과 질서 유지의 핵심 기제로 기능한다. 규범적 사실은 '무엇이 옳고 그른가'를 결정해주며 도덕적 일관성을 부여하고, 제도적 사실은 복잡한 사회를 분업적으로 조직화한다. 집합의식은 구성원 간의 유대감을 형성하고 사회 정체성을 만들어내며, 사회심리적 사실은 대중의 방향성과 행동을 조율한다. 뒤르켐은 이러한 사실들이 사회를 하나로 결속시키는 '도덕적 접착제 moral cement' 역할을 한다고 보았다.

기계적 연대와 유기적 연대

"기계적 연대는 개인을 전체에 복속시키고, 유기적 연대는 개인이 독립적인 존재로 기능하면서 전체에 기여하게 만든다" – 사회가 단순히 개인들의 집합이 아니라면, 사회적 결속력은 무엇에 의해 유지되는가? 뒤르켐은 이를 설명하기 위해 '사회적 연대 Social Solidarity' 개념을 제시했다. 그는 사회가 발전하면서 연대의 형태도 변화한다고 보았으며, 이를 '기계적 연대

Mechanical Solidarity'와 '유기적 연대 Organic Solidarity'로 구분하였다.

'기계적 연대'는 전통적 사회에서 나타나는 연대 방식으로, 사람들이 동일한 가치와 신념을 공유하며 강한 공동체적 유대를 형성하는 형태이다. 예를 들어, 부족 사회에서는 모든 구성원이 같은 종교를 믿고, 같은 방식으로 생활하며, 동일한 규범을 따르기 때문에 사회가 안정적으로 유지된다. 이러한 사회에서는 법 체계도 응보적 법의 형태를 띠며, 규범을 어긴 개인은 공동체 전체에 의해 강하게 처벌받는다. 전통 사회에서는 개인보다 집단이 우선하며, 사회 규범이 곧 개인의 행동을 결정하였다.

반면, 산업화가 진행되면서 사회는 점점 더 복잡해졌고, 노동 분업이 증가하면서 개인들은 서로 다른 역할과 직업을 수행하며 상호 의존성이 강화되었다. 뒤르켐은 이러한 현대 사회의 연대 방식을 '유기적 연대'라고 불렀다. '유기적 연대'는 사회적 분업, 상호 의존성, 계약과 협업 등을 핵심요소로 한다. 예를 들면, 한 병원에서 의사는 진료를 보고, 간호사는 환자를 돌보며, 행정 직원은 시스템을 운영하는데, 모두가 함께 기능해야 병원이 정상적으로 운영된다. 이런 경우 의사와 간호사와 행정직원은 '유기적 연대'를 맺고 있다.

그러나 뒤르켐은 유기적 연대가 항상 조화로운 방향으로 나아가는 것은 아니라고 본다. 지나친 분업은 개인을 소외시키고, 사회적 규범의 약화를 초래한다. 이를 '아노미 anomie'라고 부르며, 이는 자살률 증가 같은 사회 병리로 드러난다고 보았다. 따라서 유기적 연대의 실현을 위해서는 법, 교육, 도덕과 같은 사회적 제도가 공공의식과 도덕의 공유 기반을 회복하는 데 기여해야 한다. 그는 자유와 자율성이라는 근대의 가치들을 부정하지 않으면서도, 그것이 가능하려면 사회 전체에 공공선에 대한 도덕적 감수성이 형성되어야 한다고 본다. 이 점에서 뒤르켐은 '자유로운 개인주의'와 '도덕적 공동체' 사이의 긴장을 조화롭게 사유한 철학자라 할 수 있다.

'사회적 사실'이 개인을 규제하고 구성하는 방식이라면, '연대'는 그러한 규제가 공동체를 유지하고 강화하는 방식이다. 뒤르켐의 사회학은 사회를 단순한 개인들의 집합이 아니라, 공통된 규범, 의미, 감정의 흐름 속에서 이루어지는 살아 있는 유기체로 이해하게 만든다.

오늘날, 사회는 빠르게 변화하며 새로운 형태의 사회적 사실과 연대를 만들어내고 있다. SNS의 규범, 디지털 시민성, 알고리즘 윤리 등은 모두 현대적 의미에서의 사회적 사실이며, 이들 역시 개인의 행동을 규제하고 공동체적 결속을 형성하고 있다. 뒤르켐의 통찰은 19세기 사회를 설명하는 데에 머무르지 않고, 21세기 사회의 본질적 질문들, 즉 우리는 어떻게 연결되어 있으며, 무엇이 우리를 함께 살게 하는가에 답할 수 있는 강력한 이론적 토대를 제공하고 있다.

주요 저술

- **사회분업론**(De la division du travail social, 1893/민문홍, 2012) | 사회 분업(기계적 연대 → 유기적 연대)과 사회 통합 개념을 정립한 책이다.
- **사회학적 방법의 규칙들**(Les Règles de la méthode sociologique, 1895/민혜숙, 2021) | 사회학의 연구 방법론 정립, 사회적 사실에 대한 상세한 정의를 다룬다.

19 | 베버 1864~1920
합리화는 강철우리를 만들어내는가?

"관료제는 정확성, 신속성, 명확성, 연속성, 분업, 규율, 그리고 신뢰성을 보장하는 최적의 조직 형태이다. 그러나 이와 동시에 인간을 기계적인 톱니바퀴로 만들어버리는 위험을 내포하고 있다."
―『경제와 사회』, 1922

에밀 뒤르켐(1858~1917)이 개인을 초월하는 '사회적 사실'의 객관적 실재성과 그 강제력에 주목하며 사회 질서의 원리를 탐구했다면, 막스 베버(Max Weber, 1864~1920)는 종교적 윤리나 문화적 가치와 같은 '정신적' 요인이 사회 변화, 특히 근대 자본주의의 발전에 미친 영향을 강조하였다. 또한, 뒤르켐이 사회 구조의 외재성과 강제력을 강조한 데 반해, 베버는 사회 현상을 이해하기 위해서는 그 사회를 구성하는 행위자들의 '주관적 의미'를 해석적으로 '이해Verstehen'하는 것이 필수적이라고 보았다. 즉, 인간의 '사회 행동'과 그 이면에 있는 동기, 의미, 가치관을 파악하는 것을 사회학적 분석의 핵심으로 삼았다.

여기서 출발하여 베버의 사회철학은 근대 서구 사회의 가장 두드러진 특징으로 보았던 '합리화Rationalization' 과정에 대한 깊은 성찰, 이와 연관된 관료제의 발달, 다양한 지배(권력과 권위)의 유형 분석에 초점을 맞춘다.

의미를 향한 발걸음: '사회행동'

"사회학은 의미 있는 사회행동을 해석적으로 이해하고, 그것이 인과적으로 전개되는 과정을 설명하는 학문이다" – 막스 베버는 사회학의 역사에서 에밀 뒤르켐과 함께 가장 중요한 인물 중 한 명으로 꼽히지만, 사회를 바라보는 그의 접근 방식은 사뭇 달랐다. 뒤르켐이 사회 구조와 같은 외부적 '사회적 사실'의 객관적 분석을 강조했다면, 베버는 사회 현상을 이해하기 위해 행위자 개인의 '주관적 의미 subjective meaning'에 주목하는 '이해사회학 Verstehen sociology'의 길을 열었다. 이러한 베버 사회학의 핵심적인 출발점이자 분석의 기본 단위가 되는 개념이 바로 '사회행동 social action'이다. 베버에게 사회학은 바로 이 사회행동을 해석적으로 이해하고, 그 과정과 결과에 대한 인과적 설명을 제시하는 학문이었다.

"그 주관적 의미에 따라 타인들의 행태를 고려하며 그 과정이 방향 지어질 때 사회행동이 된다" – 베버는 『경제와 사회(1922)』에서 행동 action을 행위자가 자신의 행위에 주관적 의미를 부여하는 인간의 행태라고 정의하였다. 이 정의에는 두 가지 핵심 요소가 있다.

첫째, '주관적 의미'이다. 사회행동은 단순히 외부 자극에 대한 기계적인 반응 behavior이 아니라, 행위자 스스로가 자신의 행동에 부여하는 의미와 동기를 내포한다. 사회학자는 바로 이 주관적 의미를 파악해야만 그 행동을 제대로 이해할 수 있다. 예를 들어 도끼로 나무를 자르는 행위는, 그것이 생계를 위한 땔감 마련인지, 분노의 표출인지, 아니면 조각 작품을 만들기 위한 것인지에 따라 그 의미가 완전히 달라진다. 베버는 이러한 주관적 의미를 파악하는 방법론적 접근으로 '이해 Verstehen'를 강조하였다.

둘째, '타인 지향성 orientation towards others'이다. 어떤 행동이 '사회적' 행동이 되려면, 행위자가 그 행동의 의미를 부여하고 실행하는 과정에서 다른 사람들의 과거, 현재, 또는 미래에 기대되는 행동을 고려해야 한다. 즉, 고립된 개인의 행동이 아니라 타인과의 관계 속에서 이뤄지는 상호작용적 측면을 지녀야 한다. 길에서 마주 오는 사람과 부딪히지 않기 위해 방향을 트는 행동, 교사가 학생들의 이해도를 고려하며 강의하는 행동, 시장에서 물건 값을 흥정하는 행동 등은 모두 타인의 행동을 염두에 둔 사회행동이다. 반면, 타인을 전혀 의식하지 않는 혼자만의 기도나 단순히 생리적 욕구에 따른 행위는 사회행동으로 간주하기 어렵다.

사회행동의 4가지 유형

베버는 사회행동을 크게 네 가지 유형으로 분류하였다. 이는 현실 세계의 모든 행동이 이 유형 중 하나에 완벽하게 들어맞는다는 의미가 아니라, 현실의 복잡한 행동들을 분석하고 비교하기 위한 개념적 틀이다.

"근대 사회의 특징은 점점 더 목적 합리적인 방식으로 구조화되는 것이다" – 첫 번째 유형은 '목적 합리적 행동 Goal-rational Action'이다. 이는 어떤 목표를 달성하기 위해 최적의 수단을 선택하는 행위를 의미한다. 현대 사회에서 이러한 행동 유형은 특히 경제적 활동에서 두드러진다. 사업가는 비용을 절감하고 이윤을 극대화하기 위해 생산 방식을 개선하며, 학생은 시험에서 좋은 성적을 받기 위해 효율적인 학습 전략을 세운다. 이처럼 효율성, 계산 가능성, 목표 지향성이 강조되는 행위가 바로 '목적 합리적 행동'이다. 베버는 근대 사회가 점점 더 목적 합리적인 방식으로 조직되고 있다고 분석했다.

"인간은 단순히 계산적인 존재가 아니라, 자신의 신념과 가치를 위해 행동하는 존재이기도 하다" - 두 번째 유형은 '가치 합리적 행동Value-rational Action'이다. 목적 합리적 행동이 결과를 중시한다면, 가치 합리적 행동은 신념과 이상을 따르는 행동이다. 여기서 중요한 것은 행동의 결과보다는 행위 자체가 가치 있는 것으로 간주된다는 점이다. 예를 들어, 어떤 사람이 자신의 신념을 지키기 위해 불이익을 감수하면서도 행동하는 경우가 이에 해당한다. 종교적 신념에 따라 금식을 하거나, 정의 실현을 위해 위험을 감수하고 투쟁하는 것 역시 가치 합리적 행동의 예이다. 베버는 이러한 행동이 현대 사회에서도 여전히 중요한 역할을 한다고 보았다.

"감정은 단순한 개인의 경험이 아니라, 집단을 움직이는 사회적 힘이 될 수 있다" - 세 번째 유형은 '감정적 행동Affectual Action'이다. 이는 순간적인 감정이나 정서적 상태에 의해 이루어지는 행동을 뜻한다. 우리가 분노에 차서 누군가에게 소리를 지르거나, 기쁨에 넘쳐 춤을 추는 행동은 목적이나 가치보다는 감정적 충동에 의해 이루어진다. 베버는 감정적 행동이 비합리적이거나 우연적인 행동으로 보일 수 있지만, 사실상 사회적 맥락 속에서 중요한 역할을 한다고 보았다. 예를 들어, 카리스마적 지도자는 논리적 설득이 아니라 대중의 감정을 자극하여 지지를 얻는다. 역사적으로도 혁명이나 대중운동은 종종 분노, 열정, 희망과 같은 감정적 요소에 의해 촉발되었다.

"전통은 우리가 그것을 합리적으로 검토하지 않고 받아들이는 한에서만 지속된다" - 네 번째 유형은 '전통적 행동Traditional Action'이다. 이는 오랜 습관이나 전통에 따라 기계적으로 이루어지는 행동을 뜻한다. 명절마다 가족을 방문하거나, 특정한 의식을 반복하는 행동이 이에 해당한다. 이 같은 행동은 논리적인 판단이나 감정적 충동이 아니라, 항상 그래 왔기 때문에 이루어진다. 전통적 행동은 사회적 연속성을 유지하는 중요한 역할을 하지만, 때때로 근대적 합리성과 충돌하기도 한다.

베버는 실제 세계의 구체적인 사회행동은 종종 이러한 이상형들이 다양한 비율로 혼합되어 나타난다고 보았다. 하지만 이 유형론은 복잡한 인간 행동의 동기를 분석하고, 특히 서구 사회에서 '합리성rationality'이 어떻게 증대되어 왔는지(합리화 과정)를 설명하는 데 중요한 분석 도구를 제공하였다. 베버는 이 네 가지 행동 유형을 통해, 사회가 점점 더 '목적 합리적 행동' 중심으로 변화하고 있다고 분석했다. 산업화, 자본주의, 관료제의 확산은 효율성, 목표 지향성, 계산 가능성을 중시하는 사회 구조를 형성했다. 이는 경제적 발전과 기술적 진보를 이루는 데 기여했지만, 인간성이 약화되고, 감정적이거나 가치 중심적인 행동이 점점 축소되는 문제도 초래했다.

합리화된 사회

"근대 사회는 합리적 질서 속에서 움직이지만, 동시에 개인은 그 속에서 점점 더 소외될 위험이 있다" – 막스 베버는 근대 사회를 이해하는 핵심 원리를 '합리화Rationalization' 개념으로 파악하였다. 그는 근대화 과정에서 전통적이고 감정적인 요소들이 점점 줄어들고, 사회가 점점 더 논리적이고 체계적인 방식으로 운영된다고 분석하였다. 과거의 사회는 신화, 종교, 감정, 전통과 같은 요소에 의해 질서가 유지되었지만, 근대 사회는 점점 효율성과 계산 가능성을 중심으로 조직된다. 이러한 변화는 과학, 기술, 자본주의, 관료제의 발달과 함께 사회 전반에 걸쳐 빠르게 진행되었다. 베버는 근대 사회에서 '합리화'가 불가피한 과정이라고 보았지만, 동시에 이 과정이 인간성을 억압하고 사회를 비인간적인 구조로 만들 수 있다는 점을 경고하였다.

베버는 합리화를 '효율성Efficiency', '계산 가능성Calculability', '예측 가능성Predictability', '통제Control'라는 네 가지 개념으로 파악하였다. 이러한 요소들은 현대 사회의 모든 영역에서 작동하며, 우리의 일상생활까지도 깊이 영향을 미친다.

현대 사회에서 '효율성'은 생산성과 경쟁력을 높이는 중요한 원리가 되었다. 예를 들어, 패스트푸드점에서는 주문, 조리, 서빙이 가장 효율적인 방식으로 설계되어 있다. 또한, 모든 것은 측정될 수 있어야 하며, 수치로 표현될 때 비로소 신뢰받을 수 있다.

합리화된 사회는 수량화된 사회로 '계산 가능성'을 가진다. 숫자와 통계가 인간의 가치를 평가하는 중요한 기준이 된다. 기업의 성과는 수익과 매출 지표로 평가되고, 대학의 질은 입학률과 취업률로 판단된다.

합리화된 사회는 사회는 '예측 가능'한 방식으로 운영되어야 하며, 불확실성을 최소화하는 방향으로 발전한다. 모든 과정은 표준화되면서, 사회 구성원들은 안정적인 질서를 경험하지만 동시에 반복성과 기계적 운영에 익숙해진다.

합리화된 사회에서는 기술과 시스템이 인간을 '통제'하는 방식으로 운영된다. 기업, 정부, 교육 기관은 개개인의 판단보다 규칙과 절차를 우선하며, 이는 조직의 안정성을 높이는 동시에 인간적 요소를 축소한다. 베버는 이러한 합리화 과정이 사회를 더욱 효율적으로 만들지만, 동시에 인간을 수단화하고 자유를 제한할 수 있다는 점을 경고한다.

"우리는 스스로 만든 강철우리 속에서 살게 될 것이다" – 베버는 합리화가 극단적으로 진행될 경우, 인간이 관료제적 질서 속에 갇히게 되는 '철창(Iron Cage, 강철우리)' 상태에 빠질 수 있다고 경고하였다. 합리화가 계속되면서 사회는 점점 더 규칙과 절차에 의해 지배되는 경직된 구조로 변화한다. 인간의 행동은 자율성을 잃고, 개인적인 창의성이나 감정, 전통적 가치를 고려할 여지가 줄어든다. 공장 노동자는 생산성 향상을 위해 기계처럼 움직이며, 직장인들은 목표 달성을 위해 정해진 절차만 따르게 된다. 교육과 학문에서도 학생들은 단순히 점수를 높이기 위해 공부하며, 교수들은 연구 논문의 수로 평가받는 환경에서 학문의 본질이 사라지고 있다.

합리성의 정점이자 인간 소외의 감옥: 관료제

"근대 관료제는 수단의 최적화를 추구하지만, 그 과정에서 인간성은 위협받는다" – 막스 베버가 근대 사회의 핵심적인 특징으로 주목한 '합리화' 과정을 가장 순수하고 명료하게 구현하는 조직 형태가 바로 '관료제 Bureaucracy'이다. 베버에게 관료제는 정부 행정 조직을 포함해서 특정한 원칙에 따라 구성되고 운영되는 모든 종류의 대규모 조직(기업, 군대, 정당, 대학 등)을 포괄하는 개념이었다. 베버는 관료제를 역사상 등장한 여러 조직 운영 방식 중 기술적으로 가장 우월하고 합리적인 형태로 간주하였다. 이는 관료제가 목표 달성을 위해 가장 효율적이고 예측 가능한 방식으로 작동하도록 설계되었기 때문이다. 그가 제시한 이상형적 관료제의 핵심 특징들은 명확한 권한의 위계, 성문화된 규정과 절차, 전문화된 분업, 비개인성/몰인격성, 문서와 결재, 자격과 절차에 근거한 선발과 승진 등의 특징을 갖는다.

이러한 특징들 덕분에 관료제는 베버가 보기에 이전 시대의 가부장제 patrimonialism나 카리스마적 지배 하의 조직 운영 방식에 비해 정확성, 신속성, 명확성, 문서에 대한 지식, 지속성, 복종, 마찰 최소화, 비용 절감 등 거의 모든 면에서 압도적인 효율성을 자랑한다. 이는 복잡한 대규모 과업을 처리해야 하는 근대 국가와 자본주의 기업에게 관료제가 필수 불가결한 조직 형태로 자리 잡게 된 이유이다. 또한, 관료제는 법규와 규칙의 합리성에 대한 믿음에 기반하는 '합법적–합리적 권위 Legal-Rational Authority'의 가장 전형적인 발현 형태이기도 하다.

"관료제는 인간을 '톱니바퀴'로 만들고, 개인의 창의성과 판단을 제한할 위험이 있다" – 하지만 베버는 관료제의 이러한 기술적 효율성에 찬사를 보내면서도 동시에 그것이 가져올 어두운 미래에 대한 깊은 우려를 표명했다. 관료제의 합리적 규칙과 절차는 점차 그 자체의 생명력을 얻어 인간의 자율성, 창의성, 그리고 고유한 인간적 가치들을 질식시킬 수 있다는 것이다.

관료제의 잠재적 병폐로는 다음과 같은 점들이 지적된다.

첫째, 비인간화이다. 몰인격성의 원칙은 사람들을 개성 없는 '사례'나 '부품'처럼 취급하게 만들 수 있다.

둘째, 경직성과 번문욕례(繁文縟禮, Red Tape)이다. 규칙과 절차에 대한 지나친 집착은 변화하는 상황에 대한 유연한 대처를 방해하고, 형식주의를 낳아 본래의 목적 달성을 저해할 수 있다.

셋째, 전문화된 지식과 정보가 특정 관료들에게 집중되면서 권력의 집중과 과두제적 경향이 나타날 수 있다.

넷째, 개인의 자율성과 창의성이 시스템의 논리 아래 억눌리면서 소외와 무력감을 느낄 수 있다.

권력과 지배

막스 베버는 사회에서 권력이 어떻게 작동하는지를 분석하는 데 집중했다. 그는 권력을 타인이 자신의 뜻에 따르게 하는 능력이라고 정의했다. 권력이 사회적으로 정당성을 인정받을 때 이를 '지배Domination'라고 부른다. 즉, 단순한 힘의 행사와는 달리, '지배'는 사람들이 그 권위를 받아들이고 순응하는 형태의 권력이다. 그렇다면 사람들은 왜 어떤 권력에는 저항하면서도, 다른 권력은 정당한 것으로 받아들이는가?

베버는 이에 대한 해답을 찾기 위해 권력의 정당성이 확보되는 방식을 연구했고, 이를 '정당한 지배Legitimate Domination'라는 개념으로 정리했다. 그는 사회에서 지배가 정당성을 확보하는 방식이 시대와 맥락에 따라 다르게 나타난다고 보았으며, 정당한 지배의 유형을 세 가지로 구분했다.

"전통적 지배는 과거의 권위를 기반으로 하기 때문에, 사회가 변화할수록 그 정당성이 약해질 수 있다" - 첫 번째 유형은 '전통적 지배Traditional Authority'이다. 이는 과거부터 이어져 내려온 전통과 관습이 지배를 정당화하는 방식이다. 사람들이 지배자의 권위를 인정하는 이유는, 그것이 오랫동안 지속되어 왔고 자연스러운 것으로 받아들여지기 때문이다. 왕권과 귀족제도는 전통적 지배의 대표적인 사례이다. 군주는 신의 뜻 또는 왕의 혈통을 근거로 권위를 행사하며, 백성들은 이를 자연스럽게 받아들인다. 부족 사회에서도 족장族長의 권위는 혈통과 전통에서 비롯되며, 종교 지도자 또한 신성한 계보를 통해 권위를 인정받는다. 전통적 지배는 안정적이지만, 변화에 유연하지 못하다는 한계를 가진다. 산업화와 민주주의의 발전으로 인해, 단순히 전통을 이유로 한 지배는 점점 쇠퇴할 수밖에 없었다.

"카리스마적 지배는 지속 가능하지 않으며, 결국 전통적 지배나 합리-법적 지배로 전환될 수밖에 없다" - 두 번째 유형은 '카리스마적 지배Charismatic Authority'이다. 이는 지도자의 비범한 능력과 개인적인 매력에 의해 정당성이 인정되는 지배 방식이다. 사람들이 특정한 지도자에게 충성하는 이유는 그가 가진 강한 카리스마와 비전 때문이다. 역사적으로 많은 혁명가, 종교 지도자, 군사 지도자들이 카리스마적 지배를 행사했다. 나폴레옹(1769~1804), 간디(1869~1948), 히틀러(1889~1945)와 같은 인물들은 모두 강한 카리스마로 대중을 이끌었다. 종교에서도 예수(BC 3~AD 30), 부처(BC

6~4세기), 무함마드(570~632)와 같은 인물들이 신적인 능력과 영적 권위를 기반으로 지배력을 형성했다. 카리스마적 지배는 사회를 급격히 변화시키는 강력한 힘이지만, 지도자가 사라지면 쉽게 무너질 위험이 있다. 예를 들어, 나폴레옹 사후 프랑스는 다시 왕정으로 회귀했고, 많은 종교 운동도 시간이 지나면 교단과 조직이 형성되며 전통적 지배 형태로 변화했다.

"'합리-법적 지배'는 전통적 지배보다 유연하고, 카리스마적 지배보다 지속 가능하다" – 세 번째 유형은 '합리-법적 지배 Rational-Legal Authority'이다. 베버는 근대 사회가 발전할수록 '합리-법적 지배'가 가장 지배적인 형태가 될 것이라고 보았다. 이는 법과 규칙에 의해 정당성이 부여되는 지배 방식으로, 감정이나 전통이 아니라 합리적인 절차와 제도를 통해 권력이 행사된다. 현대 민주주의 국가의 정부, 법원, 관료제, 기업 등은 모두 '합리-법적 지배'의 대표적인 사례이다. 대통령과 국회의원은 선거를 통해 정당성을 확보하고, 공무원은 법과 규칙에 따라 행정을 수행한다. 기업에서도 CEO나 관리자의 권력은 개인적인 카리스마가 아니라, 회사의 규칙과 계약에 의해 부여된다. 베버는 근대 사회가 발전할수록 전통적 지배와 카리스마적 지배는 점차 약화되고, 합리-법적 지배가 지배적인 형태로 자리 잡을 것이라고 보았다. 현대 사회에서 정부, 기업, 법률 체계는 모두 합리적 절차와 규칙에 의해 운영되며, 개인의 권위보다는 제도적 정당성이 강조된다.

막스 베버의 광범위하고 심오한 사회철학적 사유를 따라가는 여정은 우리로 하여금 근대 사회의 복잡한 동학과 그 이면에 놓인 인간 조건의 깊이를 마주하게 한다. 행위자의 '주관적 의미'를 해석적으로 '이해'하려는 그의 방법론적 출발점은, 사회 현상을 외부 구조나 법칙만으로 환원하지 않고 그 안에서 살아가는 인간의 동기와 가치관을 탐구의 중심으로 가져왔다.

이는 사회를 이해하는 데 있어 행위action와 구조structure, 미시와 거시를 연결하는 중요한 교량 역할을 하였다.

그는 경제적 토대뿐만 아니라 종교적 윤리, 문화적 가치, 정치적 지배 형태 등 다양한 요인들이 복합적으로 상호작용하며 역사를 형성한다는 다원적 시각을 견지함으로써, 역사 유물론이나 구조주의를 넘어서는 풍부한 분석 틀을 제공하였다. 특히 관료제를 합리성의 가장 완결된 형태이자 근대 조직의 불가피한 운명으로 분석하면서도, 동시에 그것이 인간을 옭아매는 '철창'이 될 수 있다는 양가적이고 비판적인 시선을 놓지 않았다. 이는 효율성과 예측 가능성이라는 근대적 가치의 이면에 감춰진 비인간화와 자유의 위축 가능성을 예리하게 포착한 것이다. 그의 사상은 복잡하게 얽힌 현대 사회의 다양한 측면들, 즉 권력, 문화, 종교, 경제, 조직을 분석하고 성찰하는 데 있어 여전히 마르지 않는 영감의 원천이자 귀중한 지적 도구를 제공하고 있다.

✒ 주요 저술

- **프로테스탄트 윤리와 자본주의 정신**(The Protestant Ethic and the Spirit of Capitalism, 1905/박성수, 2023) | 막스 베버의 대표작으로, 프로테스탄트 특히 칼뱅주의 윤리가 자본주의 발전에 어떻게 기여했는지를 분석하였다.
- **경제와 사회**(Economy and Society, 1922/박성환, 2009) | 베버의 방대한 연구를 담은 저작으로, 사회 구조와 경제 시스템을 다각적으로 분석하였다. 이 책에서는 권위의 유형, 사회적 행동의 동기, 계층 구조 등을 체계적으로 설명하며, 현대 사회학 이론의 중요한 기초를 마련하였다.

20 | 알튀세르 1918~1990
국가는 어떻게 재생산되는가?

"이데올로기는 항상 개인들을 주체로 호명함으로써 작동한다. 개인은 이 호명을 통해 자신이 특정한 사회적 위치에 있는 자유로운 존재라고 믿게 된다. 그러나 이 믿음 자체가 이미 구조화된 이데올로기적 과정의 결과이며, 주체는 언제나 그가 속한 구조 안에서만 존재한다."
— 『이데올로기와 이데올로기적 국가기구』, 1970

루이 알튀세르(Louis Althusser, 1918~1990)는 고전 마르크스주의의 '경제결정론적 국가관'을 구조주의적 방식으로 재해석하며, 현대 사회철학에서 국가와 이데올로기의 작동방식을 새롭게 조명한 철학자다. 그는 마르크스주의의 이론적 한계, 특히 국가를 단순히 '억압의 도구'로 이해하는 시각을 넘어서기 위해, 국가의 재생산 구조와 이데올로기의 내면화 메커니즘을 철학적으로 분석했다.

구조 속의 주체

"마르크스는 인간의 본질을 문제 삼는 것이 아니라, 인간을 구성하는 조건과 구조를 분석하는 데로 나아갔다" – 루이 알튀세르는 『마르크스를 위하여(1965)』에서 마르크스 철학의 핵심은 '인식론적 단절 coupure épistémologique'에 있다고 주장하며, 이를 통해 초기 마르크스의 인간주의적·철학적 사유와 후기 마르크스의 과학적·구조주의적 사유 사이의 결별을 선언한다. 알튀세르에 따르면, 『경제·철학 수고(1844)』나 『독일 이데올로기(1846)』에서의 마르크스는 인간의 본질을 노동과 자기실현이라는 관점에서 접근했으나, 『자본론(1867)』에 이르러서는 인간을 더 이상 철학적 주체로 설정하지 않고, 사회적 구조 속에서 특정한 위치를 점유하는 기능적 요소로 재구성한다.

이러한 해석을 통해 알튀세르는 마르크스주의를 더 이상 주체-객체의 관계나 인간의 해방이라는 도덕적 이상에 기반한 이론이 아니라, 객관적이고 과학적인 사회 분석 도구로 전환하려 한다. 여기서 등장하는 것이 바로 '반휴머니즘anti-humanism'이다. 알튀세르에게 있어 '인간'은 자율적이고 일관된 실체가 아니라, 구조에 의해 구성된 산물이며, 따라서 철학은 인간의 본질을 묻기보다 인간을 생산하는 구조와 장치들을 해명하는 데 초점을 맞춰야 한다. 알튀세르의 반휴머니즘은 곧 국가, 이데올로기, 경제 구조가 인간의 정체성과 자율성의 기반을 어떻게 만들어내는지를 탐색하는 사회철학의 핵심 이론으로 기능한다.

억압적 국가기구와 이데올로기적 국가기구

"국가는 억압적 기구인 동시에, 훨씬 더 은밀하고 효율적인 이데올로기적 기구를 통해, 사회의 재생산을 조직한다" - 루이 알튀세르는 『이데올로기와 이데올로기적 국가기구(1970)』에서 국가의 작동 원리를 해명하기 위해, 마르크스주의 전통에서 상대적으로 간과되었던 '비물리적 통치 장치'에 주목했다. 그는 국가를 단순히 계급 지배를 위한 강제력의 집중으로 보았던 전통적 관점, 예컨대 마르크스와 레닌의 국가론 등을 비판적으로 계승하면서, 국가 권력이 억압과 이데올로기의 이중 메커니즘에 의해 작동한다고 주장하였다. 알튀세르는 이 이론을 통해 국가를 두 가지 상이한, 그러나 서로 보완적인 장치로 구성된 체계로 설명한다. 그것이 바로 억압적 국가기구(Repressive State Apparatus, RSA)와 이데올로기적 국가기구(Ideological State Apparatus, ISA)이다.

RSA는 물리적 강제력에 기반한 직접적 억압의 기구로, 군대, 경찰, 감옥, 법원, 행정체계 등을 포함한다. 이 기구는 법과 명령, 처벌을 통해 질서를 유지하며, 사회의 통일성을 외적으로 강제한다. 반면 ISA는 겉으로는 자유롭고 비폭력적인 수단으로 개인의 사유와 행동을 '자발적'으로 국가의 이데올로기에 일치하게 만든다. 여기에는 교육기관, 종교, 가족, 언론, 문화산업, 스포츠 등이 포함된다. 알튀세르는 이들을 통해 국가가 사람들의 일상적 실천을 형성하고, 지배 질서에 대한 내면화된 '동의consent'를 구축한다고 본다. ISA는 비폭력적이라는 점에서 RSA와 구별되지만, 그 효과는 오히려 더 깊고 광범위하며 지속적이다. 왜냐하면 그것은 단지 행동을 통제하는 것이 아니라, 인간의 생각과 신념, 가치 체계를 구성하기 때문이다.

"교육제도는 오늘날 자본주의 국가의 지배 이데올로기를 영속화하고 재생산하는 가장 강력하고 지속적인 이데올로기적 국가기구이다" – 루이 알튀세르는 이데올로기적 국가기구(ISA) 중에서도 특히 교육제도를 가장 중심적인 구조로 지목하였다. 그에 따르면, 현대 자본주의 사회에서 교회(종교)의 역할은 점차 축소되고, 그 자리를 학교(공교육 시스템)가 대체하면서 지배 질서의 정당화와 재생산을 담당하는 핵심 장치가 되었다. 알튀세르는 교육이 겉으로는 중립성과 보편성, 평등의 기회를 표방하지만, 실제로는 계급 사회를 유지·강화하는 구조적 기제로 기능한다고 분석한다.

학교는 단순한 지식 전달의 공간이 아니다. 그것은 자본주의 사회가 요구하는 규율, 성과주의, 경쟁 논리, 시간 개념, 위계 구조 등을 은연중에 내면화시키는 장치다. 이 과정을 통해 학생들은 특정한 삶의 태도와 가치를 '자연스럽고 상식적인 것'으로 받아들이며, 자신이 속한 사회질서를 비판 없이 수용하게 된다. 이로써 알튀세르는 교육이 계급 이데올로기의 은폐된 재생산 장치라는 점을 강조한다. 여기서 중요한 것은 이 재생산이 의식적인 세뇌가 아닌, 구조와 실천 속에서 무의식적으로 수행된다는 점이다. 교사나 학생은 특정한 이데올로기를 '전파'하거나 '수용'하고 있다는 자각 없이, 단지 교육제도의 규범과 절차에 따라 행동할 뿐이다. 하지만 이 일상적인 행위 속에서 사회적 질서와 계급 구분은 반복적으로 정당화되고, 재생산된다. 즉, 학교는 자유와 평등을 가르치면서도, 동시에 기존 사회의 불평등 구조를 그대로 재현하는 모순적 장치인 것이다.

주체의 형성과 '호명' 개념

"주체는 이데올로기의 효과이자 그 산물이다" – 그는 『이데올로기와 이데올로기적 국가기구(1970)』에서, 개인이 어떻게 사회의 일원으로 기능하게 되는지를 설명하며, 주체의 형성은 이데올로기의 효과이자 산물이라고 주장한다. 이데올로기는 개인을 주체로 '만드는 것'이 아니라, 주체라는 지위 자체를 구성한다. 여기서의 주체란, 법 앞에서 책임질 수 있는 자, 노동시장에 참여할 수 있는 자, 교육과 군 복무를 이행할 수 있는 자, 즉 국가가 요구하는 질서 안에서 기능을 수행하는 존재를 말한다. 개인은 태어나기도 전에 이미 법적·문화적·사회적 기표를 부여받으며, 교육·가족·종교·미디어와 같은 이데올로기적 국가기구(ISA)의 작동을 통해 자신의 자리를 자발적으로 수용하게 된다.

"이데올로기는 개인을 주체로 호명함으로써 작동한다" – 루이 알튀세르의 철학에서 가장 널리 인용되고, 가장 심오한 개념 중 하나는 바로 '호명interpellation'이다. 알튀세르에게 있어 주체란 자율적이고 독립된 존재가 아니라, 이미 구조 속에서 특정한 위치를 점유하도록 불러세워진 존재다. 그가 유명하게 언급한 장면, 즉 길거리에서 경찰이 '이봐, 당신!'이라고 외칠 때, 한 사람이 돌아보며 자신이 불려졌음을 자각하는 순간은 호명의 작동 방식을 상징적으로 설명해준다. 이 장면은 단순한 호출이 아니라, 개인이 자신이 사회적 규율의 일부임을 자각하고 내면화하는 순간을 상징한다.

"주체는 단지 이데올로기의 산물이 아니라, 그것을 수행하고 재생산하는 실천적 행위자다" – 중요한 점은, 이러한 호명의 과정이 강제적 억압이 아닌, 동의와 자발성의 형식을 띤다는 데 있다. 다시 말해, 사람들은 자신이 자유롭고 자율적인 판단 주체라고 믿지만, 그 믿음 자체가 바로 이데올로기의 가장 효과적인 기만 장치이며, 그것이야말로 이데올로기의 가장 성공적인 전략이다. 알튀세르의 이론은 이로써, 억압과 통제가 의식과 정체성의 형성 과정 속에 내면화되어 있는 사회의 작동 메커니즘임을 밝혀낸다. 더 나아가, 주체는 구조의 산물에 그치지 않고, 구조를 재생산하는 행위자이기도 하다. 주체는 자신의 역할을 수행함으로써 이데올로기를 지속시키고, 사회 질서를 반복적으로 정당화한다. 이 점에서 호명은 단순한 주입이 아니라, 순환적이며 자기 재생산적인 권력 장치로 작동한다.

구조 속의 주체, 주체 속의 구조: 마르크스주의와 사회철학

20세기 마르크스주의 사회철학의 흐름은 단지 자본과 계급의 갈등을 분석하는 틀로 머무르지 않았다. 그것은 철저히 사회 전체의 작동방식과 인간 주체의 생산 방식을 물었던 철학적 사유의 거대한 전환이었다. 그 중심에는 루이 알튀세르가 있었다. 알튀세르는 무엇보다도 마르크스를 '사상의 단절'의 철학자로 재해석했다. 그는 초기의 인간주의적 마르크스와 후기에 이데올로기 및 구조 분석에 몰두한 마르크스 사이의 '에피스템적 단절'을 강조하며, 철학이 더 이상 '의식된 주체의 자율성'에 기반할 수 없다는 점을 분명히 했다. 인간은 자유롭고 이성적인 행위자가 아니라, 이데올로기를 통해 이미 구조에 호명되고 위치지어진 주체라는 것이다.

그는 억압은 단지 억제와 강제를 통해서가 아니라, 동의consent와 자발성의 환상을 통해서 이루어진다고 주장했다. 학교, 가족, 교회, 언론 등은 단지 중립적 문화장치가 아니라, 자본주의가 자신을 재생산하기 위해 동원하는 이데올로기의 기계들이다. 이러한 사유는 마르크스주의 사회철학 전체의 초점을 변형시켰다. 이제 중심에 있는 것은 '생산수단'이나 '계급'뿐 아니라, 주체와 이데올로기, 그리고 구조의 재생산 메커니즘이다. 알튀세르는 마르크스주의를 '구조들 사이의 구조'로 읽으며, 단일 원인론이나 단선적 결정론에서 벗어나 복수 인과성과 구조의 자율성을 사유의 중심에 배치했다.

마르크스의 유산은 전통적인 유물론을 넘어서서, 인간 존재와 사회제도의 관계를 총체적으로 사유하고자 하는 수많은 철학자들에게 사상적 자극을 제공했다. 안토니오 그람시(1891~1937)는 고전적 마르크스주의의 경제결정론을 넘어서 헤게모니와 시민사회라는 개념을 통해 권력이 단지 물질적 기반 위에만 존재하는 것이 아님을 밝혔다. 아도르노(1903~1969), 호르크하이머(1895~1973), 마르쿠제(1898~1979) 등으로 대표되는 프랑크푸르트 학파는 마르크스의 사유를 '비판이론Critical Theory'의 형태로 계승하였다. 이들은 자본주의가 어떻게 인간의 이성과 감성, 욕망까지도 조작하고 재구성하는지를 문화산업, 도구적 이성, 기술 지배 등의 개념을 통해 비판했다. 미셸 푸코(1926~1984)는 특히 알튀세르의 국가기구론과 이데올로기 개념을 비판적으로 계승하면서, 억압이 아닌 담론과 규율을 통한 미시권력의 작용에 주목하였다. 피에르 부르디외(1930~2002) 역시 알튀세르의 구조 개념을 비판적으로 발전시키며 아비투스와 상징 권력에 대한 사유를 전개하였다.

20세기 후반에 이르러, 페미니즘, 탈식민주의, 문화연구 등 다양한 분야에서 마르크스주의는 더욱 분화되고 재구성되었다. 가야트리 스피박(1942~)의 서발턴, 샹탈 무페(1943~)의 좌파 포퓰리즘, 주디스 버틀러(1956~)의 수행성과 젠더 주체화 이론, 킴벌리 크렌쇼(1959~)의 교차성 이론과 구조적 억압, 슬라보이 지젝(1949~)의 욕망과 무의식의 구조 분석 등은 각기 다른 맥락에서 마르크스주의의 언어를 새롭게 번역하며, 지배 이데올로기와 문화적 재현, 욕망과 권력의 얽힘을 분석했다.

마르크스주의 사회철학은 단지 자본주의에 대한 비판이 아니라, 인간이 어떻게 구조 속에서 살아가며, 그 구조를 어떻게 바꿔나갈 수 있는가라는 질문을 철학적으로 지속시켜온 전통이다. 마르크스주의는 단순한 정치경제학적 분석을 넘어서, 권력의 문화적 작동, 주체의 구성, 해방의 조건에 대한 깊은 성찰로 확장되며, 20세기 사회철학의 심장부에서 비판적 사고의 방향을 제시했다. 오늘날 신자유주의와 글로벌 자본주의의 현실 속에서도 마르크스주의의 이 유산은 여전히 유효하다. 그것은 단지 과거의 혁명적 언어가 아니라, 지금-여기에서 사회를 사유하고 재구성하려는 모든 사유의 실천적 자원이기 때문이다.

마르크스주의는 결국 이렇게 요약된다.
인간은 세계를 인식하고 해방시키는 존재이지만, 그 주체성조차 구조 안에서 생성되며, 따라서 해방은 구조와 주체를 동시에 전복하고 재구성하는 철학적 기획이어야 한다.

알튀세르는 이 기획을 가장 정교하고 급진적으로 밀어붙인 철학자였으며, 그의 유산은 여전히 오늘날의 사회철학적 사유를 자극하고 있다.

　이처럼 알튀세르는 20세기 후반 이후 사회이론의 패러다임 전환을 자극한 핵심 사상가였다. 그는 계급, 억압, 생산이라는 전통적 마르크스주의 주제들을 구조주의적 방식으로 재정의함으로써, 주체와 권력, 교육, 젠더, 문화 등의 다양한 영역에서의 비판 이론의 토대를 제공했다. 오늘날에도 우리는 끊임없이 다양한 호명 속에 놓여 있다. 정체성, 국적, 젠더, 소비자, 노동자, 시민⋯ 알튀세르의 철학은 이러한 사회적 호출이 단순한 명명이 아니라, 삶의 형식 그 자체를 규정하는 실천적 장치임을 깨닫게 해준다. 알튀세르의 사회철학은 단지 과거의 사유가 아니라, 오늘의 주체성과 권력 구조를 비판적으로 성찰하는 데 여전히 강력한 도구이다.

✒ 주요 저술

- **마르크스를 위하여**(Pour Marx, 1965/서관모, 2017) | 마르크스 사상의 전개를 인식론적 단절이라는 개념을 통해 분석한 저서로, 마르크스주의를 구조주의적으로 재해석한 전환점으로 평가받으며, 후기 마르크스의 '과학성'을 강조한다.
- **자본을 읽자**(Lire le Capital, 1965, 에티엔 발리바르 외 공저/진태원 외, 2025) | 마르크스의 『자본론』을 철학적으로 분석한 책으로, 알튀세르 학파 형성의 기반이 된 공동 저작이다.
- **이데올로기와 이데올로기적 국가기구**(Idéologie et appareils idéologiques d'État, 1970) | 국가의 이데올로기적 작동 원리와 주체 형성 메커니즘을 설명한 논문 형식의 저작이다.

PART
5

시장과 국가:
정보와 가격과 혁신

우리는 시장 속에서 살아간다. 시장은 어떻게 작동하고, 누가 그것을 움직이는가? 그리고 국가는 어디까지 개입해야 하는가?

이 장에서는 아담 스미스(1723~1790)의 '보이지 않는 손', 프리드리히 하이에크(1899~1992)의 '자생적 질서', 밀턴 프리드먼(1912~2006)의 '작은 정부' 등 시장 중심 사상의 핵심 개념을 통해 자본주의의 기초를 세운 인물들과 그 이후 자유주의 경제학의 전개 과정을 따라간다. 시장이 스스로 질서를 만들어낸다는 믿음은 어떻게 형성되었고, 왜 오늘날까지도 논쟁의 중심에 서 있는가?

이어서 위 3인과 반대되는 입장에서 선 칼 폴라니(1886~1964)와 마리아나 마추카토(1968~)의 시장과 국가의 관계에 대한 사유를 살펴본다.

이 장은 경제를 바라보는 세 가지 고전적 시선과 혁신의 주체로서의 국가를 살피는 최신 사유를 통해 자유와 질서, 성장과 불평등, 시장과 국가 사이의 오래된 질문을 다시 묻는다.

21 | 스미스 1723~1790
시장은 자유와 평등을 어떻게 실현하는가?

"우리가 저녁 식사를 기대할 수 있는 건 푸줏간 주인, 술도가 주인, 빵집 주인의 자비심 덕분이 아니라, 그들이 자기 이익을 챙기려는 생각 덕분이다. 우리는 그들의 박애심이 아니라 자기애에 호소하며, 우리의 필요가 아니라 그들의 이익만을 그들에게 이야기할 뿐이다."

—『국부론』, 1776

애덤 스미스(Adam Smith, 1723~1790)는 근대 경제학의 창시자로, 자유 시장과 경제적 자유가 사회 번영의 핵심이라는 사상을 정립했다. 그는 '보이지 않는 손invisible hand' 개념을 통해 시장의 자율 조정 기능을 설명하며, 자본주의 경제 체제의 이론적 기초를 제공했다. 그는 경제적 자유가 개인의 이익뿐만 아니라 사회 전체의 부를 증가시키는 데 기여할 수 있다고 주장했으며, 노동 분업과 효율성을 강조했다. 하지만 그는 완전한 시장 자유만으로 모든 사회적 문제가 해결될 수 없음을 인식하고, 교육과 공공서비스와 같은 최소한의 정부 개입이 필요하다는 점도 강조했다.

보이지 않는 손과 분업, 그리고 국부

애덤 스미스의 대표작『국부론(1776)』은 자유로운 시장 경제가 개인의 이익을 극대화할 뿐만 아니라, 사회 전체의 부를 증가시키는 메커니즘을 설명한다. 이 메커니즘은 '보이지 않는 손'과 '분업 Division of Labor'으로 설명된다.

"그는 의도하지 않았지만 보이지 않는 손에 이끌려 전체의 이익을 증진시킨다" – 자유 시장에서 사람들은 자기 이익을 위해 경제 활동을 하지만, 이러한 개별 행동들은 사회 전체의 부와 효율성을 증가시키는 방향으로 작용한다. 경제는 중앙집권적인 계획 없이도 '보이지 않는 손'에 의해 자율적으로 조정된다. '보이지 않는 손'은 자본주의 시장에서 수요와 공급이 자연스럽게 조절되어 균형을 이루게 한다. 예를 들어, 한 상품의 수요가 증가하면 가격이 오르고, 이는 공급자들이 더 많은 제품을 생산하도록 유도한다. 반대로 수요가 하락하면 가격이 내려가고, 자연스럽게 공급 역시 줄어든다.

'보이지 않는 손'은 자본주의 사회 전체의 효율성을 높인다. 각 개인 혹은 기업이 이윤을 극대화하려는 행동은 결국 자원의 효율적인 배분과 생산성을 높이는 역할을 한다. 기업은 더 나은 제품을 더 싸게 생산하려 경쟁하고, 이는 결국 소비자의 만족도를 높인다. 자본주의는 '박애심'이 아니라 '자기애'에 호소하며, 소비자의 '필요'만큼이나 공급자의 '이익'을 통해 작동한다.

"한 사람이 바늘을 만드는 데 하루 종일 걸릴 수도 있지만, 여러 사람이 역할을 나누어 작업하면 엄청난 생산량을 얻을 수 있다" – 이 말은 애덤 스미스가 그의 저서 『국부론』에서 제시한 '분업' 원리를 설명하는 대표적인 사례다. 스미스는 '분업'이 경제적 생산성을 극대화하고 사회 전체의 부를 증가시키는 핵심 요소라고 보았다. 개인이 자신의 능력에 따라 특정 작업에 집중하면 생산성이 증가하고, 궁극적으로 시장과 국가 경제가 더욱 번영할 수 있다. '분업'을 통해 각 개인이 특정 분야에서 숙련도를 높이고, 이를 통해 생산성이 향상된다.

"진정한 국부는 금과 은이 아니라 국민의 노동 생산성에 있다" – 이 명제는 경제를 보는 눈을 외형적 축적에서 내재적 역량, 즉 노동의 생산성으로 전환시키는 지적 전환이었다. 스미스는 국가의 부를 소유의 양이 아니라 생산의 흐름, 곧 국민의 노동이 만들어내는 가치의 총량으로 이해하였다. 그는 농업, 제조업, 상업에 종사하는 사람들의 활동을 '부의 원천'으로 간주하였고, 특히 분업이 노동 생산성을 극대화하는 핵심 메커니즘임을 강조하였다. 분업은 반복과 전문화를 통해 노동자 한 사람의 능력을 증폭시키고, 생산성을 비약적으로 향상시킨다. 스미스의 이런 통찰은 당시 지배적이던 중상주의적 시각, 즉 무역 흑자와 귀금속의 축적을 국부로 여기는 사고에 대한 철저한 비판이었다. 그는 금과 은은 단지 교환의 매개물에 불과하며, 그것 자체가 부는 아니라고 보았다. 진정한 국부는 눈에 보이는 자산보다, 그 자산을 창출할 수 있는 사람들의 역량에 달려 있다고 본 것이다.

자유무역과 번영의 조건

"국가 간 무역은 각국이 자신에게 가장 유리한 산업에 특화할 수 있도록 한다" – 애덤 스미스는 『국부론(1776)』에서 자유무역을 국가 번영의 핵심 원리로 제시하였다. 그의 주장에 따르면, 무역은 단지 국가 간의 물품 교환이 아니라, 시장의 크기를 확장하고 노동의 분업을 심화시키는 촉진제다. 그는 한 나라가 다른 나라에서 더 싸게 살 수 있는 물건을 자국에서 생산하려 하는 것은 어리석은 일이라며, 비용 우위에 따른 분업과 교역의 자연스러움을 강조하였다. 자유무역은 '보이지 않는 손'이라는 시장 메커니즘을 통해 자원 배분의 효율성을 높인다. 각국은 자신에게 비교우위가 있는 산업에 특화하고, 다른 나라의 생산물은 교역을 통해 얻음으로써 모든 국가가 더 많은 부를 누릴 수 있는 상호이익의 구조가 가능해진다.

"상업은 안정된 정부와 함께 번성한다"– 자유무역이 실제로 번영으로 이어지기 위해서는 몇 가지 중요한 조건들이 충족되어야 한다.

첫째, 제도적 안정성과 법치의 확립이다. 시장이 신뢰 속에서 작동하려면, 계약과 재산권이 보호되고 무역 규칙이 일관되게 적용되어야 한다.

둘째, 국내 경제의 유연성과 조정 능력이다. 자유무역은 일부 산업의 구조조정을 동반하며, 이에 대한 사회적 안전망과 재교육, 산업 전환 정책이 없다면 불균형과 저항을 야기할 수 있다. 자유무역은 자원의 재배치를 전제로 하기 때문에, 그것이 사회 전체의 효용으로 환원되려면 내적 조정능력이 필수적이다.

셋째, 교역의 공정성이다. 단지 국경을 개방한다고 해서 공정한 무역이 보장되는 것은 아니다. 무역 상대국 간에 경제력, 기술력, 노동 조건의 격차가 크다면, 자유무역은 강자에게만 유리한 제도로 전락할 수 있다. 따라서 무역은 단지 개방이 아니라, 공정한 규칙과 상호 이익의 구조 속에서 운영되어야 한다.

넷째, 경제적 다양성과 내재적 생산 기반이다. 자유무역은 특정한 산업을 강화할 수 있지만, 과도한 수입 의존과 산업 공동화를 유발할 수도 있다. 따라서 번영을 지속시키기 위해서는 무역과 내수, 산업 정책의 균형이 요구된다.

　오늘날의 글로벌 경제는 스미스의 통찰을 거의 문자 그대로 따르고 있다. 세계화된 공급망, 자유무역협정, 다자간 무역 질서 등은 모두 『국부론』에 뿌리를 둔 사상적 자장 속에서 발전해 왔다. 물론 현대에는 환경, 불평등, 노동권 등 새로운 요소들이 무역의 조건을 재구성하고 있지만, 시장을 통한 상호이익의 구조라는 스미스의 핵심 통찰은 여전히 유효하다.

공감의 철학과 시장의 윤리

애덤 스미스는 오늘날 흔히 '보이지 않는 손'과 '분업' 원리의 창시자로 기억된다. 그러나 종종 간과되는 것은, 이보다 17년 앞서 발표된 그의 또 다른 저서 『도덕감정론(1759)』이다. 이 책에서 스미스는 전혀 다른 질문을 던진다.
인간은 왜 도덕적으로 행동하며, 무엇이 인간의 양심과 공정함을 이끌어내는가?
"공감은… 우리가 타인의 입장에 자신을 놓고, 마치 그의 눈으로 세상을 바라보는 데서 생겨난다" – 『도덕감정론』에서 가장 중심이 되는 개념은 '공감sympathy'이다. 스미스의 '공감'은 타인의 입장에서 상상해보는 능력, '상상적 관찰자impartial spectator'의 시선으로 나 자신과 타인을 평가하는 능력을 뜻한다. 스미스는 인간이 타인의 고통을 보고 함께 슬퍼하거나, 부당한 처우를 목격했을 때 분노를 느끼는 것은 본능적인 반응이 아니라, 사회 속에서 길러지고 공유된 감정의 질서에 따라 움직이는 것이라 설명한다. 인간은 사회적 동물이며, 타인의 정서에 반응하고 도덕적 판단을 내리는 능력을 타고났으며, 이것이 정의감과 양심, 규범의 기초가 된다고 본다.
"인간이 아무리 이기적인 존재라고 가정할지라도, 타인의 운명에 관심을 가지게 만드는 어떤 원리가 인간의 본성 속에 분명히 존재한다" – 『국부론』에서 말한 자기이익self-interest은 『도덕감정론』의 공감 이론과 충돌하지 않는다. 오히려 스미스는 이 두 책을 통해 사회 질서가 유지되고 시장이 제대로 작동하려면, 이기심을 제어하고 조율하는 공감의 메커니즘이 전제되어야 한다고 보았다. 즉, 시장의 자율성과 효율성이 아무리 중요하더라도, 그것이 정당성을 갖기 위해선 사회 구성원 사이에 신뢰, 공정함, 정직함과 같은 미덕이 공유되어야 한다. 예를 들어, 상인이 물건을 팔기 위해 경쟁하는 상황은 『국부론』에서는 자원 배분의 효율성을 높이는 분업 구조로 설명된다. 그러나 이 거래가 불신, 사기, 조작을 통해 이루어진다면 시장의 질서는 붕괴된다. 따라서 진정한 시장의 자유는, 도덕적으로 통제된 자유여야 하며, 그 통제를 이끌어내는 감정이 바로 스미스가 말하는 공감의 능력이다.

"정의는 사회 전체를 떠받치는 주요한 기둥이다. 만약 그것이 무너지면, 인간 사회라는 거대한 구조물은 순식간에 먼지처럼 무너질 것이다" – 스미스는 인간이 단순히 자기 이익만을 좇는다면 사회적 갈등과 불평등이 지속될 수밖에 없다고 경고한다. 진정한 자유 시장이 유지되기 위해서는, 최소한의 기회 평등과 제도적 공정성이 보장되어야 하며, 이것이 없을 때 시장은 극단적 불평등과 도덕적 무관심으로 인해 자멸할 수 있다. 따라서 스미스에게 있어 공감은 단지 개인의 정서가 아니라, 사회 전체의 도덕적 균형을 지탱하는 윤리적 구조이며, 이는 법, 제도, 시장이라는 현실적 장치들에 규범적 방향을 제시하는 내면의 나침반이라 할 수 있다.

『국부론』의 시장 질서와 『도덕감정론』의 공감 질서는 서로를 배제하는 것이 아니라, 서로를 전제하며 균형을 이루는 한 쌍의 철학이었다. 오늘날 자유 시장은 전 세계적으로 퍼져 있지만, 그 안의 인간은 여전히 불평등과 냉소, 분열 속에 있다. 이 시대에 스미스의 『도덕감정론』이 던지는 메시지는 분명하다. 자유 시장이 진정한 의미에서 공정하게 작동하기 위해서는, 그 기저에 도덕적 감정, 상호 배려, 그리고 공감에 기반한 정의의 감각이 반드시 전제되어야 한다. 오늘날 우리가 스미스를 다시 읽어야 하는 이유는, 그가 말한 '보이지 않는 손'의 기적 때문이 아니라, 그 기적이 도덕이라는 숨은 구조 위에서만 작동할 수 있다는 사실을 알려주기 때문이다. 바로 그 공감의 손이, 진정한 자유와 번영을 지탱하는 또 하나의 보이지 않는 손이다.

애덤 스미스는 시장이라는 구조가 마치 '보이지 않는 손'처럼 작동하여 개인의 이익 추구가 사회 전체의 부를 창출하게 된다고 보았다. 그러나 동시에 스미스는 도덕감정과 공정함의 감각을 무시하지 않았다. 그는 인간이 단순히 이기적인 존재가 아니라 공감sympathy이라는 감정을 통해 정의와 도덕의 감각을 내면화한 사회적 존재임을 강조하였다. 이는 시장의 효율성이 작동하려면, 그 기초 위에 일정 수준의 정의, 신뢰, 제도적 평등이 필요하다는 것을 암시한다.

오늘날 우리는 자유시장이 엄청난 혁신과 풍요를 가져다준 동시에, 불평등, 시장 실패, 환경 파괴와 같은 그림자도 초래했다는 사실을 알고 있다. 이 점에서 스미스의 사유는 단지 고전경제학의 출발점이 아니라, 시장과 정의, 분업과 인간 존엄 사이의 긴장을 성찰할 수 있는 철학적 기반을 제공한다.

주요 저술

- **도덕감정론**(The Theory of Moral Sentiments, 1759/김광수, 2016) | 경제는 도덕적 감정과 윤리에 의해 조정되어야 한다고 강조한다. 공감과 도덕적 판단, 공정한 관찰자, 도덕과 시장 경제의 조화 등을 다루고 있다.
- **정의에 대하여**(Lectures on Justice, Police, Revenue and Arms, 1762~1763, 사후(1896) 출간/정명진, 2016) | 『국부론』의 법적 기초를 설명하는 저작으로, 자유시장 경제가 작동하기 위해서는 법과 제도가 공정해야 한다는 점을 강조한다. 스코틀랜드 글래스고 대학에서 한 강의를 학생이 필사한 내용을 토대로 출간되었다.
- **국부론**(The Wealth of Nations, 1776/이종인, 2024) | 보이지 않는 손 이론, 분업과 생산성 증가, 시장 경제와 자유무역의 중요성, 공정한 시장 질서를 유지하기 위한 조건 등을 다루고 있다. 경제학의 기초를 세운 가장 중요한 저작으로, 현대 경제 시스템에도 큰 영향을 미친다.

22 | 하이에크 1899~1992
자유와 시장은 문명을 확대하는가?

"개인의 자유는 시장 경제의 자생적 질서 속에서 가장 잘 보장된다. 어떤 중앙 권력도 전체 경제를 효과적으로 계획할 수 없으며, 시장에서 수많은 개인들이 분산된 정보를 바탕으로 내리는 자율적인 결정들이야말로 가장 효율적이고 공정한 사회 질서를 만들어낸다."

―『노예의 길』, 1944

프리드리히 하이에크(Friedrich Hayek, 1899~1992)는 자유주의 경제학과 정치철학의 거장이자, 현대 문명 발전의 중요한 지적 유산을 남긴 사상가이다. 하이에크는 자유와 시장 경제가 개인의 삶뿐 아니라 사회 전체의 진보와 문명화를 촉진한다고 역설했다. 하이에크는 정부의 과도한 개입을 경계하며, 자유로운 시장과 자발적 질서를 문명을 유지하고 확장하는 핵심 요소로 보았다.

분산된 지식과 자생적 질서, 그리고 자유의 역할

하이에크 사상의 철학적 기초는 크게 두 축으로 정리할 수 있다. 하나는 인간의 지식과 인식 능력에 대한 근본적 한계이며, 다른 하나는 사회 질서가 누군가의 의도적 설계가 아니라 수많은 개인의 상호작용으로부터 자생적으로 형성된다는 관점이다.

"경제학의 기이한 임무는, 인간이 자신이 설계할 수 있다고 착각하는 것들에 대해 얼마나 무지한지를 보여주는 것이다" – 인간은 자신의 직접적 경험과 제한된 정보만을 활용할 수 있을 뿐, 사회 전체가 보유한 방대한 지식을 결코 전부 습득할 수 없다. 이 '분산된 지식 disperseded knowledge'은 개개인에게 흩어져 있어 중앙에서 모두 통제하거나 조정하기 불가능하다. 바로 이 점에서 중앙집권적 계획경제가 실패할 수밖에 없다. 정부가 모든 정보를 수집하고 자원을 적절히 배분하려 해도, 정보의 비대칭성과 관료주의적 비효율에 발목이 잡힐 뿐이다.

"자생적 질서는 인간 행동의 산물이지, 인간 의도의 산물은 아니다" – 하이에크에 따르면, 인간 사회의 질서는 누군가의 계획이나 설계에 의해 만들어진 것이 아니라, 수많은 개인들의 행동과 상호작용이 축적되며 형성된 질서이다. 이는 질서의 역설이다. 계획이 없었지만, 질서는 생겨났다. 설계자는 없지만, 구조는 존재한다. 그는 특히 시장 질서를 자생적 질서의 대표적 예로 들었다. 가격은 단지 숫자가 아니라, 분산된 지식을 전달하는 신호이며, 각각의 개인은 자신이 가진 국지적 정보를 바탕으로 결정을 내린다. 이 수많은 판단이 조화를 이루는 것, 바로 그 자율적 조정의 과정이 자생적 질서다. 이는 계획경제가 결코 모방할 수 없는 구조다. 왜냐하면, 계획은 모든 지식을 한 사람 또는 한 조직이 소유하고 있다는 불가능한 가정을 전제하기 때문이다. 하이에크의 자생적 질서 개념은 단순히 경제에 그치지 않는다. 법, 언어, 관습, 윤리와 같은 사회제도들 또한 인류의 집단적 삶 속에서 자생적으로 진화한 질서다.

"자유 없이는 질서도 없다" – 프리드리히 하이에크에게 있어 자유란 단지 정치적 이상이 아니라, 사회 질서가 형성되기 위한 전제 조건이다. 하이에크에게 자유는 결과를 보장하지 않지만, 조화를 가능하게 하는 조건이다. 개인은 예측할 수 없는 미래를 향해 행동하고, 그러한 행동이 전체적으로 조화로운 질서를 이루는 것… 이것이 자유가 작동하는 방식이다. 자유는 '하고 싶은 대로' 하는 방종이 아니라, 질서가 생겨날 수 있도록 여지를 남기는 창조적 공간이다. 자유가 없는 사회는 정보가 억제되고, 선택이 사라지며, 결국 질서 자체가 왜곡된다. 자유는 무정부적 혼돈의 상태가 아니라, 오히려 우리가 질서를 발견할 수 있게 해주는 전제 조건이다. 그리고 그것이 바로 우리가 자유를 보호해야 하는 철학적 이유다.

가격 체계

"가격 체계는 정보를 전달하는 메커니즘이며, 일종의 사회적 통신망이다" – '분산된 지식'과 '자생적 질서'라는 모호하고 흐릿한 현실에 질서를 부여하는 것은 '가격 체계 price system'이다. '가격 체계'는 자유 시장경제의 핵심이다. 시장 가격은 사회 곳곳에 분산된 지식을 압축적이고 직관적인 형태로 전달한다. 각 개인은 가격 신호를 통해 재화와 서비스의 희소성, 그리고 수요·공급 상황을 파악할 수 있고, 이에 따라 자신의 행동을 조정한다. 정부가 가격을 인위적으로 통제하거나 왜곡할 경우 이러한 정보 전달 체계가 붕괴되어 자원 배분의 비효율성이 발생한다.

하이에크는 시장경제가 정부의 세밀한 계획 없이도 '가격 체계'를 기반으로 '자생적 질서'를 창출한다고 보았다. 이는 아담 스미스(1723~1790)의 '보이지 않는 손' 개념과 이어져 있다. 자유로운 거래와 상호작용이 이루어지는 공간인 시장은 인간 사회의 복잡성을 조정해주며, 국가가 모든 것을 계획하고 지휘하려 할 때보다 훨씬 효율적이고 안정적으로 작동한다.

이러한 시장의 기능이 제대로 작동하기 위해서는 예측 가능하고 공정한 법적 틀, 즉 '법의 지배 rule of law'가 필수적이다. 하이에크는 법이 개인의 자유와 자율성을 보장하고, 권력의 남용을 막아주는 장치라고 보았다. 법과 규칙이 미비할 경우 무질서로 치닫거나, 반대로 정부가 임의로 권력을 행사하여 자발적 질서를 파괴할 위험이 커진다. 그러므로 법은 시장과 함께 사회가 번영하기 위한 기초이며, 개인들이 자유롭게 활동하면서도 서로의 자유를 침해하지 않도록 하는 역할을 담당한다.

국가 관계에서의 시장 메커니즘

"우리가 평화를 지키고자 한다면, 경제적 경계의 형성을 피해야 한다" - 하이에크는 정부의 역할을 최소화하고, 시장의 자율성을 존중해야 한다고 보았다. 이는 국제무대에서도 동일하게 적용되며, 정부가 과도하게 개입하거나 보호주의적 정책을 펼치는 대신, 자유 무역과 개방 경제를 지지함으로써 국가 간 경제적 상호의존성을 강화해야 한다. 경제적 상호의존성은 국가 간 분쟁을 줄이고, 협력을 강화하는 기반이 된다.

하이에크는 '분산된 지식'이 시장에서 중요한 역할을 하듯, 국제관계에서도 분산된 정보가 효과적인 의사결정에 필수적이라고 강조했다. 각 국가는 독립적으로 의사결정을 내리면서도 시장 가격 메커니즘을 통해 정보를 교환하고 상호작용할 수 있다. 이러한 접근은 복잡한 국제 문제를 해결하는 데 있어 유연성과 창의성을 제공한다.

하이에크는 국제관계에서도 '법의 지배'를 강조했다. 공정하고 예측 가능한 법 체계는 국가 간 신뢰를 형성하고, 상호작용을 원활하게 만드는 필수 요소다. 국제법과 규범이 확립될 때, 국가들이 자발적으로 협력하고 평화적인 관계를 유지할 수 있다. 이는 국제질서의 안정성을 높이는 기반으로 작용한다.

하이에크는 정부의 과도한 개입이 개인의 자유를 침식시키고 결국 전체주의로 이어질 수 있다고 경고하며, 자생적 질서와 법의 지배, 그리고 자유로운 경쟁의 중요성을 일관되게 주장했다. 그는 분산된 지식과 정보가 시장을 통해 조율되므로, 중앙집중적 계획은 필연적으로 비효율과 독재로 이어진다고 경고했다. 그의 사상은 현대 신자유주의와 자유지상주의 libertarianism의 이론적 토대가 되었으며, 특히 경제적 자유와 정치적 자유의 연결에 깊은 영향을 미쳤다.

하이에크의 통찰은 오늘날에도 중요한 물음을 던진다.
복잡한 사회를 운영하는 데 있어 우리는 어디까지 설계하고, 어디서부터 자생적 질서에 맡겨야 하는가?
시장의 자유는 어떤 조건에서 보장되어야 하며, 우리 시대는 그 조건을 제대로 보고 있는가?

✒ 주요 저술

- **노예의 길**(The Road to Serfdom, 1944/김이석, 2024) | 사회주의와 중앙 계획 경제가 개인의 자유를 억압하고 전체주의로 귀결될 위험을 경고. 시장 경제와 개인의 자유를 옹호하며 자유주의 경제학의 지적 기반을 마련했다.

- **자유헌정론**(The Constitution of Liberty, 1960/최지희, 2023) | 자유를 개인의 선택과 자율성으로 정의하고, 법치와 자유 시장이 이를 보장하는 핵심 메커니즘임을 강조하였다.

- **법, 입법, 그리고 자유**(Law, Legislation and Liberty, 1973~1979/민경국 외. 2018) | 자연 발생적 질서와 법의 지배가 사회 질서 유지와 개인의 자유 보장에 필수적임을 논함. 법은 단순한 규제가 아니라 자유와 질서를 조화롭게 유지하는 핵심 수단으로 강조하였다.

23 | 프리드먼 1912~2006
경제적 자유는 정치적 자유와 어떤 관계인가?

"자유의 보존은 권력 집중을 최대한 배제하고, 그것을 분산시키는 데 달려 있다. 경쟁 자본주의는 바로 그것을 해낸다. 그것은 경제 권력을 정치 권력으로부터 분리시켜, 시장이 정부 권력에 대한 견제 역할을 하고 그 반대도 가능하게 만든다."

—『선택할 자유』, 1980

애덤 스미스(1723~1790)는 시장의 '보이지 않는 손'을 통해 개인의 이기심이 공공의 이익으로 귀결된다고 주장했다. 프리드리히 하이에크(1899~1992)는 정보의 분산성과 질서의 자생성을 강조하며 국가 개입의 위험성을 경고했다. 이 같은 고전적 자유주의와 오스트리아학파의 유산 위에서 밀턴 프리드먼(Milton Friedman, 1912~2006)은 20세기 중후반의 복지국가와 케인스주의적 경제정책을 비판하며 자유시장에 대한 새로운 옹호론을 제시한다. 프리드먼은 또한 구체적인 정책과 제도 개혁안을 통해, 자유주의 철학을 현실 정치와 경제에 접목시켰다.

경제적 자유와 최소국가

"자유로운 사회란 개인이 자신의 이익을 추구할 자유를 가지되, 동시에 타인 역시 동일한 권리를 가진다는 전제 하에 그것을 침해하지 않는 범위에서 자유롭게 행동할 수 있는 사회를 말한다" – 밀턴 프리드먼은 그의 대표작 『자본주의와 자유(1962)』에서 자유의 개념을 재정립한다. 그는 '정치적 자유political freedom', 즉 언론의 자유, 신앙의 자유, 집회와 투표의 자유 등은 '경제적 자유economic freedom' 없이는 결코 안정적으로 존속할 수 없다고 역설한다. 즉, 경제적 자유가 보장되지 않는 한, 정치적 자유는 일시적인 환영에 불과하며 지속 불가능한 제도적 구조에 불과하다는 것이다. 그는 '경제 권력economic power'과 '정치 권력political power'이 통합되는 것을 경계하며, 그 분리야말로 자유로운 사회의 핵심 조건이라고 강조한다. 이러한 권력의 통합은 자칫 전체주의로의 이행을 초래할 수 있으며, 인간 존엄성과 자율성의 근간을 위협하는 철학적·윤리적 위기로 간주된다.

"정부는 문제를 해결하기보다 문제를 만들어내는 경향이 있다" – 밀턴 프리드먼은 정부의 정당한 역할은 매우 제한적이라고 본다. 그는 정부가 담당해야 할 기능을 크게 두 가지로 압축했다. 첫째는 '법의 지배the rule of law', 둘째는 '시장 질서의 보호자preserver of the market order'로서의 역할이다. 즉, 사적 계약을 보장하고 재산권을 보호하는 사법 체계, 경쟁을 촉진하기 위한 공정한 규칙의 설정, 그리고 외부효과나 치안 유지와 같은 최소 개입만을 인정한다. 프리드먼은 정부가 이 역할을 넘어설 때, 곧 자원의 왜곡과 비효율성, 더 나아가 자유의 침해가 발생한다고 경고했다. 특히 가격 통제, 산업 규제, 복지 지출 확대는 경제 내 정보 전달 체계를 훼손하고 시장의 자발적 질서를 망가뜨리는 것으로 보았다.

"정부가 가지고 있는 유일한 돈은 국민에게서 가져온 돈이다" – 이러한 시각은 케인스주의적 재정정책, 특히 경기 침체 시 정부 지출을 통해 수요를 끌어올리려는 시도에 대한 근본적인 회의로 이어진다. 프리드먼은 이러한 접근이 단기적으로는 효과가 있을 수 있으나, 장기적으로는 인플레이션을 유발하고 자원의 비효율적 배분을 초래한다고 보았다. 그는 시장이 아닌 정부가 자본을 배분할 경우, 그것은 정치적 동기에 좌우된 비합리적 개입으로 전락할 위험이 있다고 지적했다.

이러한 관점은 그가 단지 경제학자로서만이 아니라, 자유주의 철학자로도 이해되어야 함을 보여준다. 프리드먼에게 자유란 선택의 문제이며, 선택은 시장의 존재와 경쟁의 원리 없이는 보장될 수 없다. 국가가 자원의 분배를 독점하고 개인의 경제적 판단을 통제하는 순간, 인간의 자율성과 개성은 억압된다. 프리드먼의 이러한 사유는 하이에크의 『노예의 길(1944)』과도 맥락을 같이 하며, 시장은 단순한 경제 기제가 아니라 자유의 제도적 보루로 작동해야 한다는 정치철학적 전제 위에 선다.

통화주의와 경제 안정 – 규칙에 기반한 통화 관리

"인플레이션은 반드시 통화 공급이 실물 생산보다 더 빠르게 증가할 때 발생한다" – 밀턴 프리드먼은 '통화'에 대한 근본적인 재해석을 하였다. 그는 '통화량 Money Supply'의 변화가 장기적 물가 수준 및 경기 변동에 핵심적인 영향을 미친다고 주장하며, 이를 통해 케인스주의의 단기적 지출 확대론과 명확히 구분되는 거시경제학의 새로운 패러다임을 제시했다. 프리드먼은 단기적 재정 지출이나 이자율 조작에 의존하는 경기부양책이 일시적인 효과를 넘어서 경제 전체의 왜곡, 특히 지속적 인플레이션으로 이어진다고 보았다. 그는 통화량 조절만이 물가 안정을 달성할 수 있는 장기적 해결책이라고 믿었으며, 이에 따라 'k-percent rule', 즉 매년 일정한 비율로 통화 공급을 증가시키는 '규칙기반 통화정책 rule-based policy'을 제안하였다.

"통화는 정해진 규칙에 따라, 예측 가능하고 일관되게 공급되어야 한다" – 그에게 있어 중앙은행의 독립성은 자칫 정치적 개입과 인플레이션이라는 유혹에 노출된 재정 권력의 확대로 이어질 수 있으며, 통화는 이러한 불확실성과 임의성을 제거한 장기적 예측 가능성의 원칙 하에 관리되어야 한다. 이러한 입장은 이후 미국의 연방준비제도의 정책 운영에 간접적인 영향을 미쳤고, 1980년대 볼커Volcker 체제의 강력한 통화긴축 정책과도 연결된다. 또한, 그는 국제통화제도에 있어서도 금본위제의 경직성과 변동환율제의 자율성을 비교하며, 시장에 의한 환율 조정이 오히려 효율적이고 자생적인 질서를 보장한다고 보았다.

교육 바우처와 음의 소득세: 시장 기반 복지의 실험

밀턴 프리드먼은 자신의 사유를 현실 정책의 형태로 구체화하려 했으며, 그 대표적인 두 가지가 바로 '교육 바우처 제도Education Voucher System'와 '음의 소득세Negative Income Tax'이다. 이 정책들은 모두 국가의 복지 기능을 일정 수준 유지하면서도, 그 운영 원리를 시장 경쟁의 논리로 전환하려는 시도로 평가된다.

"정부는 교육을 직접 제공하기보다, 선택권을 제공하고 경쟁을 통해 질을 개선해야 한다" – 프리드먼은 1955년 교육 바우처 제도를 제안했다. 이는 국가가 일정 금액의 바우처(교육 쿠폰)를 가구에 지급하고, 학부모가 이를 가지고 공립이든 사립이든 원하는 학교에 등록하게 하여 시장 경쟁을 통해 교육의 질을 제고하려는 구상이었다. 이 구상은 교육의 평등성과 선택의 자유를 동시에 달성하려는 시도였으며, 국가의 독점적 교육 시스템이 초래하는 비효율과 획일성에 대한 비판에서 출발한 것이었다.

"음의 소득세는 빈곤층이 국가에 의존하지 않으면서도 스스로 자립할 수 있도록 돕는다. 그것은 복지와 일자리 사이에 있는 벽을 허문다" – 프리드먼은 또한 기존의 복잡한 복지 체계를 단순화하고, 빈곤층의 기본적인 생계를 보장하면서도 노동 유인을 해치지 않는 방식으로 '음의 소득세'를 제안했다. 이는 소득이 일정 기준 이하인 가구에게 세금을 부과하는 대신 국가가 일정 비율의 현금을 지급하는 제도다. 즉, 복지와 조세를 통합한 새로운 접근 방식이다. 이 제도는 미국의 기본소득 실험(1970년대 NIT 시범사업)과 현대적 기본소득 논의의 선구적인 모델로 간주되며, 프리드먼의 실용적 자유주의의 정수를 보여주는 제안이라 할 수 있다.

보호무역에 맞선 자유주의의 세계적 논리

"무역은 사람들이 서로 협력하는 가장 강력한 방식이다" – 밀턴 프리드먼은 일관되게 자유무역의 옹호자였으며, 모든 형태의 보호무역주의를 경제적 비효율성과 정치적 위험의 원천으로 간주하였다. 그는 국제 무역에서의 자유는 국내 시장에서의 자유와 마찬가지로 경쟁을 촉진하고 소비자의 선택권을 확대하며, 결과적으로 전체적인 번영과 자원의 효율적 배분을 가능하게 한다고 보았다. 프리드먼에게 있어 자유무역은 단지 경제적 논리만이 아니라, 국제적 평화와 협력의 기반이기도 했다.

프리드먼은 특히 관세, 수입 쿼터, 보조금 등 인위적 장벽을 통해 국내 산업을 보호하려는 시도를 소비자에 대한 '숨겨진 세금'이라고 간주하였다. 그는 이러한 정책들이 일시적으로 일부 산업에 이익을 줄 수 있을지는 몰라도, 장기적으로는 생산성 하락, 소비자 피해, 정치적 로비 강화 등의 부작용을 초래한다고 보았다.

"환율은 시장에서 결정되어야 한다" – 그는 글로벌 통화체제에 대해서도 분명한 입장을 갖고 있었다. 프리드먼은 브레튼우즈 체제의 붕괴(1971) 이후의 세계에서 금본위제의 복원이나 고정환율제는 현실적이지 않으며, 국가 개입의 여지를 과도하게 남겨두는 체제라고 보았다. 이에 반해, 그는 변동환율제가 통화의 시장가치를 자연스럽게 조정할 수 있도록 하며, 정부의 자의적 통화 개입을 최소화하는 방식으로 작동할 수 있다고 주장했다. 프리드먼은 국제무역과 통화정책에서의 자유가 국내의 경제적 자유와 불가분의 관계에 있으며, 이를 제한하는 시도는 모두 개인의 선택권을 제한하는 국가 권력의 확장으로 간주했다.

신자유주의와 그 영향

20세기, 세계는 두 개의 경제 실험을 목격했다. 한쪽에서는 중앙 계획 경제를 바탕으로 한 사회주의 모델이 부상했고, 다른 한쪽에서는 자유 시장을 신뢰하는 자본주의 체제가 유지되었다. 이 두 체제의 충돌 속에서 '신자유주의 Neoliberalism'는 국가의 개입을 최소화하고 시장이 경제 질서를 스스로 조정하도록 해야 한다는 철학을 바탕으로 강력한 힘을 가지고 등장하였고, 마침내 경쟁 모델이었던 소비에트 연방 해체(1991)까지 가져왔다.

이 사상의 중심에는 프리드리히 하이에크(1899~1992)와 밀턴 프리드먼이 있었다. 하이에크는 정부가 경제를 계획하고 통제하려는 순간 개인의 자유는 침식될 수밖에 없으며, 그 끝은 전체주의적 사회로 이어질 것이라고 경고했다. 시장은 혼란스러워 보일 수 있지만 개별적인 정보와 선택이 자유롭게 작동할 때 정부보다 더 효율적인 질서를 창출할 수 있다고 주장했다. 밀턴 프리드먼은 '통화주의'를 주장하며 정부의 개입보다는 통화 공급을 안정적으로 관리하는 것이 경제 조정의 핵심이라고 보았다. 그는 뉴딜 정책과 케인스주의를 비판하며 시장 원리가 최상의 경제 시스템을 유지하는 유일한 길이라고 강조했다.

1970~80년대에 들어 신자유주의는 세계 경제 정책의 중심으로 자리 잡았다. 특히 1980년대 영국과 미국에서는 마거릿 대처(1925~2013)와 로널드 레이건(1911~2004)이 신자유주의 원칙을 적극적으로 정책에 반영했다. 대처는 '대처리즘'이라는 이름 아래 공기업 민영화, 노동조합 약화, 규제 완화, 감세 정책을 강력하게 추진했다. 미국의 레이건은 대규모 감세, 금융 규제 완화, 정부 지출 축소, 노동 시장 유연화 등을 추진하며 정부의 역할을 축소하고 시장의 힘을 강조했다.

이후 신자유주의는 전 세계로 확산되었다. 영국에서는 1997년 노동당의 토니 블레어(1953~)가 '제3의 길'을 주장하며 대처의 정책을 일부 수정했지만, 민영화 기조는 유지되었고 공공 부문 축소 정책도 지속되었다. 미국에서는 민주당 출신인 빌 클린턴(1946~)조차 신자유주의적 경제 정책을 받아들였으며, 1999년 글래스-스티걸법 폐지를 통해 금융 시장 자유화를 가속화했다. 독일에서는 게르하르트 슈뢰더(1944~)가 2000년대 초 하르츠 개혁을 통해 노동 시장을 유연화하고 복지국가 정책을 축소했다. 프랑스에서도 자크 시라크(1932~2019) 대통령 이후 신자유주의적 개혁이 점진적으로 진행되었다. 개발도상국에서는 IMF와 세계은행이 신자유주의적 구조조정 프로그램을 요구하며 라틴아메리카, 동유럽, 아시아 등지에서 대규모 민영화와 자유 시장 개혁이 단행되었다.

그러나 21세기에 접어든 오늘, 우리는 그 결과와 마주하고 있다. 글로벌 자본은 유례없는 이동성과 영향력을 획득하였지만, 국가 내부에서는 소득 불평등, 지역 격차, 금융 불안정, 그리고 사회안전망의 약화가 점차 심화되었다. 자유는 확장되었으나, 그것은 일부에게만 가능성이 되었고 다수에게는 불안정한 조건이 되었다. 코로나19 팬데믹, 기후 위기, 디지털 플랫폼 자본주의의 등장 등은 과연 '작은 정부'와 '시장 중심 질서'가 모든 문제의 해답이 될 수 있는지를 다시 묻게 한다.

밀턴 프리드먼은 국가의 역할을 가능한 한 축소하고, 시장이라는 질서 속에서 인간의 자유가 가장 잘 실현된다고 믿었다. 그의 통화주의 이론은 중앙은행의 역할을 규칙 기반의 통화 공급에 한정시키며, 경제 전반에 대한 국가 개입을 최소화할 것을 주장하였다.

프리드먼의 사유는 여전히 우리에게 중요한 철학적 질문을 남긴다. 자유란 무엇인가?, 국가는 어디까지 개입해야 하는가?, 시장은 인간의 삶을 조직하는 도구인가, 목적 자체인가?

오늘의 시대는 단순한 반反신자유주의를 넘어서, 자유와 평등, 효율과 정의, 개인과 공동체 사이의 균형을 다시 그려야 하는 시대다. 밀턴 프리드먼이 남긴 유산은 그 자체로 완성된 이론이 아니라, 우리가 넘어야 할 사유의 경계이자, 다시 묻고 재구성해야 할 사회철학적 과제이기도 하다.

✎ 주요 저술

- **자본주의와 자유**(Capitalism and Freedom, 1962/심준보, 2007) | 경제적 자유는 정치적 자유의 전제 조건이며, 정부의 역할은 최소화되어야 한다는 논지를 전개한다. 자유시장, 최소국가, 교육 바우처, 고정환율 비판, 규제 축소 등을 다룬다. 레이건, 대처의 경제정책 기초로 작용하였고, 시장 자유주의 철학의 바이블로 평가된다.

- **선택할 자유**(Free to Choose, 1980, 로즈 프리드먼 공저/민병균 외, 2022) | PBS 방송 프로그램 시리즈를 바탕으로, 일반 대중을 대상으로 쓴 경제 자유주의 해설서이다.

24 | 폴라니 1968~
경제는 사회에서 독립적일 수 있는가?

"노동, 토지, 화폐는 진정한 의미의 상품이 아니다. 그러나 시장 체제는 이 세 가지를 상품으로 취급하지 않고서는 작동할 수 없다. 그 결과, 인간의 삶과 자연, 그리고 생산이 시장의 법칙에 따라 파괴된다. 따라서 사회는 스스로를 보호하기 위해 반드시 시장의 자율성에 제약을 가할 수밖에 없다."

— 『거대한 전환』, 1944

칼 폴라니(Karl Polanyi, 1886~1964)는 20세기 독창적인 사회사상가 중 한 명으로, 특히 그의 대표작 『거대한 전환(1944)』을 통해 근대 시장 자본주의의 본질과 그 파괴적 영향력을 심층적으로 비판하였다. 그는 자유주의자들이 추구했던 '자기조정 시장self-regulating market' 시스템의 이상이 실현 불가능한 유토피아일 뿐만 아니라, 인간 사회와 자연 환경의 근간을 파괴한다고 주장하였다.

경제의 '배태성'과 분리: 시장 자본주의 비판

"경제가 사회관계에 묻혀 있어야 할 자리에, 사회관계가 경제체계에 묻혀버렸다" – 칼 폴라니의 시장 자본주의 비판의 대전제는 인류 역사 대부분의 기간 동안 경제 활동이 사회적 관계와 분리 불가능하게 결합된 채 존재해왔다는, 즉 사회 안에 깊이 '뿌리내리고 있었다embedded'는 역사적 사실의 확인이다. 그는 현대 시장 사회의 관점에서 과거를 재단하려는 시도를 경계하였다. 폴라니에 따르면, 고대 사회나 부족 사회, 봉건 사회 등 자본주의 이전의 사회들에서 경제 시스템은 독립적인 영역으로 존재하지 않았다. 오히려 경제 활동은 친족 관계, 종교적 규율, 정치적 의무, 공동체의 관습 등 광범위한 사회 제도와 문화적 규범 속에 통합되어 있었다.

이러한 '배태된embedded' 경제에서는 오늘날 당연시되는 '경제적 이익의 극대화'가 인간 행동의 주된 동기가 아니었다. 폴라니는 인류학적, 역사적 연구를 통해, 개인이 속한 사회 집단 내에서의 지위 확보, 사회적 명망 추구, 상호 부조의 의무 이행, 공동체적 연대 유지 등이 경제생활을 추동하는 더 강력한 동기였음을 논증하였다. 그는 '시장 교환market exchange' 외에도 대칭적 집단 간의 증여와 답례에 기반한 '상호성reciprocity', 중앙 권력에 의한 재화의 집중과 '재분배redistribution', 그리고 자급자족을 위한 '가정경제householding' 등 경제를 통합하는 다양한 원리가 있었음을 밝혔다. 즉, 경제는 사회적 삶을 유지하고 재생산하기 위한 수단이었으며, 사회적 관계와 목적에 종속되어 있었다.

"자기조절 시장이라는 개념은 가혹한 유토피아일 뿐이다" – 그러나 19세기 영국을 중심으로 전개된 자유주의적 기획은 이러한 역사적 현실과는 정반대의 길을 추구하였다. 이는 경제 영역을 사회의 다른 모든 영역으로부터 의도적으로 '분리disembedding'시켜, 오직 가격 메커니즘이라는 내적 법칙에 의해서만 작동하는 독립적이고 '자기조정적인 시장' 시스템을 만들려는 시도였다. 애덤 스미스(1723~1790) 이래 자유주의 경제학자들의 이론적 뒷받침을 받은 이 기획은, 사회 구성원의 생계와 자연환경마저도 시장에서의 수요와 공급 원리에 전적으로 맡겨야만 부와 효율성이 극대화된다고 믿었다.

"경제사는 시장이 자생적으로 생긴 것이 아니라, 국가의 의도적 정책의 결과였음을 보여준다" ― 폴라니는 자기조정 시장의 구축이 목가적인 자연 발생적 진화의 결과가 아니라, 때로는 폭력적이기까지 한 국가의 강력하고 지속적인 개입을 통해 인위적으로 만들어진 것임을 강조하였다.

대표적인 예는 영국의 인클로저 Enclosure 운동이다. 수 세기에 걸쳐 진행된 이 과정은 공유지 commons나 개방 경지 open fields처럼 공동체적 이용과 관습에 의해 규율되던 토지를 사적인 소유권의 대상으로 전환시켰다. 이는 단순히 토지 이용의 효율성을 높이는 기술적 변화가 아니었다. 국가는 의회 입법 등을 통해 인클로저를 합법화하고 강제함으로써, 전통적인 농민 공동체의 생존 기반을 해체하였다. 토지로부터 분리된 농민들은 생계를 위해 자신의 노동력을 판매해야 하는 임금 노동자 계급으로 편입되었으며, 동시에 토지는 시장에서 자유롭게 거래될 수 있는 상품이 되었다. 이는 명백히 국가 권력에 의한 토지의 인위적인 상품화 과정이었다.

또 다른 사례는 1834년 영국의 신구빈법 New Poor Law 개정이다. 기존의 구빈법은 교구 단위의 원외 구제 outdoor relief를 통해 빈민들에게 최소한의 생계를 보장해주었다. 이는 인도주의적 측면이 있었지만, 동시에 노동자들이 낮은 임금의 공장 노동을 기피하고 특정 지역에 머무르게 하여 노동력의 자유로운 이동을 저해하였다. 산업 자본가들의 요구를 반영한 신구빈법은 원외 구제를 사실상 폐지하고, 구제를 받기 위해서는 열악한 환경의 '작업장 workhouse'에 들어가도록 강제하였다. 이는 빈민들에게 굶주림과 작업장 수용 중 하나를 선택하도록 강요함으로써, 그들이 어떠한 조건이라도 받아들이며 전국적인 노동 시장으로 내몰리도록 만들었다. 이는 사회적 보호 장치를 국가가 직접 해체하여 '자유로운' 노동 시장이라는 허구를 창출하려는 시도였다.

폴라니의 이러한 통찰은 현대 국가의 사례에서도 여전히 유효하게 적용될 수 있다. 1980년대 이후 전 세계적으로 확산된 신자유주의Neoliberalism 개혁은 폴라니가 지적한 국가 주도의 시장 창출 및 확장의 현대적 표현으로 볼 수 있다. 예를 들어, 많은 국가에서 진행된 공기업 민영화는 전기, 수도, 통신, 교통 등 이전에는 공공 서비스로 간주되던 영역들을 경쟁과 이윤 추구의 논리가 지배하는 시장 상품으로 전환시켰다. 이는 정부의 정책적 결정과 법적·제도적 장치 마련 없이는 불가능한 과정이었다. 또한, 노동 시장 '유연화'라는 명목하에 추진된 각종 규제 완화 정책들(예: 비정규직 확대, 해고 요건 완화, 노동조합 약화 시도)은 노동력을 더욱 시장의 변동성에 민감하게 반응하는 상품으로 만들려는 국가적 개입의 성격을 띤다. 이는 과거 사회적 보호를 위해 도입되었던 장치들을 다시 해체하려는 시도, 즉 '이중적 운동'의 역전 현상으로 해석될 수도 있다.

더 나아가, 2008년 글로벌 금융 위기와 그 이후의 과정은 금융(화폐)이라는 허구적 상품을 다루는 방식에서 국가의 역할을 극명하게 보여준다. 금융 시장의 자유로운 작동을 위해 규제를 완화했던 국가들은 위기가 발생하자 막대한 공적 자금을 투입하여 금융 시스템의 붕괴를 막아야만 하였다. 이는 '자유 시장'이라는 것이 실제로는 얼마나 정치적 결정과 국가의 보증에 의존하는지를 증명한다.

'허구적 상품': 노동, 토지, 화폐 상품화의 위험

"노동, 토지, 화폐는 상품이 아니다" – 칼 폴라니는 사회로부터 경제를 '분리disembedding'하여 자기조정 시장 시스템을 구축하려는 시도가 왜 필연적으로 파괴적인 결과를 낳는지를 설명하기 위해 '허구적 상품fictitious commodities'이라는 핵심 개념을 제시하였다. 상품이란 본래 '시장에서 판매하기 위해 생산된 대상'을 의미한다. 그러나 자기조정 시장이 사회 전체를 조직하는 원리가 되기 위해서는, 본질적으로 이러한 정의에 부합하지 않는 사회의 근본 요소들, 즉 '노동labor', '토지land', '화폐money'마저도 마치 판매를 위해 생산된 상품인 것처럼 취급하고 거래해야만 하였다. 폴라니는 이것이 치명적인 '허구'이며, 이 허구에 기반한 시스템은 사회의 실체를 위협한다고 통찰하였다.

첫째, 노동의 허구적 상품화는 인간 자체를 시장의 논리에 종속시키는 결과를 낳는다. 노동은 단순히 생산 요소가 아니라, 인간의 삶과 활동 그 자체이다. 인간은 시장에서의 판매를 위해 '생산'되지 않는다. 그럼에도 자기조정 시장은 노동력을 수요와 공급 법칙에 따라 가격(임금)이 결정되고 자유롭게 사고 팔리는 상품으로 간주한다. 이는 노동하는 인간을 그의 사회적 관계, 문화적 배경, 인간적 필요로부터 분리시켜 시장의 변덕에 내맡기는 것을 의미한다. 그 결과는 대량 실업의 위협, 임금 불안정, 비인간적인 노동 조건, 공동체의 파괴, 그리고 인간 소외의 심화로 나타난다. 사회는 인간의 생존과 존엄성을 보호할 의무가 있지만, 노동의 완전한 상품화는 이러한 사회적 책무를 부정한다. 폴라니는 노동력을 그 소유자인 인간과 분리하여 다룰 수 있다는 가정 자체가 허구라고 비판하였다.

둘째, 토지의 허구적 상품화는 자연 환경과 사회 기반의 파괴를 초래한다. 토지 역시 판매를 위해 생산된 것이 아니라, 인간을 포함한 모든 생명이 의존하는 자연 환경 그 자체이다. 토지는 단순히 생산 요소가 아니라, 거주 공간, 식량 생산의 기반, 공동체의 터전, 문화적 정체성의 원천 등 복합적인 의미를 지닌다. 그러나 자기조정 시장은 토지를 단지 가격이 매겨지고 거래되는 부동산 상품으로 환원시킨다. 이는 자연에 대한 무분별한 착취, 환경 오염, 생태계 파괴, 전통적인 토지 소유 및 이용 관계의 해체, 농촌 공동체의 와해, 그리고 투기적 목적의 토지 독점 등을 야기한다. 사회의 지속가능성을 담보하는 자연적 토대를 시장 논리에 내맡기는 것은 결국 사회 전체의 존립을 위태롭게 한다.

셋째, 화폐의 허구적 상품화는 경제 시스템 전체의 불안정성을 증폭시킨다. 화폐는 본질적으로 구매력의 징표이며, 교환을 매개하고 가치를 저장하는 사회적 합의와 신용에 기반한 제도이다. 구매력은 저절로 발생하는 것이 아니라, 사회 구성원들 간의 신뢰, 관습, 그리고 무엇보다도 국가와 같은 정치적 권위의 인정과 보증(예: 법정 통화 지정, 조세 수납)에 의존한다. 즉, 화폐는 자연 발생적인 상품이라기보다는 사회적 합의와 정치적 결정에 의해 창조되고 유지되는 제도적 장치인 것이다. 화폐는 금이나 은처럼 그 자체로 가치를 지닌 상품이 아니라, 국가나 은행 시스템에 의해 그 공급과 가치가 조절되는 사회적, 정치적 창조물이다. 그러나 자기조정 시장 이론은 화폐 역시 수요와 공급에 따라 그 가격(이자율)과 양이 결정되는 상품으로 취급한다. 이는 통화량의 급격한 팽창이나 수축을 유발하여 예측 불가능한 인플레이션이나 디플레이션을 초래한다. 이러한 화폐 가치의 불안정성은 기업의 투자 계획을 방해하고 상거래를 마비시키며, 궁극적으로는 경제 전체를 파괴적인 금융 공황으로 몰고 갈 수 있다.

"시장 메커니즘이 인간과 자연 환경의 운명을 전적으로 지배하게 한다면, 그것은 사회의 파괴로 귀결될 것이다" – 폴라니는 노동, 토지, 화폐를 상품으로 취급하는 것이 자기조정 시장 시스템의 필수 전제이지만, 바로 그 점 때문에 이 시스템이 근본적인 모순과 위험을 내포한다고 보았다. 이 세 가지 '허구적 상품'은 사회의 인간적 실체(노동), 자연적 실체(토지), 그리고 사회적 조직의 실체(화폐)를 대표한다. 이것들을 시장 메커니즘에 완전히 종속시키려는 시도는 결국 사회의 근간을 허물어뜨리는 결과를 낳는다. 따라서 사회는 이러한 파괴적인 상품화에 맞서 스스로를 보호하려는 움직임을 보일 수밖에 없으며, 이것이 바로 폴라니가 말하는 '이중적 운동'의 핵심이다.

칼 폴라니의 '이중적 운동': 시장 확대와 사회의 자기보호

"우리 시대의 사회사는 이중운동의 결과다" – 칼 폴라니는 노동, 토지, 화폐와 같은 '허구적 상품'의 전면적인 시장화가 사회의 근간을 위협한다는 분석 위에서, 시장 자본주의 역사 자체를 특징짓는 핵심적인 동학動力으로서 '이중적 운동 double movement' 개념을 제시하였다. 이는 19세기 이래 시장과 사회의 역사가 두 가지 상반되지만 서로 맞물려 있는 운동의 변증법적 과정으로 전개되었다는 통찰이다.

첫 번째 운동은 자기조정 시장 원리를 사회의 모든 영역으로 끊임없이 확장하고 관철시키려는 의식적이고 계획적인 움직임이다. 이는 주로 자유방임주의 이데올로기에 기반하여, 국가의 입법과 정책 지원을 통해 경제를 사회적·정치적 통제로부터 '분리 disembedding'시키려는 노력이었다. 노동시장의 확립, 자유 무역의 추진, 금본위제 채택 등은 모두 이러한 시장 확대 운동의 구체적인 표현이었다. 이 운동은 생산성 증대와 물질적 부의 증가라는 긍정적 측면을 가져오기도 하였다.

그러나 이 시장 확대 운동은 필연적으로 그에 맞서는 두 번째 운동, 즉 사회의 '자기보호 self-protection' 운동을 촉발하였다. 이는 자기조정 시장의 파괴적인 영향력, 특히 허구적 상품의 무제한적인 상품화가 초래하는 인간적·자연적·사회적 황폐화로부터 사회 구성원들과 공동체를 보호하려는 자생적이고 반작용적인 움직임이었다. 폴라니는 이 반작용이 특정 계급이나 집단의 이기적인 이해관계 때문만이 아니라, 시장의 위험 앞에서 사회 전체가 생존을 위해 스스로를 방어하려는 본능적인 필요에서 비롯되었다고 보았다.

사회의 자기보호 운동은 매우 다양한 형태로 나타났다. 노동 영역에서는 노동 시간 규제, 아동 및 여성 노동 보호, 공장 안전 규정 강화, 실업 보험 및 건강 보험과 같은 사회 보험 제도의 도입, 노동조합의 결성과 단체교섭권 인정 등이 추진되었다. 토지 영역에서는 농민 보호를 위한 관세 부과, 토지 이용 규제, 국립 공원 지정과 같은 환경 보전 노력, 도시 계획 등이 시행되었다. 화폐 및 금융 영역에서는 통화 안정을 위한 중앙은행 설립 및 기능 강화, 금융 규제 도입, 자국 산업 보호를 위한 보호무역주의 등이 나타났다. 이러한 보호 조치들은 때로는 서로 다른 사회 집단(노동자, 농민, 자본가, 지주 등)의 이해관계가 복잡하게 얽히면서 추진되었다.

중요한 점은 이 두 운동, 즉 경제적 자유주의와 사회적 보호주의 사이의 관계가 결코 조화롭지 않았다는 것이다. 시장을 확장하려는 힘과 사회를 보호하려는 힘은 끊임없이 서로 충돌하며 심각한 사회적·정치적 긴장을 야기하였다. 시장의 자유로운 작동을 중시하는 측과 사회적 안정 및 연대를 우선시하는 측 사이의 대립은 국내 정치뿐만 아니라 국제 관계에서도 갈등의 핵심 축을 이루었다.

"자유주의 자본주의의 교착상태에 대한 파시즘의 해법은 시장경제의 개혁이지만, 그 대가는 모든 민주적 제도의 말살이다" – 폴라니는 이 '이중적 운동'의 내적 모순과 긴장이 해소되지 못하고 극단으로 치달았을 때, 파국적인 위기들이 발생했다고 주장하였다. 대공황, 파시즘의 발흥, 제1·2차 세계대전 등은 단순히 경제적 요인이나 특정 국가의 정책 실패만으로 설명될 수 없으며, 자기조정 시장이라는 유토피아적 기획과 그에 대한 사회의 필연적 반작용 사이의 근본적인 '교착 상태deadlock'가 체제 전체를 붕괴시킨 결과라는 것이다. 즉, 파시즘은 자본주의가 자기 통제 능력을 상실했을 때 등장하는 사회적 반작용이며, 이것은 이중적 운동의 비대칭과 교착 상태의 귀결로 이해해야 한다는 것이 폴라니의 핵심 주장이다.

시장 사회 비판과 대안

"시장은 사회 속에 포함되어야지, 사회가 시장의 도구가 되어선 안 된다" – 폴라니가 제시한 대안의 핵심은 시장 사회 모델을 폐기하고 경제를 다시 의식적으로 사회 안에 '재배태re-embedding'시키는 것이다. 이는 경제 활동이 그 자체의 논리(이윤 극대화)에 따라 사회를 좌우하는 것이 아니라, 사회 구성원들이 민주적인 절차를 통해 합의한 공동의 목표와 가치에 봉사하도록 만드는 것을 의미한다. 시장은 여전히 존재할 수 있지만, 그것은 사회 전체를 조직하는 유일하거나 지배적인 원리가 아니라, 사회적 통제와 규제 아래 놓인 여러 경제 메커니즘 중 하나가 되어야 한다. 경제는 목적이 아니라, 인간다운 삶과 사회적 연대를 위한 수단이어야 한다는 것이다.

"시장 사회는 비효율적이기도 하지만, 비인간적이기 때문에 비판받아야 한다" – 경제의 재배태를 위해서는 자기조정 시장의 근간을 이루었던 '허구적 상품'들을 다시 '탈상품화decommodification'하는 것이 필수적이다. 즉, 노동, 토지, 화폐의 운명을 시장에서의 수요와 공급에 전적으로 내맡기는 것이 아니라, 사회적·정치적 고려와 규제를 통해 관리해야 한다는 것이다. 노동은 더 이상 상품으로 취급되어서는 안된다. 완전 고용 정책, 강력한 노동권 보장, 포괄적인 사회 안전망(실업, 질병, 노령 등에 대한 보장), 최저 소득 보장 등을 통해 인간의 삶이 시장의 변동성으로부터 보호되어야 한다. 노동은 비용이 아니라 존엄성을 가진 인간 활동으로 인정되어야 한다.

토지는 인간이 살아가는 자연 환경이다. 토지 이용에 대한 민주적 계획과 규제, 환경 보호 정책 강화, 투기 방지, 지속 가능한 농업 및 자원 관리 시스템 구축 등을 통해 자연 환경이 시장 논리로부터 보호되어야 한다.

화폐 역시 거래 대상이 될 수 없다. 자기조정 시장이라는 이상을 위해 화폐를 단순한 상품으로 취급하는 것은 그 본성을 왜곡하는 위험한 허구이며, 경제적 안정과 사회 질서를 유지하기 위해서는 화폐의 창출과 유통에 대한 사회적·정치적 통제가 필수적이다. 통화 공급과 신용 창출에 대한 민주적 통제를 강화하고(예: 공공은행 역할 강화, 투기적 금융 규제), 안정적인 물가와 금융 시스템을 유지하여 사회 전체의 경제 활동을 지원해야 한다.

"계획과 통제가 자유의 부정이라고 비난받지만, 실제로 그것은 자유를 확보하는 유일한 수단이다" - 폴라니는 실업과 기아의 공포, 사회적 관계의 파괴 속에서는 진정한 자유가 존재할 수 없다고 보았다. 오히려 진정한 자유는 복잡한 현대 사회 속에서 모든 구성원이 인간다운 삶을 영위할 수 있도록 사회가 제공하는 보호와 안정 속에서만 가능하다는 것이다. 따라서 시장에 대한 사회적·민주적 규제는 자유의 억압이 아니라, 실질적인 자유를 위한 조건이다. 경제 정책은 소수 전문가나 시장의 '보이지 않는 손'에 맡겨질 것이 아니라, 공동체 구성원들의 숙의와 민주적인 의사 결정 과정을 통해 결정되어야 한다.

폴라니는 경제를 재배태하는 구체적인 제도적 형태를 하나로 고정하지 않았다. 그는 시장 교환 외에도 상호성, 재분배, 가정경제 등 다양한 경제 원리들이 사회의 필요에 따라 공존하고 활용될 수 있다고 보았다. 그는 민주적 절차를 통해 사회가 경제를 통제하고 인간의 자유와 연대를 실현하는

'민주적 사회주의democratic socialism'를 하나의 강력한 대안으로 여기기도 하였지만, 모든 형태의 비민주적 통제는 경계하였다. 중요한 것은 제도의 형태보다는 경제를 민주적인 사회적 통제 아래 두려는 원칙 그 자체였다.

폴라니의 사상은 자기조정 시장이라는 이상이 초래하는 본질적인 위험을 폭로하고, 경제와 사회의 관계를 근본적으로 재정립할 것을 촉구한다. 그의 시장 사회 비판과 대안적 비전은 과거에 대한 분석을 넘어, 신자유주의적 세계화가 심화시킨 불평등, 반복되는 금융 위기, 기후 변화와 같은 생태적 재앙 등 우리 시대가 직면한 문제들에 대한 깊은 성찰과 대응의 필요성을 일깨운다.

경제적 효율성이라는 이름 아래 사회적 연대와 인간적 가치가 잠식되는 현실 속에서, 경제를 다시 민주적인 사회적 통제 아래 두고 공동체의 선善에 봉사하도록 만들려는 폴라니의 제안은 오늘날 더욱 절실하고 중요한 의미를 지닌다. 그의 지적 유산은 시장의 논리를 넘어서는 대안적인 사회 경제 모델을 모색하는 데 있어 강력한 영감을 제공하고 있다.

✏️ 주요 저술

- **거대한 전환**(The Great Transformation, 1944/홍기빈, 2009) | 시장경제 vs 시장사회를 구분하면서, 자본주의와 자유방임주의의 허구성을 폭로한다. 19세기 자유주의 시장체제가 사회적 기반을 해체했고, 이에 대한 반작용이 파시즘과 전체주의로 이어졌다고 분석하면서, 이중운동, 자기조절시장 등의 개념을 정리하였다.
- **인간의 살림살이**(The Livelihood of Man, 1977년(사후 출간)/이병천 나의주, 2017) | 인간의 생존 기반(livelihood)과 사회적 조건을 경제 인류학적 통합 이론으로 전개한다. 근대적 경제 개념이 문화와 역사에 따라 상대적이라는 주장을 학문적으로 정교화한다.

25 | 마추카토 1968~
시장과 국가! 누가 혁신을 이끄는가?

"가장 혁신적인 기술과 산업은 민간이 아니라 공공 부문의 대담한 투자와 정책적 개입을 통해 발전했다. 정부는 단순히 시장 실패를 보완하는 것이 아니라, 새로운 시장을 창출하고 혁신을 주도하는 능동적인 경제 행위자로 기능해야 한다."

— 『기업가적 국가』, 2013

경제학자 마리아나 마추카토(Mariana Mazzucato, 1968~)는 저서 『기업가형 국가(2013)』를 통해 현대 자본주의 혁신의 동력에 대한 지배적인 통념에 도전하며, 국가의 역할을 재조명하는 강력한 주장을 제시하였다. 마추카토는 역사적으로 국가가 혁신 과정에서 소극적인 조력자가 아니라, 대담한 비전을 제시하고 막대한 위험을 감수하며 새로운 시장을 창출하는 핵심적인 '기업가entrepreneur' 역할을 수행해왔다고 역설한다.

자유시장은 혁신을 이끄는가? – 시장 신화에 대한 도전

"국가는 시장이 실패했을 때만 개입하는 수동적 구조물이 아니다. 국가는 미래를 설계하고 창조하는 적극적인 행위자다" – 전통적인 신자유주의 경제학에서는 자유시장이 가장 효율적이며, 기업 간 경쟁을 통해 혁신이 자연스럽게 발생한다는 가정을 내세운다. 프리드리히 하이에크(1899~1992)와 밀턴 프리드먼(1912~2006)의 주장은 정부의 개입을 최소화하고 시장을 자율적으로 운영해야 한다는 논리에 기반을 두고 있다. 그러나 마추카토는 이 이론이 현실과 다르다고 지적한다.

마리아나 마추카토 비판의 예리한 칼날은 무엇보다도 주류 경제학 및 정책 담론에서 국가의 경제적 역할을 '시장 실패market failure'를 교정하는 소극적이고 제한적인 기능으로 축소하려는 지배적인 경향을 향한다. 오랫동안 경제학 교과서와 정책 보고서들은 국가의 이상적인 역할을 민간 시장이 자율적으로 효율성을 달성하지 못하는 예외적인 상황, 즉 공공재 부족, 정보의 비대칭성, 외부 효과 발생 등의 '병목 현상'이 나타날 때 개입하여 이를 '수리fixing'하는 것에 국한시켜왔다. 또한, 국가는 사유 재산권을 보호하고, 계약 이행을 보장하며, 기초 과학 연구의 일부를 지원하는 등 시장 경제가 원활하게 작동하기 위한 기본적인 '배경 조건'을 제공하는 수동적인 조력자로 인식되었다.

마추카토는 이러한 소극적인 국가관이 현실을 왜곡할 뿐만 아니라, 미래지향적인 정책 수립에 심각한 제약을 가한다고 비판하였다. 시장 실패가 명확히 입증되기 전까지는 국가 개입을 최소화해야 한다는 논리는, 필연적으로 국가가 장기적이고 불확실성이 높은 영역에 대한 과감한 투자를 주저하게 만든다. 이는 결국 사회 전체가 필요로 하는 근본적인 혁신의 속도를 늦추고, 민간 부문이 단기적 이익에만 집중하도록 유도할 수 있다.

"정부는 시장의 뒤를 따라가며 고치는 수리공이 아니라, 방향을 설계하고 가능성을 여는 셰이퍼이다" – 마추카토는 국가의 역할을 시장 실패를 교정하는 '수리공'이나 '조력자'를 넘어서, 새로운 기술 궤적을 형성하고, 미래 시장의 방향을 설정하며, 때로는 직접 새로운 시장을 창조하는 적극적이고 주체적인 역할shaper로 재정의해야 한다고 역설한다. 그는 역사적으로 국가가 단순히 배경 조건을 제공하는 것을 넘어, 명확한 비전과 목표를 가지고 위험을 감수하며 혁신의 전 과정을 주도해 온 '기업가적 행위자'였음을 수많은 사례를 통해 보여준다.

국가: 비전 제시자이자 위험 감수자

"혁신은 하늘에서 떨어지지 않는다. 그것은 사회가 위험을 감수한 결과이며, 그 중심에는 국가가 있었다" – 마리아나 마추카토가 제시하는 '기업가형 국가Entrepreneurial State'는 장기적인 안목과 대담한 비전을 가지고, 민간 부문이 선뜻 나서기 어려운 근본적이고 불확실성이 높은 영역에서 기꺼이 위험을 감수하는 선도적인 주체로서 기능한다. 이는 미래 사회가 나아갈 방향을 설정하고, 새로운 기술적 가능성을 탐색하며, 때로는 존재하지 않던 시장을 만들어내는 창조적인 역할이다.

"민간은 증명된 것을 추구하고, 국가는 증명되지 않은 것을 상상한다" – 특히, 혁신 과정의 가장 초기 단계, 즉 기초 연구 및 초기 응용 연구 단계는 상업적 성공 가능성이 매우 희박하고, 가시적인 성과가 나오기까지 막대한 자본과 시간이 소요된다. 기술적 난관과 시장의 불확실성이 극도로 높은 이 구간은 흔히 '죽음의 계곡valley of death'이라고 불리며, 단기적 수익성과 투자 회수에 민감한 민간 기업이나 벤처 캐피털은 이 단계에 대한 투자를 극도로 주저할 수밖에 없다.

바로 이 '죽음의 계곡'에서 '기업가형 국가'의 역할이 결정적이다. 국가는 당장의 경제적 수익성을 따지기보다, 장기적인 국가 경쟁력 확보나 국방, 공중 보건, 환경 문제 해결과 같은 거시적인 목표를 추구한다. 따라서 국가는 민간 부문이 기피하는 고위험·고비용 연구 개발 영역에, 단기 성과에 연연하지 않는 장기적이고 안정적인 '인내심 있는 자본patient, strategic capital'을 투입할 수 있다.

또한, 국가는 대학, 공공 연구소, 민간 기업 등 다양한 혁신 주체들을 연결하고 협력을 촉진하는 '네트워크 조직자network organizer'로서, 지식과 기술의 확산을 촉진하는 역할을 수행한다. 나아가, 국가는 단순히 자금을 지원하는 것을 넘어, 기술 발전이 나아가야 할 '방향을 설정setting directionality'함으로써 혁신 활동에 목표와 일관성을 부여한다.

마추카토는 특히 미국 국방고등연구계획국(DARPA)의 인터넷 개발 프로젝트나 국립보건원(NIH)의 생명 과학 연구 지원과 같이, 국가가 명확한 '임무 지향적mission-oriented' 목표(예: 소련보다 먼저 달에 도달하기, 암 정복하기, 기후 변화 대응하기)를 설정하고 이를 달성하기 위해 필요한 다양한 기술 개발과 연구 활동을 통합적이고 전략적으로 지원하는 방식의 성공 사례에 깊이 주목하였다. 이러한 임무 지향적 접근은 사회 전체의 역량을 결집시키고, 목표 달성 과정에서 파생되는 수많은 기술적 파급 효과를 창출하며, 궁극적으로는 새로운 산업과 시장을 탄생시키는 강력한 동력이 된다는 것이다.

혁신의 숨겨진 역사: 국가가 낳고 기업이 거둔 열매

마리아나 마추카토는 '기업가형 국가'라는 자신의 주장을 뒷받침하기 위해, 혁신에 대한 통념 이면에 감춰진 역사를 면밀하게 분석하고 드러낸다. 그는 특히 기술 혁신의 아이콘처럼 여겨지는 미국에서조차, 오늘날 우리 삶을 근본적으로 바꾼 핵심 기술들 대부분이 초기 단계에서 민간 부문이 아닌 국가의 막대한 공공 투자의 결실이었음을 설득력 있게 밝혀냈다.

이는 민간 기업의 창의성과 기업가 정신만이 혁신의 원천이라는 널리 퍼진 신화를 정면으로 반박하는 것이다.

"스티브 잡스는 훌륭한 디자이너였지만, 아이폰의 대부분 기술은 미국 정부의 연구개발 투자 덕분에 존재할 수 있었다" – 정보 기술(IT) 혁명의 역사는 이러한 '숨겨진 역사'의 대표적인 사례이다. 인터넷의 시초가 된 아파넷 ARPANET은 냉전 시대 군사적 목적(핵 공격에도 견딜 수 있는 분산형 통신망)을 위해 미국 국방부(DoD)의 주도로 개발되었다. 우리가 일상적으로 사용하는 위성항법시스템(GPS) 역시 군사 위성 기술에 기반한다. 스마트폰의 핵심 요소인 터치스크린 기술, 리튬이온 배터리 기술, 심지어 애플의 음성 인식 비서인 시리 Siri의 기반 기술과 구글 검색 알고리즘의 핵심 원리조차도 국방고등연구계획국(DARPA), 국립과학재단(NSF), 에너지부(DoE) 등 다양한 정부 기관들의 장기적이고 위험 부담이 큰 연구 자금 지원 없이는 빛을 보기 어려웠을 것이다.

이러한 패턴은 제약 및 생명공학 분야에서도 뚜렷하게 나타난다. 혁신적인 신약 개발의 가장 근본이 되는 기초 생명과학 연구는 엄청난 비용과 실패 위험, 그리고 상업화까지의 긴 시간 때문에 민간 제약사들이 직접 수행하기를 꺼리는 영역이다. 바로 이 영역에서 미국 국립보건원(NIH)과 같은 공공 연구 기관이 막대한 예산을 투입하여 질병의 근본 원리를 밝히고 새로운 치료법의 가능성을 탐색하는 역할을 수행해왔다.

최근 전 세계적인 과제로 부상한 녹색 기술 Green Technology 분야 역시 국가의 선도적인 역할이 결정적이다. 태양광, 풍력, 전기차 배터리, 탄소 포집 기술 등은 기후 변화 대응이라는 명확한 사회적 '임무' 아래 각국 정부의 정책적 지원(연구개발 자금 지원, 보조금 지급, 세제 혜택, 초기 시장 창출을 위한 공공 조달, 인프라 구축 등)에 힘입어 빠르게 발전하고 있다. 전기차 선두 주자인 테

슬라의 성공 사례 역시 초기 단계에서 미국 에너지부의 막대한 대출 보증과 각종 지원 정책이 없었다면 불가능했을 것이라는 점은 잘 알려져 있다.

이러한 국가 주도 혁신의 패턴은 비단 미국에만 국한된 현상이 아니며, 과거 한국의 반도체 및 전자 산업 육성 과정 등 다른 여러 국가들의 성공적인 산업 발전 사례에서도 유사한 국가의 전략적이고 선도적인 역할을 확인할 수 있다. 최근의 중국 역시 국가 주도 혁신 전략을 채택하여 인공지능, 반도체, 전기차 같은 핵심 산업에 정부가 직접 투자함으로써 기술 경쟁에서 우위를 확보하고 있다.

사회화된 위험, 사유화된 보상: 혁신 생태계의 불균형 문제

"위험은 사회화되고, 보상은 사유화된다" – 마리아나 마추카토는 '기업가형 국가'의 숨겨진 역사를 복원하는 과정에서, 현대 혁신 시스템에 내재된 근본적이고 심각한 '불균형' 또는 '비대칭'이 존재함을 날카롭게 지적한다. 이는 혁신 과정에 필연적으로 수반되는 위험risk과 그 성공으로 인해 발생하는 보상reward이 공공 부문과 민간 부문 사이에 극도로 불공정하게 배분되는 현실을 의미한다. 그는 이를 '위험의 사회화, 보상의 사유화'라는 말로 명료하게 표현하였다.

첫째, '위험의 사회화' 측면을 살펴보면, 혁신의 가장 불확실하고 실패 가능성이 높은 초기 단계에서의 막대한 비용과 위험 부담은 압도적으로 국가, 즉 궁극적으로는 납세자인 대중 전체에게 전가되는 경향이 있다. 국가는 기초 과학 연구 지원, 장기 R&D 프로젝트 자금 조달, 신기술 기업에 대한 대출 보증(실패 시 손실은 국가가 부담), 보조금 지급, 세금 감면 혜택 제공, 초기 시장 창출을 위한 공공 구매, 그리고 혁신에 필요한 인력을 양성하는 교육 시스템 및 인프라 구축 등 광범위하고 다양한 방식으로 위험을 흡수한다. 이러한 공공 투자는 수많은 실패를 동반하며, 성공까지는 수십 년이 걸리는 경우도 다반사이다. 국가는 단기적 수익성이 아니라 장기적인 사회적, 경제적 파급 효과를 기대하며 이처럼 거대한 불확실성을 떠안는 것이다.

둘째, 그럼에도 불구하고 '보상의 사유화' 현상이 두드러진다. 이러한 장기간의 공적 위험 감수와 투자를 통해 마침내 상업적 성공의 결실이 맺어졌을 때, 그로부터 발생하는 막대한 경제적 이익과 보상은 놀라울 정도로 소수의 민간 기업과 그 주주, 경영진에게 집중적으로 귀속된다. 공적 자금으로 개발된 핵심 기술에 대한 특허권이 종종 민간 기업에 독점적으로 이전되거나 헐값에 넘겨지며, 이를 통해 기업들은 막대한 독점적 이윤을 향유한다. 또한, 이러한 기술을 기반으로 시장을 선점한 기업들의 주가는 천문학적으로 치솟고, 창업자나 최고 경영자들은 막대한 부를 축적한다. 반면, 최초의 위험을 부담했던 국가는 이러한 성공의 과실로부터 극히 일부의 세금 수입 외에는 거의 배제되는 경우가 많다. 때로는 성공한 기업들이 조세 회피 전략을 통해 사회적 기여를 최소화하기도 한다.

"국가는 실패의 책임을 지지만, 성공의 이익은 기업의 손에 돌아간다" – 마추카토는 이러한 '위험과 보상의 불균형'이 단순히 윤리적인 문제를 넘어, 혁신 시스템 자체의 지속 가능성과 사회 전체의 발전을 저해하는 심각한 부작용을 낳는다고 경고한다. 우선, 대중이 자신들의 세금이 주로 소수 기업의 부를 불리는 데 사용된다고 인식하게 되면, 미래의 혁신을 위한 필수적인 공공 투자에 대한 정치적 지지와 정당성이 약화될 수 있다. 이는 장기적으로 국가의 혁신 역량 자체를 위축시키는 결과를 초래할 수 있다. 또한, 혁신의 과실이 극소수에게 집중되는 것은 소득 및 부의 불평등을 극적으로 심화시키는 핵심 요인이다. 이는 사회적 통합을 저해하고 정치적 불안정을 야기할 뿐만 아니라, 총수요 부족 등을 통해 오히려 경제 성장 잠재력을 갉아먹을 수도 있다. 더 나아가, 이러한 구조는 민간 기업들이 자체적인 기초 연구 투자를 기피하고, 이미 공공 부문에서 위험이 제거된 기술을 활용하여 단기적인 상업화에만 집중하도록 하는 왜곡된 유인을 제공할 수 있다.

정책적 함의: 기업가형 국가의 재건

"우리는 다시금 상상력 있는 정부를 가져야 한다" – 마리아나 마추카토의 분석은 단순히 과거 혁신의 역사를 재해석하는 데 그치지 않고, 미래의 혁신을 촉진하고 당면한 사회적 난제들을 해결하기 위한 국가의 역할과 혁신 정책에 대한 근본적인 재고와 전환을 강력하게 요구한다. 그의 주장은 더 이상 국가가 시장 실패를 보완하는 소극적인 역할에 머물러서는 안 되며, 오히려 '기업가형 국가'로서의 잠재력을 회복하고 적극적으로 발휘해야 한다는 것이다.

첫째, 국가는 명확하고 대담한 '임무mission'를 설정하고 이를 중심으로 혁신 역량을 결집시키는 주도적인 역할을 수행해야 한다. 기후 변화 대응 및 녹색 전환, 감염병 극복 및 공중 보건 증진, 디지털 격차 해소, 심화되는 불평등 완화 등 인류가 직면한 거대한 도전 과제들은 개별 기업이나 시장 메커니즘만으로는 결코 해결될 수 없다. 국가는 이러한 문제 해결을 국가적 임무로 설정하고, 장기적인 목표와 방향성을 제시하며, 관련된 연구 개발 투자를 전략적으로 집중해야 한다. 이는 단순히 자금을 지원하는 것을 넘어, 다양한 기술 분야와 산업 부문, 공공과 민간의 역량을 하나의 목표 아래 통합하고 시너지를 창출하는 '시스템 조정자'로서의 역할을 의미한다. 이러한 임무 지향적 접근은 혁신 활동에 명확한 목적의식을 부여하고 사회 전체의 동력을 결집시키는 데 효과적이다.

둘째, 이러한 야심 찬 임무를 성공적으로 수행하기 위해서는 국가, 즉 공공 부문의 내재적인 역량 강화가 필수적이다. 지난 수십 년간 신자유주의적 흐름 속에서 강조된 '작은 정부' 기조는 종종 공공 부문의 전문성 약화, 핵심 기능의 민간 위탁 심화, 그리고 위험 회피적인 관료주의를 초래하였다. 마추카토는 이러한 '국가 역량의 공동화'를 비판하며, 전략적 비전을 수립하고, 장기적인 대규모 투자를 기획·실행하며, 복잡한 기술적·사회적 위험을 관리하고, 다양한 이해관계자 네트워크를 효과적으로 조정할 수 있는 유능하고 자원이 풍부하며 자신감 있는 공공 부문의 재건을 촉구한다. 여기에는 과학기술, 금융, 법률 등 다양한 분야의 전문 인력 확보, 독립적인 정책 연구 및 분석 능력 함양, 그리고 실패를 용인하고 학습하는 조직 문화 조성이 포함된다.

셋째, '위험의 사회화, 보상의 사유화'라는 고질적인 불균형 문제를 해결하기 위해, 공공 투자의 위험 부담에 상응하는 공정한 보상 공유 메커니즘을 설계하고 도입해야 한다. 국가가 막대한 위험을 감수하며 초기 단계 혁신을 지원한 결과 민간 부문에서 막대한 이익이 발생했다면, 그 과실의 일부는 반드시 위험을 부담했던 사회 전체에 환원되어야 한다는 것이다. 이를 위한 구체적인 방안으로 마추카토는 다양한 가능성을 제시한다. 예를 들어, 국가가 혁신 기업에 자금을 지원할 때 단순한 보조금이나 융자 대신 지분equity을 확보하는 방식, 공공 연구 결과물에 대한 특허 라이선스 계약 시 로열티 수입 확보 또는 공익적 조건(예: 의약품 가격 통제 조건) 부과, 정부 지원을 받은 기업에 대해 이익의 일정 부분을 연구 개발이나 국내 고용에 재투자하도록 의무화하는 규정 등을 고려할 수 있다. 중요한 것은 위험과 보상 사이의 균형을 회복함으로써 공공 투자의 지속 가능성과 사회적 정당성을 확보하는 것이다.

마리아나 마추카토의 '기업가형 국가'론은 혁신의 역사를 재해석하고 국가의 역할을 재정의함으로써, 혁신 정책과 경제 발전에 대한 기존의 통념에 강력한 도전장을 던졌다. 그는 국가가 과거에도 그랬고 미래에도 그래야만 하듯이, 경제 성장의 핵심 동력이자 사회 문제 해결의 주체로서 대담하고 창의적인 역할을 수행해야 한다고 역설한다. 그의 주장은 혁신 생태계에서 공공 부문과 민간 부문의 바람직한 관계 설정, 그리고 국가 투자의 위험과 보상을 어떻게 공정하게 나눌 것인가에 대한 중요한 논의를 촉발한다.

🖋 주요 저술

- **기업가형 국가**(The Entrepreneurial State, 2013/김광래, 2015) | 전통 경제학에서는 혁신이 시장과 기업의 창조적 경쟁에서 나온다고 보았는데, 실상은 국가가 먼저 위험을 감수하고 선도적 투자를 한 결과 기업들이 그 기술을 활용한 것이라고 주장한다.
- **가치의 모든 것**(The Value of Everything, 2018/안진환, 2020) | 자유주의 경제학은 '시장이 창출하는 것'만을 가치로 인정해 왔지만, 정부, 공공기관, 과학 연구, 의료 서비스, 돌봄 노동 등의 공공 역할도 엄청난 가치를 창출함을 주장하고 있다.
- **사명경제**(Mission Economy, 2021) | 과거 미국의 '아폴로 프로젝트'처럼, 국가가 대담한 목표를 설정하고 기술 혁신을 주도해야 한다. 현대의 문제(기후 변화, AI, 헬스케어 혁신 등)도 시장에 맡길 것이 아니라, 국가가 비전을 제시하고 전략적으로 투자해야 한다.

PART 6

세계 :
어떻게 움직이는가?

우리는 국가 속에서 살아간다. 그리고 국가의 운명은 많은 경우 다른 국가에 의해 결정되기도 한다.
이 장에서는 한스 모겐소(1904~1980)의 '현실주의 국제정치학', 이매뉴얼 월러스틴(1930~2019)의 '세계 체제론', 새뮤얼 헌팅턴(1927~2008)의 '문명의 충돌', 안토니오 네그리(1933~) & 마이클 하트(1960~)의 '제국'과 '공통체', 조지프 스티글리츠(1943~)의 '공정한 세계화' 등의 개념을 통해 국제 질서에 대한 인류의 다양한 사고들과 주장들을 살펴본다.

26 | 모겐소 1904~1980
국제 관계에서 국가는 어떻게 행동해야 하는가?

"인간의 본성은 근본적으로 권력을 추구하며, 이러한 본성이 국가의 행동에도 반영된다. 따라서 국제 질서는 협력이 아닌 권력의 균형 속에서 유지될 수밖에 없으며, 국가들은 스스로의 생존과 이익을 위해 힘의 논리를 따를 수밖에 없다."

―『국제정치 이론』, 1948

한스 모겐소(Hans J. Morgenthau, 1904~1980)는 20세기 국제정치학에서 고전적 현실주의Classical Realism를 대표하는 학자이다. 그의 저작, 특히 『국제정치 이론(1948)』은 국제관계를 '권력power'을 중심으로 분석하는 틀을 제시하였으며, 이후 현실주의 국제정치 이론 발전에 지대한 영향을 미쳤다.

그는 국제 관계를 이상주의적 낙관으로 포장하지 않았다. 오히려 그는 무정부적 상태에 놓인 세계를 정면으로 응시하며, 국가란 생존과 번영을 위해 권력을 쟁취하고 유지해야 하는 존재라고 주장했다. 국제 정치는 도덕적 미사여구로 꾸며질 수 있지만, 그 본질은 '권력 투쟁'이다.

국제정치론에서의 권력: 그 본질과 유형

"인간이 인간을 지배하는 것이 정치의 본질이다" – 모겐소 현실주의의 출발점은 인간 본성에 대한 이해이다. 그는 인간이 본성적으로 권력을 추구하는 존재animus dominandi라고 보았다. 이러한 인간 본성은 국가 단위에서도 그대로 투영되어, 국제정치는 본질적으로 '권력을 위한 투쟁struggle for power'이 된다. 모겐소에게 국가의 가장 중요한 목표는 '국익national interest'이며, 이 국익은 궁극적으로 '권력의 관점에서 정의'되어야 한다. 즉, 국가의 생존을 보장하고 영향력을 확대하는 것이 핵심적인 국익이며, 이를 달성하기 위한 수단이자 목표가 바로 권력이다.

"정치 권력은 그것을 행사하는 자와 그것을 당하는 자 사이의 심리적 관계다" – 모겐소에게 권력은 단순히 군사력이나 경제력과 같은 물질적 자원의 총합이 아니다. 그는 권력을 근본적으로 '인간이 다른 인간의 마음과 행동에 대해 행사하는 통제력', 즉 '심리적 관계psychological relationship'로 정의하였다. A가 B로 하여금 B가 원래는 하지 않았을 어떤 행동을 하도록 만드는 능력이 바로 권력이다. 이러한 권력은 고립되어 존재하는 것이 아니라 항상 다른 행위자와의 관계 속에서만 의미를 가진다. 또한 권력은 고정된 실체가 아니라 끊임없이 변동하며, 획득하고 유지하기 위한 노력이 지속적으로 요구된다. 모겐소는 인간 본성에 내재한 '지배욕animus dominandi' 때문에 권력은 생존이나 안보와 같은 다른 목표를 달성하기 위한 수단일 뿐만 아니라, 그 자체가 추구되는 목적이 되기도 한다고 보았다. 국제정치에서 다루는 핵심은 이러한 '정치 권력political power'이며, 군사력, 경제력, 기술력 등은 정치 권력을 구성하거나 뒷받침하는 요소 혹은 도구가 된다.

비록 권력의 본질이 심리적 관계에 있지만, 그 관계를 형성하고 유지하는 능력은 다양한 객관적, 주관적 요소들에 의해 뒷받침된다. 모겐소는 국가의 권력, 즉 국력을 구성하는 주요 요소들을 제시하였다. 여기에는 지리적 위치, 천연자원, 산업 능력, 군사적 준비태세, 인구, 국민성, 국민적 사기, 외교의 질, 정부의 질 등이 포함된다. 그러나 이러한 요소들은 권력의 '잠재적 원료'일 뿐, 그 자체로 권력은 아니다. 이러한 요소들이 얼마나 효과적으로 국가 목표를 위해 동원되고, 다른 국가와의 관계 속에서 어떻게 활용되는지에 따라 실제 발휘되는 정치 권력의 크기는 달라진다. 특히 외교의 질은 이러한 요소들을 정치적 영향력으로 전환하는 데 결정적인 역할을 한다.

모겐소는 국가들이 국제 무대에서 추구하는 권력 정책을 크게 세 가지 유형으로 분류하였다.

첫 번째는 '권력 유지 정책policy of keeping power', 즉 '현상 유지 정책status quo policy'이다. 이는 현재의 권력 배분 상태를 그대로 유지하려는 목표를 가진다. 일반적으로 현 상태에서 만족을 느끼거나 이익을 얻고 있는 강대국 또는 기존 질서의 수혜자들이 이러한 정책을 추구한다. 현존하는 동맹 관계를 강화하고, 국경선을 방어하며, 기존의 국제법이나 규범을 강조하는 행위 등이 이 정책의 예이다.

두 번째 유형은 '권력 증강 정책policy of increasing power'이다. 현재의 권력 상태를 타파하고 기존보다 더 많은 권력을 획득하려는 모든 시도를 포괄한다. 이 정책을 추구하는 국가는 현상 유지를 목표로 하는 국가와 필연적으로 충돌하게 된다. 영토 확장, 세력권 재편 시도, 기존 강대국에 대한 도전 행위 등이 대표적 사례이다. 이는 현상 변경을 통해 국제 질서 내에서 자국의 지위를 근본적으로 격상시키려는 시도이다.

세 번째 유형은 '권력 과시 정책policy of demonstrating power', 즉 '위신 정책policy of prestige'이다. 이 정책의 목표는 국가가 보유하고 있거나 보유하고 있다고 믿는 권력을 다른 국가들에게 보여줌으로써 그들의 인식에 영향을 미치는 것이다. 위신 정책은 그 자체로 독립적인 목표라기보다는, 권력 유지 정책이나 권력 증강 정책을 뒷받침하는 수단이다. 군사 퍼레이드, 외교 의전 강조,

대규모 국제 행사 유치, 문화적 성취의 정치적 활용 등은 자국의 힘을 과시하여 국제 사회에서 명성을 높이고, 실제 힘의 사용 없이도 원하는 결과를 얻으려는 위신 정책의 표현이다.

상대적 이익의 중요성과 동맹의 본질

"국가는 내가 얼마나 강한가를 묻는 것이 아니라, 다른 국가는 얼마나 강한가도 물어야 한다" – 모겐소는 국제체제가 국내 정치와 달리 중앙 정부나 상위 권위체가 존재하지 않는 '무정부 상태 anarchy'에 놓여 있다고 진단하였다. 이러한 무정부 상태 하에서 각 국가는 자신의 생존과 안전을 스스로 책임져야 하는 '자조 self-help' 시스템에 처하게 된다. 이는 국가들이 타국의 의도나 행동에 대해 항상 경계하고 불신하게 만드는 요인이다. 중요한 것은 권력의 속성상 그것이 절대적인 양보다는 상대적인 비교 속에서 의미를 가진다는 점이다. 따라서 무정부 상태에서 국가들은 자신의 절대적인 권력 수준 못지않게, 혹은 그 이상으로 다른 국가들과의 권력 격차, 즉 상대적인 힘의 우위에 민감할 수밖에 없다.

"한 국가는 그것이 경쟁국에게 더 큰 이익을 의미한다면, 이익 자체를 거부할 수도 있다" – 모겐소의 틀 안에서 국가가 절대적 이익보다 상대적 이익을 우선시하는 것은 합리적인 선택이다. 왜냐하면 국제정치가 본질적으로 권력 투쟁의 장이라면, 협력이나 교류를 통해 얻는 이익이 상대방에게 더 크게 돌아가는 상황은 결국 미래에 자신의 안보를 위협하는 결과를 초래할 수 있기 때문이다. 예를 들어, 두 국가가 경제 협력을 통해 양측 모두 이익(절대적 이익)을 얻더라도, 만약 한 국가가 다른 국가보다 월등히 더 큰 이익(상대적 이익)을 얻는다면, 그 추가적인 이익은 군사력 증강 등으로 전환되어 미래의 권력 균형을 자신에게 유리하게 바꿀 잠재력을 가진다. 이는 안보 딜레마security dilemma를 심화시키는 결과를 낳는다. 즉, 내가 얻는 이익보다 경쟁자가 얻는 이익이 더 클 경우, 그 협력은 장기적으로 나의 생존에 위협이 될 수 있으므로, 국가는 단기적인 절대적 이익을 포기하더라도 상대적 손실을 막으려 한다. 자유주의나 구성주의 이론들이 국제 제도나 규범, 상호 정체성 등을 통해 절대적 이익을 추구하는 협력이 가능하다고 보는 것과는 대조적인 시각이다.

"모든 동맹은 일시적인 이해관계의 일치에 근거한 임시적 합의에 불과하다" – 모겐소는 무정부 상태 하에서 국가 간의 항구적이고 진정한 협력은 매우 어렵다고 보았다. 동맹이나 국제 협력은 공동의 위협이나 일시적인 이해관계의 일치에 따라 형성되는 잠정적이고 도구적인 성격을 띤다. 권력 관계의 변화나 국익의 재정의에 따라 협력은 언제든지 와해될 수 있다.

모겐소는 이러한 동맹 관계의 특성을 국제정치의 구조적 법칙으로 보았다. 국가는 언제나 자기 자신의 생존과 권력 극대화라는 '국익national interest'을 기준으로 행동하며, 이익이 더 이상 공유되지 않거나 충돌하게 되면 동맹도 더 이상 유지될 이유가 없다는 것이다. 이 관점에서 동맹은 결코 고정된 가치공동체가 아니며, 변화하는 현실의 수단에 불과하다.

21세기 현재, 자유주의적 국제질서의 틀 안에서 구성된 여러 동맹체, 예컨대 NATO, 미일안보동맹, 한미동맹 등은 여전히 유효한 듯 보인다. 그러나 미중 패권경쟁이 심화되고, 러시아-우크라이나 전쟁이 유럽 안보 질서를 뒤흔들며, 중국-러시아 간의 전략적 연대가 부상하는 가운데, 이 동맹들의 결속도 끊임없이 '이해관계의 재조정'이라는 시험대에 놓이고 있다. 예컨대 미국은 '가치 중심 동맹'을 외치지만, 때로는 국익 앞에서 인권이나 민주주의 가치를 유보하거나 선택적으로 적용한다. 동맹국들 역시 미국과의 관계를 절대적인 신뢰보다는 전략적 필요의 관점에서 평가하기 시작했다. 이는 바로 모겐소가 지적한 바, 국가 간의 우정이나 약속은 언제든지 현실적 필요 앞에서 재편될 수 있는 것임을 보여준다.

한스 모겐소는 고전적 현실주의의 창시자로서 국제정치를 권력power이라는 핵심 변수를 통해 분석하는 강력하고 일관된 이론 체계를 제시하였다. 그는 인간 본성에 내재한 권력욕과 국제체제의 무정부 상태라는 두 기둥 위에 서서, 국가 행위의 본질을 권력의 획득, 유지, 과시를 위한 끊임없는 투쟁으로 파악하였다.

모겐소의 이론은 국제정치를 이상적인 상태가 아닌 있는 그대로의 현실, 즉 권력을 둘러싼 냉혹한 투쟁의 장으로 직시할 것을 요구한다. 그의 현실주의적 관점은 시대적 변화와 새로운 이론의 등장에도 불구하고, 국제정치의 본질을 이해하고 현실적인 외교 정책을 모색하는 데 있어 여전히 중요한 지적 자산으로 남아있다.

주요 저술

- **과학적 인간과 권력 정치**(Scientific Man vs. Power Politics, 1940/김태현, 2010) | 자유주의 사상과 과학주의 사회과학에 대한 비판을 담고 있으며, 국제 정치 현실주의 이론의 기초를 다지는 데 중요한 역할을 했다.
- **국가간의 정치**(Politics Among Nations, 1948/이호재, 엄태암, 2014) | 국제 정치에서 권력과 국가 이익의 중심적 역할을 강조하며, 현실주의의 핵심 개념을 정립하였다.
- **국제 정치 이론**(Theory of International Politics, 1948/이호재, 2000) | 국제 관계의 기본 원리와 권력의 역할을 체계적으로 설명한다.

27 | 월러스틴 1930~2019
중심-주변은 구조인가?

"자본주의 세계경제는 중심, 반주변, 주변으로 구성되며, 부유한 중심 국가들은 주변 국가들의 노동과 자원을 착취하며 이익을 축적한다. 이러한 구조는 단순한 국가 간 경쟁이 아니라, 세계경제의 본질적인 특성이다. 따라서 빈곤과 불평등은 개별 국가의 문제가 아니라, 자본주의적 세계체제가 지속적으로 생산하는 구조적 문제이다."

— 『근대 세계체제』, 1974

현대 사회과학에서 거시적 분석의 지평을 넓힌 임마뉴엘 월러스틴(Immanuel Wallerstein, 1930~2019)은 '세계체제론 World-Systems Theory'이라는 독창적이고 영향력 있는 이론 체계를 구축하였다. 이 이론은 근대 세계를 이해하는 전통적인 방식, 즉 개별 국가를 주된 분석 단위로 삼는 관점에서 벗어나, 16세기 이래 형성되고 확장되어 온 거대하고 통합된 시스템, 바로 '자본주의적 세계-경제 capitalist world-economy' 자체를 분석의 대상으로 삼는다.

월러스틴은 이 '근대 세계체제'라는 틀을 통해 자본주의의 장기적 역사, 전 지구적 불평등 구조의 기원과 지속, 그리고 거대한 사회 변동의 동학을 총체적으로 설명하고자 하였다. 그는 세계를 '중심 Core', '반주변 Semi-Periphery', '주변 Periphery'이라는 세 가지 주요 구역으로 나누어 분석하고, 이러한 구분이 어떻게 형성되고 유지되는지를 탐구했다.

세계체제론의 학문적 배경

월러스틴에게 가장 직접적이고 심대한 영향을 미친 것은 프랑스 아날 학파Annales School, 특히 페르낭 브로델(Fernand Braudel, 1903~1985)의 사상이다. 페르낭 브로델은 역사를 '단기적 사건événement', '중기적 국면conjuncture', 그리고 '장기지속longue durée'의 세 시간 단위로 구분하였다. '장기지속'은 지리, 기본 경제 구조 등 수 세기에 걸쳐 매우 느리게 변하며 역사의 근본 틀을 이루는 구조이다. 브로델은 역사적 사건과 국면이 이 '장기지속' 구조 위에서 전개된다고 보았다. 월러스틴은 브로델의 개념을 수용하여, 16세기경 출현한 '근대 세계체제(자본주의 세계-경제)' 자체를 장기지속의 시간 단위에서 작동하는 하나의 거대한 역사적 구조물로 간주하였다. 이 세계체제는 핵심부-주변부 위계와 끝없는 자본 축적을 특징으로 하며, 수많은 단기적 사건과 중기적 변동에도 불구하고 기본적인 구조를 유지하며 장기간 지속되어 왔다.

세계체제론은 마르크스주의 전통과도 깊은 관련을 맺는다. 월러스틴은 자본주의를 역사적 시스템으로 파악하고, 그 핵심 동력을 '끝없는 자본 축적' 과정으로 보는 마르크스의 통찰을 수용하였다. 또한, 계급투쟁(비록 월러스틴은 이를 더 넓은 범주의 반체제 운동으로 확장하지만), 착취 관계, 체제 내적 모순과 위기, 그리고 궁극적인 체제 변동 가능성 등 마르크스주의의 핵심 개념들을 자신의 이론 틀 안에 통합하였다. 그러나 월러스틴은 전통적인 마르크스주의의 국가 중심적 분석이나 경제 결정론적 경향과는 거리를 두며, 세계체제라는 더 큰 분석 단위와 정치·문화적 요인의 중요성을 강조하였다. 그는 마르크스주의를 비판적으로 계승하고 확장하였다고 평가된다.

라틴 아메리카를 중심으로 발전한 종속 이론Dependency Theory 역시 세계체제론의 형성에 중요한 기여를 하였다. 안드레 군더 프랑크(Andre Gunder Frank, 1929~2005) 등 종속 이론가들은 기존의 근대화 이론을 비판하며, 제3세계(주변부)의 저발전이 선진국(핵심부)과의 불평등한 관계 속에서 구조적으로 생산되는 것임을 주장하였다. 특히 '핵심부-주변부 core-periphery'라는 개념과 두 지역 간의 불평등 교환 및 잉여 이전 메커니즘은 월러스틴이 세계체제의 공간적 위계 구조를 설명하는 데 직접적인 영향을 주었다. 월러스틴은 종속 이론의 통찰을 받아들여 이를 더 체계적이고 역사적인 전 지구적 시스템 분석으로 발전시켰다.

이 외에도 칼 폴라니(1886~1964)의 시장 자본주의 비판과 경제의 사회적 '배태성 embeddedness' 개념, 프란츠 파농(Frantz Fanon, 1925~1961)의 식민주의 비판과 인종주의 분석 등도 월러스틴의 사유에 영향을 미쳤다. 후기에는 일리야 프리고진(Ilya Prigogine, 1917~2003)의 '복잡계 이론 complexity theory'을 수용하여 세계체제의 위기와 전환 과정을 설명하는 데 활용하기도 하였다.

세계 체제: 중심-주변 구조

"하나의 세계체제만 존재한다. 그것은 자본주의적 세계경제이다" - 월러스틴에게 '세계체제'란 광범위한 지리적 영역 내에서 필수적인 재화, 자본, 노동의 흐름을 포괄하는 분업 구조를 갖춘 하나의 통합된 사회 시스템을 의미한다. 그는 역사적으로 두 가지 주요 유형의 세계체제가 존재하였다고 보았다. 하나는 로마 제국이나 중국 제국처럼 단일한 정치 권력이 광대한 영역을 지배하고 조공이나 세금을 통해 잉여를 착취하는 '세계-제국 world-empire'이다. 다른 하나는 다수의 정치 단위(국가)가 공존하지만, 단일한 분업 구조와 시장 교환을 통해 경제적으로 통합된 '세계-경제world-economy'이다. 월러스틴의 주된 분석 대상은 바로 16세기경 유럽에서 출현하여 점차 전 지구적으로 확장된 '근대 세계체제'이며, 이는 자본주의적 '세계-경제'의 형태를 띤다.

"분업 체계는 세계경제의 결정적 구조다" – 자본주의적 세계-경제를 조직하는 핵심 원리는 '중심축 분업axial division of labor'이다. 이는 생산 과정이 지리적으로 분화되어, 각기 다른 지역이 체제 내에서 상이한 경제적 역할과 기능을 수행하는 것을 의미한다. 중심축 분업은 필연적으로 공간적 위계 구조를 만들어낸다. 월러스틴은 세계체제를 '핵심부core', '주변부periphery', 그리고 '반주변부semi-periphery'라는 세 가지 구조적 위치로 구분하였다. '핵심부'는 고도의 기술, 자본 집약적 생산(고수익 상품)이 이루어지며, 강력한 국가 기구를 통해 체제 전체의 잉여를 흡수하는 지배적인 지역이다(북서 유럽, 현대의 북미, 서유럽, 일본 등). '주변부'는 저기술, 노동 집약적 생산에 종사하며, 약한 국가 기구와 강제적 노동 형태가 특징이고, 핵심부에 의해 잉여를 착취당하는 종속적인 지역이다(동유럽, 라틴 아메리카, 아프리카 및 아시아 일부 지역). '반주변부'는 핵심부와 주변부의 특징을 동시에 가지며, 핵심부에 의해 착취당하는 동시에 주변부를 착취하는 중간적 위치이다. 정치적으로는 완충 역할을 하기도 하며, 핵심부로의 상승 또는 주변부로의 하강 가능성이 존재한다(역사적으로 포르투갈/스페인, 현대의 브라질, 인도, 남아프리카 공화국, 한국 등). 이 세 지역 간의 불평등한 교환 관계와 잉여 가치의 이전이 세계체제의 핵심적인 동학이다.

세계체제는 정체된 구조가 아니라 끊임없이 운동한다. 여기에는 콘트라티예프 파동과 같은 경제적 팽창과 수축의 '주기적 순환cyclical rhythms'과 상품화, 프롤레타리아화, 기계화 등 장기적인 '추세'가 포함된다. 또한, 세계

체제는 끝없는 자본 축적의 요구와 사회적 재생산의 필요성 사이의 갈등과 같은 내적 '모순contradictions'을 내포한다. 월러스틴은 이러한 모순들이 누적되어 결국 세계체제 전체가 더 이상 기존 방식으로 작동하기 어려운 '구조적 위기structural crisis'에 직면하게 되며, 이는 새로운 역사적 시스템으로의 이행 가능성을 연다고 보았다. 그는 현대 세계체제가 20세기 후반부터 이러한 구조적 위기 국면에 진입하였다고 진단하였다.

세계체제론에서의 변화 전망

"우리는 세계체제의 구조적 위기, 즉 여러 가능한 미래가 열린 분기점에 살고 있다" – 월러스틴의 세계체제론은 단지 근대 세계체제의 구조와 역사를 분석하는 데 그치지 않는다. 그는 모든 역사적 시스템은 시작과 끝을 가지며, 16세기경 출현한 자본주의적 세계체제 역시 영원할 수 없다고 주장하였다. 월러스틴은 이 근대 세계체제가 현재 심각한 '구조적 위기structural crisis'에 직면해 있으며, 새로운 역사적 시스템으로의 '이행기age of transition'에 진입하였다고 진단하였다.

"자본주의적 축적은 끝없는 확장을 요구하지만, 그 확장의 조건들은 지금 무너지고 있다" – 월러스틴에 따르면, 자본주의 세계체제의 위기는 외부적 충격보다는 시스템 자체의 내적 동력과 모순에서 비롯된다. 그는 체제의 핵심 동력인 '끝없는 자본 축적'을 가능하게 했던 조건들이 장기적인 '추세' 속에서 점차 약화되고 있다고 분석하였다. 주요 추세는 다음과 같다. 첫번째는 임금 상승 압력이다. 자본주의는 장기간에 걸쳐 노동력을 상품화(프롤레타리아화)시키지만, 이는 동시에 전 세계적으로 노동자들의 조직화와 임금 상승 요구를 불러온다. 농촌 지역 등 비임금 노동력 공급원이 고갈

되면서 생산 비용 중 인건비 비중이 구조적으로 상승한다.

다음으로 외부 비용의 내부화 압력이다. 자본가들은 생산 과정에서 발생하는 환경 오염이나 자원 고갈과 같은 비용을 사회 전체에 '외부화'함으로써 이윤을 극대화해왔다. 그러나 생태 위기의 심화와 환경 규제 강화 요구는 이러한 비용을 다시 기업이 부담하도록(내부화) 압박하여 이윤율을 저하시킨다.

다음으로 국가 비용 증가 압력이다. 민주화 요구의 확산과 사회적 요구 증대는 국가로 하여금 복지, 교육, 사회 기반 시설 등에 대한 지출을 늘리도록 한다. 이는 자본에 대한 부담 증가로 이어져 자본 축적을 제약한다.

월러스틴은 이러한 장기적 추세들이 임계점에 도달하면서, 근대 세계체제가 1970년대 무렵부터 단순한 경기 순환적 침체가 아닌 '구조적 위기' 국면에 진입하였다고 주장하였다. 구조적 위기란 기존의 방식으로 체제가 더 이상 안정적으로 재생산되기 어려운 상태, 즉 시스템의 기본 작동 원리가 한계에 부딪힌 상황을 의미한다. 이 위기 국면은 체제의 즉각적인 붕괴를 의미하는 것이 아니라, 오히려 극심한 혼란과 불안정성, 예측 불가능성이 증대되는 '이행기'이다. 월러스틴은 프리고진의 복잡계 이론을 원용하여, 이 시기를 시스템이 '분기점 bifurcation'에 도달한 상태로 묘사하였다. 분기점에서는 사소한 요동이나 개입이 예측 불가능한 큰 결과로 이어질 수 있으며, 시스템은 여러 가능한 미래 경로 중 하나로 나아가게 된다.

"결과는 보장되지 않는다. 더 위계적일 것인가, 더 민주적일 것인가는 투쟁을 통해 결정된다" – 중요한 점은 이행기의 결과, 즉 자본주의 세계체제 이후에 등장할 후계 시스템이 미리 결정되어 있지 않다는 것이다. 월러스틴은 이 시기를 새로운 세계 질서의 형태를 둘러싼 치열한 사회적, 정치적 투쟁의 시기로 보았다. 그는 크게 두 가지 상반된 가능성을 제시하였다. 하나는 현재보다 더 위계적이고 억압적이며 불평등한, 그러나 비(非)자본주의적인 새로운 착취 시스템의 등장이다. 다른 하나는 상대적으로 더 민주적이고 평등한 새로운 세계 시스템의 출현이다. 어떤 미래가 현실화될지는 이 이행기 동안 다양한 사회 세력들이 벌이는 투쟁의 결과에 달려있다. 월러스틴은 미래가 근본적으로 '불확실하다'고 강조하였다.

"반체제 운동은 자본주의의 논리를 안팎에서 동시에 도전한다" – 이러한 불확실성과 투쟁의 국면에서 월러스틴은 '반체제 운동anti-systemic movements'의 역할을 중요하게 보았다. 과거 세계체제 내에서 자본주의의 논리에 도전해 온 사회주의, 민족 해방, 여성, 환경, 소수자 운동 등 다양한 형태의 저항 운동들이 이 이행기에는 시스템의 미래 경로를 결정하는 데 중요한 영향을 미칠 수 있다는 것이다. 분기점에서는 비교적 작은 힘의 개입도 시스템 전체의 방향을 바꿀 잠재력을 가지기 때문이다. 따라서 그는 의식적인 정치적 선택과 실천, 즉 인간의 '행위agency'가 미래를 만드는 데 결정적인 요소라고 역설하였다.

월러스틴 이론의 핵심은 단순히 과거와 현재를 분석하는 데 그치지 않고, 체제 내재적인 장기적 추세와 모순이 결국 구조적 위기를 야기하며, 우리 시대가 불확실성과 투쟁으로 특징지어지는 '이행기'에 처해있다는 진단에 있다. 그는 자본주의 이후의 미래가 예정된 것이 아니라, 더 평등하고 민주적인 세계를 향한 노력과 투쟁을 통해 만들어가야 할 과제임을 역설하였다. 특히 분기점에서 반체제 운동을 포함한 인간 행위의 중요성을 강조함으로써, 구조 속에서의 실천 가능성을 열어두었다.

현대 세계는 월러스틴이 말한 '자본주의 세계체제의 구조적 위기'에 정확히 부합하는 이행기의 심화 국면에 있다. 트럼프(1946~)의 등장은 미국 패권의 균열과 내부적 분열을 상징하며, 브릭스의 대안 질서 모색, 중국과 러시아의 탈서방 전략, 북한의 핵무장 등은 중심부-주변부 구도를 흔드는 지정학적 재편의 징후다. 세계 곳곳에서의 전쟁과 충돌은 기존 체제의 통합력이 약화되고 있다는 증거이며, 이는 탈세계화·국가주의의 부상과 결합되어 세계체제의 재조정 압력을 높인다. 월러스틴의 이론에 따르면, 이러한 혼란은 단순한 후퇴가 아니라 새로운 질서로의 이행을 둘러싼 역사적 투쟁의 장이다. 현재는 몰락하는 체제와 떠오르는 대안들 사이의 격렬한 경합이 벌어지는 문턱의 시대라 할 수 있다. 이런 관점에서 볼 때 그의 이론은 자본주의 세계체제의 작동 방식과 그 한계를 냉철하게 분석하면서도, 더 나은 세계를 향한 변화의 가능성을 탐색하게 해주는 강력한 지적 도구로 여전히 작동하고 있다.

주요 저술

- **근대 세계체제I-IV**(The Modern World-System I-IV, 1974, 1980, 1989, 2011/박구병, 2017) | 가장 대표적인 저서이자 세계체제 이론의 기초를 정립한 작품. 세계 자본주의 체제 내에서 중심과 주변 구조의 형성과 작동 방식을 분석한다.
- **역사적 자본주의**(Historical Capitalism, 1983/나종일 외, 2014) | 자본주의의 본질과 역사적 발전을 분석. 자본주의를 단순한 경제 체제가 아닌, 전 세계를 아우르는 역사적 시스템으로 정의하고, 그 작동 방식과 변천 과정을 심층적으로 다뤘다.
- **문명 변환의 정치**(The Politics of World-Economy: The States, the Movements and the Civilizations, 1984/권기붕, 2014) | 세계경제의 정치적 측면을 분석한 저서로, 국가, 사회운동, 문명 간의 관계를 논의함. 세계체제 이론의 틀을 바탕으로 국제정치와 경제 변화가 어떻게 상호작용하는지 설명하고, 근대 세계체제의 전환 과정에서 국가와 시민사회가 맡는 역할을 분석한다.

28 | 헌팅턴 1927~2008
문명의 충돌은 피할 수 있는가?

"문명 간의 충돌이 국제 정치의 중심 단계에서 일어날 것이다. 국가들은 이제 문화적 친화성을 기준으로 연합하거나 대립할 것이다. 주요한 국제적 갈등은 국가들 사이가 아니라 서로 다른 문명에 속한 집단과 국가들 사이에서 발생할 것이다."

— 『문명충돌론』, 1996

새뮤얼 헌팅턴(Samuel P. Huntington, 1927~2008)은 『문명의 충돌』을 통해 국제 질서를 바라보는 새로운 관점을 제시했다. 그는 기존의 국제 관계 이론들이 주로 국가와 경제적 요인에 초점을 맞춘 데 반해, 문화적·문명적 차이가 국제 정치에서 가장 중요한 변수가 될 것이라고 보았다.

문명의 충돌

"인간을 다른 종種과 구별하는 것을 제외하면 인간이 가진 가장 광범위한 수준의 정체성이자 부족의 가장 큰 단위는 문명이다"— 헌팅턴에게 문명 civilization이란 개인이 가질 수 있는 가장 포괄적인 수준의 정체성 단위, 즉 언어, 역사, 종교, 관습, 제도 등 객관적 요소를 공유하고 주관적으로 강한 동질감을 느끼는 부족의 가장 큰 단위였다. 그는 이러한 기준에 따라 현대 세계를 서구Western, 중화Sinic, 일본Japanese, 이슬람Islamic, 힌두Hindu, 슬라브-정교Slavic-Orthodox, 라틴 아메리카Latin American, 그리고 잠재적으로 아프리카African 문명권 등 대략 8개의 주요 문명으로 구분하였다. 그는 이러한 문명적 정체성이 민족 국가적 정체성보다 더 근본적이고 지속적일 수 있다고 보았다. 다만 헌팅턴은 한국의 경우 역사적으로 중화문명의 일부였지만, 현재는 서구 문명과의 깊은 통합으로 인해 문명적 정체성의 혼란을 겪고 있는 곳으로 보아, 이런 나라들을 문명 간 경계선에 위치한 '전선 국가torn country'로 간주하기도 했다. 대표적으로 한국을 포함해서 터키(서구 VS 이슬람), 러시아(서구 VS 슬라브 - 정교), 멕시코(서구 VS 라틴 아메리카) 등이 문화적 경계선에 있는 전선 국가에 해당한다.

"문명 간의 단층선이 미래의 전선戰線이 될 것이다" – 헌팅턴은 문명 개념을 바탕으로 탈냉전 시대 국제 정치의 향방에 대한 자신의 핵심 명제를 제시하였다. 그것은 바로 미래 세계에서 발생하는 주요 분쟁의 근본 원인이 더 이상 이념이나 경제적 이해관계가 아니라, 이러한 거대 문명들 간의 뿌리 깊은 문화적 차이와 상호 인식, 그리고 가치관의 대립이 될 것이라는 주장이다. 헌팅턴은 인류의 갈등 역사가 왕조 간의 전쟁, 민족국가 간의 전쟁, 그리고 이데올로기 간의 전쟁 단계를 거쳐, 이제는 문화적 정체성에 기반한 '문명 간의 충돌'이라는 새로운 국면에 진입하였다고 진단한 것이다.

문명 충돌 원인과 배경

"문명은 가장 넓은 범주의 문화적 실체이며, 인간의 정체성을 이해하는 데 가장 의미 있는 단위이다" – 새뮤얼 헌팅턴은 문명 간의 차이가 정치 이념이나 경제 체제의 차이를 넘어선, 훨씬 더 근본적이고 오래 지속되는 성격을 가진다고 보았다. 역사, 언어, 문화, 전통 등 다양한 요소가 문명을 구성하지만, 그중에서도 특히 종교는 세계관, 가치관, 삶의 방식 등 인간 존재의 핵심을 이루는 가장 심오하고 본질적인 차이를 만들어낸다.

이러한 근본적인 차이는 역설적이게도 세계화 시대에 더욱 부각된다. 교통과 통신의 발달, 경제적 상호 의존 심화, 인적 교류 확대 등은 서로 다른 문명에 속한 사람들 간의 접촉 빈도를 전례 없이 증가시켰다. 그러나 헌팅턴은 이러한 상호작용의 증대가 반드시 이해와 융합으로 이어지는 것이 아니라, 오히려 서로의 이질성을 더욱 선명하게 인식하게 만들고 자신들이 속한 문명에 대한 정체성, 즉 '문명 의식'을 강화시키는 결과를 낳는다고 진단하였다. 사람들은 우리는 누구인가라는 질문에 답하면서 자신과 다른 문명에 속한 '그들'과의 차이를 더욱 의식하게 된 것이다.

"당신은 반৷프랑스인이면서 반৷아랍인일 수 있고, 동시에 두 나라의 시민일 수도 있다. 그러나 반৷가톨릭 신자이면서 반৷무슬림이기는 더 어렵다" – 종교나 문화적 요인은 정치적·경제적 요인에 비해 본질적으로 타협하거나 변화하기 어렵다는 점도 충돌 가능성을 높인다. 정치적 이념이나 경제적 이해관계는 상황에 따라 조율되거나 절충될 수 있지만, 종교나 문화에 뿌리내린 정체성은 훨씬 더 비타협적이고 감정적인 성격을 띠기 쉽다.

더욱이 헌팅턴은 근대화 과정에서 나타나는 정체성의 원천 변화에도 주목하였다. 많은 사회에서 강력한 정체성의 기반이었던 민족국가의 역할과 영향력이 다양한 요인으로 인해 약화되는 경향을 보였다. 그는 이러한 정체성의 공백 상태에서, 혹은 근대화가 초래하는 소외감과 아노미 속에서 사람들이 전통적인 종교에 다시 의지하며 강력한 소속감과 삶의 의미를 찾으려 한다고 보았다. 이는 세속화가 역사의 필연적인 방향이라는 기존의 통념과는 달리, 세계가 오히려 '비세속화unsecularization'되는 경향을 보인다는 그의 주장으로 이어진다.

경제적 지역주의의 심화 현상 역시 문명 간의 구분을 강화하는 요인으로 작용할 수 있다. 유럽연합EU, 북미자유무역협정NAFTA, 동남아시아국가연합ASEAN 등 지역 경제 블록들은 때때로 특정 문명권의 지리적 범위와 유사하게 형성되는 경향을 보인다. 이는 경제적 상호작용을 통해 역내 국가들의 동질성을 강화하는 동시에, 다른 경제 블록 및 문명권과의 차이를 부각시키고 잠재적인 경쟁 관계를 형성할 수 있다.

"서구가 개인주의, 자유주의, 인권 등의 가치를 확산하려는 시도는 다른 문명권에선 서구의 문화 제국주의로 간주된다" – 냉전 종식 이후 유일 초강대국으로 부상한 서구 문명은 자신들의 가치(민주주의, 개인주의, 자유 시장, 인권 등)가 보편적이라고 여기며 이를 전 세계에 적극적으로 확산시키려 하였다. 그러나 이러한 시도는 다른 문명권, 특히 자신들의 고유한 역사적 전통과 가치 체계에 대한 자부심이 강하고 경제적, 군사적으로 새롭게 부상하고 있는 비서구 문명들(헌팅턴은 특히 이슬람 문명권과 중화 문명권을 주목하였다)의 강력한 반발을 불러일으켰다. 이들 문명권은 서구의 가치 공세를 문화적 제국주의로 인식하고 이에 저항하며, 자신들의 문명적 정체성에 기반한 대안적 질서를 모색하고 영향력을 확대하려 한다. 이는 결국 '서구 대 나머지the West versus the Rest'라는 문명 간의 거시적인 경쟁 및 대결 구도를 형성한다.

대안적 사유와 공존의 길

헌팅턴은 '문명의 충돌'이라는 도발적인 진단을 내놓으면서, 인류가 문명 간의 파국적인 대결을 피하고 다원적인 세계 속에서 공존할 수 있는 길을 모색하였다. 그의 제안은 이상주의적인 세계 통합이나 문화적 융합을 추구하기보다는, 문명 간의 차이를 현실로 인정하고 그 속에서 갈등을 최소화하며 질서를 유지하려는 현실주의적 처방에 가깝다.

"보편 문명이란 개념 자체가 서구적 아이디어다" – 헌팅턴이 제시하는 모든 대안의 근본적인 출발점은 세계가 단일한 보편 문명이 아닌, 다수의 고유한 문명들로 구성되어 있으며 앞으로도 그러할 것이라는 현실을 인정하는 것이다. 특히 그는 서구 문명이 자신들의 가치(민주주의, 자유주의, 인권 등)를 보편적인 것으로 간주하고 다른 문명에 강요하려는 '보편주의적 오만universalist pretensions'이 문명 간 갈등을 부추기는 핵심 요인이라고 비판하였다. 따라서 평화로운 공존을 위한 첫걸음은 서구가 이러한 보편주의적 태도를 포기하고, 서구 문명이 보편적인 것이 아니라 '독특한unique' 것임을 자각하는 것이다. 다른 문명들의 고유한 가치와 발전 경로를 인정하고 존중하는 다원주의적 태도를 견지해야 한다는 주장이다.

"서구는 지금 권력의 정점에 있으나 정체성의 위기를 겪고 있다" – 헌팅턴은 특히 서구 문명이 다문명 세계에 적응하기 위해 취해야 할 태도에 대해 구체적으로 언급하였다. 보편주의 포기 외에도, 서구는 다른 문명들의 역사, 문화, 가치관을 깊이 있게 이해하려 노력해야 한다. 또한, 외부로의 팽창이나 개입보다는 서구 문명 자체의 내부적인 활력을 회복하고, 다문화주의 등으로 인해 약화될 수 있는 서구 고유의 문화적 정체성을 강화하며 내부적 결속을 다지는 데 집중해야 한다고 주장하였다. 이는 다가올 문명 간 경쟁 시대에 서구가 자신의 정체성을 유지하고 영향력을 보존하기 위한 전략적 고려이기도 하다.

헌팅턴은 또한 문명 간의 충돌, 특히 폭력적인 분쟁을 관리하기 위한 핵심국core states들의 행동 규범으로 '불개입 원칙Abstinence Rule'과 '공동 중재 원칙 Joint Mediation Rule'을 제시하였다.

불개입 원칙은 한 문명의 핵심 국가는 다른 문명권 내부에서 발생하는 분쟁에 개입해서는 안 된다는 원칙이다. 외부 문명의 개입은 종종 상황을 악화시키고 갈등을 장기화시키며, 해당 문명 내부의 자율적인 문제 해결 능력을 저해할 뿐이라는 인식이다. 각 문명권 내의 질서 유지는 기본적으로 해당 문명의 핵심 국가에게 맡겨야 한다는 것이다.

공동 중재 원칙은 만약 서로 다른 문명에 속한 국가나 집단 사이에 분쟁(단층선 분쟁)이 발생할 경우, 관련된 문명들의 핵심 국가들이 공동으로 나서서 중재하고 갈등을 억제해야 한다는 원칙이다. 이는 문명 간의 직접적인 충돌을 막고 지역적 분쟁이 세계적 차원으로 확산되는 것을 방지하기 위한 핵심국 간의 협력과 조정을 요구한다.

이 두 원칙은 본질적으로 각 문명의 영향권을 인정하고, 핵심국 간의 세력 균형과 협의를 통해 국제적 안정을 유지하려는 현실주의적 발상에 기반한다.

갈등 관리 원칙과 더불어, 헌팅턴은 장기적인 공존을 위해 문명 간의 '공통성 원칙 Comalities Rule'을 제안하였다. 이는 모든 문명에 속한 사람들이 다른 문명의 사람들과 공유하는 가치, 제도, 관행 등을 찾아내고 이를 확장하려는 노력이다. 비록 문명 간의 근본적인 차이가 중요하다고 강조했지만, 그는 동시에 모든 문명이 공유할 수 있는 최소한의 도덕률이나 공통의 인간적 가치가 존재할 수 있으며, 이를 기반으로 상호 이해와 협력의 가능성을 모색해야 한다고 보았다.

새뮤얼 헌팅턴의 '문명의 충돌' 이론은 냉전 종식 이후의 세계 질서를 '문명'이라는 렌즈를 통해 분석한 영향력 있고도 논쟁적인 시도였다. 그는 이념 대립이 사라진 자리에 역사, 종교, 문화 등 근본적인 차이에 기반한 문명

간의 갈등이 국제 정치의 핵심 동력으로 부상할 것이라고 예측하였다.

　이러한 진단 위에서, 헌팅턴은 파국적인 문명 간의 전쟁을 피하고 다원적인 세계 속에서 질서를 유지하기 위한 현실주의적인 처방을 제시하였다. 그의 제안의 핵심은 각 문명의 고유성을 인정하고 서구 중심의 보편주의적 시각을 포기하는 데 있었다.

　헌팅턴의 문명충돌론은 현실의 특정 단면을 설명하는 데 유용하다는 평가와 함께, 문명을 지나치게 단순화하고 갈등을 부추길 수 있다는 비판이 공존하였다. 분명한 점은 그의 이론이 탈냉전 시대 국제 관계에서 문화와 정체성이라는 변수의 중요성을 부각시키고, 세계 질서의 재편 방향에 대한 근본적인 질문을 던졌다는 것이다. 헌팅턴의 문명충돌론은 오늘날에도 여전히 세계 곳곳에서 벌어지는 갈등의 원인을 분석하고 문명 간의 관계를 성찰하는 데 있어 중요한, 그러나 비판적으로 검토되어야 할 지적 자원으로 남아있다.

✒ 주요 저술

- **제3의 물결**(The Third Wave, 1991/강문구, 이재영, 2011) | 민주주의의 세 가지 물결을 제시한다. 1차 물결 (1820s~1920s)은 미국, 프랑스 혁명 이후 민주주의 확산을, 2차 물결 (1945~1960s)은 제2차 세계대전 이후 민주주의 국가 증가 (독일, 일본, 이탈리아 등), 3차 물결 (1970s~1990s)은 라틴아메리카, 동유럽, 아시아의 민주화 운동 확산이다.

- **문명의 충돌**(The Clash of Civilizations and the Remaking of World Order, 1996/이희재, 2017) | 냉전 이후 세계 질서를 분석한 대표적인 국제정치 이론서. 이념(자본주의 vs. 공산주의)의 대립이 끝난 후, 이제 문명 간 충돌이 국제정치의 주요 동인이 될 것이라는 주장을 펼쳤다.

29 | 네그리 1933~ & 하트 1960~
제국과 다중의 싸움은?

"자본주의와 신자유주의에 의해 조직된 새로운 형태의 제국이 등장했다. 이 제국은 국가, 초국적 기업, 국제기구 등이 네트워크처럼 결합하여 작동하며, 전 지구적 차원에서 노동과 자원을 통제한다."
―『제국』, 2000

안토니오 네그리(Antonio Negri, 1933~)와 마이클 하트(Michael Hardt, 1960~)는 『제국(2000)』, 『다중(2004)』, 『공통체(2009)』로 이어지는 3부작을 통해 현대 자본주의를 비판하고 새로운 정치적 대안을 모색하고 있다.

네그리와 하트는 신자유주의와 세계화의 확산이 전통적 민족국가 체계를 약화시키고, 경제적·정치적 권력이 '초국적 네트워크'(다국적 기업, 국제기구 등)로 이동했다고 분석했다. 그들은 현대 세계를 더 이상 전통적 제국주의(19세기 유럽 열강의 식민지 체제)로 설명할 수 없으며, 초국적이고 분산된 권력 체제인 '제국Empire'에 주목해야 한다고 주장한다.

이들은 기존의 계급 투쟁이나 민족주의적 저항은 '제국'의 복잡하고 유동적인 권력 구조에 효과적으로 대응하지 못하였고, 못한다고 평가하면서 새로운 저항 전략으로 '공통체commonuealth'와 '다중multitude'을 제시한다.

제국

"제국은 탈중심화되고 탈영토화된 지배 장치로서, 전 지구를 점진적으로 통합하는 열린 확장형 권력 구조다" – 네그리와 하트는 저서 『제국(2000)』에서 전통적인 '주권 국가'를 중심으로 한 권력 개념을 넘어서는 새로운 세계 질서를 설명한다. 이들은 과거의 제국주의가 유럽 열강이나 특정 국가의 식민 지배를 의미했다면, 현대의 '제국'은 복수의 권력 주체들이 탈국가적 네트워크를 형성하여 작동한다고 본다. '제국'은 더 이상 특정 국가(예: 과거 영국이나 스페인 제국)의 주도 아래 이루어지는 지배 체제가 아니라, 다국적 기업과 글로벌 자본, 국제 기구, NGO, 심지어는 국가들까지 복합적으로 얽혀 있는 네트워크적 권력 구조다.

기존에는 국가가 주권과 영토를 기반으로 권력을 독점했으나, 지금은 여러 국제 기구·다국적 기업·NGO가 국제적 협약이나 규제를 통해 권력을 나누어 갖는다. 예를 들어, UN, WTO, G7 등은 글로벌 지배구조의 일부로 기능한다. 경제 영역에서도 다국적 기업들은 생산과 유통 과정을 세계 여러 지역에 분산시켜, 국가 간의 경계를 유연하게 이용한다. 이를 통해 이윤을 극대화하고, 자본의 논리가 전 지구적으로 확대된다. 문화 영역에서는 헐리우드 영화·OTT 플랫폼·SNS 등이 문화·사상·생활 양식을 급속도로 전 지구에 전파한다. 이를 통해 특정 문화적 가치관이나 라이프스타일이 우위를 차지하게 되며, 제국적 권력의 문화적 기반을 강화한다.

"권력은 특정한 장소에 있지 않다. 그것은 어디에나 있고 동시에 어디에도 없다" – 기술 발전에 따라 '제국'은 '디지털 제국'으로 진화된다. 디지털 기술의 발전은 네트워크 기반의 권력 구조를 한층 가속화한다. 과거의 권력 작동이 오프라인 공간(영토, 국경, 물리적 무역) 중심이었다면, 정보기술의 등장으로 이제는 디지털 공간에서의 데이터 흐름과 정보 통제 또한 중요한 권력 요소가 되었다. 구글, 메타(페이스북), 아마존, 애플 등과 같은 플랫폼 기업들은 전 지구적 사용자 기반을 바탕으로, 공공 영역을 능가하는 영향력을 행사한다. 디지털 권력은 빅데이터와 알고리즘, 인공지능 등을 활용해 개인들의 일상적 행동 패턴을 추적·분석하고, 특정 여론이나 소비 행동을 유도하거나 통제한다.

공동

"공동은 자연 자원뿐 아니라 우리가 만들어내는 언어, 사회적 관행, 그리고 감정들까지 포함한다" – 네그리와 하트의 '공동Common' 개념은 전통적인 '공유재commons' 개념을 확장한 것으로, 모든 인간이 함께 사용하는 자원, 지식, 문화, 자연환경, 협력적 생산물을 포함한다. 전통적인 마르크스주의가 생산수단의 사적 소유를 문제 삼았다면, 네그리와 하트는 '공동적인 것(공유재)'이 자본주의에 의해 지속적으로 사유화되는 문제를 지적한다.

네그리와 하트는 '공동'을 크게 세 가지 유형으로 나눈다. 첫번째는 자연적 '공동'이다. 물, 공기, 토지와 같은 자연 자원이 이에 해당한다. 두번째는 사회적 '공동'이다. 언어, 문화, 교육, 정보, 기술 등 인간의 협력을 통해 형성된 것 등이다. 세번째는 협력적 생산의 '공동'이다. 지식 공유, 오픈소스 기술, 네트워크 협업 등이 이에 해당한다.

"언어, 지식, 정보, 소프트웨어는 공동의 산물이며, 자본에 의해 사유화되고 있다" – 현대 자본주의는 과거의 토지와 노동 착취에서 한 발 더 나아간다. 자연환경은 본래 공적인 자원이나, 산업적 농업, 물 사유화, 지적재산권 등의 방식으로 점차 기업과 국가의 사적 자산이 되고 있다. 여기에 더해 지식, 언어, 문화, 소프트웨어, 인터넷 공간 등 사회적 생산조차 사유화하며 부를 창출하는 방식으로 변화했다. 인터넷과 소셜미디어에서 생산된 사용자 데이터는 원래 공동적으로 생성된 것이지만, 구글이나 페이스북과 같은 거대 기업이 이를 독점적으로 활용하며 수익을 창출한다.

'공동'은 특정 집단이 독점하는 사유재산이 아니라, 사회 구성원 모두가 공유하고 관리할 수 있는 자원과 공간이다. 네그리와 하트는 현대 자본주의가 이러한 '공동'을 지속적으로 사유화하고 독점하는 구조를 비판하며, 이를 다시 공공에게 개방해야 한다고 주장한다.

공통체

"공통체는 공동의 민주주의를 건설하기 위한 정치적 기획이다" – 『공통체(2009)』에서 네그리와 하트는 새로운 정치적, 경제적 조직을 형성해야 한다고 주장한다. '공동'이 단순한 자원이라면, '공통체'는 이를 관리하고 유지하는 민주적 방식을 의미한다. 즉, 공동적인 것을 보호하고 운영하는 새로운 형태의 사회 질서가 필요하고, 그 새로운 사회 질서를 '공통체'라는 개념으로 정립한다.

'공통체'는 '공동'을 자본의 사적 통제에서 회수하여 사회적 공유로 하는 것을 핵심으로 다음과 같은 3가지 특징을 갖는다.
첫째, 새로운 민주적 정치 형태이다. 기존 국가(국민국가)와 시장(자본주의 기업)의 틀을 벗어나, 자율적이고 다중적 협력 기반의 정치 시스템을 구축해야 한다. 이는 전통적인 마르크스주의의 국가 소유(사회주의) 모델을 거부하고, 국가 권력 대신 네트워크 기반의 민주적 거버넌스를 강조한다.
둘째, 지식과 협력의 공유이다. 현대 사회에서 부는 주로 지적 노동, 정보,

문화 생산을 통해 형성되므로, 이를 공통적으로 소유하고 활용하는 것이 필요하다. 예를 들어, 위키피디아, 오픈소스 소프트웨어, 공유경제 모델(공유 자전거, P2P 네트워크 등) 등이 있다.

셋째, 자본주의를 넘어선 경제적 대안이다. 기존 사회주의는 국가 중심적이었고, 자본주의는 사유화 중심적이었으나, '공통체'는 이 둘을 넘어 협력과 공유의 경제 모델을 지향한다. 예를 들어, 지역 공동체 경제, 협동조합, 공공 데이터 개방 등이 이에 해당한다.

'공통체'는 자원을 공유하는 것을 넘어, 이를 조직화하고 민주적으로 관리하는 방식을 포함한다. 네그리와 하트는 기존 국가 모델(사회주의적 국가)이나 자본주의 모델(시장경제)이 아닌, 새로운 형태의 자율적 협력 사회를 구축해야 한다고 주장한다.

다중

"다중은 단일한 '인민'이 아니라, 차이를 유지하면서 협력하는 집합적 주체이다" – 자본주의적 세계질서는 새로운 형태의 '제국'의 지배를 통해 전통적 민주주의 모델을 위기로 몰아넣고 있다. 이에 대항하여 네그리와 하트는 기존의 계급 개념을 넘어서는 저항 주체로서 '다중multitude'을 제안한다. '다중'은 획일적인 대중이 아니라, 각자의 차이를 유지하면서도 공통의 목표를 위해 협력하는 다원적 존재들이다. 네그리와 하트는 기존의 '인민people' 개념이 국가와 법질서에 의해 단일한 정체성으로 규정되는 반면, '다중'은 이질적인 주체들이 네트워크적으로 연결된 집합적 존재임을 강조한다. 다중은 단순히 피억압 계급이 아니라, 노동자, 이주민, 성소수자, 여성, 청년 등 다양한 사회적 정체성을 가진 주체들의 연대체다. 이들은 각각의 차이를 유지하면서도, 수평적이고 자율적인 방식으로 연합하여 공동의 목표를 실현해 나간다.

네그리와 하트는 현대 자본주의가 기존의 산업노동 중심에서 정보·지식·서비스 중심으로 변화함에 따라, 새로운 형태의 노동과 저항이 등장한다고 보았다. 오늘날의 생산은 공장에서의 노동이 아니라, 네트워크와 협력 속에서 이루어진다. 이런 상황에서 노동자들 역시 서로 연결되며, 물리적 공간이 아닌 네트워크와 협력 속에서 새로운 집합적 힘을 형성한다. 다중은 이러한 새로운 노동 환경에서 형성된 집합적 주체이다.

"다중은 함께 행동하기 위해 통일성을 필요로 하지 않는다" – '다중'의 연대 방식은 전통적인 위계적 조직 구조를 거부하고, 수평적 협력을 통해 스스로 조직하는 자율적 네트워크를 지향한다. 이는 현대 사회에서 권력과 억압이 단순히 특정한 중심에서 작동하는 것이 아니라, 다양한 방식으로 분산된다는 점에서 더욱 중요한 의미를 갖는다. 다중은 이러한 분산된 권력에 맞서 새로운 협력과 창조의 방식을 실험하는 존재이며, 민주주의를 보다 급진적이고 혁신적인 형태로 변형할 수 있는 가능성을 제시한다.

안토니오 네그리와 마이클 하트는 국경을 넘어 네트워크 형태로 작동하며 주권을 행사하는 새로운 형태의 글로벌 권력 구조인 '제국'의 등장을 포착하였으며, 이 제국이 토지, 자원 등 전통적 공유재는 물론 지식, 정보, 문화, 그리고 무엇보다 인간의 협력과 소통 그 자체인 사회적 '공동'을 끊임없이 사유화하고 포획하며 작동한다고 통찰하였다.

네그리와 하트는 이러한 제국의 권력에 맞설 수 있는 주체로서, 과거의 단일한 계급이나 민족, 인민 개념을 넘어선, 고유한 이질성과 차이를 유지하면서도 수평적으로 연대하고 협력하여 새로운 가치를 창조하는 '다중'의 잠재력에 주목하였다. 현대 자본주의의 비물질적 노동, 네트워크 기반 생산 환경 속에서 다중은 제국에 의한 착취의 대상인 동시에, 새로운 사회적 관계와 생산 양식을 만들어가는 창조적 힘이다.

그들이 제시하는 궁극적인 대안은 바로 이 다중이 사유화된 공동적인 것을 되찾아, 자율적이고 민주적인 방식으로 함께 관리하고 향유하는 새로운 사회 구성 원리, 즉 '공통체'의 실현이다. 이는 국가 중심의 전통적 사회주의나 사적 소유 중심의 시장 자본주의라는 이분법을 넘어서, 네트워크적 협력과 공유, 그리고 차이의 긍정에 기반한 새로운 형태의 민주주의와 해방의 가능성을 탐색하려는 야심 찬 지적 기획이다. 네그리와 하트의 작업은 현대 자본주의와 글로벌 권력 구조에 대한 가장 영향력 있는 비판 중 하나이자, 21세기 저항 운동과 대안 사회 구상에 지속적인 영감을 제공하고 있다.

🖋 주요 저술

- **제국**(Empire, 2000/윤수종, 2001) | 네그리와 하트의 대표적인 공저로, 현대 글로벌 자본주의 체제를 '제국(Empire)'이라는 개념으로 설명한다.

- **다중**(Multitude, 2004/조정환 외, 2008) | '제국' 체제에 저항하거나 변혁을 이끌어낼 수 있는 정치적 주체로서 '다중(multitude)' 개념을 제시함. 다양한 정체성과 이질성을 가진 개인·집단이 네트워크로 연결되어 공통의 목표를 실현하는 힘을 지닌다고 주장한다.

- **공통체**(Commonwealth, 2009/정남영, 윤영공, 2014) | '공동'의 재발견과 재구성을 통해 현대 사회가 직면한 문제를 해결할 수 있다고 주장함. 자원·지식·문화 등 다양한 영역에서 사유화와 상품화를 넘어, 모두가 함께 생산하고 공유하는 체제를 제안한다.

- **어셈블리**(Assembly, 2017/이승준, 2020) | '다중(Multitude)'이 어떻게 현실에서 조직화될 수 있는가에 대한 논의로, '조직화'와 '리더십' 문제에 초점을 맞춘다.

30 | 스티글리츠 1943~
정보비대칭은 시장을 어떻게 무너뜨리는가?

"시장은 본질적으로 불완전하며, 정보의 비대칭성과 독점적 권력이 존재하는 현실에서 '보이지 않는 손'은 작동하지 않는다. 따라서 정부의 역할은 공정한 경쟁을 보장하고, 불평등을 완화하며, 사회적 정의를 실현하는 것이다."

—『불평등의 대가』, 2012

조지프 스티글리츠(Joseph E. Stiglitz, 1943~)는 '정보 비대칭'과 시장 실패 연구로 노벨 경제학상을 수상한 경제학자다. 그는 '세계화'의 긍정적인 잠재력을 인정하면서도, 실행 과정에서 나타난 부정적 결과들을 강력히 비판했다. 특히 개발도상국과 선진국 간의 불균형, 국제 금융 기관의 정책 실패, 노동자 권리의 침해 등 세계화가 초래한 문제들을 구체적으로 지적하며, 공정하고 지속 가능한 대안을 제시했다.

현대 자본주의의 정보비대칭과 똑똑한 정부

"정보가 불완전하거나 시장이 불완전하면, 시장은 스스로 조정되지 않는다" – 우리가 이상적인 자유 시장에서 살고 있다고 가정하면, 시장은 완벽하게 작동할 것이다. 그러나 현실에서는 정보가 완전하지 않으며, 이는 시장 실패를 초래한다. 조지프 스티글리츠는 자본주의가 근대 이후로 잘 작동해 온 것은 '완전한 시장'이라는 전제가 암묵적으로 유지되었기 때문이라고 보았다. 하지만 현대 경제에서는 경제의 고도화와 복잡성 증가, 디지털 경제와 플랫폼 독점, 금융화와 투기 증가, 기업의 정보 조작과 불평등 심화 등의 구조적 변화로 인해 '정보 비대칭 Asymmetric Information'이 심화되고 있다.

"정보를 더 많이 가진 사람은 그렇지 못한 사람을 착취할 수 있다. 이것이 정보화 시대의 시장 권력의 본질이다" – 18~19세기 자본주의 초기에는 생산과 소비가 단순한 구조를 가졌지만, 현대 경제에서는 금융 시스템, 기술 혁신, 글로벌 공급망 등이 결합되면서 경제 구조가 복잡해졌고, 소비자와 생산자 간 정보 격차가 확대되었다. 또한, 20세기 후반부터 디지털 기술과 인터넷이 발전하면서 정보가 자본의 핵심 요소가 되었고, 구글, 페이스북, 아마존 같은 빅테크 기업들이 데이터를 독점하면서 정보 불균형이 심화되었다.

"정부는 시장을 대체하는 것이 아니라, 그 실패를 교정하는 데 중요한 역할을 한다" – 스티글리츠는 이런 문제를 해결하기 위해서는 '똑똑한 정부 Smart Government'가 필요하다고 주장한다. 현대 경제에서 정보 비대칭이 심화되는 이유는 경제의 복잡성 증가, 금융화, 디지털 자본주의, 기업의 정보 독점 때문이다. 정보 비대칭은 현대 경제 구조가 복잡해지면서 심화되었고, 정보 독점(빅테크, 금융기관)은 경제적 불평등과 시장 실패를 초래한다. 스티글리츠는 시장 조정이 아니라, '정보를 균형 있게 배분하는 정책적 개입'이 필요하다고 주장한다. 구체적으로는 금융 상품의 투명성 강화, 금융기관의 리스크 관리 감독 강화, 빅테크 기업의 데이터 독점 방지, 사용자 데이터 보호 강화, 기업의 허위 광고 금지, 정보 공개 기준 강화, 공공 데이터 플랫폼 구축, 불공정 계약 방지 등의 정책을 제시한다.

낙수효과의 신화

"낙수효과 이론은 이론적으로도, 경험적으로도 근거가 없다" – 부자들에게 세금 감면을 하면 경제 성장이 촉진되고, 결국 모든 사람에게 혜택이 돌아갈 것이다. 이는 신자유주의자들이 주장하는 '낙수효과 Trickle-Down Effect'의 핵심 논리이다. 그러나 현실은 정반대였다. 감세와 규제 완화가 오히려 경제적 불안정성을 키웠다. 1980년대 미국의 레이건 정부, 2000년대 조지 W. 부시 정부, 2010년대 트럼프 정부가 대대적인 감세 정책을 시행했지만, 경제 성장이 급등하지 않았으며, 오히려 불평등이 심화되었다. 기업과 부자들은 세금 감면으로 얻은 이익을 고용 창출이나 임금 인상에 사용하지 않았다. 대신 주주 배당, 주식 매입, 해외 조세 회피 등의 방식으로 부를 더욱 집중시켰다. 조지프 스티글리츠는 신자유주의 정책이 실제로 경제 성장을 촉진하기는커녕 불평등을 심화시키고, 나아가 민주주의 자체를 위협하는 결과를 초래했다고 주장한다.

"불평등은 단지 도덕적 문제만이 아니다. 그것은 경제적 문제이기도 하다" – 신자유주의의 핵심 모순은, 불평등이 심해질수록 경제 성장도 둔화된다는 점이다. 부유층은 더 많은 부를 축적하지만, 그 돈은 생산적인 경제 활동에 사용되지 않는다. 경제 성장은 결국 소비자들의 소비에 의해 결정된다. 하지만 신자유주의는 소득을 상위 1%에게 집중시키면서, 소비자들의 구매력을 약화시켰다. 소득이 높은 사람들은 돈을 저축하거나 금융 투기에 사용하지만, 소득이 낮은 사람들은 생필품과 주거비에 대부분의 돈을 지출한다. 따라서 소득이 부유층에 집중될수록, 전체 소비 수요가 줄어들면서 경제 성장이 둔화된다.

2008년 글로벌 금융위기는 신자유주의적 금융 자유화가 초래한 대표적인 사례였다. 규제 완화로 인해 금융 기업들은 고위험 파생상품과 서브프라임 모기지를 남발했고, 결국 거품이 붕괴하면서 세계 경제가 위기에 빠졌다. 신자유주의적 신념, 즉 시장에 맡기면 모든 것이 해결된다는 믿음은 금융 시장에서 가장 치명적인 결과를 낳았다.

포용적 성장과 공정한 경제

"시장만으로는 너무 많은 불평등과 너무 적은 성장을 만들어낸다" – 조지프 스티글리츠는 시장 실패와 불평등 심화라는 현대 자본주의의 문제점에 대한 처방으로서, 경제 규모 확대를 넘어선 새로운 발전 모델, 즉 '포용적 성장 inclusive growth'과 이를 뒷받침하는 '공정한 경제 fair economy'의 구축을 역설한다. 그가 제시하는 '포용적 성장'이란 경제 성장의 혜택이 상위 소수 계층에 집중되지 않고, 사회 구성원 대다수에게 폭넓게 분배되어 실질적인 삶의 질 향상과 기회 확대로 이어지는 성장을 의미한다. 이는 단순히 윤리적인 요구일 뿐만 아니라, 경제 자체의 지속 가능성과 활력을 위해서도 필수적이라고 그는 주장한다.

"성장이 모두를 위한 것이 되지 않는다면, 결국 그 사회의 지속가능성은 위협받는다" – 이러한 포용적 성장을 실현하기 위해서는 단편적인 처방이 아닌, 다각적이고 체계적인 정책적 노력이 요구된다. 무엇보다 중요한 것은 사람과 미래에 대한 적극적인 공공 투자 확대이다. 양질의 교육과 의료 서비스에 대한 접근성을 보편적으로 보장하고, 사회 전체의 생산성을 높이는 기초 연구 및 혁신 활동을 지원하며, 디지털 격차 해소 및 친환경 전환을 포함한 핵심 인프라를 구축하는 것은 모든 사회 구성원의 잠재력을 끌어올리고 지속 가능한 성장의 토대를 마련한다. 이러한 투자를 뒷받침하고 불평등을 완화하기 위해서는 누진적 조세 개혁이 필수적이다. 부유층과 거대 기업이 자신의 능력에 상응하는 공정한 세금을 부담하도록 조세 제도를 개혁함으로써, 조세 형평성을 높이고 공공 서비스 재원을 안정적으로 확보하며 소득 및 부의 격차를 줄여나가야 한다.

동시에, 시장이 공정하고 효율적으로 작동하도록 강력한 시장 규제를 설계하고 집행해야 한다. 독과점적인 시장 지배력 남용을 억제하고 공정한 경쟁 환경을 조성하며(반독점 규제), 2008년 위기에서 교훈을 얻어 금융 시스템의 안정성을 확보하고 과도한 위험 추구를 억제해야 한다(금융 규제). 또한, 환경 오염과 같은 외부 비용을 내부화하고(환경 규제), 소비자의 권익을 보호하며(소비자 보호), 노동자의 안전과 권리를 보장하는 규제들은 시장 실패를 교정하고 사회 전체의 후생을 증진시킨다. 이와 더불어, 생산적인 부의 창출이 아닌 부의 이전을 통해 이익을 얻는 지대 추구 행위를 적극적으로 차단해야 한다. 독과점 해체, 기업 경영 및 로비 활동의 투명성 강화, 지식재산권 제도의 균형 잡힌 운용 등을 통해 비생산적인 활동을 억제하고 자원이 혁신과 실질적인 가치 창출로 향하도록 유도해야 한다. 나아가, 노동자들이 성장의 과실을 공정하게 분배받고 경제적 의사 결정 과정에서 목소리를 낼 수 있도록 노동권 강화와 공정한 임금 체계 구축이 필요하다. 노동조합 활동을 보장하고 단체교섭을 지원하며, 적정 수준의 최저임금을 보장하는 것은 노동자의 협상력을 높여 소득 불평등을 완화하고 내수 기반을 강화하는 데 기여한다.

"공정한 경제란 출발선의 평등, 과정의 투명성, 결과의 책임성이 조화를 이루는 체제다" – 이러한 포용적 성장을 위한 정책들은 궁극적으로 '공정한 경제'라는 더 큰 틀 안에서 구현되어야 한다. 스티글리츠가 말하는 공정한 경제란 세 가지 요소가 조화를 이루는 시스템을 의미한다. 첫째는 출신 배경에 상관없이 누구나 잠재력을 발휘할 수 있는 공정한 기회의 보장 equality of opportunity이다. 둘째는 극단적인 소득 및 부의 격차가 완화되고 기본적인 삶의 질이 보장되는 결과의 공정성 fair outcomes이다. 셋째는 경제 게임의 규칙 자체가 특정 강자에게 유리하게 기울어지지 않고 투명하며 예측 가능하게 운용되는 규칙의 공정성 fair rules of the game이다. 이 세 가지가 충족될 때, 비로소 경제 시스템은 구성원들의 신뢰를 얻고 역동적인 포용적 성장을 지속할 수 있을 것이다.

신자유주의 세계화 비판과 공정한 세계화 제언

"오늘날의 세계화는 전 세계 수많은 가난한 사람들을 위해 작동하지 않고 있다. 환경을 위해서도 작동하지 않으며, 세계 경제의 안정성에도 도움이 되지 않는다" – 스티글리츠는 '세계화 globalization' 그 자체를 반대하는 것이 아니라, 지난 수십 년간 '신자유주의 neoliberalism' 이데올로기 하에서 진행된 세계화의 방식과 그 결과에 대해 날카로운 비판을 제기해왔다. 그는 시장 만능주의적 접근법이 국제 무역, 금융, 개발 정책에 적용되면서 많은 개발도상국과 노동자들에게 혜택을 주기보다는 오히려 불평등을 심화시키고 불안정성을 증폭시켰다고 주장하였다. 스티글리츠는 이러한 '잘못된 세계화'의 문제점들을 지적하며, 모든 국가와 구성원들에게 혜택이 돌아가는 '공정한 세계화 fair globalization'를 위한 대안적 길을 모색한다.

스티글리츠 비판의 핵심은 현재의 세계 경제 시스템을 규율하는 '게임의 규칙' 자체가 선진국과 거대 다국적 기업의 이해관계에 유리하게 만들어져 있다는 점이다. 그는 세계무역기구(WTO) 협상 과정 등에서 선진국들이 개발도상국에게는 시장 개방을 강요하면서도, 정작 자신들의 농업이나 섬유

산업 등 취약 분야에서는 보조금 지급과 같은 보호주의적 조치를 지속하는 위선을 보였다고 비판하였다. 또한, 지식재산권 협정과 같이 지나치게 강화된 지식재산권 보호는 선진국 기업의 이익은 극대화하지만, 개발도상국의 기술 접근이나 필수의약품 접근성을 제한하는 결과를 낳았다.

"IMF와 세계은행의 정책은 종종 선진국 금융 자본의 이익을 반영한다" – 스티글리츠는 세계은행 수석 이코노미스트로서의 경험을 바탕으로, 국제통화기금(IMF)과 세계은행이 개발도상국에 부과해 온 조건부 정책들, 이른바 구조조정 프로그램의 문제점을 신랄하게 지적하였다. 이들 기구가 종종 과도한 긴축 재정, 성급한 민영화, 그리고 준비되지 않은 상태에서의 급격한 자본 시장 자유화를 요구함으로써, 해당 국가의 경제 성장 기반을 훼손하고 빈곤을 심화시키며 국가 주권을 침해하였다는 것이다. 특히, 충분한 규제 장치 없이 추진된 자본 시장 자유화는 단기 투기 자본의 급격한 유출입을 초래하여, 1990년대 후반 아시아 금융 위기와 같은 파괴적인 금융 불안정성을 야기하는 주요 원인이 되었다고 그는 분석하였다. 국제 금융기구들이 위기 예방과 관리 역할을 제대로 수행하지 못했을 뿐 아니라, 때로는 위기를 조장하거나 악화시켰다는 비판이다.

신자유주의적 세계화는 약속했던 공동 번영을 가져오기보다는, 오히려 선진국과 개발도상국 모두에서 국내 불평등을 심화시키는 경향을 보였다. 세계화의 혜택은 주로 자본 소유주와 고숙련 노동자에게 집중된 반면, 저숙련 노동자들은 국제 경쟁 심화와 노동조합 약화 등으로 인해 임금 하락 압력과 고용 불안정에 직면하였다. 더욱이, 급격한 시장 개방과 구조조정 과정에서 발생하는 대량 실업, 지역 공동체 붕괴, 환경 파괴 등 막대한 '사회적 비용'은 경제적 효율성이라는 명분 아래 간과되거나 무시되기 일쑤였다.

"공정한 세계화란, 세계화의 혜택이 모든 사람에게 보다 공평하게 분배되는 것이다" – 스티글리츠는 이러한 문제점들을 극복하고 세계화가 진정으로 인류 전체의 복지에 기여하도록 만들기 위한 '공정한 세계화'의 비전을 제시한다. 이를 위해서는 먼저 불공정한 게임의 규칙을 개혁해야 한다. WTO 등 국제 무역 협상에서 개발도상국의 목소리를 반영하고, 선진국의 위선적인 보호무역 조치를 철폐하며, 개발도상국에게 자국의 산업과 사회를 보호할 수 있는 정책적 공간을 허용해야 한다. 또한, 노동권과 환경 기준을 국제 무역 협정의 중요한 요소로 고려해야 한다.

국제 금융 시스템 역시 근본적인 개혁이 필요하다. IMF와 세계은행의 지배구조를 보다 민주적이고 개발도상국의 입장을 반영하도록 개선해야 하며, 조건부 정책은 각국의 특수성을 고려하고 빈곤 감소와 지속 가능한 발전에 초점을 맞추어 재설계되어야 한다. 또한, 급격한 자본 이동의 불안정성을 관리하기 위해 각국이 자본 흐름을 통제할 수 있는 정책 수단을 인정하고, 국제적인 금융 위기 예방 및 관리, 그리고 국가 부채 문제 해결을 위한 보다 효과적인 메커니즘을 마련해야 한다.

규칙과 제도 개혁을 넘어, 스티글리츠는 공정한 세계화를 위한 더 넓은 의제를 제시한다. 기후 변화 대응, 전염병 예방, 기초 과학 연구 등 국경을 초월하는 '지구 공공재 global public goods'에 대한 국제적 협력과 투자를 강화해야 한다. 또한, 조세 회피처 근절을 위한 국제 공조 강화, 최빈국에 대한 부채 탕감 확대, 그리고 개발 원조가 단순한 시혜가 아니라 개발도상국의 역량 강화에 초점을 맞추도록 전환해야 한다. 무엇보다 중요한 것은, 개발도상국들이 글로벌 경제 거버넌스에서 더 큰 발언권을 갖도록 하는 것이다. 경제 통합과 효율성 추구가 사회적 연대, 환경적 지속 가능성, 그리고 분배 정의라는 가치와 균형을 이루어야 한다.

조지프 스티글리츠는 정보 비대칭 이론을 통해 시장의 완전성에 대한 통념을 허물었으며, 경험적 증거와 날카로운 분석을 통해 심화되는 불평등과 만연한 지대 추구가 경제적 번영뿐 아니라 민주주의의 근간마저 위협하고 있음을 경고하였다. 특히 그가 지적한 신자유주의적 세계화의 폐해와 국제 금융 기구의 문제점은 전 지구적 차원의 성찰을 촉발하였다.

스티글리츠는 비판에 머무르지 않고, 적극적인 공공 투자, 누진적 조세 개혁, 현명한 시장 규제, 노동 존중 강화 등을 통해 성장의 과실이 사회 전체에 공유되는 '포용적 성장'과 기회·과정·결과의 공정성이 보장되는 '공정한 경제'라는 구체적인 대안적 비전을 꾸준히 제시해왔다.

오늘날 전 세계가 직면한 불평등 심화, 기후 위기, 기술 변화의 도전 속에서, 스티글리츠의 통찰과 제언은 지속 가능하고 정의로운 미래를 설계하는 데 있어 강력하고 시의적절한 지침을 제공하고 있다. 그의 작업은 우리로 하여금 '어떤 경제를 원하는가' 뿐만 아니라 '어떤 사회를 원하는가'를 함께 묻게 만들며, 더 나은 세상을 향한 지적 탐구와 정책적 노력을 지속하도록 이끈다.

✒ 주요 저술

- **세계화의 불만**(Globalization and Its Discontents, 2002, 2017개정증보) | 세계화 과정에서 발생하는 경제적 불안정과 사회적 불평등을 비판하며, 국제 금융 기관들의 정책 실패를 분석한 저작이다. 2017년에 개정증보되었다.

- **불평등의 대가**(The Price of Inequality, 2012/이순희, 2020) | 경제적 불평등의 원인과 그 해결책을 탐구하며, 사회적 공정성을 증진시키기 위한 정책을 제안한 저작이다.

- **거대한 불평등**(The Great Divide, 2015/이순희, 2017) | 현대 경제에서 극심한 불평등이 어떻게 형성되었으며, 이를 어떻게 해결할 수 있는가를 분석한다. 불평등은 단순한 경제적 결과가 아니라, 정책적 선택의 결과라고 주장한다.

PART
7

이데올로기와 공론장: 대화는 가능한가?

한 인간이 광장에 서 말한다. "우리는 자유롭다!"
또 다른 누군가가 소리쳤다. "아니다, 우리는 조종당하고 있다!"
그들의 말은 맞닿았지만, 결코 하나가 되지 않았다.
우리는 끊임없이 말한다. 신문과 방송에서, 토론과 SNS에서, 선거 연설과 거리의 대화에서.
하지만 우리는 정말로 '대화'하고 있는가? 우리의 말은 어디까지 우리의 것인가? 그리고, 공론장은 우리에게 열려 있는가?
이 장에서는 존 듀이(1859~1952)의 '공중', 한나 아렌트(1906~1975)의 '공적 영역', 위르겐 하버마스(1929~)의 '공론장' 개념을 통해 현대 민주주의 사회에서의 사유와 대화의 의미를 살펴본다.

31 | 듀이 1859~1952
공중의 형성을 위한 교육은 어떻게 이뤄져야 하는가?

"민주주의는 단순한 정치 체제가 아니다. 민주주의는 일상적인 삶에서 끊임없이 학습하고 소통하는 사회적 과정이다. 교육은 민주적 사회를 유지하고 발전시키는 핵심 요소이다."

―『민주주의와 교육』, 1916

20세기 지성사의 한 페이지를 장식하는 존 듀이(John Dewey, 1859~1952)는 실용주의 철학을 통해 당대 사회의 문제를 진단하고 민주주의의 이상을 실현하고자 했던 실천적 사상가였다. 그의 광범위한 사유 속에서, 민주주의는 단순한 정치 제도가 아닌, 끊임없이 소통하고 협력하는 공동체적 삶의 방식으로 그려진다. 이러한 민주주의의 실현 가능성은 공동의 문제를 인식하고 해결하려는 '공중'의 활력과, 그 공중을 형성하고 역량을 강화하는 '교육'의 방식에 근본적으로 의존한다.

듀이에게 민주주의, 공중, 그리고 교육은 분리될 수 없는 하나의 유기체와 같았으며, 그의 철학은 이 세 가지 요소가 어떻게 상호작용하며 이상적인 사회를 구축해 나갈 수 있는지에 대한 깊은 통찰을 제공한다.

민주주의는 스스로 구성원을 길러낼 수 있을 때에만 존속할 수 있고, 그 구성원은 공적 관심을 이해하고 협력할 수 있는 시민적 자질을 교육을 통해 습득해야 한다고 듀이는 주장하였다. 또한 그는 민주주의를 사회적 문제를 인식하고 대응하는 '공중'이라는 실천 공동체 속에서 끊임없이 재구성되어야 하는 것으로 바라보았다.

민주주의와 공중

"공적인 문제는 공적인 토론을 통해 다뤄져야 한다. 민주주의는 참여 속에서 성장한다" – 존 듀이는 민주주의의 핵심원리가 시민의 참여에 있다고 보았고, 이런 사유를 '공중(公衆, The Public)'이라는 개념에 담았다. 그에게 있어 민주주의는 단순한 정부 형태가 아니다. 그것은 인간적 연대속에서의 삶의 방식이며, 공동 경험과 토론을 통해 지속적으로 재구성되는 것이다. 이는 그의 '공중' 개념의 핵심이 무엇인지를 잘 보여준다. 그의 저서 『공중과 그 문제(1927)』는 '공중'이라는 개념에 대해 매우 독창적인 분석을 제시하고 있다.

그에 따르면, 공중은 미리 존재하는 집단이 아니라, 특정 종류의 사회적 결과에 대한 반응으로서 기능적으로 발생하는 존재이다. 구체적으로, 개인이나 집단의 사적인 행위가 그 거래에 직접 참여하지 않은 제삼자들에게까지 광범위하고 중대한 '결과'를 초래할 때, 비로소 공중 형성의 조건이 마련된다. 이러한 결과가 공동의 문제로 '인식'되고, 그 영향을 효과적으로 '통제'하거나 '관리'할 필요성이 공유될 때, 관련된 사람들이 하나의 공중으로 결집하게 되는 것이다. 따라서 듀이에게 공중은 고정불변의 실체가 결코 아니며, 특정 사회 문제의 발생과 소멸에 따라 끊임없이 형성되고 해체되는 유동적이고 상황적인 집단일 수밖에 없다.

"정부는 공중의 대표일 뿐이다. 공중의 역할이 축소되면 정부는 민주주의적 원칙에서 멀어지게 된다" — 존 듀이에게 '국가'는 공식적 제도와 법률을 통해 사회적 문제를 해결하는 구조적 기구이고, '공중'은 사회적 문제를 인식하고 이에 대해 논의하고 해결하려는 시민들의 집단적 행위이다. 즉, '공중'은 문제를 인식하고 해결책을 모색하는 능동적 시민들의 모임이며, 국가는 그 공중의 요구를 반영하는 행정적 기구인 셈이다.

이런 사유를 토대로 존 듀이는 현대 사회가 직면한 심각한 문제점을 지적하였다. 기술의 발전, 경제적 상호의존 심화 등으로 사회는 외형적으로 거대하고 복잡한 '거대 사회 Great Society'가 되었지만, 바로 그 거대함과 복잡성, 정보의 분산과 왜곡 가능성 등으로 인해 정작 '공중' 자체는 자신들의 공동 문제를 명확히 식별하고, 그 의미를 파악하며, 조직적으로 대응하는 능력을 상실한 '일식 상태 eclipse'에 빠져 있다는 것이다. 이러한 '길 잃은 공중'의 문제는 민주주의의 심각한 위기를 의미하였다. 듀이가 제시한 이상적인 목표는, 이러한 거대 사회가 단지 규모만 큰 상태에 머무는 것이 아니라, 구성원들 간의 활발하고 자유로운 '소통'과 탐구를 통해 '공유된 지성'을 형성하고, 이를 바탕으로 공동의 문제를 민주적으로 해결해 나가는 의식적이고 유기적인 '위대한 공동체'로 질적으로 전환되는 것이었다.

민주주의와 교육

"교육은 삶을 위한 준비가 아니라, 삶 그 자체다" — 존 듀이에게 교육은 사회가 다음 세대에게 기존 지식을 일방적으로 전달하거나, 단지 미래의 특정 직업이나 역할을 위해 개인을 준비시키는 제한적인 과정이 아니었다. 오히려 교육은 살아있는 유기체로서 개인이 환경과의 상호작용 속에서 '경험을 끊임없이 재구성'함으로써 지속적으로 '성장'해 나가는 삶의 본질적인 과정 그 자체였다. 여기서 성장이란, 과거 경험의 의미를 더 깊이 이해하고 미래의 경험을 보다 지적으로 방향 설정할 수 있는 능력의 확대를 의미하는 것이었다. 이러한 관점에서 듀이는 학습자를 수동적인 수용자로 간주하고 삶과 분리된 교과 내용을 암기시키는 전통적인 주입식 교육을 강하게 비판하였다. 그 대신 그는 자연스러운 흥미와 호기심을 출발점으로 삼아, 구체적인 활동과 문제 상황에 능동적으로 참여하고 탐구하는 과정을 교육의 중심으로 삼아야 한다고 역설하였다.

"성장은 교육의 목적이 아니라, 교육 그 자체이다. 사람이 계속 성장한다는 것이 바로 교육이다" – 그의 유명한 '행함으로써 배운다 learning by doing'는 원리는, 단순히 손으로 무언가를 만드는 기술적 차원을 넘어, 실제적인 문제 해결의 경험 속에서 시행착오를 거치고 그 결과를 반성적으로 숙고함으로써 지식의 참된 의미를 체득하고 '지성 intelligence', 즉 문제 해결 능력을 발달시키는 과정을 강조하는 것이었다. 교육의 궁극적인 목표는 정적인 지식 체계의 암기가 아니라, 급변하는 현실 속에서 부딪히는 문제들을 효과적으로 해결하고, 새로운 상황에 유연하게 적응할 수 있도록 개인의 '반성적 사고 reflective thinking' 능력과 더불어 타인과 협력하는 민주적 태도를 함양하는 데 있었다.

"진정한 교육은 개인이 사회에 참여할 능력을 기르는 것이며, 이는 곧 민주주의를 가능하게 한다" – 듀이의 철학 체계 내에서 이러한 교육론은 그의 '공중' 및 민주주의론과 필연적으로 결합되었다. 그가 이상으로 삼았던 '위대한 공동체'는, 구성원들이 공동의 문제와 그 광범위한 결과를 명확히 인식하고, 이성적인 소통과 토론을 통해 해결책을 모색하며, 합의된 바를 협력적으로 실행할 때 비로소 실현 가능한 것이었다. 바로 이러한 합리적 탐구 능력, 비판적 사고력, 효과적인 의사소통 능력, 그리고 타인과 협력하는 사회적 지성과 같은 민주적 시민의 핵심 자질을 길러내는 결정적인 장場이 교육이 되어야 한다는 것이 듀이의 핵심 주장이었다. 따라서 듀이가 구상한 이상적인 학교는 현실 사회와 유리되어 추상적인 지식만을 전달하는 상아탑이 아니었다. 오히려 학교는 학생들이 실제적인 공동 프로젝트에 참여하고, 자유로운 토론과 상호작용을 통해 의견을 교환하며, 당면한 문제를 함께 해결해 나가는 경험을 함으로써, 민주적인 생활 방식과 그에 필요한 '습관'을 자연스럽게 체득하는 '축소된 민주 사회'여야 했다. 이러한 교육 경험은 개인이 학교 담장을 넘어 더 넓은 사회의 능동적이고 책임감 있는 공중의 일원으로 참여하여, 사회 전체의 지적·도덕적 진보에 기여할 수 있는 토대를 마련하는 중요한 과정이었다. 결국 민주주의의 지속적인 건강성과 발전 가능성은 시민들의 민주적 역량을 끊임없이 길러내는 교육의 질에 달려있다고 듀이는 확신하였다.

"민주주의는 자기 자신을 재생산할 수 있는 능력, 즉 교육을 통해 다음 세대로 가치를 전달할 수 있는 능력에 달려 있다" – 존 듀이는 민주주의 사회에서 건강한 공중의 형성과 지속적인 발전이, 경험과 반성적 탐구를 핵심으로 하는 교육적 성장에 본질적으로 의존한다는 사실을 역설하였다. 복잡하고 빠르게 변화하는 현대 사회의 문제들을 지적으로 인식하고 공동으로 대처하기 위해서는, 비판적 사고와 협력적 태도를 갖춘 깨어있는 시민들로 구성된 공중이 필수적이며, 이러한 시민을 양성하는 것이야말로 교육이 맡아야 할 가장 중요한 사회적 책임이라는 것이다. 정보의 홍수와 사회적 양극화가 심화되는 오늘날, 진정한 소통과 합리적 문제 해결 능력을 강조한 듀이의 교육 사상은 민주주의와 교육의 미래 방향을 설정하는 데 여전히 심오하고 시의적절한 통찰을 제공하고 있다.

존 듀이가 우리에게 남긴 가장 중요한 메시지는, 민주주의라는 이상이 결코 제도적 장치나 형식적 절차만으로 보장될 수 없다는 통찰이다. 그것은 경험을 통해 배우고, 비판적으로 사유하며, 함께 문제를 해결해 나가는 시민들, 즉 살아 숨 쉬는 '공중'의 역량에 그 성패가 달려 있으며, 이러한 역량을 체계적으로 길러내는 '교육'의 실천 없이는 언제든 활력을 잃고 '일식' 상태로 후퇴할 수 있는 연약한 성취이다.

그가 꿈꿨던 '위대한 공동체'는 완성된 유토피아가 아니라, 교육을 통해 끊임없이 민주적 습관을 형성하고 공적 문제에 대한 탐구와 소통을 지속하려는 시민들의 의식적인 노력을 통해 부단히 가꾸어 나가야 할 과정 그 자체인 것이다. 듀이의 사상은 오늘날 파편화되고 양극화된 사회 속에서 진정한 민주적 공동체를 재건하고 유지하기 위한 시민 각자와 교육 공동체의 지속적인 성찰과 헌신을 그 어느 때보다 강력하게 요구하고 있다.

✎ 주요 저술

- **민주주의와 교육**(Democracy and Education, 1916/심성보, 2024) | 교육이 민주사회의 발전과 개인의 자율성을 촉진하는 핵심 역할을 한다고 주장한다.
- **인간 본성과 행위**(Human Nature and Conduct, 1922/최용철, 2020) | 심리학과 철학의 교차점을 탐구하며, 인간 행동과 윤리적 결정의 기반을 분석한다.
- **경험과 자연**(Experience and Nature, 1925/신득렬, 1982) | 인간의 경험과 자연 세계의 상호작용을 통해 지식이 형성된다고 설명하며, 경험의 중요성을 강조한다.
- **공중과 그 문제**(The Public and Its Problems), 1927/정창호, 2014) | 미국 사회의 민주주의 위기와 공중(public)의 기능적 위축이라는 문제를 탐구한다.
- **경험과 교육**(Experience and Education, 1938/강윤중, 2011) | 전통적 교육과 진보적 교육을 비교하면서, 진정한 교육이 어떻게 경험을 통한 성장 과정이어야 하는지를 다룬다.

32 | 아렌트 1906~1975
공적 영역에서 행위와 담론과 사유의 역할은?

"자유는 공적인 공간에서 서로의 의견을 나누고, 정치적 행동을 통해 세상을 변화시키는 데서 존재한다. 정치란 통치자가 국민을 다스리는 것이 아니라, 사람들이 함께 논의하고 결정하는 과정이다. 우리가 정치적 대화와 행동을 멈출 때, 민주주의는 사라지고 권위주의가 그 자리를 차지하게 된다."

―『인간의 조건』, 1958

한나 아렌트(Hannah Arendt, 1906~1975)는 독일 출신의 정치 철학자로, 나치 정권을 피해 미국으로 이주한 후 주요 저술들을 통해 현대 정치 이론에 큰 영향을 미쳤다. 아렌트는 '공적 영역 public realm'에서의 '행위 Acting'와 '담론 Speech'을 통해 인간의 자유와 정치적 참여를 강조하며, 민주주의와 시민 사회의 중요성을 설파하였다. 아렌트는 '악의 평범성 the banality of evil'을 통해 우리 모두가 사유하지 않을 때, 말하고 행동하지 않을 때, '공적 영역'은 사라지고, 악은 체계적으로 작동할 수 있다고 경고한다.

공적 영역은 자유가 실현되는 공간

"자유란 오직 정치적 공간 속에서, 타인과 함께 있을 때에만 실현될 수 있다" – 한나 아렌트는 인간이 정치적 존재로서 진정한 자유를 경험할 수 있는 공간을 '공적 영역public realm'으로 정의했다. 그녀에게 '공적 영역'이란 개인들이 '행위'와 '말'을 통해 타인 앞에 자신을 드러내고 자유롭게 존재를 나타내는 실존적 무대였다.

"정치란 다원성의 조건에서만 가능하다" – 공적 영역은 '사적 영역private realm'과 명확히 구분된다. '사적 영역'은 개인의 생존과 가족, 경제 활동 등이 중심이 되는 공간으로, 개인의 생존을 위해 필요하지만 정치적 참여와는 거리가 먼 영역이다. '사적 영역'이 개인의 생물학적 생존과 욕구의 충족이라는 필연성의 영역이라면, '공적 영역'은 타인들과의 상호작용을 통해 개인의 독특성을 표현하고 이를 인정받는 자유의 공간이다. 아렌트는 이를 '다원성plurality'의 개념으로 설명하는데, '다원성'이란 각 개인이 타인과 구별되는 고유한 존재로서 공적 공간에서 서로를 인정하고 존중하는 것을 의미한다. '다원성'을 통해 인간은 단지 생존이 아니라 '함께 살아감living together'의 의미를 실현하게 된다.

인간의 조건

아렌트는 정치의 본질을 인간 존재의 능력에서 출발시킨다. 인간은 무엇보다도 '행동하고 말하는 존재a being who acts and speaks'이며, 이 능력 안에서만 진정한 의미에서 정치적 존재가 될 수 있다. 『인간의 조건(1958)』에서 아렌트는 인간 활동을 세 가지 차원, 노동labor, 작업work, 행위action로 구분하였다.

"노동은 인간 육체의 생물학적 과정에 해당하는 활동으로, 우리가 잠시만 노동을 멈춰도, 손으로 만든 것은 모두 사라진다" – 노동은 생물학적 삶을 유지하기 위한 반복적 활동이다. 이는 인간이 생명체로서 음식, 물, 열, 휴식 등을 지속적으로 필요로 하는 존재라는 점에서 기원하며, 생명 유지 그 자체에 초점을 둔다. 노동의 산물은 오래 지속되지 않으며, 반복을 전제로 한다. 노동의 특징은 그 산물이 곧 사라진다는 점이다. 음식을 요리하면 사라지고, 옷은 낡고, 육체는 다시 피로해진다. 이러한 특성 때문에 아렌트는 노동을 '노예의 활동'으로 보았던 고대 그리스의 시각을 일부 수용하며, 노동은 인간을 자유롭게 하지 못하고 자연의 순환 속에 인간을 묶어두는 활동이라 평가한다. 현대의 소비사회에서 노동은 사회적 가치로 부상했지만, 아렌트는 이것이 정치적 자유와 인간 존엄의 가능성을 오히려 저해할 수 있음을 경고한다.

"우리 손의 작업은, 몸의 노동과는 달리, 세계를 만든다" – 작업은 인간이 생존 이상의 목적을 가지고 지속 가능한 세계를 만드는 활동이다. 주택, 도구, 예술작품, 제도 등은 모두 작업을 통해 창조된 결과물이며, 노동의 산물과 달리 상대적으로 오래 지속된다. 작업은 '세계'를 만든다. 다시 말해, 인간이 자연과 구분되는 인공적인 세계, 즉 문화, 기술, 물질적 기반 등을 창출한다는 점에서, 인간의 고유한 창조성과 지적 능력이 반영된다. 하지만 아렌트는 근대 자본주의 사회가 노동과 작업의 경계를 흐리면서, 인간 활동을 전반적으로 생산성과 효율성의 척도로만 환원하는 위험을 비판한다. 작업은 중요하지만, 인간의 본질은 여전히 그 이상을 요구한다.

"행위는 사물이나 물질의 매개 없이 사람들 사이에서 직접적으로 일어나는 유일한 활동이며, 주도권을 잡고, 무언가를 시작하는 것을 의미한다" – 행위는 인간이 타인과 함께 공적인 장에서 관계를 맺고, 말하고, 행동함으로써 새로운 것을 시작할 수 있는 능력이다. 이 활동은 자유와 정치의 근거이자, 인간의 유일무이한 '등장'의 형식이다. 행위의 본질은 개별성이 드러나는 무대이자, 공동 세계에 영향을 미치는 '시작의 능력'이다. 인간은 누구도 대신할 수 없는 존재로서, 행위를 통해 자신만의 고유한 정체성을 드러내고, 역사와 세계의 흐름을 바꿀 수 있는 잠재력을 갖는다. 또한 행위는 예측 불가능하고 비가역적이다. 그것은 결과보다 관계에 의존하며, 타인의 반응 속에서 의미가 형성된다. 행위란 곧 정치적 존재로서의 인간이 세계에 나타나는 방식이며, 공동의 삶을 구성하는 힘이다. 따라서 행위는 언제나 공적 세계에서, 다른 사람들 앞에서 발생하며, 사적 공간에서는 성립되지 않는다. 행위는 단독으로 존재할 수 없으며, 타자와의 관계, 응답, 반응 속에서만 의미를 갖는다.

담론: 말하는 인간, 등장하는 인간

"행위는 말 없이는 존재할 수 없다" – 한나 아렌트에게 있어 인간은 단지 '생명체로서의 존재'가 아니다. 인간은 타인 앞에 자신을 드러내고, 말하고, 행동함으로써 세상에 '등장'하는 존재다. 『인간의 조건』에서 그녀가 '행위'를 인간 활동 중 가장 고귀한 것으로 꼽은 것도 이 때문이다. 그리고 그 행위는 결코 침묵 속에서 이뤄지지 않는다. 행위는 언제나 담론과 함께한다. 아렌트에게 있어 '담론discourse'은 단순히 정보를 전달하거나 설득하는 수단이 아니다. 그것은 자신의 고유한 존재를 드러내고, 타인과 함께 공동 세계를 구성하는 정치적 행위 그 자체. 우리가 누군가와 '말을 나눈다'는 것은 단지 언어적 교환이 아니라, 상호적 등장과 관계의 형성이라는 본질적 행위이다.

"담론은 타인의 시각을 통해 스스로를 이해하는 과정이다" – 아렌트는 인간이 단지 존재하는 것만으로는 충분하지 않다고 말한다. 인간은 '타자의 시선 앞에 등장해야만' 비로소 사회적·정치적 실체가 된다. '담론'은 행위에 의미를 부여하고, 주체의 고유성을 드러내는 수단이다. 인간은 말함으로써 자신이 누구인지, 어떤 의도를 지녔는지를 타자에게 밝히며 세상 속에 자신을 위치시킨다. 말은 행위를 설명하고 공유 가능하게 만들며, 행위는 말을 현실 안에서 실현시킨다. 말은 단순한 정보 전달이 아니라, 자기 드러냄이다. 우리는 말을 통해 '무엇'이 아니라 '누구'인지 드러낸다. 이는 곧 정체성과 공동체 형성의 핵심으로 이어진다.

"인간은 태어난 존재이기에, 새로움을 시작할 수 있는 능력을 가진다" - 아렌트는 담론이 지닌 비결정성과 불확실성을 오히려 정치의 본질적 특성으로 긍정한다. 담론은 일방적 명령이나 법률과 달리, 언제나 타자의 응답을 수반하는 대화적 구조를 지닌다. 그렇기에 담론은 항상 새로운 시작의 가능성을 품고 있다. 그녀는 이를 '태어남natality'의 힘이라 부른다. 인간은 말하고 행동함으로써 새로운 세계를 시작할 수 있는 존재이며, 담론은 그 출발의 공간이다. 이처럼 아렌트에게 담론은 정치적 창조성의 원천이다.

아렌트에게 정치는 다수의 인간이 함께 말하고 행동하는 공간이다. 고대 그리스의 아고라, 로마의 포럼이 그러했듯, 공적 영역은 개인들이 자신의 사적 이익을 넘어, 공동의 문제에 대해 말할 수 있는 자유로운 장을 뜻한다. 하지만 현대의 대중사회는 사적 이해가 공적 공간을 침식하고, 전문 관료제와 기술적 언어가 정치적 언어를 대체하며, 담론의 진정한 정치적 기능을 퇴화시키고 있다. 아렌트는 정치의 위기를 곧 '말할 수 있는 공간의 상실'로 진단하였다. 말이 사라지면, 자유도, 책임도, 공동체도 사라진다.

'악의 평범성'과 사유의 부재

"악은 괴물이 아니라, 생각하지 않는 평범한 사람 안에 존재한다" - 한나 아렌트는 저서 『예루살렘의 아이히만: 악의 평범성에 대하여(1963)』는 '악의 평범성' 개념을 통해 현대 사회에서의 '사유'의 중요성을 강조한다. 아렌트는 담론을 정치적 자유의 핵심으로 보았지만, 동시에 악이란 '생각하지 않음thoughtlessness에서 비롯된다고 보며, 사유의 결여를 비판한다. 그녀는 말많은 시대일수록, 특히 사유가 중대한 정치적 행위임을 강조한다. 아렌트는 아돌프 아이히만의 재판을 관찰하며, 그는 사악한 본성을 가진 특이한 인물이 아니라, 단순히 명령에 복종하고 관료적 역할을 충실히 수행하는 평범한 사람임을 확인했다. 아렌트는 아이히만을 통해 악이 비정상적이거나 특별히 사악한 본성에서 비롯된 것이 아니라, 일상적인 관료적 행위와 무비판적인 준수에서 발생할 수 있음을 강조했다.

"사유의 부재는 악행의 가능성을 열어준다" – 아렌트는 사유가 행동의 도덕적 성격을 결정짓는 필수 요소라고 보았다. 사유는 인간 행동의 방향과 목적을 정의하며, 이를 통해 책임 있는 선택과 행동을 가능하게 한다. 인간 행동은 본능적 반응이나 외부 명령의 수행이 아닌, 내적 사유와 판단의 결과여야 한다. 이러한 맥락에서, 행동은 사유를 통해 책임감 있고 윤리적으로 실행될 수 있다. 아렌트는 사유 없는 행동이 무책임과 폭력으로 이어질 가능성을 경고하며, 사유와 행동의 연결이 공공 영역의 질을 결정한다고 보았다. 행동은 사유의 반영이며, 사유 없는 행동은 무책임을 초래할 수 있다. 사유는 판단을 가능하게 하고, 판단은 책임 있는 행동을 이끈다.

공적 영역의 붕괴와 이데올로기: 전체주의의 위험

"세계 소외는 자유의 공간을 파괴하고, 인간을 사적 욕망에 가두어 버린다" – 현대 사회에서는 공적 영역이 축소되고 개인적 욕구의 충족이나 경제적 이익만이 중심이 되는 경향이 강해지고 있다. 아렌트는 이런 현상을 '세계 소외 world alienation'라고 비판하며, 공적 영역이 사라지면 인간은 결국 정치적 자유를 상실하고 실존적 의미까지 잃게 된다고 경고한다.

"전체주의는 인간을 단절시키고 고립시킨 후, 쉽게 지배한다" – 공적 영역이 사라질 때, 사람들은 군중으로 변한다. 아렌트는 공적 영역이 무너질 때 민주주의와 자유 또한 위기에 처할 것이라고 경고한다. 아렌트는 공적 영역의 붕괴가 단순한 공간의 소멸이 아니라, 자유로운 정치적 존재로서의 인간이 사라지는 과정이라고 보았다. 공적 영역이 붕괴하면 정치적 토론과 논쟁이 사라지고 시민들은 사적 영역에 갇힌다. 이는 대중의 원자화, 즉 사람들이 개인적으로는 분노하면서도 공동으로 행동할 수 없는 상태를 만든다. 아렌트는 이러한 현상을 '정치의 소멸'이라고 표현한다. 전체주의는 바로 이러한 공적 영역의 붕괴를 통해 가능해진다.

"이데올로기의 본질은, 하나의 생각을 전체 현실에 기계적으로 적용하면서 사고할 필요를 제거하는 데 있다" – '이데올로기ideology'는 모든 질문에 대한 답을 제공하지만, 그 대가로 사고할 필요를 제거한다. 아렌트는 공적 영역이 특정한 이데올로기에 의해 왜곡될 때, 정치적 자유가 위협받을 수 있다고 보았다. '이데올로기'는 본래 특정한 현실을 설명하는 '틀framework' 이지만, 전체주의적 사고에서는 이 틀이 절대적인 진리처럼 작동한다. 공적 영역은 다양한 의견이 교차하고, 갈등과 토론이 이루어지는 공간이어야 하지만, 이데올로기가 지배하는 사회에서는 반대 의견이 배척되고, 단일한 사고 방식만이 허용된다. 공적 영역이 살아남기 위해서는 사람들이 스스로 사고하는 능력을 회복하고, 기존의 사고 방식을 의심하며, 자유로운 논쟁과 토론을 활성화해야 한다.

한나 아렌트는 오늘날 시민의 역할, 공적 대화의 위기, 민주주의의 본질을 성찰하는데 유효한 철학적 도구를 제공한다. 우리가 말하지 않는다면, 우리를 대신해 말하려는 권력이 언제든 출현할 수 있다. 우리가 행동하지 않는다면, 기존의 질서는 결코 변화하지 않을 것이다.

한나 아렌트는 정치란 인간이 함께 말하고 행동하는 자유의 공간이라는 인식을 확산시키며, 현대 정치철학의 지형을 재편했다. 그녀의 '행위 action' 개념은 개인의 자유와 정체성이 타인과의 관계 속에서 실현된다는 사상으로, 공동체와 공적 삶의 중요성을 새롭게 부각시켰다. 한나 아렌트의 정치철학은, 단지 제도와 권력의 문제를 넘어서 인간이 어떻게 세계 속에서 함께 살아갈 수 있는가를 묻는 존재적 사유의 정수라 할 수 있다. 그녀는 우리에게 정치란 '누가 다스리는가'가 아니라, '우리가 어떻게 함께 시작할 수 있는가'의 문제임을 가르쳐준다. 태어남의 힘 natality과 행위의 자유성은 오늘날 위기에 처한 민주주의, 기술 문명, 시민성에 새로운 상상력을 부여한다.

아렌트의 철학은 끝난 사유가 아니라, 여전히 쓰이고 있는 사유다. 우리 각자가 새로운 시작을 할 수 있다는 믿음, 그리고 그 믿음이 공동의 세계로 이어질 수 있다는 가능성, 그곳에서 정치는 비로소 살아 숨 쉬게 된다.

주요 저술

- **전체주의의 기원**(The Origins of Totalitarianism, 1951/이진우 외, 2017) | 아렌트는 나치 독일과 스탈린주의 소련을 사례로 들어 전체주의의 본질과 그 발전 과정을 분석하였다. 그녀는 전체주의가 어떻게 기존의 사회 구조를 붕괴시키고 새로운 권력 형태를 구축하는지를 설명하였다.

- **인간의 조건**(The Human Condition, 1958/이진우, 2019) | 아렌트는 인간의 활동을 노동, 작업, 행위로 구분하며, 공적 영역에서의 행위가 자유와 정치적 참여를 실현하는 핵심이라고 주장하였다. 그녀는 특히 공적 영역의 중요성과 인간의 조건을 심도 있게 탐구하였다.

- **예루살렘의 아이히만: 악의 평범성에 대하여**(Eichmann in Jerusalem: A Report on the Banality of Evil, 1963/김선욱, 2022) | 아렌트는 아돌프 아이히만 재판을 관찰하며, 악이 특별히 사악한 본성에서 비롯된 것이 아니라, 일상적인 관료적 행위와 무비판적인 준수에서 발생할 수 있음을 주장하였다. 이는 악의 평범성 개념으로 널리 알려졌다.

33 | 하버마스 1929~
공론장의 부활은 어떻게 가능한가?

"이상적인 공론장에서는 권력과 경제적 이해관계로부터 독립된 토론이 이루어지며, 오직 논리와 이성에 근거한 의견만이 정당성을 인정받는다. 하지만 현대 사회에서 공론장은 점점 사유화되고 있으며, 미디어와 경제적 권력이 대중의 여론 형성 과정에 개입하면서 민주적 토론이 왜곡되는 위기에 처해 있다."

— 『공론장의 구조 변동』, 1962

유르겐 하버마스(Jürgen Habermas, 1929~)는 독일 철학자이자 사회이론가로, 프랑크푸르트학파의 2세대를 대표하는 인물이다. 그는 현대 민주주의와 '공론장Public Sphere'의 관계를 재구성하며, 의사소통 행위를 민주주의의 핵심적 요소로 제시하였다.

민주적 공론장의 본질과 위기

"공론장은 시민들이 자유롭게 의견을 교환하고 사회 문제를 토론함으로써 민주적 의지를 형성하는 공간이다" — 하버마스에 따르면, '공론장'은 민주적 토론과 합리적 의사소통을 가능하게 하는 사회적 공간이다. 여기서 말하는 '공론장'은 사람들이 모여 의견을 교환하는 물리적 공간을 넘어, 시민들이 공적인 관심사에 관해 자유롭게 토론하고 비판적으로 사고하며 여론을 형성할 수 있는 영역을 의미한다. '공론장'은 개인들이 공공의 문제를 논의하고 합의를 도출하는 공간으로, 하버마스는 이를 민주주의의 필수적 요소로 간주했다.

하버마스가 이상적 '공론장'으로 모델 삼은 것은 18세기 유럽에서 형성된 부르주아 공론장이다. 당시 유럽의 시민들은 카페나 살롱, 신문과 같은 매체를 중심으로 자유롭게 의견을 나누며 공적인 문제를 토론했다. 이러한 공론장의 특징은 접근의 개방성과 의견의 자유로운 교환이었다. 누구나 접근할 수 있으며, 계층이나 신분의 제한 없이 자유롭게 의견을 나눌 수 있는 공간이 형성된 것이다.

"현대의 대중매체는 공론장을 확장시키는 동시에 상업화시켜 시민을 정보 소비자로 전락시킬 위험을 내포한다" – 19세기 이후 '공론장'은 자본주의와 국가의 개입으로 인해 점점 상업화되고, 특정 계층이 담론을 독점하게 된다. 특히 20세기 '공론장'은 대중매체의 등장으로 인해 상업화되고, 광고와 기업의 영향력에 의해 여론이 조작될 위험이 매우 높아진다. '공론장'은 점점 더 자본의 영향을 받으면서, 시민들이 능동적으로 토론하는 공간이 아니라 수동적인 소비자로 전락하는 과정을 겪고 있다. 미디어가 특정한 이데올로기를 강화하고, 대중이 정보의 수용자로만 존재하게 되면서 공론장은 본래의 민주적 기능을 상실하고 있다.

하버마스는 '공론장'을 활성화하기 위해 교육과 참여 플랫폼 같은 제도적 장치를 통해 시민들이 자신의 의견을 자유롭게 교환하며, 공동의 문제를 해결할 수 있는 기회를 만들어야 한다고 제안한다. 공론장을 회복하기 위해서는 시민들의 능동적인 참여가 필수적이다. 미디어가 정보를 제공하는 방식이 아니라, 시민들이 직접 공적 논의에 참여할 수 있는 새로운 형태의 공론장이 필요하다. 새로운 형태의 공론장은 평등한 참여, 개방된 논의, 강제없는 설득을 조건으로 한다.

목적 합리적 행위와 의사소통 행위

하버마스는 『의사소통 행위 이론(1984)』을 통해 20세기 현대사회의 위기를 분석하며 인간 이성이 도구적, 기술적 합리성에만 머물러 소통의 합리성을 상실한 상태를 비판하였다. 하버마스는 어떻게 해야 현대 사회가 합리적으로 소통하며, 민주적이고 인간적인 방향으로 발전할 수 있을까라는 질문에서 출발하였으며, 이에 대한 해답으로 '의사소통 행위 communicative action' 이론을 제시한다. 하버마스는 인간의 행위를 크게 두 가지로 나누었다.

"목적 합리적 행위에서는 행위자가 주어진 조건 하에서 특정한 목적을 가장 잘 달성할 수 있는 수단을 계산적으로 선택한다" – '목적 합리적 행위 Strategic/Instrumental Action'는 목적 달성을 위해 타인을 수단화하는 행위이다. 목적 합리적 행위는 주어진 목표를 달성하기 위해 최적의 수단을 선택하는 행위 방식이다. 기업들은 이윤 극대화를 위해 비용 절감, 마케팅 최적화, 노동력 효율화를 추구한다. 현대인들은 자주 시간과 자원을 최적화하는 방식으로 생활한다. 감정을 공유하는 대화보다 빨리 원하는 정보를 얻기 위해 챗봇을 사용하거나, 관계보다는 효율성을 우선시하는 연애 문화가 형성되기도 한다. 하버마스는 '목적합리적 행위'가 완전히 부정적인 것은 아니지만, 사회가 이 방식에만 의존하면 인간이 소외될 위험이 크다고 보았다.

"의사소통 행위란 상호 이해를 목적으로 하는 대화이며, 이는 강제보다 설득에 의존한다" – '의사소통 행위'는 상호 이해를 목표로 하는 행위이다. '의사소통 행위'는 참여자들이 상호 이해와 합의에 이르는 것을 목적으로 하는 행위로, 이는 힘이나 전략적 의도가 아니라 순수한 합리적 토론을 통해 이루어지는 사회적 상호작용이다. '의사소통 행위'에서의 합리성은 도구적 목표가 아니라 합의를 지향하는 소통 과정에서 찾는다. 즉, 타당한 논증과 이해 가능한 언어를 통해 구성원들이 상호 이해와 합의에 도달하는 능력이다. 하버마스는 이를 인간 이성의 진정한 모습으로 간주하였다.

생활 세계와 체계

하버마스는 현대사회의 문제를 '체계System'와 '생활세계Lifeworld'라는 두 가지 개념으로 진단한다. '체계System'는 시장과 행정 등 '목적 합리성'을 중심으로 기능하는 영역이다. 체계는 시장과 행정조직처럼 특정 목적을 효율적으로 달성하기 위해 조직된 영역으로, '목적 합리성'을 핵심 원리로 한다. '생활세계Lifeworld'는 문화적, 도덕적 가치를 중심으로 한 사회적 상호작용의 영역이다. 생활세계는 개인들이 공유하는 문화적 배경, 상호 이해를 위한 가치와 규범이 형성된 소통과 관계의 영역이다. 즉, 생활세계는 우리가 일상에서 경험하는 가족, 친구, 지역 공동체와 같이 상호작용을 통해 의미를 생성하고 관계를 유지하는 공간이다.

"체계가 생활세계를 식민화할 때, 인간은 더 이상 의미를 공유하지 않고 기능적 존재로 전락한다" – 하버마스는 현대사회가 직면한 주요 위기를 생활세계의 '식민화'라는 개념으로 표현한다. 생활세계의 식민화란, 원래 생활세계가 가지고 있던 '소통과 상호이해' 중심의 원리가, 체계의 '도구적이고 효율성' 중심의 논리에 의해 침투당하고 대체되는 현상을 의미한다. 우리가 인간적인 관계와 소통을 통해 문제를 해결하던 영역이 시장이나 행정의 효율성과 목적 지향적인 논리로 지배받게 된 것이다. 이러한 식민화가 진행되면 생활세계는 점차 본연의 기능인 합리적이고 자유로운 소통의 능력을 상실하게 된다. 예를 들어, 교육 현장에서 교사와 학생 사이의 관계가 신뢰와 소통이 아니라 성과 평가나 수치적인 경쟁 논리로 바뀌는 현상, 혹은 가정 내에서도 가족 구성원 사이의 대화와 공감이 아닌 경제적 효율성과 실적, 경쟁 중심의 논리가 우선하는 현상이 대표적인 사례이다.

하버마스는 생활세계의 식민화를 방지하기 위해서는 '의사소통적 합리성'을 복원해야 한다고 주장한다. 체계의 효율성 논리를 넘어 생활세계에서의 자유롭고 평등한 소통을 활성화할 때만 진정한 의미의 민주주의와 인간적 사회가 가능하다는 것이다.

담론 윤리와 심의 민주주의: 정당성의 새로운 기반

"도덕적 규범은 모든 영향을 받는 이들이 자유롭고 평등한 참여자로서 승인할 수 있어야 정당하다" – 하버마스의 정치철학에서 핵심적인 위치를 차지하는 것은 '담론 윤리학'이다. 그는 규범이나 사회 제도의 정당성이 단지 권위나 전통, 혹은 다수결이라는 절차적 기계성에 의존해서는 안 된다고 보았다. 그 대신, 하나의 규범이 정당화되기 위해서는 그 규범이 모든 관련 당사자의 자유롭고 평등한 담론 속에서 수용될 수 있어야 한다는 요건을 충족해야 한다고 주장한다. 이는 개인의 이성적 자율성에 기초한 칸트(1724~1804)의 정언명령을, 고립된 개인의 내면이 아닌 사회적 상호작용과 담론의 구조 속에서 재해석한 것이다.

"담론은 오직 더 나은 논증만이 설득력을 가질 수 있는 상황에서만 진정으로 정당화될 수 있다" – 이러한 담론 윤리가 제대로 기능하기 위해서는 일정한 이상 조건이 전제되어야 한다. 이상적인 담론은 모든 억압과 강제, 왜곡된 권력 구조가 제거된 상태에서 이루어져야 한다. 참여자는 누구든지 발언할 자유를 갖고, 오직 가장 나은 논증만이 설득력을 얻으며, 모든 주장은 비판과 반론의 대상이 된다. 이러한 상황은 하나의 규범이나 정책이 과연 정당한지, 특정 담론이 왜곡되어 있지는 않은지를 평가할 수 있는 비판적 기준이 되며, 민주주의적 토론의 질을 가늠하는 척도가 된다. 담론 윤리는 소통을 통한 합의에 기반한 윤리로, 참여자 모두의 의견을 존중하는 민주적 의사결정을 강조한다. 규범적 타당성은 이해관계나 강제가 아니라 오직 참여자들 간 자유롭고 평등한 의사소통을 통한 합의에 의해서만 확립될 수 있다.

"민주주의는 자유로운 시민들이 숙고를 통해 공통의 의사를 형성해가는 소통의 형식이다" – 이러한 사유는 하버마스의 '심의 민주주의' 이론으로 확장된다. 그는 공론장을 단순히 다양한 의견이 존재하는 공간으로 보지 않고, 시민들이 자발적으로 모여 공공의 문제를 심층적으로 숙의하고 정당한 결정을 만들어가는 정치적 구조로 이해한다. 이 과정은 단순한 여론의 반영이나 다수결에 의존하는 것이 아니라, 담론을 통해 상호 이해와 동의를 형성하는 과정을 중시한다. 즉, 정당성의 근거는 다수의 숫자가 아니라, 합리적 의사소통의 질에 있는 것이다. 하버마스의 민주주의 이론은 이처럼 소통과 숙의, 정당성의 관계를 중심으로 새롭게 구성되며, 권위주의적 정치와 소비적 여론 사이에 균형을 회복하려는 철학적-정치적 기획이라 할 수 있다.

하버마스에게 공론장은 민주주의의 심장이다. 사적인 관심을 넘어서 공적 문제에 대해 함께 성찰하고 결정할 수 있는 능력은 시민의 상호작용 속에서 형성된다. 이 상호작용의 규범적 구조가 의사소통 행위이론으로 이론화된다. 인간은 단지 목적을 향해 수단을 계산하는 존재가 아니라, 이해를 추구하며 말하고 응답하는 도덕적 행위자다. 의사소통 합리성은 우리가 자유롭고 평등하게 의견을 교환할 수 있는 가능성을 철학적으로 정당화한다. 그리고 그 가능성은 곧 담론 윤리로 구체화된다. 하버마스는 담론 윤리를 외부 권위나 절대적 원리에서가 아니라, 이성적 참여자들이 아무런 외압 없이 동의할 수 있는 조건에서 스스로 형성한 합의에서 찾았다. 담론 윤리는 윤리를 개인의 내면 문제에서 공적인 실천과정으로 끌어올리고, 이성과 도덕의 사회적 조건을 정초한다. 이 모든 이론적 기초 위에서 하버마스는 심의민주주의를 제안한다. 이는 선호의 경쟁이 아니라, 의견과 이유, 논증이 교환되는 공적 토론 속에서 정당성이 형성되는 정치 체계이다. 진정한 민주주의는 투표의 수적 절차가 아니라, 함께 말하고 듣고 설득할 수 있는 능과 제도, 문화를 전제로 한다.

그의 사회철학은 우리에게 묻는다.

우리는 지금, 누구와 함께 말하고 있는가? 누구의 말에 귀 기울이고 있는가? 우리는 진정 공론장에 존재하는가?

이러한 물음 속에, 민주주의의 윤리적 재건과 정치적 희망의 가능성이 깃들어 있다.

✒ 주요 저술

- **공론장의 구조 변환**(The Structural Transformation of the Public Sphere, 1962/한승완, 2024) | 공론장의 역사적 발전과 변화를 분석하며, 현대 민주주의에서의 공공 담론의 역할과 중요성을 탐구하였다.

- **의사소통 행위 이론**(The Theory of Communicative Action, 1984/장춘익, 2006) | 하버마스의 대표작으로, 의사소통을 통한 사회적 상호작용과 합의 형성을 다루며 이성적 담론의 중요성을 강조하였다. 이를 통해 사회적 통합과 민주주의의 이론적 기반을 마련하였다.

PART 8

지식과 미디어: 생각의 지배자들

우리는 생각 속에서 살아간다.
하지만 우리의 생각은 어디서 비롯되는가?
누가 무엇을 '상식'이라 부르고, 우리는 그것을 어떻게 믿게 되는가?
이 장에서는 안토니오 그람시(1891~1937)의 '헤게모니', 막스 호르크하이머(1895~1973)와 테오도어 아도르노(1903~1969)의 '문화산업', 마셜 맥루한(1911~1980)의 '미디어는 메시지다', 장 보드리야르(1929~2007)의 '시뮬라크르'를 통해, 우리가 당연하다고 여기는 생각이 어떻게 구성되는지를 살펴본다.
생각과 감각, 정보와 이미지의 뒤편에서 작동하는 권력의 구조는 물리적 억압보다 더 은밀하고 강력하다. 이 장은 눈에 보이지 않는 지배가 어떻게 작동하는지를 추적한다.

34 | 그람시 1891~1937
문화적 헤게모니는 어떻게 대체되는가?

"혁명은 단순한 무력 투쟁이 아니라, 먼저 문화적·지적 전선을 구축하고, 지배 이데올로기에 맞설 대안적 헤게모니를 형성하는 데서 시작된다."

— 『옥중수고』, 1929~1935

    1926년, 무솔리니 정권 하에서 이탈리아 공산당의 창당 멤버이자 현직 국회의원이었던 안토니오 그람시(Antonio Gramsci, 1891~1937)는 무려 11년간에 걸쳐 수감생활을 하게 된다. 감옥에서 그는 총과 대포 없이 세계를 바꾸는 방법을 고민한다. 그에게 진정한 권력은 물리적 무력이 아니라, 사람들의 생각과 감정을 조직하는 힘에서 나온다. 그의 사유는 억압이 아닌 동의 consent를 통해 작동하는 권력의 구조를 밝히며, 지배의 가장 깊은 층위가 바로 문화와 인식의 장場에 있음을 드러냈다.

    그람시는 『옥중수고』에서 '헤게모니 hegemony'라는 개념을 통해, 지배계급이 어떻게 정치적 강제가 아닌 문화적 주도권과 도덕적 정당성을 통해 사회 전체의 사고와 감각을 조율하는지를 설명했다. 이는 전통적인 마르크스주의가 주로 주목한 경제 기반이나 폭력적 억압만으로는 지배의 지속성을 설명할 수 없다는 문제의식에서 출발한다. 그는 문화, 언어, 교육, 종교, 언론 등의 '시민사회의 전선'이야말로 현대 권력이 가장 강력하게 작동하는 장소라고 보았다. 이에 따라 그람시는 정면돌파가 아니라, 시민사회의 다양한 문화 구조를 전복해 나가는 '진지전 war of position'이라는 전략을 제안한다. 전선이 아닌 학교, 교회, 언론, 지식인 집단, 일상언어 안에서 벌어지는 이 싸움은 오래 걸리지만, 한 사회의 인식 구조를 재편할 수 있는 유일한 길이다. 이 싸움의 중심에는 '유기적 지식인 organic intellectual'이 있다. 이들은 현실과 유리된 엘리트가 아니라, 자신의 계급과 공동체의 경험을 해석하고 실천을 조직하는 존재로서, 새로운 세계를 상상하고 구축할 수 있는 핵심 주체다.

헤게모니와 시민사회: 동의의 메커니즘

"지배는 동의를 통해 완성된다" – 제1차 세계대전 이후 이탈리아 사회는 대규모 실업과 불안정 속에서 극단적인 정치 세력이 득세했고, 결국 1922년 베니토 무솔리니(Benito Mussolini, 1883~1945)가 파시스트 정권을 수립하면서 강압적인 통치가 시작되었다. 무솔리니는 폭력적 억압뿐만 아니라, 교육과 미디어를 활용해 국민들에게 국가주의적 이념을 주입함으로써 대중의 동의를 확보하고 있었다. 무솔리니 정권에 의해 감옥에 수감된 그람시는 파시즘이 군사적·경제적 억압을 넘어서 사회의 모든 문화적 영역에서 국민들의 사고방식을 통제하는 방식으로 작동한다는 점을 깨달았다. 그는 이에 대응하기 위해 '헤게모니 hegemony' 이론을 발전시켰다. 전통적인 마르크스주의는 국가가 억압적 기구를 통해 지배한다고 보았지만, 그람시는 '강제력 coercion'과 함께 '동의 consent'가 지배를 유지하는 중요한 요소라고 분석했다. 즉, 국가만이 아니라 학교, 교회, 언론 등 시민사회가 자본주의적 가치관을 대중에게 내면화시키는 역할을 한다.

"시민사회는 사람들의 동의를 조직하는 복합체다"— 그람시는 국가를 '정치사회 Political Society'와 '시민사회 Civil Society'의 이중 구조로 분석하며, 권력 유지를 위한 강제와 동의의 복합적인 작동 방식을 밝혀냈다. '정치사회'는 군대, 경찰, 법원과 같은 억압적인 기구를 통해 물리적 강제력을 행사하는 전통적인 권력 형태를 의미한다. 반면 '시민사회'는 언론, 교육, 종교, 예술, 문화 등과 같은 이데올로기적 기구를 포괄하며, 사람들의 사고방식과 가치관을 형성하고 동의를 만들어내는 영역이다.

"시민사회는 권력의 전장이다. 여기서 인간의 상상력과 사유가 형성된다"— 학교, 언론, 종교, 문학, 예술 등은 지배계급의 이념을 재생산하는 도구로 작동하며, 이를 통해 사회적 규범과 가치관이 형성된다. 교육은 지배계급의 이념을 전파하고 이를 자연스럽고 당연한 것으로 받아들이게 한다. 미디어와 문화는 헤게모니의 가장 강력하고 반복적인 기제이다. 언론, 문학, 예술은 대중의 사고방식을 형성하며 반복하여 지배계급의 이념을 강화하며, 피지배 계급 스스로 문화적 헤게모니를 수용하게 한다. 종교와 법은 개인들의 영혼과 정신을 가두는 문화적 헤게모니의 철장 역할을 한다.

유기적 지식인과 진지전, 그리고 역사적 블록

"유기적 지식인은 사회 구조의 한 계급이 태동하면서 함께 생성되는 지식인이다. 그들의 기능은 계급의 활동을 이론적으로 정당화하고, 도덕적으로 조직하는 데 있다"— 그람시는 문화적 헤게모니를 극복하기 위해 '대항 헤게모니'를 구축해야 한다고 주장했다. 이를 위해 새로운 이념과 문화를 창출하고 대중을 조직화하는 지적·문화적 투쟁이 필수적이다. 그람시는 지식인을 '전통적 지식인'과 '유기적 지식인 Organic Intellectual'으로 구분하고, 기존 지배계급의 헤게모니를 깨뜨리기 위해서는 유기적 지식인의 역할이 필수적이라고 보았다. 전통적 지식인은 기존 사회질서를 유지하는 데 기여하는 지식인이고, 유기적 지식인은 새로운 계급을 대변하고 사회 변화를 촉진하는 지식인이다.

전통적 지식인은 자신을 '초역사적 보편성'을 대표하는 자로 생각하지만, 그람시는 이를 하나의 허구로 본다. 그는 지식인의 '객관성'이나 '중립성'이 오히려 기존 지배 질서를 정당화한다고 비판한다. 유기적 지식인은 반대로, 자신이 속한 계급의 이해와 역사적 맥락에 자각적이며, 지식의 정치성을 실천적으로 드러낸다.

"현대 사회에서 혁명은 진지전이다. 요새를 공략하는 것이 아니라, 문화의 토대를 서서히 바꾸는 싸움이다" – 유기적 지식인은 '진지전 War of Position'을 통해 대항 헤게모니를 구축한다. 이는 단기적 전복이 아닌, 장기적 문화투쟁과 집단지성의 축적을 통해 기존 질서를 점진적으로 잠식하는 방식이다. 서구 사회에서는 러시아 혁명과 같은 급격한 혁명보다는, 시민 사회 내에서 점진적인 헤게모니 투쟁을 통해 사회 변혁을 이루어야 한다고 그람시는 보았던 것이다. '진지전'에서 유기적 지식인은 지배계급의 이념을 비판적으로 분석하고, 자신들의 이익을 반영한 대안적 이념을 형성해야 한다. 이를 위해서는 문화, 교육, 미디어, 예술 등의 영역에서 새로운 담론과 사고방식을 형성하는 것이 중요하다. 이런 과정을 거쳐 구축된 대항 헤게모니는 사회 변혁을 위한 새로운 상상력이자 동력이 된다.

"역사적 블록은 경제와 문화, 정치가 하나의 유기체로 결합된 질서다" – 그람시는 사회 변혁을 위해서는 다양한 사회 집단과 계급의 연대가 필수적이라고 보았고, 이러한 연대를 가능하게 하는 핵심적인 개념으로 '역사적 블록Historical Bloc'을 제시하였다. '역사적 블록'은 특정한 경제적 토대와 상부구조 사이의 상호작용을 통해 형성되는 사회적 질서를 의미한다. 즉, 특정한 계급이 지배적 지위를 차지하려면, 단순히 경제적·군사적 힘을 소유하는 것만으로는 부족하며, 문화적·이데올로기적 요소를 결합하여 대중의 동의를 얻어야 한다. 이러한 경제적·정치적·문화적 요소들의 조합이 역사적 블록을 형성하며, 이를 통해 특정한 사회 질서가 유지된다.

"역사적 블록은 다양한 사회 세력이 새로운 목표로 연대할 때 가능하다" – '역사적 블록'은 고정된 것이 아니라, 변화 가능성이 있는 동적인 개념이다. '역사적 블록'의 변화는 기존의 헤게모니가 약화되고, 새로운 세력이 대항 헤게모니를 구축하는 과정에서 발생한다. 예를 들어, 노동자 계급이 경제적 저항(임금 투쟁, 노동 쟁의 등)만이 아니라, 문화적·이데올로기적 영역에서도 새로운 가치관을 형성하고, 지식인과 사회운동을 통해 대항 헤게모니를 구축한다면, 기존의 '역사적 블록'이 무너지고 새로운 '역사적 블록'이 형성된다. 역사적 블록은 특정한 계급이나 집단의 이해관계만을 대변하는 것이 아니라, 사회 전체의 발전을 지향한다. 이는 다양한 사회 세력들이 공통의 목표를 설정하고, 각자의 역할을 수행함으로써 가능하다. 그람시는 역사적 블록의 형성을 위한 핵심적인 조건으로 유기적 지식인의 역할을 강조하였다.

그람시의 헤게모니 개념은 지배의 가장 깊은 차원을 드러낸다. 권력은 스스로를 감추며, 우리의 감각과 판단, 세계를 이해하는 틀을 구성한다. 즉, 생각을 지배하는 자가 세계를 지배한다. 그리고 이러한 지배에 맞서 싸우기 위해서는 무력이 아니라, 문화적·지식적 투쟁이 필요한 것이다.

오늘날의 세계는 여전히 새로운 형태의 헤게모니로 가득 차 있다. 플랫폼 알고리즘이 우리의 관심을 지배하고, 교육은 경쟁의 도구가 되며, 언론과 정치 담론은 특정 세계관을 '상식'으로 포장한다. 이 시대에 그람시의 사상은 단지 옛 마르크스주의자의 목소리가 아니라, 생각의 전장을 다시 자각하고, 말과 판단의 주체로서 다시 서기 위한 윤리적 요청이다. 그람시는 감옥 속에서 썼다. 말할 자유조차 없던 공간에서, 생각을 다시 자유롭게 하기 위한 사유의 실천을 시작했다. 우리가 그의 사유를 오늘 다시 읽는 이유는 분명하다.

진정한 변화는 세상을 바꾸기 전에, 먼저 우리가 세계를 어떻게 인식하는지를 바꾸는 데서 시작되기 때문이다.

🖊 주요 저술

- **조직론**(On Organizationalism, 1926) │ 사회 변혁을 위한 지식인과 조직의 역할을 강조하며, 문화적 헤게모니 유지의 중요성을 논의한다.
- **옥중 수고**(Prison Notebooks, 1929-1935/이상훈, 2007) │ 문화적 헤게모니를 통해 지배 계급이 사회 전반에 걸쳐 자신의 이념을 자연스럽게 수용하도록 만드는 과정을 상세히 설명한다.
- **국가와 혁명**(State and Revolution, 1935) │ 국가의 역할과 혁명을 통해 문화적 헤게모니를 전복하고 새로운 사회 질서를 구축하는 방법을 제시한다.

35 | 호르크하이머 1895~1973 & 아도르노 1903~1969
계몽과 이성이 어떻게 억압을 만들어내는가?

"영화, 라디오, 잡지 등은 더 이상 예술이 아니라, 산업의 일부가 되었으며, 표준화된 형태로 생산되고 소비된다. 이러한 문화의 상업화는 사람들을 수동적이고 순응적인 존재로 만들며, 그들이 현실의 억압을 인식하지 못하게 한다."

— 『계몽의 변증법』, 1944

우리는 흔히 합리성과 이성이 인간을 더 나은 방향으로 이끌 것이라고 믿는다. 과학과 기술이 발전하면서 인간은 더 풍요로운 삶을 살 수 있게 되었고, 정치와 경제 시스템도 보다 효율적으로 작동하게 되었다. 그러나 이러한 합리성과 효율이 과연 인간을 진정으로 자유롭게 만들었을까?

막스 호르크하이머(Max Horkheimer, 1895~1973)와 테오도어 아도르노(Theodor W. Adorno, 1903~1969)는 20세기 독일 프랑크푸르트 학파를 대표하는 비판 이론가들이다. 그들은 나치즘의 광기와 제2차 세계대전이라는 파국을 목도하고, 서구 문명의 이면에 감춰진 야만성에 대한 근본적인 성찰을 시도하였다. 호르크하이머와 아도르노는 인간을 신화적 공포와 무지로부터 해방시키려 했던 '계몽Enlightenment'이 어떻게 스스로를 배반하고 새로운 형태의 지배와 억압을 낳게 되었는지를 비판적으로 분석하였다.

계몽의 역설

"계몽은 인간을 두려움으로부터 해방시키고, 지배를 통해 자연을 정복하려 했지만, 그 과정에서 인간은 새로운 지배와 미신의 굴레에 빠졌다" - 막스 호르크하이머와 테오도르 아도르노는 『계몽의 변증법(1944)』을 통해 '계몽주의'가 이성을 통해 인간을 미신과 억압에서 해방시키고자 했으나, 역설적이게도 전체주의와 새로운 형태의 억압을 초래했다고 비판한다. 여기에서 말하는 '계몽주의'는 18세기 서구 철학의 계몽 사상만을 의미하는 것이 아니다. 그들은 계몽을 보다 광범위한 역사적 과정으로 이해하며, 인간이 신화적 세계관을 극복하고 이성을 통해 세계를 합리적으로 이해하고 통제하려는 모든 시도를 포함하는 개념으로 사용했다. 즉, 계몽주의란, 인간이 자연과 사회를 합리적으로 설명하고 지배할 수 있다는 믿음을 의미하며, 이는 근대 과학, 기술, 경제, 정치 체제에서 발전된 합리성의 기초이자 이성에 대한 믿음을 의미한다.

계몽은 신화를 해체하고, 자연을 지배하고 인간을 해방하려 하였다. 그러나 이 노력은 오히려 새로운 억압 체제로 귀결되었다. 자연을 정복하고 지배하려는 시도는 결국 인간 자신을 통제하는 구조로 이어졌다. 과학과 기술의 발전은 인간을 해방하는 수단이 될 것으로 기대되었지만, 핵무기와 감시 시스템과 같은 도구로 변모하여 인간을 위협하고 개인을 통제한다. 자유 시장 경제 또한 개인의 자유를 확대하는 것처럼 보이지만, 실제로는 대기업과 금융 자본이 사회 시스템을 지배하는 구조를 심화시켰다.

정치는 민주주의적 이상을 표방하였지만, 현실에서는 체제를 유지하고 권력을 강화하는 기술적 도구로 작동한다. 문화 역시 인간의 정신을 깨우고 독립적 존재가 되게 하기 보다는 오히려 사람들을 수동적이고 비판 능력이 제거된 존재로 만드는데 일조한다.

"계몽은 모든 것을 동일하게 만들고, 식별 가능한 것을 파괴한다" – 근대의 계몽은 원래 인간을 미신과 무지로부터 해방시키고, 자율적 이성과 개별적 사고를 회복시키기 위한 지적 운동이었다. 계몽은 인간이 더 이상 외부 권위에 의존하지 않고 스스로 사고하고 판단할 수 있는 존재로 서기를 바랐다. 그러나 역설적으로, 근대 이후의 계몽은 그 본래의 이상과는 반대로 작용하기 시작했다. 합리성과 체계성의 이름 아래, 사고는 점점 더 획일화되었고, 다양성과 차이를 포용하기보다는 모든 것을 동일한 논리로 환원시키려는 경향이 강화되었다. 그렇게 계몽은 오히려 개별성을 파괴하고, 인간의 주체성을 희미하게 만드는 자기파괴의 길로 들어서게 되었다.

도구적 이성과 그 위험성

"도구적 이성은 진리나 정의가 아니라, 효율성과 생존만을 기준으로 삼는다" – 호르크하이머와 아도르노는 이러한 문제를 설명하기 위해 '도구적 이성 Instrumental Reason'이라는 개념을 제시했다. '도구적 이성'이란, 이성이 본래의 철학적·윤리적 역할을 잃고, 단순히 목표를 달성하기 위한 수단으로만 사용되는 상태를 의미한다. 도구적 이성은 세계를 계산 가능하고 조작 가능한 대상으로만 간주하며, 모든 것을 수량화하고 표준화하여 통제 시스템 아래 복속시키려 한다.

경제 영역에서 도구적 이성은 최대의 생산성과 이윤 창출을 목표로 작동하였다. 이는 인간 노동의 소외와 경제적 불평등 심화라는 결과를 초래하였다. 기업은 효율성을 극대화하기 위해 노동자를 단순한 생산 요소로 취급하고, 이윤 추구를 최우선으로 함으로써 노동자의 인간적인 가치를 간과하고 부의 불균형을 심화시켰다.

정치 영역에서 도구적 이성은 대중을 효율적으로 통제하기 위한 정책을 중심으로 작동하였다. 이는 감시 사회의 등장과 민주주의 약화라는 결과를 가져왔다. 정부는 사회 질서 유지와 효율적인 통치를 명목으로 개인의 자유를 제한하고 감시 시스템을 강화하였으며, 이는 민주주의의 근간을 흔들고 시민의 자유를 억압하였다.

교육 영역에서 도구적 이성은 시장 논리에 맞춰 직업적 역량 중심으로 구성되었다. 이는 비판적 사고의 약화와 창의성 감소라는 결과를 초래하였다. 교육 기관은 학생들을 미래의 노동 시장에 적합한 인재로 양성하는 데 초점을 맞추고, 비판적 사고 능력이나 창의성과 같은 인간적인 역량의 중요성을 간과하였다.

"이성은 이제는 목표를 사유하지 않고, 주어진 목표를 얼마나 잘 달성할 수 있는가만 계산한다" – 도구적 이성이 지배하는 사회에서 인간은 더 이상 자유로운 존재가 아니라, 사회 시스템이 필요로 하는 역할을 수행하는 기계적인 존재로 변해간다. 현대 사회에서는 인간이 개인적인 성취와 행복을 추구하는 것처럼 보이지만, 실제로는 경제적 필요와 사회적 요구에 맞춰 자신의 삶을 구성한다. 인간은 스스로 자유롭게 사고하는 존재가 아니라, 경제와 시스템이 요구하는 방향으로 조정되는 존재로 변하고 있다.

문화산업: 의식과 여가의 식민화

"문화는 동질성과 복종을 강요한다" – 도구적 이성이 사회 전반을 지배하는 논리라면, '문화산업 Kulturindustrie'은 대중의 의식과 여가 시간마저 철저히 식민화한다. 호르크하이머와 아도르노는 현대 사회의 영화, 라디오, 대중음악, 잡지와 같은 대중문화가 더 이상 칸트적 의미에서의 자율적인 예술, 즉 내재적 논리에 따라 진리를 추구하고 현실에 대한 비판적 거리를 유지하는 창조적 영역이 아니라고 단언하였다. 문화는 자본주의적 대량 생산 시스템에 편입되어, 이윤 극대화를 유일한 목표로 삼는 거대한 산업이 되었다. 문화상품들은 자동차나 가전제품처럼 철저한 시장 분석과 표준화된 제작 공정을 통해 기획되고 생산되며, 예측 가능한 효과를 보장하도록 치밀하게 계산된다.

이 문화산업의 핵심 기능은 대중에게 끊임없이 가볍고 피상적인 '오락amusement'과 손쉬운 '기분전환distraction'을 제공하는 데 있다. 이는 현실의 고통스러운 모순과 사회 구조의 억압적 본질로부터 시선을 돌리게 하고, 비판적 사유 능력을 체계적으로 마비시킨다. 문화산업이 쏟아내는 상품들은 겉으로는 다양해 보이지만, 실제로는 소수의 성공적인 도식과 장르적 관습을 끊임없이 반복하고 변주하는 '동일성의 영원한 회귀'에 불과하다. 소비자의 취향은 획일적으로 길들여지고 예측 가능한 반응만이 양산되며, 참신함이나 비판적 성찰을 요구하는 예술적 경험은 설 자리를 잃게 된다.

"문화 산업은 대중의 의식을 단일한 형식으로 만들어낸다" – 문화산업은 개인들에게 '사이비 개성pseudo-individuality'을 부여함으로써 체제 순응을 더욱 효과적으로 유도한다. 표준화된 상품들에 가해진 미미한 차이(예: 약간 다른 디자인의 옷, 미묘하게 변주된 유행가)는 마치 개인이 자유로운 선택을 통해 자신의 고유한 개성을 표현하는 듯한 환상을 심어주지만, 이는 결국 거대한 동일성의 시스템 안에서 허용된 미세한 차이에 불과하다. 이는 기존 질서에 대한 암묵적 동의를 강화하고 사회 전체를 지배하는 획일성과 통제 시스템에 자발적으로 복속되는 결과를 낳는다. 결과적으로, 한때 사회적 통념에 도전하고 해방의 가능성을 탐색했던 예술 고유의 비판적 힘과 유토피아적 약속은, 문화산업의 철저한 상업주의와 표준화 논리 속에서 무력화되고 거세된다.

비판, 개별, 그리고 예술

근대 계몽은 인간이 미신과 억압으로부터 벗어나 이성의 빛을 통해 자율적 존재가 되기를 추구한 프로젝트였다. 호르크하이머와 아도르노는 『계몽의 변증법』에서 이 이상이 스스로를 배반하고, 계몽이 지배와 억압의 수단으로 타락했다고 분석한다. 이성은 해방의 도구가 아닌 통제의 장치가 되었고, 문화는 자유의 공간이 아닌 획일화된 소비의 시스템으로 전락했다. 이러한 상황에서 인간이 스스로 사고하고 존재하는 것을 방해하는 구조는 외적인 억압이 아니라, 내면화된 통제이며, 일상에 깊숙이 침투한 이데올로기다. 그들은 이 위기에서 벗어나기 위한 가능성을 세 가지 방식으로 제시한다. '비판적 사고'의 회복, '개별'적 사고의 존중, 그리고 '예술' 공간의 자율성이다.

"진정한 계몽은 비판적 사고를 통해 기존 질서를 넘어서려는 시도이다" — 비판적 사고는 단순히 무엇인가를 반대하거나 비난하는 것이 아니다. 그것은 사고 자체가 자기 자신을 반성하고, 그 이면에 숨어 있는 권력과 억압의 구조를 인식하는 사유의 형식이다. 이들은 진정한 사유는 항상 "아니다"라고 말할 수 있는 힘을 지녀야 한다고 강조한다. 즉, 주어진 질서나 진리에 무비판적으로 동화되지 않고, 그 틈과 균열을 인식하며, 사유의 자유를 확보하는 일이다. 이는 도구적 이성, 곧 목적을 위한 수단으로만 작동하는 사고 방식에서 벗어나, 이성 자체를 비판하는 메타사고의 가능성에 기대어 있다.

"진리는 전체가 아니라, 전체로부터 배제된 개별성에 있다" – 개별적 사고는 전체의 흐름에 매몰되지 않는 사유의 힘을 뜻한다. 현대 사회는 개별자를 하나의 체계적 부품으로 환원시키는 경향을 강화해왔다. 일상 속에서는 끊임없이 "이렇게 생각해야 한다", "이런 감정을 가져야 한다"는 사회적 규범이 작동한다. 호르크하이머와 아도르노는 바로 이 동일화의 폭력에서 벗어나려면 각 개인이 자기 경험을 통해 형성한 고유한 사유의 리듬을 회복해야 한다고 본다. 이는 단지 정보나 지식의 양을 늘리는 것이 아니라, 생각하는 태도 자체를 되찾는 일이며, 타자의 고통에 민감하게 반응할 수 있는 윤리적 감수성의 복원이기도 하다.

"예술은 현실과 화해하지 않음으로써 현실을 고발한다" – 마지막으로, 예술은 이런 전체주의적 질서 속에서도 저항의 공간으로 작동할 수 있다. 아도르노는 대중문화가 대중을 수동화시키는 데 기여한다고 보았지만, 동시에 진정한 예술, 즉 자율적인 예술은 현실과의 불화를 통해 비판적 공간을 제공한다고 보았다. 예술은 즉각적인 이해나 효용을 요구하지 않으며, 오히려 무용하고 비효율적인 것 속에서 체제의 논리에 균열을 낼 수 있다. 감정과 사유를 동시에 자극하는 예술은, 체계가 억압한 개별적 감수성을 복원하는 통로가 되며, 현실과는 다른 삶의 가능성을 상상하도록 이끈다.

호르크하이머와 아도르노의 철학은 단순한 시대 진단을 넘어, 인간 존재와 사유에 대한 깊은 반성의 요청이다. 그들은 근대가 약속한 계몽이 스스로를 부정하며 억압의 체계로 변질되었음을 고통스럽게 직시했고, 그 속에서도 여전히 자유의 가능성을 포기하지 않는 사유의 자세를 제시했다. 비판적 이성과 개별적 사고, 그리고 자율적 예술의 공간은 모두 우리가 타락한 이성의 시대를 통과하며 내면의 자유를 지켜낼 수 있는 최소한의 조건들이다. 이들의 철학은 명쾌한 해결책을 주지는 않지만, 오히려 깊은 사유와 윤리적 감수성 속에서만 가능한 저항의 방식을 보여준다. 오늘날 우리가 살아가는 세계가 점점 더 효율과 동일성, 정보와 기술로 포화되어 갈수록, 호르크하이머와 아도르노의 철학은 우리에게 여전히 묻는다.

"당신은 정말로 자유롭게 사고하고 있는가?"

주요 저술

- **계몽의 변증법**(Dialektik der Aufklärung, 1947, 막스 호르크하이머 & 테오도르 아도르노/김유동, 2011) | 계몽주의가 원래 인간을 해방하려 했지만, 결국 전체주의와 자본주의적 억압 체제를 낳았다는 '계몽의 역설'을 분석한다. 도구적 이성이 인간을 자유롭게 하는 것이 아니라, 사회 통제와 착취를 강화하는 방식으로 변질되었다고 비판한다.

- **도구적 이성 비판**(Eclipse of Reason, 1947, 막스 호르크하이머/박구용, 2022) | 현대 사회에서 이성이 본래의 철학적·비판적 기능을 상실하고, 단순한 도구적 사고 방식으로 전락했음을 분석. 이성이 진리를 탐구하는 것이 아니라, 효율성과 이익을 극대화하는 방식으로 작동하며 사회적 억압을 정당화하고 있고, 나치즘과 자본주의 사회의 억압이 모두 도구적 이성이 인간을 통제하는 방식에서 비롯된다고 주장한다.

- **부정 변증법**(Negative Dialektik, 1966, 테오도르 아도르노/이순예, 2012) | 전통적인 변증법(정-반-합)을 거부하고, 끝없이 기존 개념을 부정하는 과정에서만 진리에 접근할 수 있다고 주장. 사회 비판은 완결된 대안이 아니라, 끊임없이 체제를 해체하고 재구성하는 과정이어야 한다고 주장하였다.

36 | 맥루한 1911~1980
미디어는 개인을 어떻게 규정하고 변화시키는가?

"미디어 자체가 메시지다. 우리가 새로운 기술을 받아들일 때, 그 기술이 전달하는 콘텐츠보다 더 중요한 것은 바로 그 기술이 인간과 사회를 어떻게 변화시키는가이다."

—『미디어의 이해』, 1964

마셜 맥루한(Marshall McLuhan, 1911~1980)은 캐나다에서 태어나 문학과 수사학을 연구하다가, 미디어가 인간의 사고와 감각을 어떻게 변화시키는지를 탐구하며 현대 미디어 이론의 선구자가 되었다. 그는 미디어가 단순한 정보 전달 수단이 아니라 인간의 인식과 사회 구조를 형성하는 결정적 환경임을 주장했다.

미디어는 메시지다

"미디어는 메시지다" – 우리는 종종 미디어를 단순한 전달 수단으로 생각하지만, 맥루한은 미디어 자체가 사회와 인간의 감각, 사고 방식을 형성하는 강력한 힘이라고 주장했다. 미디어의 변화 속에서 사람은 자신의 삶을 독립적으로 규정하는 것이 아니라, 미디어 환경에 부합하는 인식과 사고 구조를 갖게 된다. 미디어는 단순한 정보 전달 수단이 아니라, 인간의 감각과 사고 방식을 변화시키며, 이에 따라 인간이 자신의 삶을 규정하는 방식도 변화한다.

활판 인쇄술이 등장하기 전 '구술 문화Oral Culture' 시대 인간은 '구술oral' 중심의 사고방식을 가졌다. 인간은 말과 기억에 의존하였고, 공동체적 사고와 즉흥적 소통이 중심이었다. 활판 인쇄술이 보편화되면서 '문자 문화Literacy Culture'의 시대가 열렸고, 개인은 문자와 논리적 분석을 중심으로 사고하는 방식에 익숙해졌고, 이는 근대적 합리성과 개인주의의 발달로 이어졌다.

라디오나 TV와 같은 전자 미디어가 출현하면서 '전자 문화Electric Culture'의 시대가 열렸다. 전자 미디어의 발전과 함께 즉각적 정보 공유가 가능했졌고, 시청각이 중심이 되면서 감각적 경험이 크게 확대되었다.

인터넷과 스마트 기술은 '디지털 문화Digital Culture' 시대를 열었다. 디지털 문화는 네트워크 중심 사회 구조를 열었고, 다중적 사고가 펼쳐지기 시작했다.

개인은 미디어 환경의 일부가 된다

"모든 기술은 인간의 신체 혹은 감각의 확장이다" – 맥루한은 미디어를 신문, TV, 라디오와 같은 전통적인 커뮤니케이션 도구에 국한하지 않고, 인간의 감각과 능력을 확장하는 모든 기술적 요소로 해석했다. 즉, 그는 미디어를 인간의 신체와 사고를 확장하는 '기술적 연장Technological Extensions'으로 간주했으며, 이러한 개념은 자동차, 스마트폰, 의류, 도시 구조 등 다양한 기계와 환경에도 적용될 수 있다. 인쇄술(책)은 기억을 확장하여 정보를 저장하고 공유할 수 있게 한다. 전화는 청각을 확장하여 먼 거리에서도 즉각적인 의사소통을 가능하게 한다. 텔레비전은 시각과 청각을 동시에 확장하여 더 직관적이고 강렬한 경험을 제공한다. 이러한 관점에서 보자면, 자동차나 스마트폰 같은 기계도 인간의 능력을 확장하는 미디어로 볼 수 있다.

"모든 확장은 일종의 절단이다. 새로운 기술은 능력을 확장하지만 동시에 다른 능력을 마비시킨다" – 맥루한은 미디어와 인간의 관계를 '확장 extension'과 '단축 amputation'으로 설명한다. '확장'은 미디어가 인간의 감각이나 신체 능력을 확장하는 것이다. '단축'은 특정 능력이 미디어에 의존하게 되면서 인간의 능력이 축소되는 현상을 말한다. GPS 사용으로 인해 방향 감각이 약화되는 경우가 대표적이다. 이러한 개념을 통해 보면, 현대인의 삶에서 기술이 인간을 확장하는 동시에, 스스로 자신의 삶을 독립적으로 규정하는 능력을 약화시키는 이중적인 효과가 나타난다.

핫 미디어와 쿨 미디어

"핫 미디어는 많은 정보를 제공하지만, 수용자의 참여는 적다" – 마셜 맥루한은 미디어를 '핫 미디어 Hot Media'와 '쿨 미디어 Cool Media'로 구분한다. 핫 미디어는 정보가 고도로 구체화되어 있으며, 수용자의 참여가 상대적으로 적은 미디어를 의미한다. 이는 단일 감각, 특히 시각과 청각에 강하게 의존하며, 메시지가 명확하고 디테일하게 전달되는 미디어이다. 영화, 라디오, 인쇄물(책, 신문)은 핫 미디어의 대표적인 사례이다. 핫 미디어는 정보를 명확하고 구체적으로 전달하는 데 효과적이지만, 수용자의 적극적인 개입을 요구하지 않는다는 점에서 소통 방식이 일방적이다.

"쿨 미디어는 덜 명확하지만, 더 많은 참여를 요구한다" – 반면, 쿨 미디어는 정보가 덜 구체적이고 불완전하게 제공되며, 수용자의 적극적인 참여가 필요한 미디어를 뜻한다. 이는 다양한 감각을 동시에 사용해야 하며, 메시지를 완성하기 위해 수용자가 능동적으로 해석하고 참여해야 하는 특성을 가진다. 만화(코믹스), 전화, 대화형 미디어(SNS, 인터넷) 등이 쿨 미디어의 대표적인 사례이다. 쿨 미디어는 정보가 덜 구체적이지만, 수용자가 능동적으로 개입하여 의미를 구성하는 방식이기 때문에 더욱 개방적인 커뮤니케이션이 가능하다.

"쿨 미디어의 시대는 수용자가 생산자가 되는 시대다" – 맥루한은 핫 미디어와 쿨 미디어의 차이가 인간의 커뮤니케이션 방식과 사회적 상호작용을 변화시킨다고 보았다. 핫 미디어가 중심이던 시대, 예를 들어 활자 시대나 영화 시대에는 정보가 일방적으로 제공되었으며, 대중은 그것을 분석하고 해석하는 방식으로 받아들였다. 쿨 미디어가 확산된 인터넷 시대에는 사람들이 더욱 능동적으로 소통하며, 정보 소비뿐만 아니라 직접 창작하고 공유하는 방식으로 변했다. 과거에는 신문과 TV 뉴스가 제공하는 정보를 그대로 받아들이는 경향이 강했지만, 인터넷과 SNS가 발달하면서 대중은 정보를 직접 분석하고 공유하며, 기존의 주류 담론을 해체하는 능동적인 역할을 수행하고 있다.

우리는 미디어를 인식하지 못한다

"미디어는 정보가 아니라 환경이다. 그것은 삶의 조건을 재설정한다" – 우리는 미디어를 중립적인 것으로 착각하지만, 사실 미디어는 우리를 변화시키는 가장 강력한 힘이다. 우리는 정보를 자유롭게 소비한다고 생각하지만, 미디어 환경 속에서 우리의 선택은 제한되고 조작된다. 우리는 자유롭게 선택하고 있다고 믿지만, 사실은 미디어 환경 속에서 길들여지고 있으며, 그 속에서 개인의 정체성도 규정된다.

"우리는 미디어 환경을 인식하지 못한다" – 맥루한은 미디어 환경이 인간의 사고 방식을 규정하지만, 정작 인간은 그것을 인식하지 못한다고 지적했다. 마치 물고기가 물속에 있는 것을 의식하지 못하는 것처럼, 우리는 미디어가 우리의 사고를 형성하는 방식을 쉽게 자각하지 못한다. 사람들은 신문, TV, 인터넷, 스마트폰 등을 정보 전달 도구로 여기나, 이는 세상을 바라보는 방식을 형성하고 규정하는 매개체이다. 예를 들어, SNS 알고리즘과 유튜브 추천 시스템은 우리의 관심사를 결정하고 정보 소비를 제한하나, 우리는 이를 자각하지 못한 채 따르고 있다.

이에 대해 맥루한은 미디어 환경을 비판적으로 인식하라고 조언하며 구체적으로 아래와 같은 대응 방안을 제시한다.

첫 번째, "미디어 환경을 살아가는 환경 자체로 인식해야 한다"고 하였다. 뉴스, 소셜미디어, 영상 콘텐츠 등이 사고 형성에 미치는 영향을 분석하고, 의식적으로 미디어를 소비해야 한다.

두 번째로, "미디어의 본질을 분석하고 질문하라"라고 제안한다. 어떤 미디어가 사고를 지배하는지, 왜 특정 미디어를 신뢰하고 다른 미디어를 의심하는지, 메시지가 객관적인지 조작된 것인지 질문해야 한다.

세 번째로, "미디어의 편향성을 파악하고 다양성을 확보하라"라고 주문한다. 현대 미디어 환경에서 우리는 특정한 정보에 반복적으로 노출되는 '필터 버블Filter Bubble'에 빠질 가능성이 크다. 소셜미디어 알고리즘, 뉴스 매체의 편향된 정보, 유튜브 추천 시스템 등은 정보 소비를 제한한다. 우리는 다양한 정보원을 접하고 미디어 편향성을 인식해야 한다. SNS와 뉴스 알고리즘 외에도 다양한 출처의 의견을 찾고, 독립 언론, 해외 미디어, 대안적 미디어를 적극적으로 소비하며, 미디어의 관점 유도 방식을 비판적으로 검토해야 한다.

네 번째로, "미디어가 형성하는 환경 자체를 바꿀 방법을 모색하라"라고 요청한다. 미디어가 새로운 환경을 만드는 힘이므로, 건강하고 창조적인 방향으로 변화시킬 필요가 있다. 대안적 미디어를 창조하고, 미디어 교육을 강화하며, '디지털 리터러시'Digital Literacy를 강화해야 한다.

마셜 맥루한의 미디어 이론은 기술, 특히 미디어 기술이 단순한 도구를 넘어 인간의 감각과 인식, 사회 구조와 문화적 가치를 총체적으로 형성하는 강력한 환경임을 일깨워준다.

인터넷, 스마트폰, 소셜 미디어, 인공지능 등 새로운 미디어 기술이 우리의 삶을 더욱 깊숙이 재편하고 있는 오늘날, 맥루한이 던진 질문들은 디지털 시대의 사회철학적 과제를 이해하고 미래를 전망하는 데 여전히 중요한 길잡이가 되고 있다. 그의 경고처럼, 우리가 미디어 환경을 의식적으로 이해하고 탐색하지 않는다면, 우리는 그 환경의 보이지 않는 힘에 의해 무의식적으로 규정당하게 될 것이다.

주요 저술

- **구텐베르크 은하계**(The Gutenberg Galaxy, 1962/임상원, 2001) | 인쇄술의 발전이 인간의 사고방식과 문화를 어떻게 변화시켰는지 분석한다.

- **미디어의 이해**(Understanding Media, 1964/박정규, 1999) | 미디어가 단순한 정보 전달 도구가 아니라 인간의 감각을 확장하고, 사고방식을 변화시키는 환경임을 주장하고, 핫 미디어와 쿨 미디어 개념을 통해 미디어가 인간의 참여를 어떻게 유도하는지 설명하고 있다.

- **미디어는 맛사지다**(The Medium is the Massage, 1967/김진홍, 2011) | 미디어가 단순한 정보 전달 도구가 아니라 우리의 사고방식과 감각을 변화시키는 강력한 힘임을 강조한다.

37 | 보드리야르 1929~2007
시뮬라크르와 투명성의 지옥에서 살아내는가?

"현대 사회는 이미지와 기호가 끊임없이 재생산되며, 원본과 복제의 구분이 사라지는 시뮬라크르 상태에 빠져 있다. 사람들은 진짜 현실이 아니라, 미디어가 만들어낸 인공적인 현실 속에서 살아가며, 그것이 진짜라고 믿는다."

―『시뮬라시옹』, 1981

우리는 끊임없는 이미지와 기호 속에서 살아간다. 소셜 미디어에서 본 여행 사진, 뉴스에서 반복되는 정치적 슬로건, 광고 속 이상적인 삶의 모습, 우리는 이러한 이미지들을 통해 현실을 이해하고, 자신의 삶을 규정한다. 그러나 우리가 보고 경험하는 것이 정말 '현실'일까?

장 보드리야르(Jean Baudrillard, 1929~2007)는 사회학자이자 철학자·문화 이론가로, 포스트모더니즘 사상의 가장 도발적이고 논쟁적인 인물이다. 그는 현대 사회, 특히 미디어와 소비문화가 지배하는 후기 자본주의 사회의 본질을 꿰뚫는 독창적인 분석을 통해 우리가 당연하게 받아들이는 '실재reality'의 개념 자체에 근본적인 의문을 제기하였다. 그의 사상은 '시뮬라크르simulacre', '시뮬라시옹simulation', '하이퍼리얼리티hyperreality', 그리고 '투명성transparency'이라는 핵심 개념들을 통해 전개되며, 현대 사회가 실재를 상실하고 기호와 이미지의 끝없는 유희 속으로 빠져들고 있음을 경고한다.

소비 사회: 사물의 체계와 기호 소비

　보드리야르의 초기 사상은 소비 사회의 기호학적 분석에 집중되었다. 그는 『사물의 체계(1968)』, 『소비의 사회(1970)』 등의 저작에서 현대인들이 상품을 소비하는 이유가 사용가치나 교환가치 때문이 아니라, 그것이 상징하는 사회적 지위나 정체성, 즉 '기호가치 sign-value' 때문이라고 분석했다. 사람들은 상품 그 자체보다 상품이 의미하는 기호를 소비하며, 이를 통해 사회적 관계망 속에서 자신의 위치를 확인하고 구별 짓는다. 예를 들어 루이비통 가방은 부유함과 럭셔리한 라이프스타일을 상징하는 기호이고, 나이키 운동화는 스포츠 정신과 젊음의 기호로 소비된다.

　사물들은 또한 개별적으로 소비되는 것이 아니라, 체계적으로 배열되어 우리의 정체성을 구성한다. 현대 사회에서 사물은 '기능적 사물 Functional Objects', '기호적 사물 Sign Objects', '수집품 Collectible Objects'으로 범주화된다. '기능적 사물'은 도구적 목적을 가진 사물로 예를 들면 주방기구나 전자제품, 자동차와 같은 것들이다. '기호적 사물'은 특정한 의미를 전달하는 사물로 명품 가방, 스포츠카, 브랜드 의류 등과 같은 것들이다. '수집품'은 특정한 정체성을 형성하는 사물로 한정판 피규어, 미술품, 빈티지 와인등과 같은 것들이다. 사물은 점점 '기능적'에서 '기호적'으로, 그리고 '수집품'으로 전환되고 있다. 현대는 '기능적 사물'조차도 '기호적 의미'가 점점 더 비중을 높여간다. 우리는 사물을 통해 자신의 정체성을 표현하고, 기호의 네트워크 속에서 사회적 위치를 결정한다.

　"기호는 욕망을 생산한다. 우리는 필요에 따라 소비하지 않고, 의미를 욕망한다" – 결국 소비사회에서 우리는 사물을 소유하는 것이 아니라, 사물이 우리를 소유한다. 사물들은 서로 비교되고, 위계를 형성한다. '애플 vs.

삼성' 스마트폰 사용자에게 브랜드는 단순한 제품이 아니라 정체성을 나타내고, '벤츠 vs. 현대' 자동차는 이동 수단이 아니라 사회적 신분을 상징한다. 현대인은 생존을 위해 소비하는 것이 아니라, 자신의 정체성을 구축하기 위해 기호적 소비를 한다. 나는 무엇을 소비하는가는 곧, 나는 누구인가이다. 우리가 사물을 선택하는 것이 아니라, 사물이 체계적으로 우리의 욕망을 조작한다.

욕망은 우리 내면에서 자연스럽게 생겨나는 것이 아니라, 소비사회가 창출하는 것이다. 광고와 미디어는 인위적으로 새로운 욕망을 창출하며, 기호의 네트워크 속에서 특정한 제품이 필수적인 것으로 보이게 된다. 욕망은 충족되는 것이 아니라, 지속적으로 재생산된다. 소비자는 항상 결핍을 느끼며, 끊임없이 새로운 소비를 추구한다.

실재의 사막: 시뮬라크르와 하이퍼리얼리티

"시뮬라크르는 현실을 가리키는 기호이기를 멈추었으며, 이제는 현실의 존재를 대체해버렸다" – 보드리야르는 1981년에 쓴 자신의 저서 『시뮬라시옹』에서 현대 사회를 분석하는 도구로 '시뮬라크르simulacre'라는 개념을 제시하면서, 기호와 현실의 관계가 어떻게 붕괴되고 전도되는지를 네 가지 단계로 설명한다. 이는 단순한 복제의 문제가 아니라, 기호가 현실을 어떻게 재현하고, 왜곡하며, 결국 대체하게 되는가에 대한 사유의 여정이다.

가장 첫 번째 단계에서 시뮬라크르는 현실의 충실한 반영이다. 기호는 실제 현실에 뿌리를 두고 있으며, 그것과 유사한 형태로 작동한다. 성화나 초상화, 전통적인 종교 상징처럼, 이 단계의 기호들은 어떤 이상적 원형, 즉 플라톤(BC 427~347)이 말한 이데아를 지상에 재현하려는 시도에 가깝다. 이

때의 기호는 진실의 거울처럼, 현실을 반영하는 '모사mimesis'의 역할을 수행한다.

두 번째 단계로 들어서면, 시뮬라크르는 더 이상 단순한 반영에 머무르지 않는다. 기호는 여전히 현실을 지시하는 듯 보이지만, 그 유사성은 조작되고 왜곡된다. 현실은 꾸며지고, 미화되며, 일정한 의도를 지닌 신화로 변형된다. 왕권신수설이나 국가 이데올로기, 정치 선전 같은 것들이 여기에 속한다. 이 단계의 시뮬라크르는 현실을 보여주는 듯하면서도 현실을 감추는 가면이 된다. 이는 기호가 이데올로기의 수단으로 작동하는 방식이다.

세 번째 단계에 이르면, 기호는 현실과의 연결을 완전히 잃는다. 더 이상 참조 대상이 존재하지 않지만, 사람들은 여전히 그것을 현실로 받아들인다. 기호는 스스로의 논리 안에서 움직이며, 현실을 대신해 진짜처럼 작동한다. 테마파크 속 가짜 도시, 광고 속 이상화된 아름다움과 행복, 그리고 브랜드가 만들어내는 허구의 가치들이 그 예이다. 이때 보드리야르는 우리가 진짜보다 더 진짜처럼 느껴지는 '하이퍼리얼hyperreal'의 세계에 진입했다고 말한다. 현실은 사라지고, 기호만이 남는다.

마지막 네 번째 단계에서 시뮬라크르는 현실을 완전히 대체하고 생성한다. 기호는 이제 자기 자신만을 참조하는 순환 구조 속에 갇혀 있으며, 현실과는 단절되어 있다. SNS 속에서 꾸며진 '진짜 나', 알고리즘이 설계한 취향, 가상 화폐의 가치, 가상의 연애나 메타버스의 세계는 모두 시뮬라크르가 현실을 초월해버린 상태를 보여준다. 이 세계에서 사람들은 더 이상 '현실'의 부재조차 인식하지 못하고, 시뮬라르크의 체계 안에서 살아간다. 우리는 이미 '시뮬라르크의 제국' 안에 있으며, 더는 현실을 참조하지 않는 기호들의 무한한 순환 속에서 존재한다.

"하이퍼리얼리티는 진짜보다 더 진짜 같은 현실이다. 그것은 더 이상 반영이 아닌 자율적 실재다" – 보드리야르는 디즈니랜드를 예를 들며 하이퍼리얼리티가 지배하는 현실을 분석한다. 디즈니랜드가 스스로를 '상상계' 또는 '비현실'로 포장하는 것은, 디즈니랜드 바깥의 미국 사회 전체는 여전히 '실재'라는 이데올로기적 믿음을 유지시키기 위한 장치이다. 하지만 보드리야르에게 미국 사회 전체야말로 디즈니랜드와 동일한 시뮬라시옹 원리에 의해 구축된 거대한 '하이퍼리얼리티' 영역이다. 현대의 미디어는 '하이퍼리얼리티'를 끊임없이 생산하고 유통시키는 핵심적인 공장이다. 뉴스는 종종 실제 사건의 복잡성을 반영하기보다, 미리 정해진 각본이나 흥미 위주의 편집을 통해 사건 이미지를 '구성'하며, 여론조사는 객관적인 여론을 측정한다기보다 질문 방식과 모델 설정을 통해 특정 여론을 '생성'하고 유도하는 역할을 수행한다.

이처럼 하이퍼리얼리티가 지배하는 세계 속에서, 우리가 발 딛고 서 있던 단단한 '실재'는 신기루처럼 증발해버리고, 우리에게 남는 것은 기호와 이미지들이 부유하며 서로를 끝없이 참조하는 광활하고 메마른 '실재의 사막' 뿐이다.

투명성의 폭력: '지옥의 힘'

"과잉의 빛 속에서 사물은 증발하고, 의미는 붕괴된다" – 장 보드리야르는 『투명한 사회(1990)』에서 현대 사회에서 '투명성 Transparency'이 절대적 가치가 되면서, 오히려 의미와 실체가 사라지는 역설적 상황을 분석했다. 보드리야르가 말하는 '투명성'은 현대 사회에서 모든 것이 노출되고 가시화되며, 은밀함과 불확실성, 비밀이 사라지는 상태를 의미한다.

그는 오늘날 세계가 '완전한 투명성 Absolute Transparency'을 지향하지만, 이 과정에서 진짜 '의미Meaning'가 증발하는 사회로 변해가고 있다고 주장한다. 모든 것이 노출되고 공개될수록, 우리는 더 많은 정보 속에서 오히려 무감각해지고, 진짜 현실을 경험하지 못하게 된다. 정부, 기업, 개인 모두 '더 많은 정보 공개'가 사회를 더 나아지게 만들 것이라고 믿는다. 하지만 '투명성'이 많아질수록, 역설적으로 진짜 의미는 사라진다. SNS에서 사람들은 자신의 삶을 완전히 공개하지만, 실제 삶의 의미는 점점 더 사라지고, 정치에서도 '투명성'이 강조되지만, 대중은 과잉 정보 속에서 무엇이 진실인지 모르게 되며, 뉴스 미디어가 모든 사건을 실시간으로 보도하지만, 사람들은 점점 더 의미를 내려놓는다.

"투명성은 해방이 아니라 지옥이다" – 모든 것이 '노출'되면서, 진정한 '의미'를 상실해간다. 모든 것이 투명해질수록, 현실은 지옥이 된다. 보드리야르는 완전한 투명성이 역설적으로 '지옥의 힘 The Power of Hell'을 만들어낸다고 주장했다. 모든 것이 드러날수록, 오히려 우리는 점점 더 무기력하고 피로해지는 상태에 빠진다. 미디어는 현실을 비추는 거울이 아니라 현실을 구축하는 공장이 된다.

보드리야르의 '투명성' 비판은 단순한 정보 과잉이나 피로를 넘어, 존재론적 위기를 드러낸다. '빛의 과잉'은 어둠의 상실을 의미하며, 이는 사유의 공간이 사라지는 것을 뜻한다. 정보의 흐름이 빨라질수록 해석은 지체되고, 사유는 얕아진다. 진실은 더 이상 드러나는 것이 아니라, 연출되고 소비되는 것이 된다. '투명한 사회'는 감정과 기억조차도 실시간으로 공유되어야 하는 시대를 만들어냈고, 이는 인간 내면의 고요와 깊이를 파괴한다. 투명성은 감시를 정당화하는 이름으로 작동하며, 자유를 위한 수단이 아니라 통제의 기제가 된다.

보드리야르에게 있어 '지옥'은 고통이 아니라, 의미의 증발 속에서 마주하는 무감각과 피로이다. 모든 것을 말해야 하고, 보여줘야 하고, 해명해야 하는 시대는 결국 말할 수 없는 것에 대한 침묵의 힘을 잃는다. 이처럼 '절대적 투명성'은 더 이상 윤리적 이상이 아니라, 인간성과 세계에 대한 감각을 마비시키는 구조적 폭력으로 작동한다.

시뮬라크르의 역습:『테러의 정신』

"테러리스트들은 서구 문명의 룰에 따라, 그러나 그것을 비틀어, 상상 가능한 최대의 상징적 충격을 가했다" - 2001년 9월 11일, 세계무역센터가 붕괴한 그날 이후, 전 세계는 충격과 분노, 그리고 '문명 대 야만'이라는 이분법 속에 빠져들었다. 보드리야르는 이 사건을 전혀 다른 시선으로 읽어낸다. 그는『테러의 정신(2002)』에서 이 테러를 외부로부터의 침입이 아니라, 서구 자본주의 시스템이 스스로 만들어낸 유령적 산물로 간주한다. 테러는 문명의 바깥이 아니라, 문명의 내면에서 기생하며 생성된 시뮬라크르의 파열인 것이다. 그는 테러를 정치적 혹은 종교적 원한으로만 환원하지 않는다. 그에게 테러는 의미의 과잉 속에서 무의미로 질식해가는 후기자본주의 사회를 향한 상징적 복수로 다가왔다.

"미국은 전 세계의 시선을 끌어모은 초과된 힘의 상징이었다. 그 상징이 붕괴될 때, 그 충격은 단지 물리적이 아니라 의미의 붕괴이기도 했다" - 보드리야르는 현대 자본주의를 '초과의 체제'로 보았다. 초과된 소비, 초과된 이미지, 초과된 정보, 초과된 안전… 이 모든 것이 인간의 삶을 포위하며, 결과적으로 의미의 공허함과 감각의 무감각만을 남긴다. 테러는 이 무감각의 체제에 돌연한 파열을 가한다. 즉, 그들은 자신의 목숨을 내던짐으로써 자본주의가 금기시해온 유일한 것, 죽음을 현실화시킨다. 테러리스트는 단지 폭력의 도구가 아니라, 의미의 질서를 전복하려는 상징적 존재로 읽힌다. 현실과 허구, 진실과 거짓, 원본과 복제가 구분되지 않는 시뮬라크르의 상태에서, 모든 것은 전시되고, 소비되며, 곧 잊힌다. 9/11은 그 지점을 파괴적 방식으로 역전시킨 사건이었다. 보드리야르에 따르면 테러리즘은 현실을 탈출한 가상의 세계에 실재의 충격을 되돌려 주려는 시도, 즉 시뮬라크르 세계를 겨냥한 '실재의 복수'다.

보드리야르의 주장은 분노와 오해를 낳았다. 그는 테러를 옹호하지 않지만, 도덕적 비난만으로 테러의 발생 조건을 이해할 수는 없다고 경고한다. 그는 질문한다.

"이 문명은 왜 이런 방식으로 자기 자신에게 복수당하고 있는가?"

이 문명은 끝없는 동일성과 안전의 체제 안에서 차이를 억압하고, 타자성을 배제하며, 반反정치적 기술 시스템으로 세계를 통제해 왔다. 보드리야르가 보기에, 테러는 이 문명이 억압한 타자의 언어가 폭발적으로 귀환한 사건이었다.

보드리야르에 따르면, 현대 사회는 '현실'이 사라진 시대이며, 이젠 복제된 이미지가 그 자체로 현실보다 더 강력한 지위를 차지하는 시대이다. 보드리야르가 더욱 심각하게 경고한 것은, 이 시뮬라크르의 체계가 진실, 은폐, 비밀, 불확실성과 같은 '인간의 사유의 여백'을 말살한다는 점이다. 모든 것이 실시간으로 노출되고, 모든 생각이 데이터로 기록되며, 모든 투명성이 강요되는 사회, 이것이 바로 그가 말한 '투명성의 지옥 l'enfer de la transparence'이다.

가상현실, 소셜 미디어, 인공지능, 딥페이크 등이 일상화된 오늘날, 실재와 가상의 경계가 더욱 흐릿해지고, 정보가 넘쳐나는 투명성의 현실 속에서 보드리야르의 철학은 우리가 발 딛고 있는 세계의 본질을 성찰하고 기호의 지배에 맞서는 비판적 사유의 필요성을 그 어느 때보다 절실하게 일깨우고 있다.

주요 저술

- **사물의 체계**(The System of Objects, 1968/배영달, 2014) | 사물(object)은 단순히 기능적 도구가 아니라 기호로 작동하며, 사회적 의미의 체계 속에 위치하고 있으며, 소비란 개별 사물이 아니라 사물들 간의 '관계적 의미', 즉 기호 체계의 소비임을 다룬다.

- **소비의 사회**(The Consumer Society, 1970/이상률, 2015) | 현대 소비는 생존이 아닌 상징적 욕망의 충족을 목표로 하고 있으며, 소비자는 사물을 기능이 아닌 '기호가치(Sign-Value)'로 소비하는 현상을 다루고 있다.

- **시뮬라시옹**(Simulacra and Simulation, 1981/하태환, 2012) | : 보드리야르의 대표작으로, '시뮬라크르'와 '시뮬레이션' 개념을 정립하였다.

- **투명한 사회**(The Transparency of Evil, 1990) | 현대 사회에서 모든 것이 투명해질수록, 오히려 '의미'가 사라진다는 역설을 논의하였다.

- **테러의 정신**(The Spirit of Terrorism, 2002/배영달, 2003) | 9·11 테러를 '테러리즘의 승리'가 아니라, 미국식 자본주의와 소비사회에 대한 '상징적 반격'이라고 분석한다.

PART
9

통제와 배제:
현대의 재생산

자본주의 사회에서 통제와 배제는 어떻게 이뤄지고, 또 어떻게 재 생산되는가? 이 장에서는 미셸 푸코(1926~1984)의 '규율 권력'과 '생명 정치', 피에르 부르디외(1930~2002)의 '아비투스'와 '상징 권력', 지그문트 바우만(1925~2017)의 '액체 현대', 슬라보이 지젝(1949~)의 '급진적 행위'를 통해 현대 사회가 개인을 어떻게 구성하고 통제하는지를 살펴본다.
감옥 없이 감시하고, 강제 없이 복종하게 만드는 권력의 방식은 더 정교하고 일상적이다. 이 장은 우리가 누구인지, 왜 그렇게 살고 있는지를 묻는다.

38 | 푸코 1926~1984
규율과 담론은 사회를 어떻게 통제하는가?

"현대 사회는 감옥처럼 동작한다. 사람들은 항상 감시받고 있다는 느낌 속에서 스스로를 통제하게 되며, 이것이 권력이 작동하는 방식이다."

―『감시와 처벌』, 1975

미셸 푸코(Michel Foucault, 1926~1984)는 20세기 프랑스를 대표하는 철학자이자 사상가로서, 그의 작업은 철학, 역사학, 사회학, 문화 연구 등 광범위한 분야에 걸쳐 지대한 영향을 미쳤다. 그의 사회철학은 권력, 지식, 담론, 주체화 과정에 대한 독창적인 분석을 통해 현대 사회의 숨겨진 작동 원리와 그 역사적 형성 과정을 파헤치는 데 주력하였다.

지식의 고고학과 권력의 계보학

"나는 어떤 진리의 기원을 찾으려 한 것이 아니다. 나는 그 진리가 가능했던 '조건들'을 파헤치고 싶었다. 고고학은 바로 그 작업을 한다" ― 푸코는 초기 작업에서 '고고학archaeology'이라는 독특한 연구 방법을 통해 특정 시대의 지식과 담론이 형성되는 무의식적인 규칙과 조건을 탐구하였다. 『말과 사물(1966)』이나 『지식의 고고학(1969)』과 같은 저작에서 그는 특정 역사적 시기마다 무엇이 지식으로 간주되고, 어떤 방식으로 사유되며, 어떤 대상들이 인식될 수 있는지를 규정하는 '담론 형성의 규칙'을 밝히려 하였다. 이러한 담론은 특정 시대의 '진리의 체제 regime of truth'를 형성하며, 무엇이 참된 지식으로 받아들여질지를 결정한다.

"지식은 중립적이지 않다. 그것은 권력 관계 속에서 생산되고, 권력을 행사하는 방식으로 작동한다" – 푸코에 따르면, 각 시대에는 고유의 '진리의 체제'가 존재한다. 이 체제는 단지 진위를 판단하는 기준을 넘어, 특정한 종류의 발화와 지식을 제도적으로 승인하고, 다른 종류의 진술을 억압하거나 주변화한다. 예를 들어, 근대 이전의 지식 체계에서는 유사성 similitude에 의거한 지식 구성이 중심이었다면, 근대 이후에는 인과성, 분류 체계, 규칙에 따른 언어의 사용이 지식 구성의 핵심 원리가 되었다. 즉, 푸코는 인식의 내용뿐만 아니라, 인식의 '형식'을 결정하는 조건들, 즉 사유의 방식 자체가 역사적으로 구성된 것임을 강조한다. 이러한 푸코의 분석은 지식에 대한 전통적 이해, 즉 진리는 인간 이성에 의해 점진적으로 축적되는 보편적 사실이라는 계몽주의적 관념에 대한 근본적인 도전이었다. 그는 '지식은 권력과 무관하게 존재할 수 없다'는 입장을 취하며, 지식이 특정한 사회적 기획과 권력의 장 속에서 어떻게 작동하고 조직되는지를 추적하였다.

"계보학은 기원을 밝히려 하지 않는다. 오히려 그것은 사물들이 어떻게 우연하고 특이한 사건들을 통해 구성되었는지를 보여주는 작업이다" – 후기 작업에서 푸코는 '계보학 genealogy'이라는 방법론을 도입하여, 현대 사회의 다양한 제도와 실천이 어떤 역사적 과정과 권력 투쟁을 통해 형성되었는지를 추적하였다. 푸코의 초기 사유를 대표했던 고고학은 문자 그대로 '옛 것 archaios'을 '기술하거나 기록한다'는 의미인데, 푸코는 이를 전통적인 유물이나 유적에 적용하는 것이 아니라, 담론의 역사적 층위(말해짐의 조건들)를 파고드는 작업에 적용하였다. 푸코의 후기 사유를 대표하는 '계보학'은 니체(1844~1900)의 『도덕의 계보 Genealogie der Moral』에서 철학적으로 빌려온 것이다. 니체는 도덕·진리·주체성 등이 어떤 본질이나 기원으로부터 자연스럽게 도출되거나 점진적으로 변화되어 온 것이 아니라, 우연한 권력 투쟁과 해석의 역사 속에서 형성되었다고 주장했다. 푸코는 니체의 이러한 사유를 이어받아, 현대의 규범·제도·자아 형성이 그 자체로 '정당한 기원'을 가진 것이 아님을 밝히려 했고, 이에 적합한 방식으로 '계보학'이란 말을 재해석하여 도입하였다. 고고학이 사유의 조건을 밝히는 구조적 탐사였다면, 계보학은 그 조건이 어떻게 권력적 실천을 통해 구성되었는지를 파헤치는 급진적 역사 철학이라고 할 수 있다.

푸코는 계보학 방법론을 적용한 자신의 저술들(『광기의 역사』, 『감시와 처벌: 감옥의 탄생』, 『성의 역사』)을 통해 특정 제도(감옥, 병원, 정신병원 등), 실천(성, 교육), 개념(정상, 건강, 범죄 등)들이 마치 자연스럽고 필연적으로 존재하는 것처럼 보이는 현실 뒤에 역사적·정치적 기원이 있음을 드러냈다.

근대의 감옥은 계몽주의적 이성이 주장하는 범죄자 교화를 위한 '진보적 제도'가 아니었다. 고대·중세에는 공개 처형, 신체 처벌이 중심이었고 이는 '국왕의 권위'와 '복수'를 보여주는 상징이었다. 근대에 들어 공개 처형은 종종 폭동과 동정심을 유발했고, 통치자가 오히려 위험에 노출될 수 있었다. 이런 시대적 조건에서 더 지속적이고, 세밀하고, 자율적으로 복종하게 만드는 방식이 필요했고, 근대 권력은 신체를 때리는 대신, '마음'을 훈련하기 시작했다. 처벌의 목적은 더 이상 고통이 아니라, 행동을 규칙화하고 내면화시키는 것으로 되었고, 감옥, 학교, 군대, 병원 등은 이 훈련의 장으로 탄생한다.

'정신병' 역시 본질적이거나 자연적인 것이 아니라, 근대 사회가 규정한 배제의 결과이다. 중세에는 광인을 '신성한 존재' 혹은 공동체의 일부로 받아들이기도 했다. 근대 사회는 계몽주의와 이성을 기반으로 정상과 비정상의 구분이 필수적이게 되었고, 합리성과 질서를 기반으로 하는 통제 사회로의 변화가 불가피해졌다. 이런 변화 속에서 '정신병'은 통제와 배제의 대상이 되었고, 정신병원은 '치료의 공간'으로서가 아니라, 감시와 격리, 규범화의 장치로 등장하고 작동하고 있다.

'성'의 문제 역시 근대사회에 들어서면서 본격적으로 관리되고 분류되기 시작하였다. 흔히 인류사 전체에서 '성'은 숨겨지고 억압되었다고 여겨지나, 성은 억압되어 온 것이 아니라, 오히려 지속적으로 생산되고 규율된 담론의 대상이었다. 특히 근대사회는 이성애적 규범을 세우고, 이에 반하는 성적 행동에 대한 감시와 고백을 강요하여 왔고 성적 정체성을 분류하기 시작하였으며, 이에 따라 동성애자, 성도착자 등의 사회적 범주가 태어났다.

규율권력, 지식, 그리고 생명정치: 근대적 삶의 관리와 통제

"감시는 권력의 가장 정교한 형태이며, 규율 권력은 눈에 보이지 않지만 개인을 형성한다" – 미셸 푸코는 계보학 방법에 따라 근대 사회의 권력 작동 방식을 해부하며, 이전과는 질적으로 다른 새로운 권력 형태들이 출현했음을 주장하였다. 그의 분석에서 핵심적인 위치를 차지하는 개념은 바로 개인의 신체를 세밀하게 통제하고 훈련하는 '규율권력 disciplinary power', 이러한 권력과 불가분하게 결합된 '지식 knowledge', 그리고 인구 전체의 생명 현상을 관리하는 '생명정치 biopolitics'이다. 푸코는 이 세 가지 요소가 서로 맞물려 돌아가면서 근대인이 어떻게 특정한 방식으로 사유하고 행동하며, 궁극적으로 '관리되는 삶'을 살아가게 되는지를 규명하고자 하였다.

푸코는 『감시와 처벌』에서 근대 이전의 주권 권력이 주로 죽음을 통해 자신의 힘을 과시했다면(예: 공개 처형), 17~18세기 이후로는 삶을 관리하고 생산성을 극대화하는 새로운 권력 형태, 즉 '규율권력'이 등장했다고 분석하였다. 규율권력은 개인의 신체를 직접적인 목표로 삼아, 최소한의 힘으로 최대한의 효과를 내려는 경제적이고 효율적인 통제 방식이다. 규율권력은 감옥뿐만 아니라 학교, 병원, 공장, 군대 등 근대적 제도 공간 전반에 스며들어, 개인을 '유순하면서도 유용한 신체'로 만들어낸다. 이는 사회가 요구하는 특정 행동 양식과 생산성을 갖춘 개인을 양산하는 효과적인 메커니즘이었다. 이러한 '규율권력'은 세 가지 주요 기술을 통해 작동한다.

첫째, '위계적 감시 hierarchical observation'이다. 제러미 벤담(1748~1832)의 파놉티콘 Panopticon 건축 모델에서 보듯, 소수의 감시자가 다수를 효과적으로 감시할 수 있는 구조를 통해 개인은 자신이 항상 감시받고 있을 수 있다는 느낌을 내면화하고 스스로를 통제하게 된다.

둘째, '규범화하는 상벌 normalizing judgment'이다. 명확한 규범을 설정하고, 이에 부합하는 행동은 보상하고 일탈하는 행동은 처벌함으로써 개인을 일정한 표준에 맞추어 길들인다.

셋째, '검사 examination'이다. 시험, 평가, 기록 등을 통해 개인의 능력과 특성을 객관적인 지식의 대상으로 만들고, 이를 통해 개인을 비교하고 분류하며 개입할 수 있는 근거를 마련한다.

"권력은 지식을 생산하며, 지식은 권력을 작동시킨다" – 푸코에게 권력과 '지식'은 결코 분리될 수 없는 동전의 양면과 같다. 권력은 '지식'을 통해 정당화되고 작동하며, 지식 또한 특정 권력 관계 속에서 생산되고 그 권력을 강화하는 역할을 한다. 규율권력의 등장과 확산 역시 새로운 지식 체계의 발전과 밀접하게 연관되어 있었다.

정신의학, 범죄학, 교육학, 의학, 심리학 등 소위 '인간과학human sciences'이라 불리는 분과 학문들은 규율 제도가 필요로 하는 개인에 대한 상세하고 객관적인 지식을 제공하였다. 이러한 지식은 개인을 관찰하고, 측정하며, 분류하고, '정상'과 '비정상'을 구분하는 기준을 마련하는 데 결정적인 역할을 하였다. 예를 들어, 범죄학은 '비행 청소년'이나 '범죄자'라는 대상을 규정하고, 이들의 특성을 분석하며, 교정의 방법을 제시함으로써 감옥이라는 규율 기관의 작동을 지원하였다. 학교에서는 교육학적 지식이 아동의 발달 단계를 설정하고, 학습 능력을 평가하며, '정상적인' 학생으로 성장하도록 이끌었다. 이처럼 '지식'은 '규율권력'이 개인에게 효과적으로 침투하고 그들을 관리할 수 있도록 하는 중요한 도구였으며, 동시에 규율적 실천 과정에서 축적된 관찰과 기록은 다시 새로운 지식을 생산하는 토대가 되었다. 지식은 권력이 행사되는 방식을 정교화하고, 권력은 지식의 대상을 창출하며 그 범위를 확장시키는 상호 강화 관계에 있었던 것이다.

"근대 권력은 죽이는 권력이 아니라 살리는 권력이다. 그것은 인간의 삶을 최적화하고, 생명을 계산하고, 생산성을 높인다" – 푸코는 『성의 역사』에서 '규율권력'과는 다른 차원에서 작동하는 또 하나의 근대적 권력 형태로서 '생명권력biopower' 개념을 제시하였다. '규율권력'이 개별 신체의 훈련과 통제에 초점을 맞춘다면, '생명권력'은 인구population라는 집합적 실체의 생명 현상 자체를 관리하고 최적화하려는 통치술이다. 이는 출생률, 사망률, 평균 수명, 건강 상태, 질병 발생률, 주거 환경, 도시 계획 등 인구 전체의 생물학적 과정과 생활 조건에 대한 국가적 관심을 의미한다. '생명권력'은 통계학, 인구학, 공중 보건학, 도시 계획학, 경제학 등 다양한 지식과 기술을 활용하여 인구를 하나의 관리 가능한 대상으로 구성한다. 국가는 예방 접종, 위생 캠페인, 주택 정책, 사회 보험 제도 등을 통해 인구의 건강과 복지를 증진시키고, 노동력을 확보하며, 사회적 안정을 유지하려 한다.

푸코는 규율권력(개별 신체에 대한 해부학적 정치, anatomo-politics)과 생명권력이 18세기 이후 등장한 새로운 정치, 즉 '생명정치 biopolitics'의 두 가지 주요 축을 형성한다고 보았다. 생명정치는 죽음을 통해 작동하던 이전 시대와 달리, 삶을 관리하고 증진시키며 통제하려는 권력이다. 이는 한편으로는 개인을 규율하여 유용한 존재로 만들고, 다른 한편으로는 인구 전체의 생명력을 최적화하려는 이중의 전략을 통해 작동한다.

통치성, 미시권력, 주체화, 그리고 자기배려

미셸 푸코는 거대한 국가 권력이나 이데올로기 비판을 넘어, 일상생활의 가장 미세한 부분까지 스며들어 개인을 구성하고 관계를 규정하는 권력의 작동 방식과 그 속에서 개인이 어떻게 주체로 만들어지며, 나아가 어떻게 자신을 돌보고 자유를 실천할 수 있는지에 대한 통찰을 제공한다. 그의 '미시권력 micropower', '통치성 governmentality', '주체화 subjectification', 그리고 말년의 '자기배려 care of the self' 개념은 이러한 사유의 핵심을 이룬다.

"권력은 어디에나 있다. 왜냐하면 권력은 관계 속에 존재하고, 모든 사회적 관계 안에 작동하기 때문이다" – 푸코에게 권력은 특정한 기관이나 개인이 소유하는 것이 아니라, 사회 전체에 걸쳐 그물망처럼 작동하는 관계들의 총체이다. 이는 마치 모세혈관처럼 사회의 가장 깊숙한 곳까지 스며들어 있으며, 법이나 국가와 같은 거시적 차원뿐만 아니라 일상적인 실천, 제도, 담론 속에서 끊임없이 행사된다. 푸코는 이러한 권력의 구체적이고 국지적인 작동 양상을 '미시권력의 물리학'이라고 명명하며, 그것이 어떻게 개인의 신체, 행동, 욕망을 규율하고 정상화하는지에 주목하였다. 학교에서의 시간표, 시험, 공간 배치, 군대에서의 제식 훈련, 공장에서의 작업 방식 등은 모두 개인을 특정 규범에 맞추어 유순하고 생산적인 존재로 만들어내는 미시권력의 기술들이다. 이러한 권력은 단순히 억압하는 것이 아니라, 오히려 특정한 유형의 지식(교육학, 경영학 등)과 결합하여 개인의 능력을 '계발'하고 행동을 '생산'한다.

"통치성이란, 권력을 행사할 수 있게 해주는 제도, 절차, 분석, 성찰, 계산, 전술의 복합체를 의미한다" – 푸코는 근대 국가의 권력 작동 방식을 설명하기 위해 '통치성'이라는 개념을 발전시켰다. 이는 국가에 의한 직접적인 통치를 넘어, 개인과 집단의 행위를 특정한 목표(예: 인구의 복지, 안전, 건강)로 유도하고 조절하려는 모든 합리적인 방식과 기술, 즉 '행위를 인도하는 기술the art of government'을 포괄한다. 통치성은 국가뿐만 아니라 학교, 병원, 기업, 심지어 개인 스스로가 자신을 관리하는 방식에까지 적용될 수 있다. 중요한 점은 통치성이 개인의 자유를 전제로 한다는 것이다. 즉, 통치성은 개인의 자율적인 선택과 행동을 완전히 억압하는 것이 아니라, 오히려 그들의 자유로운 활동을 일정한 방향으로 유도하고 조절함으로써 원하는 결과를 얻으려 한다. 건강 캠페인이나 금연 정책은 개인의 건강에 대한 자율적인 관심을 촉구하면서 동시에 사회 전체의 보건 수준을 향상시키려는 통치성의 한 예이다.

"우리는 권력의 결과로서 주체가 된다. 우리는 권력에 의해 만들어지고, 동시에 그것에 저항하면서 자신을 형성한다" – 푸코에게 '주체subject'는 권력 관계에 선행하는 고정된 실체가 아니라, 오히려 권력과 지식, 담론의 효과로서 역사적으로 구성되는 존재이다. '주체화subjectification'는 이러한 과정을 지칭하는 푸코의 핵심 용어로, 두 가지 상반된 의미를 동시에 함축한다. 하나는 개인이 특정 권력 관계나 규범에 '복종하게 되는subjected to' 과정이며,

다른 하나는 개인이 스스로를 의식하고 특정한 정체성을 가진 '주체로 되는becoming a subject' 과정이다. 예를 들어, 근대 의학 담론은 '환자'라는 주체를 만들어내고, 개인은 의학적 진단과 치료 과정에 자신을 복속시킴으로써 '환자'로서의 정체성을 받아들인다. 마찬가지로 교육 시스템은 '학생'이라는 주체를, 법률 시스템은 '범죄자' 또는 '시민'이라는 주체를 구성한다. 이처럼 주체화는 외부의 권력 작용과 개인의 자기 인식 및 실천이 교차하는 복잡한 과정이다. 우리는 특정 사회의 지배적인 담론과 규범을 내면화하고 그에 따라 행동함으로써, 특정한 유형의 주체로 '만들어지는' 동시에 스스로를 그러한 주체로 '만들어간다'.

권력의 그물망이 이토록 촘촘하다면, 개인의 자유와 저항은 어떻게 가능한가? 푸코는 말년의 작업에서 고대 그리스와 로마의 '자기배려le souci de soi'의 윤리학에 주목하며 이 문제에 대한 실마리를 제공하였다. '자기배려'는 자기 자신을 성찰하고, 욕망을 다스리며, 특정한 삶의 기술과 윤리적 원칙에 따라 스스로를 바람직한 주체로 형성하려는 능동적인 실천을 의미한다.

푸코에게 자기배려는 지배적인 권력에 의해 수동적으로 주체화되는 것을 넘어, 개인이 스스로 삶의 주인이 되고자 하는 '자유의 실천practices of freedom'이다. 이는 기존의 규범과 가치에 맹목적으로 따르는 대신, 비판적 성찰을 통해 자신만의 삶의 양식과 윤리를 창조하려는 시도이다. 일기를 쓰거나, 명상을 하거나, 스승이나 친구와 대화하며 자신의 생각을 점검하는 등의 실천은 모두 자기배려의 구체적인 기술이 될 수 있다. 푸코는 이러한 윤리적 자기 형성을 통해 개인이 권력 관계 내에서 일정한 자율성을 확보하고, 지배적인 주체화 방식에 저항하며 새로운 가능성을 모색할 수 있다고 보았다. 이는 권력으로부터의 완전한 해방은 아니지만 권력과의 관계 속에서 끊임없이 자신을 새롭게 만들어가는 과정으로서의 자유를 의미한다.

미셸 푸코의 사회철학은 권력, 지식, 담론, 주체성에 대한 우리의 이해를 근본적으로 바꾸어 놓았다. 그는 역사적 분석을 통해 현대 사회의 제도와 실천, 그리고 우리 자신을 구성하는 방식의 우연성과 권력 효과를 폭로함으로써, 당연하게 여겨지는 것들에 대한 비판적 사유를 촉구하였다.

특히 푸코의 미시권력, 통치성, 주체화, 자기배려 개념은 현대 사회에서 권력이 어떻게 미시적 차원에서 개인의 삶을 구성하고 통제하는지, 그리고 그러한 권력 관계 속에서 개인이 어떻게 자신을 인식하고 자유를 실천할 수 있는지에 대한 깊이 있는 통찰을 제공한다. 그의 사유는 우리에게 당연하게 여겨지는 사회적 규범과 제도, 그리고 자기 자신에 대한 이해를 비판적으로 성찰하고, 보다 자율적이고 창조적인 삶의 방식을 모색하도록 이끄는 강력한 지적 자극제가 되고 있다.

주요 저술

- **광기의 역사**(Madness and Civilization, 1961/탁양현, 2021) | 광기에 대한 사회적 규제와 그 과정에서 나타나는 권력과 지식의 관계를 조사한다.
- **지식의 고고학**(The Archaeology of Knowledge, 1969/이정우, 1992) | 지식과 담론의 구조를 분석하여, 지식이 사회적 맥락 속에서 어떻게 구성되고 권력을 행사하는지 탐구한다.
- **감시와 처벌: 감옥의 탄생**(Discipline and Punish: The Birth of the Prison, 1975/오생근, 2020) | 현대 사회의 감시 메커니즘과 권력 구조를 분석하며, 처벌의 변화가 권력의 새로운 형태를 어떻게 나타내는지 설명한다.
- **성의 역사**(The History of Sexuality, 1976/이규현, 2020) | 성에 대한 담론과 권력 관계를 탐구하며, 성의 규제가 어떻게 사회 통제를 위한 지식의 일부로 작용하는지 논의한다.

39 | 부르디외 1930~2002
아비투스는 계층을 어떻게 재생산하는가?

"사회는 단순한 개인들의 집합이 아니다. 개인의 행동은 보이지 않는 구조들에 의해 형성되며, 사람들은 자신의 위치에 따라 특정한 습관과 성향을 내면화한다. 이러한 내면화된 성향이 바로 아비투스이다."
—『구별』, 1979

피에르 부르디외(Pierre Bourdieu, 1930~2002)는 20세기 후반 프랑스를 대표하는 사회학자이자 사상가로서, 그의 작업은 사회 계급, 문화, 교육, 권력 등 광범위한 영역에 걸쳐 심대한 영향을 미쳤다. 부르디외 사회학의 핵심은 '자본capital', '아비투스habitus', '장field'과 같은 독창적인 개념들을 통해 사회적 불평등이 어떻게 세대를 거쳐 재생산되고 유지되는지, 그리고 그 과정에서 보이지 않는 권력과 상징적 지배가 어떻게 작동하는지를 규명하는 데 있다.

자본: 불평등의 다차원적 기반

"자본은 단지 경제적 형태만을 갖지 않는다. 그것은 문화적이고 사회적이며, 상징적인 형태로도 존재한다" – 부르디외는 '자본'을 경제적 자산으로 한정하지 않는다. 그는 '자본'을 개인이 특정한 장에서 사회적 지위를 확보하고 유지하는 데 필요한 다양한 자원으로 정의한다.

자본은 '경제 자본', '문화 자본', '사회 자본', '상징 자본'으로 구분되며, 각 자본은 중첩되어 다차원적 구조를 갖는다.

첫째, 경제 자본이다. 가장 익숙하고 전통적인 형태의 자본으로, 돈, 부동산, 주식, 사업체 등과 같이 물질적이고 화폐로 환산 가능한 자산을 의미한다. 경제적 자본은 다른 형태의 자본을 획득하는 데 중요한 기반이 된다. 고액 연봉 직업, 상속받은 부동산, 대규모 사업체 소유 등이 이에 해당한다.

둘째, 문화 자본이다. 개인이 습득한 지식, 교양, 기술, 언어 사용 능력, 예술적 취향 등을 포괄하는 무형의 자본을 의미한다. 명문대 졸업장, 외국어 구사 능력, 클래식 음악 감상 능력, 고급 와인 지식, 세련된 매너 등이 있다.

셋째, 사회 자본이다. 개인이 속한 사회적 관계망, 즉 인맥과 네트워크를 통해 얻을 수 있는 자원이다. 사회적 자본은 정보 획득, 기회 포착, 협력 증진 등에 중요한 역할을 하며, 개인의 사회적 지위를 높이는 데 기여한다.

넷째, 상징 자본이다. 사회적으로 인정받는 명예, 권위, 위신, 평판 등을 의미한다. 상징 자본은 다른 자본들을 정당화하고 강화하는 역할을 한다. 즉, 경제, 문화, 사회 자본이 많을수록 상징 자본을 획득하기 쉽고, 획득한 상징 자본은 다시 다른 자본들을 강화하는 데 기여한다.

아비투스: 사회적 위치와 불평등의 내면화

"인간은 자유롭게 선택한다고 믿지만, 그 선택은 이미 사회적 조건에 의해 구조화되어 있다. 아비투스는 자유의 형식을 갖춘 구속이다" – '아비투스'는 우리가 행동하고 생각하는 방식을 형성하는 사회적 흔적이다. '아비투스'는 개인의 인지와 행동을 형성하는 사회적 성향으로, 부르디외가 사회적 불평등을 설명하기 위해 제안한 핵심 개념이다. 이는 개인이 사회적 맥락에서 체득한 경험과 규범의 축적을 반영하며, 특정한 장에서의 성공 가능성을 결정짓는다.

"아비투스는 과거의 구조가 현재를 통해 미래로 작용하는 방식이다" – 부르디외는 아비투스가 지닌 주요 속성을 다음과 같이 설명하고 있다.

아비투스는 오랜 시간에 걸쳐 형성되며, 쉽게 변하지 않는 '지속성 Durability'을 지닌다. 어린 시절의 경험, 가정 환경, 교육 제도 등은 개인의 아비투스 형성에 깊은 영향을 미치며, 이러한 영향은 성인이 된 이후에도 지속된다. 아비투스는 무의식적으로 작동하는 경우가 많아, 개인은 자신의 아비투스를 명확하게 인식하지 못할 수 있다. 그러나 아비투스는 개인의 행동, 판단, 선택 등에 지속적으로 영향을 미치며, 일관된 패턴을 만들어낸다.

아비투스는 '이전성 Transposability'을 갖는다. 아비투스는 특정 영역에 국한되지 않고, 다양한 영역으로 전이될 수 있다. 특정 계급 출신의 개인이 습득한 언어 사용 방식, 몸가짐, 문화적 취향 등은 학교, 직장, 여가 활동 등 다양한 사회적 공간에서 유사한 방식으로 발현된다. 이전성 덕분에 아비투스는 개인의 행동을 일관성 있게 만들고, 예측 가능하게 한다.

아비투스는 '생성성 Generativity'을 갖는다. 아비투스는 단순히 기존의 것을 모방하거나 반복하는 것이 아니라, 새로운 상황에 맞춰 창조적인 실천을 만들어낸다. 아비투스는 개인에게 일종의 '실천 감각'을 제공한다. 이는 특정 상황에서 어떻게 행동해야 할지, 어떤 선택을 해야 할지에 대한 직관적인 판단 능력을 의미한다.

'지속성', '이전성', '생성성' 등의 속성은 아비투스가 사회적 계층화를 만들어내는 기제로 작동한다. 아비투스는 개인의 사회적 배경과 계층적 위치에 따라 다르게 형성된다. 예를 들어, 상위 계층에서 형성된 아비투스는 특정한 언어 능력, 행동 방식, 취향으로 나타나며, 이는 그들의 사회적 지위를 강화한다. 아비투스는 특정 계층의 행동과 사고방식을 다음 세대에 전승하며, 이를 통해 사회적 불평등이 유지된다.

장: 경쟁과 계층 재생산의 무대

"장은 이익을 둘러싼 전장이다" – 부르디외에게 사회는 다양한 '장'들로 구성된 복합체이다. 경제, 정치, 문화, 학문, 예술 등 각 영역은 고유한 규칙, 가치, 자원을 가진 독립적인 '장'을 형성한다. 각 장은 마치 게임과 같아서, 참여자들은 해당 장에서 가치 있다고 여겨지는 자원(자본)을 획득하고 자신의 위치를 높이기 위해 경쟁한다. 예를 들어, 학문이라는 장에서는 '학문적 자본'(연구 업적, 학위, 명성 등)을 획득하기 위한 경쟁이 벌어진다. 연구자들은 논문을 발표하고, 학회에서 인정받으며, 권위 있는 학술지에 자신의 이름을 올리기 위해 노력한다. 이러한 경쟁은 학문 분야의 발전과 지식 생산을 촉진하는 동력이 되기도 하지만, 동시에 불평등과 배제를 낳기도 한다.

"각 장은 독립적인 우주처럼 작동하며, 내부의 규칙은 외부인의 눈에는 보이지 않는다" – 각 장은 상대적인 자율성을 지닌다. 즉, 각 장은 고유한 규칙과 논리에 따라 작동하며, 외부의 영향으로부터 완전히 자유롭지 않지만, 어느 정도 독립성을 유지한다. 예를 들어, 경제적 자본이 많은 사람이 반드시 예술 분야에서 성공하는 것은 아니다. 예술이라는 장은 경제적 자본 외에도 예술적 재능, 미적 감각, 비평가들의 인정 등 고유한 자본을 요구하기 때문이다. 장은 고정된 실체가 아니라 끊임없이 변화하는 역동적인 공간이다. 장 내부에서는 기존의 규칙과 권력 관계에 대한 도전과 투쟁이 끊임없이 발생한다. 새로운 세대의 등장, 새로운 사조의 출현, 외부 환경의 변화 등은 장의 역학 관계를 변화시키고, 새로운 경쟁 구도를 만들어낸다.

"장의 구조는 자본의 분포와, 그 장에서 가치로 작용하는 자본의 종류에 따라 결정된다" – 장과 자본은 상호작용한다. 특정 장에서는 특정한 자본이 더 높은 가치를 가지며, 이러한 자본을 보유한 개인이나 집단이 장 안에서 우위를 점한다. 특정 장 내에서는 특정 권력을 가진 이들이 자신들의 우위를 유지하기 위해 규칙을 설정하고, 이를 정당화하는 담론을 형성한다. 이는 상위 계층이 자신들의 지위를 공고히 하고, 하위 계층이 쉽게 진입하지 못하도록 장벽을 형성하는 데 기여한다. 예컨대 문학의 장에서는 명성과 문학적 인정을 얻는 것이 핵심 자본이고, 교육의 장에서는 학위와 언어적 세련됨이 문화자본으로 기능한다. 즉, 장은 자본의 종류를 정의하며, 자본은 다시 장에서의 지위를 결정한다.

"장은 아비투스를 구조화하며, 아비투스는 다시 장을 구조화하는 데 기여한다" – 장은 또한 아비투스와도 밀접하게 연관되어 있다. 각 장은 특정한 유형의 아비투스를 요구하고 선호한다. 예를 들어, 법조계라는 장은 논리적 사고, 엄격한 윤리 의식, 언어적 능력을 갖춘 아비투스를 선호한다. 아비투스는 장의 규칙에 적응하는 방식으로 작동한다. 개인은 자신의 아비투스에 맞는 장을 선택하고, 그 장에서 성공하기 위해 노력한다. 그러나 아비투스와 장의 불일치는 좌절과 실패를 낳을 수 있다. 예를 들어, 예술적 감수성이 풍부한 사람이 엄격한 규칙과 관료주의가 지배하는 조직에서 일하게 되면, 자신의 능력을 발휘하기 어렵고 소외감을 느낄 수 있다.

부르디외는 사회란 인간의 몸과 인식, 습관과 감각에 내면화된 실천의 산물이라고 보았다. 아비투스는 사회를 '몸'으로 만든다는 점에서, 구조와 행위 사이의 간극을 메우는 다리이며, 자본과 장은 그 실천의 장치이자 무대이다.

상징적 폭력

"상징적 폭력은, 그것을 겪는 사람들이 그 논리 안에 내면화된 상태로 참여하기 때문에 성공한다" – 부르디외는 특정 아비투스가 다른 아비투스보다 우월하게 평가되는 현상을 '상징적 폭력symbolic violence'이라고 불렀다. 상징적 폭력은 지배 계급의 아비투스를 정당하고 보편적인 것으로 간주하게 만들고, 피지배 계급의 아비투스를 열등한 것으로 여기게 만든다.

학교는 '상징적 폭력'이 작동하는 대표적인 공간이다. 학교 교육은 단순히 지식을 전달하는 것이 아니라, 특정 계급에게 유리한 문화적 규범과 언어 사용 방식을 가르친다. 예를 들어, 상류층 가정에서 성장한 아이들은 부모로부터 고급 어휘, 논리적 표현, 예술 감각 등을 자연스럽게 습득하며, 이는 교육 과정에서 유리한 요소가 된다. 반면, 서민 계층의 아이들은 학교가 요구하는 언어적·문화적 자본이 부족하기 때문에 자연스럽게 불리한 위치에 놓인다. 문화 영역과 상징적 폭력도 연결된다. 고급문화(예: 클래식 음악, 미술)는 상류층 아비투스의 산물이며, 사회적으로 더 높은 가치를 인정받는다. 반면, 대중문화(예: 팝 음악, 드라마)는 하류층 아비투스와 관련되며, 상대적으로 저평가되는 경향이 있다. 이러한 문화적 위계는 계급 간 차별을 정당화하는 데 기여한다.

"상징적 폭력은 억압이 억압으로 인식되지 않을 때 가장 강력하다" – 가장 강력한 억압은 그것이 억압임을 인식할 수 없을 때 이루어진다. 부르디외는 '상징적 폭력'이라는 개념을 통해, 지배 계급이 물리적 강제 없이도 어떻게 사회적 불평등을 유지하고 재생산하는지 분석했다. 상징적 폭력은 사회 구성원들이 지배 질서를 자연스럽고 당연한 것으로 받아들이도록 만드는 보이지 않는 메커니즘이다.

피에르 부르디외! 그는 망치 대신 정교한 현미경으로 사회를 해부했다. 그의 이론은 '자본', '아비투스', '장', '상징적 폭력'이라는 렌즈를 통해, 우리가 숨 쉬는 이 사회의 깊숙한 곳, 불평등과 계층 재생산이라는 거대한 기계장치를 선명하게 드러낸다.

그의 철학은 개인의 일상적인 실천과 취향 속에 깊숙이 각인된 사회 구조의 힘을 드러내고, 우리가 당연하게 받아들이는 많은 것들이 실제로는 특정 권력 관계와 사회적 투쟁의 산물임을 일깨워준다. 부르디외의 이론은 계급, 교육, 문화, 권력의 문제를 이해하고 비판하며, 보다 정의롭고 평등한 사회를 모색하려는 이들에게 강력한 지적 영감을 제공하고 있다.

✎ 주요 저술

- **취향의 정치학**(Distinction: A Social Critique of the Judgement of Taste, 1979/홍성민, 2012) | 특정 취향이 더 '고급스럽고 세련된 것'으로 간주되면서 하위 계급의 취향이 낮은 것으로 평가되는 사회적 구조를 다룬다.
- **구별: 미감의 사회적 비판**(Distinction: A Social Critique of the Judgement of Taste, 1979/최종철, 2005) | 문화 자본과 취향이 사회적 계층을 유지하고 재생산하는 데 어떻게 기여하는지를 분석하였다.
- **언어와 상징권력**(Language and Symbolic Power, 1991/김현경, 2020) | 언어가 단순한 의사소통 도구가 아니라, 사회적 권력과 계급 구조를 반영하고 재생산하는 방식을 분석한다.

40 | 바우만 1925~2017
액체 현대에서 연대는 어떻게 가능한가?

"현대 사회에서 개인은 전통적인 구조에 의해 보호받지 못하며, 끊임없이 자기 자신을 재구성해야 하는 부담을 짊어지게 된다. 이러한 유동성은 자유와 가능성을 제공하지만, 동시에 불안과 소외를 초래한다. 현대인은 안정성을 추구하지만, 끊임없이 변화해야만 하는 딜레마 속에서 살아가고 있다."

―『유동하는 현대』, 2000

지그문트 바우만(Zygmunt Bauman, 1925~2017)은 한 세기에 걸쳐 불확실성과 불안 속에서 살아가는 현대인의 모습을 분석했다. 그의 철학은 특히 '액체 현대 liquid modernity'라는 개념을 통해, 과거의 견고하고 안정적인 사회 구조가 해체되고 모든 것이 끊임없이 변화하며 불확실성에 놓인 오늘날의 시대를 진단한다. 바우만은 이러한 유동성이 개인의 정체성, 인간관계, 노동, 소비, 그리고 윤리에 미치는 심대한 영향을 분석하며, 현대인이 직면한 딜레마와 그 속에서 인간성을 지키기 위한 성찰을 촉구하였다.

액체 현대와 잉여 인간

"현대는 더 이상 고정된 형태를 갖지 않는다. 그것은 흐르고, 녹고, 끊임없이 변형된다" ― 바우만은 현대 사회를 분석하며 '액체 현대 liquid modernity'

라는 개념을 제시했다. 그는 현대가 더 이상 견고한 구조를 유지하지 않으며, 끊임없이 변화하고 흐르는 성질을 갖는다고 보았다.

전통적인 공동체는 해체되고, 노동 시장은 불안정해졌으며, 인간관계마저도 일시적이고 취약한 것들로 대체되고 있다. 과거의 사회는 노동을 통해 개인을 사회에 편입시키는 역할을 했다. 직업이 곧 정체성이었고, 노동이 곧 사회적 연대를 가능하게 했다. 그러나 오늘날 노동 시장은 더 이상 장기적인 안정성을 보장하지 않는다. 현대 사회는 이제 개인에게 장기적인 삶의 계획을 세우는 것을 허용하지 않는다. 그 대신, 사람들은 변화에 끊임없이 적응해야 한다. 이는 직업뿐만 아니라 인간관계에서도 동일하게 작용한다. 바우만은 현대 사회에서 관계가 일회적이고 즉각적인 만족을 추구하는 방식으로 변화했다고 말한다. SNS와 온라인 소통이 활발해졌지만, 그만큼 관계는 더욱 가볍고 쉽게 끊어질 수 있는 형태가 되었다.

"개인은 자신의 운명을 스스로 개척해야 한다는 무거운 짐을 지게 되었다" – 액체 현대의 가장 큰 특징은 바로 불확실성이다. 모든 것이 견고한 것처럼 보이지만, 사실은 유동하는 상태에 있다. 이는 개인에게 자유를 부여하는 동시에 지속적인 불안과 두려움을 심어준다. 과거의 사회에서는 일정한 역할과 위치가 주어졌지만, 현대 사회에서는 이러한 틀이 사라졌다. 개인은 스스로 자신의 삶을 책임지고 만들어가야 한다. 우리는 자유롭지만, 그 자유는 오히려 우리를 불안하게 만든다.

이러한 불안은 개인의 문제가 아니라, 사회 구조의 변화에서 비롯된 것이다. 개인이 불안과 두려움을 느끼는 것은 단순한 심리적 문제가 아니라, 사회적 안전망이 붕괴된 결과이다. 노동 시장의 유연화, 관계의 불안정성, 공동체의 해체 등은 모두 액체 현대의 특징이며, 그 속에서 개인은 끝없는 경쟁 속에서 스스로를 지켜내야 하는 상황에 놓이게 된다.

"소비하지 못하는 자는 사회에서 배제된다" – 지그문트 바우만은 현대 사회가 점점 더 인간을 소비자로만 규정하고 있다고 지적했다. 그의 저서 『쓰레기가 되는 삶(2004)』에서 그는 현대 사회가 '포섭형 사회'에서 '배제형 사회 Exclusive Society'로 변화하고 있음을 분석한다. 과거에는 생산자로서의 역할이 사회적 포섭을 결정했지만, 현대 사회에서는 소비할 능력이 사회적 지위를 결정한다. 노동이 더 이상 사회적 통합의 기제가 되지 못하고, 그 대신 소비가 핵심적인 기준이 된 것이다. 이에 따라 소비할 능력이 없는 사람들, 즉 빈곤층, 실업자, 난민, 홈리스 등은 사회적 체계에서 배제되며, '쓸모없는 존재'로 간주된다.

바우만은 이를 '잉여 인간 superfluous people'의 문제로 설명하며, 현대 사회가 점점 더 많은 사람들을 사회적 시스템 밖으로 밀어내고 있다고 분석한다. 이러한 배제의 논리는 경제적 영역에서만 작동하는 것이 아니다. 난민과 이민자들은 사회적 불안을 유발하는 요인으로 간주되며, 빈곤층과 실업자들은 개인의 나태함 때문이라는 논리로 낙인찍힌다. 배제의 논리는 개인적 문제가 아니라, 신자유주의적 경제 구조와 후기 현대 사회의 특성이 만들어낸 필연적인 결과이다.

연대와 공동체 의식: 불확실성 속에서 함께 살아가기

"우리는 더 나은 과거를 상상하는 대신, 더 나은 미래를 만드는 법을 배워야 한다" – 지그문트 바우만은 현대 사회에서 기술과 감시가 인간의 삶에 미치는 영향을 깊이 탐구했다. 그는 『레트로토피아(2017)』에서 현대 사회가 불확실한 미래를 두려워하며 과거를 이상화하는 경향을 보인다고 지적한다. 사람들은 과거의 안정적인 공동체를 그리워하지만, 바우만은 이러한 향수가 현대 사회가 직면한 불안과 불확실성에 대한 반작용이라고 분석한다. 현대 사회는 끊임없이 변화하고 있으며, 경제적 불안정과 사회적 연대의 해체는 개인을 더욱 고립된 상태로 몰아넣는다. 이 과정에서 사람들은 미래보다는 과거에 대한 향수에 빠지며, 과거는 언제나 지금보다 나았고, 우리는 잃어버린 세계를 되찾아야 한다는 환상을 가지게 된다.

바우만은 이러한 과거에 대한 집착은 현실의 문제를 해결하는 것이 아니라, 오히려 이를 회피하려는 도피적 태도라고 본다. '레트로토피아'는 잃어버린 유토피아를 과거에서 찾으려는 시도이다. 그러나 우리가 찾고 있는 과거는 실제로 존재한 적이 없다. 과거가 현대보다 더 나은 것처럼 보이지만, 이는 현대 사회의 불안을 반영하는 심리적 현상에 불과하다.

"자유는 불안을 의미하며, 불안이 없는 자유란 존재하지 않는다" – 지그문트 바우만은 자유와 불안이 분리될 수 없는 개념임을 강조한다. 이는 곧 현대인이 자유를 향유하는 동시에, 그 자유가 필연적으로 가져오는 불안과 고독을 감내해야 한다는 의미이다. 과거에는 개인의 삶을 안정적인 틀 속에 위치시켰지만, 현대 사회에서는 개인이 자신의 삶을 스스로 설계하고 책임져야 한다. 우리는 더 이상 정해진 길을 따라가기보다는, 스스로 선택해야 하는 존재가 되었다. 그리고 선택에는 항상 불확실성이 따른다.

"우리는 원하는 사람이 될 자유를 얻었지만, 동시에 우리는 원하는 사람이 되어야만 한다는 압박을 받는다" – 현대 사회에서 개인은 이전보다 훨씬 더 많은 자유를 누리지만, 동시에 삶의 방향을 결정하는 부담도 함께 떠안는다. 과거에는 신분, 직업, 공동체와 같은 구조가 개인의 정체성을 규정해 주었지만, 후기 현대 사회에서는 이러한 고정된 틀이 사라지고 개인이 끊임없이 자기 자신을 정의해야 하는 상황에 놓이게 되었다.

"사회적 유대가 단절된 곳에서는 불안과 고립이 지배한다. 그러나 연대가 형성되면, 우리는 서로의 존재를 통해 불안을 극복할 수 있다" – 그는 연대와 공동체 의식을 회복해야 한다고 주장했다. 현대 사회에서 개인주의와 경쟁 논리는 사람들을 더욱 분열시키고 있으며, 신자유주의적 체제는 개인이 자신의 생존을 오롯이 책임져야 한다는 부담을 강요한다. 사회적 유대가 단절된 곳에서는 불안과 고립이 지배한다. 그러나 연대가 형성되면, 우리는 서로의 존재를 통해 불안을 극복할 수 있다. 우리는 서로를 필요로 한다. 그러나 그것을 깨닫기 전까지는 각자의 불안 속에서 길을 잃을 뿐이다. 공동체가 해체된 사회에서 개인의 불안과 고독은 더욱 심화될 수밖에 없다.

"도덕은 타자 앞에서의 무조건적 책임이다. 그것은 계약이 아니며, 논의의 결과도 아니다" – 우리는 서로에게서 도망치면서 동시에 서로를 그리워하는 시대를 살고 있다. 자유를 통해 원하는 방식으로 살아가지만, 그 자유가 관계의 단절을 초래할 때 우리는 깊은 불안과 고독 속에 빠지게 된다. 우리는 사회적 존재로서 서로를 이해하고 포용하는 방식으로 살아가야 한다. 진정한 자유는 개인의 선택이 아니라, 우리가 서로 연결될 때 비로소 실현된다.

바우만이 연대를 주장하는 철학적 핵심은 '타자의 얼굴에 응답할 책임'에 있다. 그는 레비나스(1906~1995)의 영향을 받아, 도덕은 이성의 명령이 아니라, 타자의 고통에 대한 응답에서 시작된다고 본다. 인간은 타자의 고통을 외면할 수 없는 존재이며, 바로 그 응답 가능성에서 연대의 윤리가 출발한다. 바우만은 연대를 국가나 제도, 계약이 아닌 감정적 공명, 타자의 고통에 대한 감수성으로 이해한다. 그것은 법적 의무가 아니라, 인간의 조건에 속하는 것이다.

지그문트 바우만의 철학은 '액체 현대'라는 강력한 은유를 통해 우리가 살고 있는 시대의 불안정한 본질을 꿰뚫어 보게 한다. 그의 분석은 때로는 비관적으로 느껴질 수 있지만, 그것은 현실에 대한 냉철한 진단이자 동시에 더 나은 미래를 향한 성찰의 촉구이다.

바우만은 끊임없이 변화하고 해체되는 세계 속에서 개인이 겪는 고통과 불안에 깊이 공감하면서도, 인간적인 가치와 윤리적 책임을 포기하지 말 것을 우리에게 끊임없이 상기시킨다. 그의 작업은 현대 사회의 복잡한 문제들을 이해하고, 그 속에서 의미 있는 삶을 모색하려는 모든 이들에게 여전히 중요한 지적 자양분을 제공하고 있다.

🖋 주요 저술

- **현대성과 홀로코스트**(Modernity and the Holocaust, 1989/정일준, 2013) | 바우만은 홀로코스트가 단순한 야만적 사건이 아니라, 현대성의 산물이라고 주장했다. 현대 사회의 합리적 관료제와 기술적 효율성이 오히려 대량 학살을 조직화하는 데 기여했음을 분석했다.

- **액체 현대**(Liquid Modernity, 2000/이일수, 2022) | 현대 사회는 견고한 구조가 사라지고, 끊임없이 변화하는 '액체 상태'가 되었다고 분석했다. 노동, 가족, 공동체, 정체성이 불확실하고 임시적인 상태가 되면서 개인은 지속적인 불안과 고립을 경험한다.

- **쓰레기가 되는 삶**(Wasted Lives: Modernity and Its Outcasts, 2004/정일준, 2013) | 후기 근대 사회에서는 더 이상 모든 구성원을 포함하는 사회적 시스템이 작동하지 않으며, 불필요한 인간들을 배제하는 방향으로 변화하고 있다고 주장했다.

- **레트로토피아**(Retrotopia, 2017/정일준, 2018) | 현대 사회에서 사람들이 미래에 대한 희망을 잃고, 과거로의 회귀를 원하게 되었다고 분석했다 이를 '레트로토피아'라고 부르며, 사람들이 과거를 이상화하며 사회적 문제를 해결하려 하기 때문에 오히려 현재의 문제를 직면하지 못한다고 비판한다.

41 | 지젝 1949~
이데올로기는 어떻게 숭고해지는가?

"오늘날 이데올로기는 단순한 세뇌가 아니다. 오히려 사람들은 자신이 속한 체제가 불완전하고 문제가 많다는 것을 알면서도, 그 체제 내에서 살아가는 방식을 받아들이는 것이다. 우리는 시스템을 전복하려 하기보다는, 시스템 내에서 어떻게든 더 나은 삶을 찾으려 하며, 이것이야말로 현대 이데올로기의 핵심이다."

—『이데올로기라는 숭고한 대상』, 1989

슬라보이 지젝(Slavoj Žižek, 1949~)은 현대 철학, 정치이론, 그리고 문화비평 분야에서 독창적인 통찰을 제시한 슬로베니아의 사상가이다. 그는 마르크스주의와 라캉(1902~1981)의 정신분석학을 결합하여 '이데올로기'가 어떻게 우리의 욕망과 무의식을 통해 작동하는지 심층적으로 분석하였다. 지젝은 또한 현대 좌파의 한계를 비판하며, 체제를 극복하기 위해서는 기존의 정치적·경제적 틀을 넘어선 급진적 변화를 상상해야 한다고 주장한다.

이데올로기의 숭고한 대상

"이데올로기의 진짜 힘은 사람들이 그것을 믿지 않아도 여전히 그 안에서 살아가게 만든다는 데 있다" – 이 짧지만 인상적인 슬라보이 지젝의 통찰은 현대 이데올로기 비판에서 가장 핵심적인 역설을 정밀하게 포착한다.

전통적 마르크스주의는 이데올로기를 '허위의식', 즉 지배계급이 피지배계급을 현혹시키기 위해 조작한 허구적 관념 체계로 간주했다. 하지만 지젝은 이보다 훨씬 더 심오하고 구조적인 차원에서 이데올로기의 작동 원리를 설명한다. 그에게 이데올로기는 단순히 우리가 믿는 것이 아니라, 우리가 행동하고 존재하는 방식 자체에 스며든 상징적 틀이다. 즉, 믿지 않더라도 우리는 그것 안에서 '살아간다'.

지젝은 자크 라캉(1901~1981)의 정신분석학을 끌어와, 주체가 본질적으로 '분열된 존재 subject manque'임을 강조한다. 인간은 결코 완전하거나 자족적인 존재가 아니며, 타자의 인정과 상징계의 질서 속에서 자신을 찾아가려는 근원적 결핍의 상태에 놓여 있다. 이러한 결핍은 주체를 이데올로기의 유혹에 취약하게 만들지만, 동시에 이데올로기가 결코 주체를 완전히 포획하지 못하는 균열의 가능성도 내포한다. 주체는 항상 자기 자신과 어긋나 있고, 이 어긋남 속에서 이데올로기의 틈새가 발생한다.

"나는 그것이 거짓이라는 걸 안다. 하지만 그래도 나는 그렇게 행동한다" - 이데올로기는 흔히 '숭고한 대상 objet petit a', 즉 설명할 수 없지만 욕망을 끌어당기는 신비로운 대상으로 현현한다. 그것은 비합리적일 수 있고, 스스로 논리적 결함을 품고 있을 수 있음에도 불구하고, 주체는 그것에 매혹되고 헌신하게 된다. 현대 사회에서는 사람들이 이데올로기의 허구성을 '알면서도' 여전히 그 안에서 살아가는 냉소적 이성이 일반화되었다. 이처럼 냉소적 순응은 단순한 체념이 아니라, 오히려 체제에 대한 암묵적 복종이자 더 강력한 '주이상스 jouissance'의 표현이다. 주체는 이데올로기적 질서 속에서 불쾌하고 모순된 측면을 인지하면서도, 거기서 특유의 고통스러운 쾌감을 얻는다. 이 향유는 바로 도착적인 즐거움, 즉 주체가 스스로 괴로움을 감수하면서도 체제를 떠나지 못하는 이상한 만족감을 설명한다.

즐겨라!

"우리는 그 대상 자체를 사랑하는 것이 아니라, 그 대상을 통해 상상된 결핍을 사랑한다" – 지젝은 자본주의가 욕망의 대상 그 자체 object가 아니라, 대상으로부터 발생하는 상상된 결핍, 즉 '오브제 프티 아 objet petit a'를 추구하게 만든다고 말한다. 이는 소비자가 어떤 상품이나 라이프스타일을 욕망할 때, 실제로는 그것이 충족해줄 것이라 믿는 환상적 보완물, 다시 말해 상상 속에서만 존재하는 결핍의 채움을 추구하는 것이라는 의미다. 이 구조 속에서 소비란 단지 물건을 사는 행위가 아니라, 부족함을 해소하려는 시도이자, 정체성을 구축하려는 시도이다. 그러나 그 욕망은 절대 완전히 충족될 수 없으며, 오히려 더 큰 결핍과 불안을 낳는다.

자본주의는 바로 이 충족되지 않는 욕망의 반복 구조를 유지하면서 지속된다. 심지어 소비자는 이 구조를 '알고도' 계속 따르게 된다. 저항조차 상품화된다. 친환경 제품, 공정무역 커피, 대안적 삶을 표방하는 미니멀리즘, 심지어 체 게바라(1928~1967)의 초상화처럼 반자본주의적 정체성마저도 새로운 상품과 브랜드로 포섭된다. 자본주의는 가장 급진적인 비판마저 스타일과 이미지로 전환시켜 자신의 연료로 삼는 유연한 체제다.

"우리는 더 이상 억압당하지 않는다. 오히려 '즐겨라!'는 명령 속에서 스스로 체제를 지지하게 된다" – 지젝이 보기에 현대 자본주의는 금지하는 대신 즐기라고 명령한다. 그러나 그 '즐거움'은 결코 순수하거나 자유롭지 않다. 자본주의가 요구하는 향유는 '즐기는 것'에 대한 강박으로 작용하며, 개인은 끝없는 욕망 충족의 무한 루프에 갇히게 된다. 지젝은 자본주의를 욕망의 '기획자'로 본다. 그것은 우리가 욕망하는 방식, 심지어 '무엇을 문제로 여겨야 하는지'까지 정해준다.

급진적 행위와 실재와의 대면

"대타자는 존재하지 않는다" – 이데올로기가 작동하는 중심에는 '대타자 the Big Other'가 자리한다. 대타자는 언어, 법, 도덕, 규범 등 사회의 상징적 권위와 질서를 대표하는 구조다. 사람들은 대타자의 존재를 가정함으로써 행동의 기준과 의미를 확보한다. 그러나 지젝은 이 구조의 허구성을 꿰뚫어 보며 대타자는 실제하지 않는다고 선언한다. 이는 곧, 우리가 믿고 따르던 권위체계가 사실은 내적으로 균열되고 모순된 허구임을 의미한다. 상징적 질서는 실제로 일관되거나 전능한 주체가 아니라, 다층적인 환상과 반복되는 행위 속에서 유지될 뿐이다. 이것이 지젝이 강조하는 이데올로기의 '환상적 토대'이다. 현실은 단단하지 않다. 우리 스스로 그 현실이 단단하다고 믿으며 반복적으로 연출하기 때문에 '존재'하는 것처럼 보일 뿐이다.

"오늘날의 진짜 급진성은, 우리가 상상조차 하지 못하는 어떤 가능성을 떠올리는 데 있다" – 슬라보이 지젝에게 있어 진정한 정치적 해방의 가능성은 점진적인 제도 개혁이나 체제 내적인 조정에서 비롯되지 않는다. 그것은 오히려 상징적 질서, 즉 우리가 현실이라 부르는 언어적·이데올로기적 구조물 자체를 근본적으로 뒤흔드는 급진적 '행위'에 달려 있다.

이러한 '행위'는 라캉적 의미에서 '실재 the Real와의 대면'을 내포한다. 실재는 상징계로는 완전히 포섭될 수 없는 균열과 과잉이며, 행위는 바로 그 균열의 지점을 관통하여 기존 질서에 '트라우마적 파열'을 일으킨다. 이는 단순히 기존 규칙을 어기거나 새로운 규칙을 제시하는 것이 아니라, 규칙의 가능 조건 자체를 무화시키는 일종의 존재론적 혁명이다. 이 때문에 진정한 행위는 언제나 예측 불가능하고, 사후적으로만 의미화될 수 있으며, 결코 완전히 통제되거나 기획될 수 없다.

지젝이 구체적인 정치적 프로그램이나 실천 전략을 명시적으로 제시하지 않는 이유는 여기에 있다. 어떤 청사진도, 어떤 실천의 프레임도 궁극적으로는 기존의 상징적 질서, 즉 자본주의적 이데올로기 구조에 의해 포섭될 위험을 안고 있기 때문이다. 그는 '변혁'이란 이름 아래 제시되는 많은 정치적 수사들이 실제로는 기존 체제의 지속 가능성을 강화하는 새로운 욕망의 장치에 불과할 수 있음을 경계한다. 진정한 정치적 급진성은 오히려 불편한 '실재'를 끝까지 마주하고 견디는 능력에서 비롯된다.

"자본주의 너머를 생각하는 것이야말로 가장 금기시된 사유다" — 이러한 철학적 사유의 흐름 속에서 지젝은 체제 바깥의 새로운 상상력을 일으키는 사유의 장을 열고자 한다. 여기서 '체제 바깥'은 과거 현실 사회주의의 역사적 반복이 아니라, 현대 자본주의가 야기하는 위기들, 예를 들어 기후 변화, 생명공학과 유전자 조작, 디지털 감시체제, 노동의 플랫폼화, 지적 재산권 문제, 이주민의 배제와 같은 것 등에 대해 '공통적인 것 the commons'을 중심으로 새로운 정치적 주체화를 가능케 하는 윤리적·존재론적 기획이다.

결국 지젝의 급진적 '행위' 개념은 이데올로기적 환상 너머를 사유하고, 욕망의 구조 자체를 재조직하며, 주체와 세계 사이의 기존 관계를 근본적으로 전복할 수 있는 가능성에 대한 철학적 투쟁이다. 그것은 불확실성과 고통, 심지어 실천의 실패를 감수하는 결단이며, 바로 이 지점에서 진정한 탈이데올로기적 정치의 공간이 열릴 수 있다.

'숭고한 대상'은 우리 욕망의 잉여, 결핍의 흔적이며, 완전한 충족이 불가능하다는 사실을 은폐하는 상징적 대체물이다. 지젝은 이 이데올로기적 매개를 통해 주체가 현실을 회피하고, 체제를 재생산한다고 본다. 이 환상적 구조를 깨뜨리는 것이 바로 급진적 행위 act이다. 지젝에게 행위란 기존 상징 질서 안에서 '의미 있는 선택'을 하는 것이 아니라, 그 질서 자체를 전복시키는 돌파적 사건이다. 이러한 행위는 실패를 전제하며, 실재라는 혼돈과 대면해야만 가능하다.

지젝의 철학은 욕망과 환상으로 작동하는 이데올로기의 구조, 그리고 그 심연에 자리한 '실재 the Real'를 통해 우리에게 정치적 행위의 가능성을 다시 묻는다. 오늘날, 우리는 과잉된 이미지와 냉소적 이데올로기의 홍수 속에 살고 있다. '모든 것은 허구'라는 진단이 만연하지만, 지젝은 묻는다. "그래서 너는 아무것도 하지 않을 텐가?"
숭고한 이데올로기의 해체 이후, 오브제 프티 아의 환상을 넘어선 그 자리에서, 우리에게 남는 것은 오직 하나, 실재와 마주하는 용기이며, 그 앞에서의 결단이다. 이 결단이 바로 정치적 실천의 출발점, 다시 말해 진정한 변혁의 가능성이다.

🖋 주요 저술

- 이데올로기의 숭고한 대상(The Sublime Object of Ideology, 1989/이수련, 2013) | 이데올로기와 주체성의 관계를 분석하며 라캉의 정신분석 이론을 마르크스주의와 결합하여 이데올로기를 해체하는 방식을 제시하였다.
- 당신의 증상을 즐기십시오(Enjoy Your Symptom!, 1992/주은우, 2013) | 개인의 무의식적 욕망과 사회적 조건 사이의 상호작용을 분석하며 즐거움과 증상의 관계를 재해석하였다.

PART 10

정의: 영원한 꿈

한 인간이 말했다. "나는 자유롭다."
어떤 이는 소리쳤다. "정의가 필요하다!"
그러자 누군가는 되물었다. "그 정의는 누구를 위한 것인가?"
자유는 인간이 가장 소중히 여기는 가치 중 하나다. 하지만 자유가 무한하다면, 정의는 어떻게 보장될 수 있을까?
정의가 강조될수록, 평등이 실현될수록, 우리는 자유를 잃게 되는가? 혹은, 진정한 자유는 평등과 함께 가는 것인가?
이 장에서는 이사야 벌린(1909~1997)의 '적극적 자유', 존 롤스(1921~2002)의 '무지의 베일', 로버트 노직(1938~2002)의 '최소 국가'와 '소유의 자유', 마사 누스바움(1947~)의 '역량 접근법', 마이클 샌델(1953~)의 '공동체적 정의'를 통해 자유와 평등과 정의에 대한 인류의 물음과 그 사유를 살핀다.

42 | 벌린 1909~1997
적극적 자유란 무엇인가?

"나는 타인으로부터 간섭받지 않을 때 자유롭다고 느낀다. 그러나 자유란 단순히 방해받지 않는 상태가 아니라, 내가 원하는 방식으로 행동할 수 있는 능력이기도 하다."

—『자유론』, 1969

이사야 벌린(Isaiah Berlin, 1909~1997)은 러시아에서 태어나 어린 시절 볼셰비키 혁명을 경험한 후 영국으로 이주하였으며, 옥스퍼드 대학에서 철학자로 활동하였다. 그는 '소극적 자유Negative Liberty'와 '적극적 자유Positive Liberty'로 자유 개념을 구분하면서, 자유의 본질과 그것이 어떻게 정치적, 사회적으로 구현될 수 있는지를 논의했다. 벌린은 자유가 단일한 형태로 작동할 수 없으며, 현실에서는 서로 다른 가치들이 충돌하는 '다원주의Pluralism' 속에서 자유를 이해해야 한다고 보았다.

소극적 자유와 적극적 자유

자유는 무엇을 강요받지 않는 상태이기도 하지만, 무엇을 할 수 있는 능력이기도 하다. 1958년, 이사야 벌린은 '자유의 두 개념' 강연을 통해 자유 개념이 단일하지 않다는 점을 강조하며, '소극적 자유'와 '적극적 자유'의 두 가지 개념을 제시하였다.

"자유란 간섭받지 않는 것이다" – 소극적 자유는 외부의 간섭 없이 개인이 원하는 대로 행동할 수 있는 자유를 의미한다. 국가, 사회, 타인의 강제력 없이 개인이 선택할 수 있는 자유를 보장하는 것이 핵심이다. 언론 자유, 경제적 자유, 사생활 보호 등이 그 예시이다. 소극적 자유의 개념은 서구 자유주의 전통에서 발전해 왔다. 존 로크(1632~1704)는 정부의 역할이 개인의 생명, 자유, 재산 보호에 국한되어야 한다고 보았고, 애덤 스미스(1723~1790)는 경제적 자유가 번영의 기초이며 시장의 자율성이 중요하다고 주장하였으며, 존 스튜어트 밀(1806~1873)은 개인의 자유가 타인에게 해를 끼치지 않는 한 최대한 보장되어야 한다고 하였다. 소극적 자유는 개인의 자율성과 권리를 보호하며, 다양성을 존중하고 전체주의로부터 방어할 수 있다는 장점이 있다. 하지만 단순히 '간섭이 없는 자유'만을 강조하면 경제적 약자나 소외된 계층은 실질적인 자유를 누리기 어렵고, 자유를 강조하다 보면 사회적 연대보다는 개인주의적 사고방식이 강해질 위험이 있다.

"적극적 자유는 자신의 삶을 스스로 통제하고, 자율적으로 결정할 수 있는 능력을 의미한다" – 이는 단순히 외부 간섭이 없는 상태가 아니라, 개인이 자기 실현을 하고, 삶을 주체적으로 설계할 수 있도록 하는 자유이다. 예를 들어, 교육 기회를 제공하는 정책은 가난한 사람들이 교육을 받을 수 있도록 지원함으로써 자기 삶을 통제할 기회를 보장하고, 복지 제도는 기본적인 생계를 보장하여 경제적 불평등을 해소함으로써 자율적인 삶을 가능하게 한다. 적극적 자유는 사회적 불평등을 해소하고 집단적 목표와 조화를 이룰 수 있다는 장점이 있다.

이사야 벌린은 자유의 본질이 단순하지 않으며, 소극적 자유와 적극적 자유 사이에서 균형을 잡는 것이 중요하다고 보았다. 자유주의 사회에서는 두 가지 자유 개념이 동시에 작동해야 한다. 소극적 자유는 개인의 권리를 보호하는 필수 요소이고, 적극적 자유는 사회적 약자가 실질적으로 자유를 누릴 수 있도록 하는 장치로 작용한다. 이사야 벌린의 '적극적 자유'는 존 롤스(1921~2002) 등으로 이어지는 정의론의 단초이기도 하다.

낭만주의의 불꽃과 가치 다원주의

"개인이 고유하며, 고유할 권리가 있다는 생각을 처음으로 믿은 이들은 낭만주의자들이었다" – 이사야 벌린은 『낭만주의의 뿌리(1992)』에서 낭만주의를 근대 정신의 핵심 전환점으로 간주한다. 그에 따르면, 낭만주의는 계몽주의가 이상화한 보편성과 합리성, 규범적 인간관에 대한 급진적 반발이자 비판적 창조였다. 낭만주의는 진리란 하나이고 보편적이라는 계몽주의적 신념을 해체하고, 다양한 삶의 방식과 가치가 공존할 수 있음을 주장하며 가치 다원주의 Value Pluralism의 철학적 토대를 마련했다.

벌린은 낭만주의자들이 제시한 '개성의 절대성'이라는 개념에서 자유의 내면화된 근거를 읽어낸다. 루소(1772~1778), 헤르더(1744~1803), 피히테(1762~1814), 슐라이어마허(1768~1834)와 같은 사상가들은 인간의 고유한 정체성과 자아를 외적 규범이 아닌 내면의 자율성에서 출발시켰고, 이는 각자가 자율적으로 삶을 구성할 권리를 강조하는 자유주의의 핵심 가치와 연결된다. 다만, 벌린은 이 자유를 단일한 정의나 형이상학적 본질로 환원하지 않는다. 그는 낭만주의가 자유의 다의성, 즉 사람들이 서로 다른 가치와 목표를 추구할 수 있으며, 이들 간의 충돌이 필연적이라는 점을 인식하게 했다고 본다. 이는 바로 그의 대표 사상인 가치 다원주의의 핵심이다.

"다원주의의 본질은, 궁극적이고 신성한 목적들이 서로 충돌할 수 있다는 인식이다" – 가치 다원주의pluralism에 따르면, 인간은 근본적으로 서로 충돌할 수 있는 다양한 목적과 가치 속에 살며, 이들 모두가 진정한 의미를 가질 수 있다. 이러한 철학적 입장은 낭만주의가 절대적 체계나 도덕적 통일성을 거부하고, 개별성과 감정, 역사성과 차이의 윤리를 강조한 데서 비롯된다. 벌린은 이 사유의 계보를 통해, 자유주의 역시 단순한 규칙의 집합이 아니라 끊임없는 충돌과 조율 속에서 작동하는 열린 윤리 체계임을 드러낸다. 즉, 자유주의는 낭만주의의 유산 위에서 각자의 삶의 의미를 인정하고, 충돌하는 가치 사이의 '균형'을 추구하게 된 것이다.

벌린의 '가치 다원주의'는 '가치 상대주의Value Relativism'와는 다른 개념이다. '가치 다원주의'는 여러 가치가 존재하며 이들은 충돌할 수 있음을, '가치 상대주의'는 모든 가치가 동등하며 선악을 구분할 절대적 기준이 없음을 핵심 개념으로 한다. 가치 다원주의는 충돌하는 가치들 사이에서 합리적인 선택과 조정이 필요하지만, 가치 상대주의는 모든 가치는 동일한 정당성을 가지므로 도덕적 판단을 내릴 수 없다고 본다.

벌린의 가치 다원주의는 현대 자유민주주의의 철학적 기반을 제공한다. 자유민주주의는 단 하나의 절대적 가치가 아니라, 다양한 가치들이 공존할 수 있는 정치 체계를 지향한다. 표현의 자유를 보장하지만 혐오 발언을 규제할 필요도 있고, 개인의 자유를 보호해야 하지만 때로 공공의 복리를 위해 규제가 필요할 수 있다. 이러한 가치 충돌을 해결하는 과정에서 민주적 토론과 조정이 필요하다.

이사야 벌린의 사회철학은 복잡한 현실을 단일한 이념이나 규범으로 단순화하지 않고, 다양한 가치와 충돌의 조건 속에서 인간의 존엄성과 자유를 어떻게 지켜낼 수 있는가를 끊임없이 물어온 성찰의 여정이었다. 그는 소극적 자유와 적극적 자유라는 구분을 제시하며, 자유를 둘러싼 철학적 오해와 정치적 위험을 명확히 짚었다. 그는 또한 인간 사회의 본질은 다양한 가치들 간의 충돌 속에 있으며, 그 충돌을 억압하거나 제거하는 것이 아니라 그 갈등을 조율하고 공존할 수 있는 조건을 마련하는 것이 진정한 자유의 길이라고 보았다. 이러한 사유는 곧 가치 다원주의라는 철학적 입장으로 이어지며, 벌린은 절대적 정답이 없는 세계 속에서도 윤리적 긴장과 관용, 공존의 가능성을 끝까지 탐구했다.

오늘날 우리가 직면한 갈등과 분열, 자유와 권위 사이의 긴장 속에서도, 이사야 벌린의 사상은 여전히 철학적 나침반의 역할을 한다. 그의 자유론은 단지 이념적 주장에 그치지 않고, 실제로 다양한 인간 존재의 모습을 존중하고, 그것들이 어우러질 수 있는 사회적 상상력과 실천의 지평을 열어 준다.

주요 저술

- **자유론**(Four Essays on Liberty, 1969/박동천, 2014) | 소극적 자유와 적극적 자유 개념을 심도 있게 다룬다. 자유주의 전통에서의 자유 개념을 탐구하며, 자유와 권력, 책임의 관계를 분석한다.

- **낭만주의의 뿌리**(The Roots of Romanticism, 1999/석기용, 2021) | 로맨티시즘 운동이 근대적 자유주의와 가치 다원주의에 미친 영향을 분석하고 있다. 로크, 루소, 칸트, 헤겔, 괴테 등의 사상을 비판적으로 조명하고 있다.

43 | 롤스 1921~2002
무지의 베일은 어떻게 정의를 설계하는가?

"사회적·경제적 불평등은 사회의 가장 불리한 구성원들에게 최대한의 이익을 제공하는 방식으로 조정될 때에만 정당화될 수 있다. 또한 모든 사람에게 공정한 기회가 균등하게 주어지는 체계 내에서만 이러한 불평등이 허용될 수 있다."

—『정의론』, 1971

존 롤스(John Rawls, 1921~2002)는 미국의 정치철학자로, 『정의론』을 통해 현대 정치철학과 윤리학에 중요한 전환점을 가져왔다. 그의 핵심 관심사는 '개인의 자유가 유지되면서도 사회적 약자가 보호받을 수 있는 정의로운 사회 원칙'을 마련하는 것이었다. 기존의 자유주의 철학이 자유를 강조하는 반면, 롤스는 사회적 약자가 보호받을 수 있는 정의로운 사회의 원칙을 탐구했다.

무지의 베일과 차등 원리

"무지의 베일 뒤에 있는 사람은 자신이 어떤 위치에 있게 될지를 모르기 때문에, 모두에게 공정한 원칙을 선택하게 된다" – 롤스는 공정한 사회를 정의하기 위해 '무지의 베일 Veil of Ignorance'이라는 사고 실험을 제안했다. 이는 사람들이 자신의 계층, 성별, 인종, 경제적 지위를 알지 못한 채 사회의 기본 원칙을 결정해야 한다는 가정에서 출발한다. '무지의 베일' 속에서는 자신이 어떤 사회적 위치를 가질지 모른다는 점에서, 특정 계층에 유리한 규칙을 만들 위험이 사라진다. 무지의 베일 아래에서는 최상위 부유층이 될지, 최하위 빈곤층이 될지 알 수 없기 때문에, 모두가 불리한 계층에서도 최소한의 존엄을 보장받을 수 있는 사회를 설계하려 할 것이다. 이렇게 도출되는 원리가 바로 롤스가 주장하는 '정의의 원리 Principles of Justice'이다.

롤스는 무지의 베일에서 합의될 두 가지 '정의의 원리'를 제안했다. 첫번째는 모든 사람은 동등한 '기본적 자유 basic liberties'를 누려야 한다는 '동등한 기초 자유의 원리 The Principle of Equal Basic Liberties'이다. 여기에는 표현의 자유, 양심의 자유, 정치적 자유, 재산권, 그리고 법 앞의 평등 등이 포함되는데, 이는 '자유주의 liberalism'의 근본 원리와 직결된다.

두번째는 '차등 원리 The Difference Principle'이다. '차등 원리'는 사회·경제적 불평등이 허용될 수 있지만, 오직 사회에서 가장 불리한 위치에 있는 사람들에게 최대의 이익을 제공할 때만 정당화될 수 있다는 개념으로, 존 롤스의 정의론의 독특한 본질을 담고 있다. '차등 원리'는 '공정한 기회 균등 Fair Equality of Opportunity'과 '최소 극대화 원칙 Maximin Rule'의 2가지 내용을 담고 있다.

"동일한 재능과 열망을 가진 사람들은 같은 기회를 가져야 한다. 그들의 출신 계급이나 사회적 배경은 기회의 차이를 만들어서는 안 된다" – '공정한 기회 균등'은 모든 개인이 동일한 기회를 가질 수 있도록 해야 한다는 원칙이다. 단순한 형식적 평등이 아니라, 실질적인 기회가 평등하게 보장되어야 한다. 사회적 배경(출신 계급, 인종, 성별, 가정환경)으로 인해 불이익을 받지 않도록 해야 한다. 예를 들어, 부유한 집안 출신이든 가난한 집안 출신이든 동일한 교육 기회를 보장해야 하고, 출신 지역이나 성별과 무관하게 능력에 따라 채용 기회를 가져야 한다.

"사회적·경제적 불평등은, 오직 그것이 모두에게 이익이 되고, 특히 가장 불리한 처지에 있는 사람에게도 이익이 될 때만 정당화될 수 있다"–'최소 극대화 원칙'은 사회적·경제적 불평등이 존재할 수 있지만, 그 불평등이 '최소 수혜자 the least advantaged'에게 '최대의 이익 the greatest benefit'을 제공하는 경우에만 정당화될 수 있다는 원칙이다. 즉, 가장 불리한 위치에 있는 사람이 더 나은 삶을 살 수 있도록 불평등을 조정해야 한다.

'차등 원리'는 롤스가 『정의론』을 통해 독창적으로 제안한 것으로 롤스는 무지의 베일속에서 합리적 사람들은 '차등 원리'를 선택할 것이라고 주장하였다. '차등 원리'가 기존의 평등주의와 구별되는 점은 불평등을 정의롭게 조정해야 한다는 점이다. 롤스 이전에도 사회적 평등을 강조한 철학자들은 많았지만, 불평등이 허용될 수 있는 조건을 철학적으로 정교하게 규정한 것은 롤스가 처음이다.

현대 복지국가 모델에는 '차등 원리'가 강하게 반영되는 정책들이 다수 존재하고 점점 늘어나는 추세이다. 사회보장제도의 실업급여, 기본소득, 공공의료, 교육 보조금 등은 최소 극대화 원칙을 반영한 정책이다. 누진세 제도는 소득이 높은 사람이 더 많은 세금을 부담하는 제도는 최소 수혜자의 삶을 개선하는 방식으로 작동하는 불평등을 조정하는 사례이다. 국가 장학금 제도, 공립학교 지원, 무료 급식 제공 등은 공정한 기회 균등을 실현하기 위한 정책들이다.

정치적 정의와 중첩합의

존 롤스는 『정의론(1971)』에서 정의로운 사회란 무엇인가라는 질문에 답하기 위해 정의의 두 가지 원리를 제시했다. 그러나 이후 그는 자신의 초기 사상이 현실적인 민주주의 사회에서 어떻게 받아들여질 수 있는가에 대한 문제를 깊이 고민했다. 이에 따라 『정치적 자유주의(1993)』에서 롤스는 자신의 정의론을 발전시켜 '정치적 정의 justice as fairness' 개념을 제안했다.

"우리는 동일한 철학적 신념을 공유하지 않더라도, 공정한 사회를 만들기 위해 합의할 수 있다" – '정치적 정의'는 특정한 종교나 철학에 종속되지 않으며, 다양한 신념을 가진 시민들이 공존할 수 있는 공정한 원칙을 기반으로 해야 한다. 롤스는 현대 사회가 근본적으로 도덕적·종교적·철학적으로 다원적인 사회라는 사실을 인정해야 한다고 주장했다. 과거에는 특정 종교나 철학적 원칙이 사회를 통합하는 중요한 역할을 했지만, 현대 민주주의 사회에서는 더 이상 어느 한 가치 체계를 모든 시민에게 강요될 수 없다는 것이다.

"중첩합의란, 서로 다른 포괄적 신념을 가진 사람들이, 정치적 정의 개념에 대해 공통된 합의에 도달하는 상태를 말한다" – 롤스는 '정치적 정의'가 '타협'에 그쳐서는 안되고 다양한 신념을 가진 사람들이 공정한 사회 질서를 함께 형성하는 깊이 있는 합의 과정이라고 보았다. 그는 이를 설명하기 위해 '중첩합의 overlapping consensus'라는 개념을 제시한다. '중첩합의 Overlapping Consensus'란 시민들이 각자 다른 종교적·철학적 신념을 지닌 상태에서도, 사회적 정의를 구성하는 핵심 원칙에는 합의할 수 있다는 뜻이다. 예컨대 기독교인은 모든 인간은 신 앞에서 평등하다고 믿고, 세속적 인본주의자는 모든 인간은 기본적 존엄성을 지닌다고 볼 수 있다. 비록 철학적 배경은 다르지만, 모든 시민은 법 앞에서 평등하다는 원칙에 대해서는 서로 동의할 수 있다. 다시 말해, 각자의 신념과 관계없이 공정한 사회 질서를 가능케 하는 기본 원칙을 공유하는 것이 '중첩합의'의 핵심이다.

정치적 자유주의와 공공 이성

다원주의 사회에서의 달성 목표로서의 '정치적 정의'와 구체적인 실현 방법으로서의 '중첩 합의'는 '정치적 자유주의'를 기반으로 하는 국가의 정책 지원을 통해 현실화된다. 롤스가 제안하는 '정치적 자유주의'는 현대 사회의 다양성을 인정하며, 이를 조화롭게 통합하는 방법을 제시한다. 존 롤스는 '정치적 자유주의'의 주요 개념으로 크게 '국가의 중립성'과 '공공 이성'의 2가지를 독창적으로 제시하고 있다.

"국가는 종교적·형이상학적 진리의 문제에 대해 입장을 가져서는 안 된다" – 국가는 특정 종교나 도덕적 가치관을 강제해서는 안 된다. 대신, 모든 시민이 공정하다고 인정할 수 있는 원칙을 통해 사회 질서를 구성해야 한다. 시민들의 다양한 신념을 존중하되, '공공선'과 '정의'를 실현할 수 있는 중립적 입장을 취해야 한다. 정부는 특정 종교나 특정 경제 이념을 강제하지 않고, 서로 다른 가치관을 지닌 시민들이 공존할 수 있도록 공정한 법적·제도적 장치를 갖추어야 한다.

"공공 이성은 자유롭고 평등한 시민들 사이에서, 헌법과 정의의 기본 원칙에 관해 제시되는 이성적 담론이다" – '공공 이성 Public Reason'은 시민들이 정치적 결정과 논의에서 사용하는 이성적 논증을 의미한다. 롤스의 '공공 이성' 개념은 정치적 결정이 다원주의 사회에서도 정당성을 가지려면, 특정 종교나 철학적 신념에 기반하지 않고 모두가 공유할 수 있는 이유를 바탕으로 해야 한다는 주장을 담고 있다. 예컨대 낙태, 동성혼, 전쟁, 정의로운 세금 체계 등과 같은 쟁점에 대해 국가의 결정은 특정 종교 교리나 형이상학이 아닌, 모두에게 공유 가능한 정치적 이성의 언어로 정당화되어야 한다. 이러한 공공이성은 특히 시민의 기본권, 정치적 정의, 민주적 절차 등에 대한 헌법적 기본 구조에서 적용되어야 한다.

존 롤스는 '무지의 베일'이라는 개념을 통해, 사람들이 개인적 이해관계를 배제한 상태에서 공정한 사회 원칙을 합리적으로 도출할 수 있음을 보였다. 또한, '기본적 자유'와 '차등 원리'를 결합하여, 불평등이 허용될 수 있는 최소한의 정당한 조건을 제시했다.

그는 '정치적 정의', '중첩 합의', '정치적 자유주의', '공공 이성' 등의 개념을 통해, 다양한 가치와 신념이 공존하는 사회에서 어떻게 공정한 원칙을 세울 것인가를 고민했다.

롤스의 사유가 거듭 발전해온 과정은, 우리가 어떤 원칙 위에서 함께 살아갈 것인가에 대한 깊은 성찰을 요구한다. 그의 이론은 자유와 평등, 그리고 다원적 사회의 공존이라는 난제를 푸는 데 있어, 여전히 강력한 나침반 역할을 하고 있다.

✒ 주요 저술

- **정의론**(A Theory of Justice, 1971/황경식, 2003) | 롤스는 이 저서를 통해 정의를 공정성의 원칙으로 재정의했으며, '무지의 베일' 아래에서 정의의 두 가지 원칙을 제시했음. 이는 현대 정의 이론의 기초를 마련하며, 자유와 평등의 조화를 추구한다.

- **정치적 자유주의**(Political Liberalism, 1993/장동진, 2016) | 롤스는 다원주의 사회에서의 정의와 정당성을 재정립하며, 다양한 종합적 교리를 가진 시민들이 공공 이성 아래에서 협력할 수 있는 방안을 모색했음. 중첩 합의의 개념을 도입하여, 서로 다른 가치 체계를 가진 사람들이 공통된 정의 원칙에 동의할 수 있음을 강조했다.

- **공정으로서의 정의**(Justice as Fairness: A Restatement, 2001/김주휘, 2016) | 롤스는 자신의 정의 이론을 재정리하여 보다 명확하고 접근하기 쉽게 제시했음. 이는 정의론의 핵심 개념을 현대적 맥락에서 재해석하고, 비판에 대한 응답을 포함했다.

44 | 노직 1938~2002
최소국가는 자유를 어떻게 극대화하는가?

"개인은 자신의 삶을 스스로 계획할 권리를 가지며, 국가가 이를 방해해서는 안 된다. 국가는 개인의 자유를 침해하면서까지 특정한 분배적 정의를 강요해서는 안 되며, 정부의 역할은 개인의 자유를 보호하는 최소한의 기능에 한정되어야 한다."

— 『아나키, 국가, 유토피아』, 1974

    로버트 노직(Robert Nozick, 1938~2002)은 20세기 후반 미국 하버드 대학을 중심으로 활동한 정치철학자이다. 그의 대표적 저서인『아나키, 국가, 유토피아』는 1974년에 출간되었다. 이 책은 1971년에 발표되어 센세이션을 일으킨 동료 교수 존 롤스(1921~2002)의 기념비적 저작『정의론』에 대한 가장 중요하고도 강력한 자유지상주의적 libertarian 응답으로 평가받는다.

    이 두 저작은 이후 현대 정치철학과 규범 윤리학 분야에서 핵심적인 논쟁의 축을 형성하며, 국가의 정당성과 역할, 분배 정의, 개인의 권리에 대한 심오한 논의를 촉발하는 데 결정적인 영향을 미치게 되었다.

아나키 상태로부터 최소국가의 정당한 출현

"개인은 목적 그 자체이며, 다른 사람의 목적을 위한 수단이 되어서는 안

된다" – 로버트 노직이 국가의 정당성을 탐구하는 여정은 철학적 전통에 따라 가상의 '자연 상태 state of nature'에서 시작된다. 이는 존 로크(1632~1704)의 사상적 틀을 빌려온 것으로, 국가나 정부가 존재하기 이전의 상태를 상정하는 사고실험이다. 노직의 자연 상태에서, 각 개인은 근본적으로 자기 자신에 대한 소유권, 즉 '자기 소유권 self-ownership'에 기초한 불가침의 자연권을 지니고 있다. 여기에는 생명, 신체의 자유, 그리고 정당한 노동과 취득을 통해 얻은 재산에 대한 권리가 포함된다. 중요한 점은 개인이 자신의 이러한 권리가 침해당했을 때 스스로를 방어하고, 침해자를 응징하며, 손해에 대한 보상을 요구할 수 있는 자연적 권리 집행권을 가진다는 사실이다.

"사람들이 스스로 권리를 집행할 수 있는 권리를 가졌더라도, 그것은 종종 편견과 위험을 동반한다. 따라서 공동 방어가 더 낫다" – 그러나 노직은 이러한 자연 상태가 목가적인 평화 상태는 아니라고 보았다. 모든 개인이 각자의 판단에 따라 권리를 집행하는 상황은 심각한 '불편 inconveniences'을 야기한다. 누가 권리를 침해했는지, 어떤 처벌이 적절한지에 대한 객관적 기준이 부재하므로, 분쟁은 끊이지 않고 개인은 편견이나 감정에 치우쳐 과도한 보복을 행할 위험에 항상 노출된다. 나아가 자신의 힘만으로는 강력한 침해자로부터 스스로를 보호하기 어려울 수 있으며, 권리 집행 과정의 공정성에 대한 불신과 상호 간의 두려움은 사회 전체를 불안정한 상태로 만들 수 있다. 이는 홉스(1588~1679)가 묘사한 '만인에 대한 만인의 투쟁' 상태와는 다르지만, 분명 비효율적이고 위험 부담이 큰 상태이다.

"국가는 누군가의 의도나 계획 없이, 도덕적으로 정당한 방식으로 자연스럽게 출현할 수 있다" – 이러한 자연 상태의 불편과 위험을 극복하기 위해, 합리적인 개인들은 자발적으로 서로 연대하기 시작한다. 혼자서는 감당하기 어려운 방어와 응징, 분쟁 해결 등의 서비스를 공동으로 수행함으로써 효율성을 높이고 비용을 절감하며 예측 가능성을 확보하려는 것이다. 시간이 흐르면서 시장에서의 경쟁 원리가 작동하여, 여러 보호 협회들 중에서 가장 강력하고 효율적인 서비스를 제공하는 협회가 자연스럽게 특정 지리적 영역 내에서 지배적인 위치를 차지하고, 결국 '최소국가minimal state'로 전환된다. 중요한 것은 이 모든 과정이 개별 행위자들의 합리적인 선택과 자발적 계약, 그리고 도덕적 보상 의무의 이행을 통해 이루어진다는 점이다. 누구도 처음부터 '국가'를 만들려고 의도하지 않았지만, 마치 아담 스미스(1723~1790)의 '보이지 않는 손'이 작용한 것처럼, 개인들의 분산된 행위가 예기치 않게 '최소국가'라는 질서를 창출해낸다.

노직에게 이 '보이지 않는 손' 설명은 국가가 개인의 권리를 침해하지 않으면서도 정당하게 발생할 수 있음을 보여주는 핵심 논증이다. 이렇게 정당하게 성립된 '최소국가'는 오직 폭력, 절도, 사기로부터 모든 시민을 보호하고 자발적 계약의 이행을 강제하는 제한적인 기능만을 수행하는 '야경국가'night-watchman state로서 존재하게 된다.

정당한 소유 이론과 자발적 자선

"모든 개인은 자기 자신에 대한 완전한 소유권을 가진다. 이 권리는 타인에 의해 침해될 수 없다" – 로버트 노직은 앞서 살펴본 바와 같이, 개인의 권리를 침해하지 않으면서 자연 상태로부터 정당하게 출현할 수 있는 유일한 국가 형태로서 '최소국가'의 존재를 옹호하였다. 그러나 그의 논증은 여기서 멈추지 않는다. 그는 최소국가의 정당성을 입증하는 동시에, 그 경계를 넘어서는 모든 형태의 '확장 국가more extensive state', 특히 부의 재분배나 특정 복지 목표 달성을 위해 시민의 삶에 적극적으로 개입하는 국가 모델을 개인의 권리에 대한 부당한 침해로 규정하며 강력하게 비판하였다. 이러한 비판의 철학적 근간을 이루는 것이 바로 그의 독창적인 정의 이론인 '정당한 소유 이론Entitlement Theory of Justice'이다.

정당한 소유 이론은 어떤 개인이 특정 대상(재화, 자원 등)을 소유하는 것이 과연 정의로운지를 판단하는 기준을 제시한다. 노직에 따르면, 소유의 정당성은 현재의 분배 상태가 어떤 바람직한 '정형pattern', 예를 들어 평등, 필요, 기여도 등을 만족시키는지가 아니라, 그 소유물이 정당한 절차를 거쳐 현재의 소유자에게 이르렀는지의 '역사적 과정'에 전적으로 달려있다. 그는 이 정당한 역사적 과정을 규정하는 세 가지 핵심 원칙을 제시하였다.

1. **최초 취득의 정의 원칙** Principle of Justice in Acquisition: 이 원칙은 이전에 누구에게도 속하지 않았던 자연적 대상에 대해 어떻게 최초로 정당한 소유권을 획득할 수 있는지를 다룬다. 노직은 존 로크의 아이디어를 차용하여, 자신의 노동을 투입하는 등의 행위를 통해 소유권을 얻을 수 있다고 보았다. 다만 로크가 제시한 '타인들이 이용할 수 있도록 충분하고 좋은 것을 남겨두어야 한다'는 단서 조항Lockean Proviso에 대해서는, 타인의 상태를 악화시키지 않는 한 정당한 취득이 가능하다는 다소 완화된 해석을 제시하였다. 현실 세계에서 최초 취득 과정의 정당성을 입증하는 것은 매우 복잡한 문제이지만, 이론적으로는 소유의 출발점을 규정하는 필수적인 원칙이다.

2. **이전의 정의 원칙** Principle of Justice in Transfer: 일단 누군가가 특정 대상을 정당하게 소유하게 되었다면, 그 소유물은 오직 자발적인 교환, 증여, 상속 등 강제나 기만이 개입되지 않은 자유로운 방식으로만 다른 사람에게 정당하게 이전될 수 있다. 즉, 합법적인 소유자로부터 자유로운 합의에

의해 건네받은 소유물은 정당한 소유로 인정된다. 이 원칙은 자유 시장 경제에서의 거래 행위 대부분을 정당화하는 근거가 된다.

3. **부정의 교정 원칙** Principle of Rectification of Injustice: 만약 위의 두 원칙 중 어느 하나라도 과거의 소유 과정에서 위반되었다면(예: 절도, 사기, 강압에 의한 취득이나 이전), 그로 인해 발생한 부정의는 교정되어야 한다. 역사적으로 발생했던 노예제, 부당한 토지 수탈 등의 거대한 부정의를 어떻게 교정할 것인지는 극도로 어려운 문제이지만, 노직은 이론적으로 현재의 소유 상태가 완전히 정당화되기 위해서는 과거의 부정의에 대한 교정이 필수적임을 인정하였다.

노직에게 있어 분배 정의란, 현재 사회 구성원들이 소유한 모든 것들이 오직 이 세 가지 원칙을 통해서만 획득되고 이전되었을 때 실현되는 것이다. 이는 마치 경기의 최종 점수판만 보고 승패를 가리는 것이 아니라, 경기 규칙을 준수하며 진행된 모든 플레이 과정을 통해 승패가 결정되어야 하는 것과 같다. 따라서 그는 현재의 분배 상태가 '얼마나 평등한가' 또는 '필요에 따라 분배되었는가'와 같은 최종 결과의 '정형'이나 '목표 상태 end-state'를 기준으로 정의를 판단하려는 모든 시도를 거부한다.

"자유는 정형을 뒤엎는다" – 이러한 정형적 분배 정의론의 문제점을 극명하게 드러내기 위해 노직이 제시한 것이 '윌트 체임벌린 Wilt Chamberlain' 사고실험이다. 먼저 우리가 어떤 정형적 분배 원칙(예: 완전한 소득 평등)을 이상적으로 간주하여, 그 원칙에 따라 모든 사회 구성원에게 부가 공평하게 분배된 초기 상태(D1)를 정의롭다고 가정해보자. 이제, 당대 최고의 농구 스타였던 윌트 체임벌린이 자신의 경기를 보러 오는 관객들과 특별한 계약을 맺는다. 즉, 관객들은 입장료와는 별도로, 자신이 가진 돈의 일부(예: 25

센트)를 체임벌린의 개인 계좌에 자발적으로 넣어주기로 합의하는 것이다. 수많은 팬들이 기꺼이 이 계약에 응하여 체임벌린은 단숨에 막대한 부를 축적하게 되고, 사회 전체의 부의 분배 상태는 초기 평등 상태(D1)에서 현저하게 벗어난 새로운 상태(D2)로 변화한다.

노직은 여기서 날카로운 질문을 던진다.

만약 초기 상태 D1이 정의로웠고, 사람들이 D1에서 D2로 이행하는 과정에서 각자 정당하게 소유한 자원을 완전히 자발적으로 사용했다면, 어떻게 D2가 부정의하다고 말할 수 있는가?

만약 D2가 부정의하다면, 그것은 사람들이 자신의 돈을 자신이 원하는 방식으로 자유롭게 사용한 행위 자체를 비난하는 것과 같지 않은가?

즉, 특정한 분배 '정형'을 정의의 기준으로 삼고 이를 유지하려는 시도는 필연적으로 개인들이 자신의 소유물을 가지고 자유롭게 행동할 권리를 지속적으로 침해하고 간섭해야만 가능하다는 것이다. 이는 자유와 정형적 정의가 양립 불가능함을 시사한다.

"한 사람이 다른 이의 권리 행사를 제한하려면, 그로 인해 입은 손실을 정당하게 보상해야 한다" ― 더 나아가 노직은, 이러한 정형적 분배 정의를 실현하기 위한 국가의 핵심 수단인 '조세 taxation', 특히 소득에 기반한 누진세 등 재분배 목적의 조세는 도덕적으로 '강제 노동 forced labor'과 동일하다고 주장하며 파문을 일으켰다. 그의 논리는 이러하다. 개인이 자신의 노동을 통해 벌어들인 소득에 대해 국가가 일정 비율(예: 30%)의 세금을 강제로 징수하여 타인(예: 빈곤층 지원)을 위해 사용하는 것은, 사실상 그 개인에게 총 노동 시간의 30%만큼을 타인을 위해 강제로 일하도록 명령하는 것과 본질적으로 같다는 것이다. 이는 개인이 자기 자신과 자신의 능력, 그리고 그 능력의 산물인 노동 결과(소득)에 대해 갖는 근본적인 권리, 즉 '자기 소유권'을 정면으로 침해하는 행위이다. 국가가 개인에게 특정 기간 동안 강제로 노역을 시킬 권리가 없듯이, 그의 노동의 결실인 소득의 일부를 강제로 빼앗아 갈 권리 역시 없다는 것이 노직의 주장이다.

"자발적 자선은 권리 침해 없이 행해지는 선한 행위이며, 최소국가는 그런 행위들이 번성할 수 있는 공간을 제공해야 한다" – 노직이 국가에 의한 강제적 복지 시스템을 거부한다고 해서, 그가 도움이 필요한 사람들에 대한 모든 형태의 지원 자체를 반대하는 것은 결코 아니다. 그의 비판은 오직 '강제성'과 '권리 침해'에 집중되어 있다. 노직의 자유지상주의 체계 안에서, 개인들은 자신이 정당하게 소유한 재산을 사용하여 자발적으로 타인을 돕는 행위를 할 완전한 자유를 가진다. 사적인 자선charity, 기부philanthropy, 종교 단체나 시민 단체를 통한 구호 활동, 그리고 상호 보험이나 협동조합과 같은 자발적인 상호부조mutual aid 시스템은 모두 개인의 권리를 침해하지 않는 한 전적으로 정당하며, 오히려 권장된다.

로버트 노직의 철학에서 복지 문제는 국가의 책임이 아닌 개인의 자발적 선택과 시민 사회의 연대에 속하는 영역이다. 그는 개인의 자기 소유권과 정당한 소유권을 침해하는 국가 주도의 강제적 복지 시스템을 단호히 거부하였다. 그의 시각은 현대 복지국가의 기본 전제에 정면으로 도전하며, 개인의 자유와 권리를 최우선으로 삼을 때 사회적 연대와 지원이 어떤 형태를 취해야 하는지에 대한 근본적인 질문을 던진다.

절차적 정의의 이상과 역사적 현실의 마찰

로버트 노직의 『아나키, 국가, 유토피아』는 현대 정치철학에서 자유지상주의libertarianism의 정수를 보여주는 고전으로, 그의 '정당한 소유 이론'은 재산권과 정의에 대한 새로운 기준을 제시한다. 이 이론은 재화의 분배가 정의롭기 위해서는, 그것이 1)정당한 방식으로 취득되었고, 2)정당하게 이전되었으며, 3) 과거의 부정의가 수정되었다는 세 가지 조건을 만족하면 된다는 절차적 정의관을 바탕에 둔다. 결과의 평등은 중요하지 않으며, 과정의 정당성이 곧 정의의 기준이라는 것이다.

노직 이론의 강점은 분명하다. 그것은 개인의 자율성과 소유권을 최대한 존중하며, 국가의 과도한 개입을 제한하려는 자유주의적 전통에 정확하게 그리고 정통적으로 서 있다. 특히, 그는 세금을 통한 강제적 재분배를 '일종의 강제노동'으로 간주하며, 정의는 결과가 아니라 자율적 거래의 산물이라는 점을 강조한다. 이는 존 롤스(1921~2002)의 분배 정의론에 대한 강력한 반론으로서, 자유의 우선성과 권리의 절대성을 철학적으로 옹호하는 데 기여하였다.

그러나 노직의 이론은 역사적 조건에 대한 과도한 추상화, 현실 세계에 대한 몰이해, 공동체로서의 사회의 특성에 대한 의도적 무시 등 다양한 측면에서 비판을 받고 있다.

첫째, 그의 이론은 자산이 정당하게 취득되었다는 '역사적 정당성'을 전제로 하지만, 오늘날 대부분의 부는 노예제, 식민주의, 인종차별, 여성 배제 등의 폭력적이고 불평등한 역사를 통해 축적되었다는 점에서 이 전제 자체가 허구에 가깝다는 지적이 제기된다. 정당한 소유의 연원을 추적할 수 없을 때, 그의 정의 이론은 현실에 적용되기 어렵다. 대표적으로 토마스 포게(Thomas Pogge, 1953~) 같은 경우는 현재의 자산 분포는 수많은 도둑질과 착취, 폭력과 차별의 결과인데, 이를 개인의 자유로운 거래로 구성된 '정당한 결과'로 간주하는 것은 정치적 환상이라고 노직의 주장을 강력하게 비판한다.

둘째, 공동체주의적 비판 역시 강력하다. 재산과 능력은 결코 고립된 개인의 노력만으로 형성되지 않으며, 가족, 제도, 교육, 문화적 기반과 같은 공동체적 자산의 축적 위에 놓여 있다는 점에서, 개인의 소유권은 그 자체로 절대적일 수 없다. 공동체주의적 관점에서 정의란 공동체가 어떤 가치를 어떻게 배분할지를 스스로 결정하는 과정이고, 이런 점에서 노직식 정의관은 정치적 상상력의 부재라고 지적한다. 마이클 왈처(Michael Walzer,1935~)는 "모든 개인은 공동체의 역사적 유산과 제도적 구조 위에서 자산을 형성한다. 권리는 고립된 개인이 아닌 공동체 속에서 태어난다"라고 주장하며, 노직적 정의관의 추상적 개인이라는 토대를 근본적으로 부정한다.

셋째, 노직은 자산의 불평등이 정당한 거래의 결과라면 그것이 얼마나 크든 간에 정의롭다고 주장하지만, 기회의 불균등, 교육과 복지의 차이, 사회적 배제 등이 구조적으로 고착화된 상황에서 이러한 주장은 현실의 불의를 오히려 정당화하는 이념으로 작동할 수 있다. 형식적 자유만을 보장하는 시스템은 실질적 자유와 해방을 달성하지 못한다. 소극적 자유와 적극적 자유를 구분한 고전적 자유주의자 이사야 벌린(1909~1997)으로부터 정의와 역량의 문제를 다룬 누스바움(1947~)의 정의론은 현실의 문제를 추상적 이론으로 은폐하는 것에 불과한 것으로 노직의 자유지상주의적 정의론을 강력하게 비판한다.

그러나 다양하고 많은 비판에도 불구하고, 노직의 '정당한 소유 이론'은 개인의 권리를 중심으로 한 정치철학이 왜 중요한가를 되묻는 지점을 제공한다. 그는 국가의 도덕적 한계를 분명히 하며, 자유와 자율성을 절대적인 정치적 원리로 고수함으로써, 모든 선한 목적이라 하더라도 강제는 정당화되기 어렵다는 경고를 남긴다. 노직의 이론은, 자유의 가치와 재분배의 정의가 어떻게 조화를 이룰 수 있는가라는 철학적 질문을 우리에게 던진다. 그의 정의론은 완결된 해답이라기보다는, 현대 정치철학이 해결해야 할 자유와 평등의 긴장 관계를 선명하게 드러내는 하나의 경계선이자 철학적 이정표라 할 수 있다.

유토피아를 위한 틀: 다원적 이상 사회론

로버트 노직의 기념비적 저서 『아나키, 국가, 유토피아』는 단지 최소국가의 정당성을 변호하고 확장 국가를 비판하는 데 그치지 않는다. 책의 마지막 3부에서 노직은 자신이 옹호하는 최소국가가 단순히 도덕적으로 허용될 뿐만 아니라, 인류가 꿈꿔온 '유토피아'에 대한 가장 현실적이고도 매력적인 접근 방식을 제공한다는 대담하고 독창적인 주장을 펼친다. 이는 자유지상주의가 자칫 메마르고 파편화된 사회를 함의한다는 비판에 대한 응답이자, 그의 철학 전체를 아우르는 긍정적인 비전의 제시라고 할 수 있다.

노직은 논의를 시작하며 플라톤(BC 427~347 경)의 『국가』에서부터 마르크스주의에 이르기까지 서구 사상사를 지배해 온 전통적인 유토피아 구상 방식을 근본적으로 비판한다. 이러한 전통적 사고는 모든 인간에게 보편적으로 적용될 수 있는 '단 하나의 최상의 사회' 모델이 존재하며, 그것을 설계하고 실현하는 것이 가능하다고 가정하였다. 그러나 노직은 인간의 본성이 너무나 다양하고, 사람들이 추구하는 가치와 행복의 모습 또한 각기 다르다는 점을 지적한다. 따라서 특정 설계자가 고안한 획일적인 이상 사회의 청사진은 필연적으로 수많은 개인의 개성과 욕구를 억압하게 될 것이며, 그것은 유토피아가 아니라 오히려 디스토피아가 될 가능성이 높다고 경고하였다.

"진정한 유토피아는 단 하나의 이상사회가 아니라, 사람들이 자발적으로 선택할 수 있는 다양한 공동체들로 이루어진 틀이다" – 단일한 유토피아 모델의 불가능성을 인정한 노직은 대안적인 유토피아 개념을 제시한다. 그것은 바로 '틀로서의 유토피아framework for utopia' 또는 '메타-유토피아meta-utopia'라고 불릴 수 있는 구상이다. 이는 완성된 특정 사회의 모습이 아니라, 다양한 종류의 유토피아적 공동체들이 자발적으로 형성되고 실험되며 공존할 수 있도록 하는 '기본적인 틀' 또는 '환경'을 의미한다. 즉, 노직의 유토피아는 하나의 종착역이 아니라, 수많은 사람들이 각자 자신만의 이상향을 찾아 떠날 수 있는 플랫폼과 같은 것이다.

그렇다면 이러한 '틀로서의 유토피아'를 가능하게 하는 구체적인 사회·정치적 조건은 무엇인가? 노직은 바로 자신이 정당성을 입증한 '최소국가'가 이 역할을 수행하기에 가장 이상적이라고 주장한다. 최소국가는 오직 폭력, 절도, 사기로부터 개인의 권리를 보호하고 계약 이행을 강제하는 극히 제한된 기능만을 수행하기 때문에, 시민들의 삶의 방식이나 가치관에 대해 원칙적으로 중립적인 입장을 취한다. 국가는 특정 종교, 도덕관, 경제 체제 또는 생활 양식을 강요하지 않으며, 오직 모든 개인이 자신의 권리를 침해받지 않고 평화롭게 공존할 수 있는 기본적인 질서만을 유지한다. 바로 이러한 최소국가의 '가치 중립성'과 '기능의 제한성'이 다양한 공동체가 자생적으로 발전할 수 있는 토양을 제공한다는 것이다.

"최소국가는 모든 개인의 권리를 침해하지 않으면서도 도덕적으로 정당화될 수 있는 유일한 국가 형태이다" – 최소국가라는 안정적인 틀 안에서, 개인들은 이제 자신들의 자유로운 선택에 따라 다양한 형태의 공동체를 형성하거나 가입할 수 있다. 예를 들어, 어떤 이들은 재산을 공유하는 사회주의적 코뮌을 건설할 수도 있고, 다른 이들은 엄격한 종교적 계율에 따라 살아가는 공동체를 만들 수도 있다. 또 어떤 이들은 자유로운 시장 경제 원리에 기반한 기업 공동체를, 혹은 예술적 실험에 몰두하는 보헤미안 공동체를 구성할 수도 있을 것이다. 중요한 것은 이 모든 공동체가 개인의 '자발적 참여'에 기초해야 한다는 점이다. 더불어, 공동체 가입의 자유만큼이나 중요한 것이 바로 '탈퇴의 자유 right of exit'이다. 만약 어떤 공동체가 개인에게 지나치게 억압적이거나 만족스럽지 못하다면, 언제든지 그곳을 떠나 다른 공동체를 찾거나 홀로 살아갈 자유가 보장되어야 한다. 이 탈퇴권은 각 공동체가 내부적으로 지나친 강제력을 행사하는 것을 방지하는 안전장치 역할을 한다. 이렇게 수많은 자발적 공동체들이 공존하고 경쟁하는 상황은 사회 전체적으로 '실험과 학습'의 기회를 제공한다. 어떤 공동체 모델이 특정 가치를 추구하는 사람들에게 실제로 행복과 만족을 주는지, 어떤 운영 방식이 더 효율적이고 지속 가능한지 등을 실제 경험을 통해 발견하고 공유할 수 있게 된다. 이는 고정된 청사진이 아니라, 끊임없이 변화하고 발전하는 역동적인 유토피아의 모습이다.

노직은 이러한 '틀로서의 유토피아'가 전통적인 유토피아 구상보다 훨씬 더 매력적이라고 주장한다. 이는 단순히 실현 가능성이 높기 때문만이 아니라, 인간의 본성, 즉 다양성과 자율성을 근본적으로 존중하기 때문이다. 이 틀은 사람들에게 '어떻게 살아야 한다'고 지시하는 대신, 스스로 자신의 삶의 방식을 '선택하고 창조'할 수 있는 자유와 기회를 최대한 보장한다. 각자는 자신에게 가장 잘 맞는다고 생각하는 삶의 형태를 찾아 다른 이들과 함께 자발적으로 공동체를 이루며 살아갈 수 있다. 이는 궁극적으로 개인의 자율성과 자기실현의 가치를 극대화하는 방식이라는 것이 노직의 생각이다.

로버트 노직이 『아나키, 국가, 유토피아』를 통해 치밀하게 직조해낸 최소국가를 향한 지적 여정은, 개인의 불가침한 권리라는 단단한 반석 위에 세워진 장대한 철학적 건축물이다.

　물론, 노직의 최소국가론이 제시하는 급진적인 자유주의와 그 현실적 함의에 대한 비판 역시 치열하다. 그의 이론이 과연 역사적 부정의를 충분히 교정할 수 있는지, 극단적인 불평등과 빈곤의 문제를 외면하는 것은 아닌지, 공동체의 가치를 지나치게 경시하는 것은 아닌지에 대한 비판 역시 정당하고, 그 논거도 충분하다.

　그럼에도 불구하고, 로버트 노직의 철학은 개인의 자유와 권리를 정치적 사유의 중심에 확고히 세우며 국가의 역할과 정당성에 대한 우리의 통념에 강력한 도전장을 던졌다는 점은 부인할 수 없다. 그의 최소국가를 중심으로 한 사유는 우리 시대를 살아가는 이들에게 자유란 무엇이며 정의로운 사회란 어떠해야 하는가에 대한 성찰을 끊임없이 요구하는 깊고 날카로운 철학적 도전이다.

✒ 주요 저술

- **아나키, 국가, 유토피아**(Anarchy, State, and Utopia, 1974/남경희, 1997) | 최소 국가의 역할을 옹호하고 존 롤스의 정의론을 비판하였다. 그는 개인의 권리와 자유를 강조하며, 자발적인 교환과 계약을 중시함으로써 자유로운 시장을 지지하였다.
- **무엇이 가치 있는 삶인가: 소크라테스의 마지막 질문**(Examined life : philosophical meditations, 1989/김한영, 2014) | 폭넓은 철학적 주제(윤리학, 의미, 죽음, 사랑, 지혜 등)를 탐구하는 사유록이다.
- **유토피아의 유산**(Utopia's Legacy, 1991) | 이상적인 사회의 개념을 비판적으로 분석하며, 현실적인 자유주의 사회의 가능성을 탐구하면서, 유토피아적 사고가 현실적 사회 정책에 미치는 영향을 논의하였다.

45 | 누스바움 1947~
정의는 역량과 관계없이 균등하게 적용되는가?

"우리는 정의를 단순한 자원의 분배로 측정할 수 없다. 진정한 정의란, 사람들이 실제로 무엇을 할 수 있고, 무엇이 될 수 있는가를 평가하는 것이다."

—『역량의 창조』, 2011

    마사 누스바움(Martha Nussbaum, 1947~)은 존 롤스(1921~2002)와 같은 자유주의적 정의론의 한계를 보완하면서, 보다 실천적이고 인간 중심적인 정의 개념을 발전시켰다. 특히, 아마르티아 센(Amartya Sen, 1933~)과 협력하여 발전시킨 '역량 접근법'은 기존의 정의론이 소득이나 자원의 분배에만 집중하는 한계를 넘어서, 사람들이 실제로 무엇을 할 수 있는가를 중점적으로 평가해야 한다는 혁신적인 시각을 제공했다.

    또한, 그녀는 윤리학과 감정의 역할을 분석하며, 도덕적 감정과 공감이 사회 정의 실현에서 필수적 요소라고 주장했다. 그녀는 정의의 범위를 확장시키며, 여성과 어린이, 장애인, 동물과 같은 취약한 존재들에 대한 도덕적 고려의 확대를 강조하였다. 정의란 무엇을 나누는가가 아니라, 누구를 어떻게 존중할 것인가를 묻는 일이라는 그녀의 사상은 불평등과 차별과 생명권의 위기 속에서 근본적인 질문으로 우리에게 다가온다.

역량 접근법: 정의의 새로운 기준

"진정한 평등은, 사람들이 자신의 삶을 실질적으로 형성할 수 있는 실질적 능력을 갖출 때 비로소 실현된다" – 마사 누스바움은 기존의 정의론이 지나치게 이론적이며, 현실에서 개인들이 실제로 어떤 삶을 영위하는지를 충분히 고려하지 않는다고 비판한다. 특히 존 롤스의 정의론이 공정한 사회 계약을 구상하는 방식에 문제를 제기했다. 롤스는 '무지의 베일' 개념을 통해 개인들이 자신의 사회적 지위를 모른 채 합리적으로 정의의 원칙을 선택할 것이라고 가정했지만, 누스바움은 이러한 방식이 현실의 인간 조건을 충분히 반영하지 못한다고 보았다. 인간은 단순히 자원과 권리를 배분받는 존재가 아니라, 각자의 신체적·사회적 조건 속에서 살아가는 실체적인 존재이다. 동일한 법적 권리가 주어진다 해도, 장애인과 비장애인이 실제로 동등한 자유를 누릴 수 있는가는 전혀 다른 문제다. 따라서 정의를 논할 때는 형식적 평등이 아니라, 사람들이 실제로 어떤 기회를 가질 수 있는지를 평가해야 한다는 것이 누스바움의 입장이었다.

이러한 맥락에서 누스바움은 정의를 소득 수준이나 재화의 분배를 중심으로 평가하는 방식에 문제를 제기했다. 경제적 재분배가 중요하긴 하지만, 그것만으로는 인간 삶의 질을 충분히 설명할 수 없다는 것이다. 같은 소득을 가진 두 사람이 있다고 가정할 때, 건강한 사람과 중증 장애를 가진 사람이 동일한 삶의 기회를 누릴 수 있다고 말할 수 있을까? 단순한 수치상의 평등은 실질적인 불평등을 감출 수 있으며, 오히려 정의를 실현하는 데 걸림돌이 될 수도 있다. 이에 대한 대안으로 누스바움은 '역량 접근법'을 제시하며, 정의로운 사회란 단순한 자원의 배분이 아니라 개인이 자신의 삶을 온전히 실현할 수 있도록 실질적인 기회를 제공하는 사회여야 한다고 주장했다.

"정의란 각 개인이 인간답게 살기 위한 기본적 능력을 보장받는 것이다" – 누스바움은 인간이 존엄한 삶을 살기 위해 반드시 충족되어야 할 최소한의 '기본 역량capabilities'을 제시하며, 정의로운 사회란 이러한 역량이 모든 개인에게 실질적으로 보장되는 사회라고 보았다. 그녀가 제시한 10가지 핵심 역량은 단순한 이론적 개념이 아니라, 현실에서 인간의 삶이 어떻게 존엄성을 확보할 수 있는지를 평가하는 기준이 된다.

첫째, 모든 인간은 '생명Life'을 보장받아야 하며, 정상적인 수명을 영위할 수 있는 기회를 가져야 한다.

둘째, '신체 건강Bodily Health'은 의료 서비스의 접근성과 충분한 영양 섭취와 건강한 생활 조건을 의미한다.

셋째, '신체적 온전성Bodily Integrity'은 신체의 자유로운 이동과 폭력이나 학대로부터의 보호를 포함한다.

넷째, '감정Emotions'의 영역에서 인간은 사랑, 공감, 애도와 같은 감정을 자연스럽게 경험하고 표현할 수 있어야 하며, 감정이 억압되거나 도구화되지 않아야 한다.

다섯째, '사고Practical Reason'는 개인이 자신의 삶을 계획하고, 비판적으로 사고하며, 도덕적 성찰을 할 수 있는 능력을 포함한다.

여섯째, '애착Affiliation'은 사회적 관계를 맺을 수 있는 능력뿐만 아니라, 차별 없이 존중받고 평등한 시민으로 인정받는 것을 의미한다.

일곱째, '다른 종과의 관계Relationship with Other Species'는 인간이 자연과 조화롭게 살아갈 수 있는 권리를 포함하며, 동물의 복지와 환경 보호를 고려하는 정의의 확장을 의미한다.

여덟째, '놀이Play'는 여가 활동과 오락을 즐길 자유를 포함하며, 단순한 생존이 아니라 풍요로운 삶을 위한 필수적인 요소로 간주된다.

아홉째, '자율성 Control over One's Environment'은 정치적 참여의 자유와 경제적 기회의 보장을 포함하며, 자신의 삶을 결정하는 데 실질적인 권한을 가져야 함을 의미한다.

마지막으로, '교육과 학습 Learning and Thought'은 단순한 교육 기회의 제공이 아니라, 지속적인 학습과 지적 성장의 자유를 포함해야 한다.

정의의 확장1 : 감정, 공감, 연대, 사랑

"감정은 단순한 충동이 아니라, 우리가 소중히 여기는 것들에 대한 가치 평가이다" – 마사 누스바움은 정의를 논의할 때 '감정 emotion'을 배제하는 기존의 접근이 근본적으로 한계를 가진다고 보았다. 전통적인 정치철학과 윤리학은 주로 이성에 의존하며 정의를 논리적 합리성의 문제로 다루었지만, 누스바움은 '감정'이 정의의 형성과 실현 과정에서 필수적인 역할을 한다고 주장했다. 특히 존 롤스의 정의론은 합리적인 합의를 통해 정의의 원칙을 확립하려 했지만, 사회 정의는 법과 제도의 문제만이 아니라, 사람들이 느끼는 공감, 연대, 사랑과 같은 감정적 요소 없이는 완전한 형태로 구현될 수 없다는 점을 강조했다.

"공감은 시민적 삶의 필수 요소이며, 타인의 고통에 관심을 기울일 때 정의로운 사회가 가능해진다" – 그녀는 '공감 compassion'이야말로 정의를 실현하는 가장 중요한 감정이라고 주장하며, 타인의 고통을 이해하고 함께 느끼는 능력이 사회적 연대를 형성하는 기반이 된다고 설명했다. '공감'은 단순한 연민과는 다르다. 연민은 불쌍하다고 여기는 태도에서 비롯될 수 있지만, 공감은 상대방을 동등한 존재로 바라보고 그들의 경험을 이해하려는 태도에서 비롯된다. "연대는 존중, 상상력, 그리고 인간의 취약성에 대한 자각을 필요로 한다" – 연대는 타자에 대한 감정적 이입을 넘어서서, 타인과 함께 존재하고, 함께 싸우고, 함께 미래를 그리는 정치적 관계이다. 누스바움은 연대를 구성하는 윤리적 토대는 자율적이고 평등한 존재들 간의 상호 인정과 책임감에 있다고 본다. 이는 자유주의적 개인주의를 넘어서, 인간이 사회적 동물이라는 아리스토텔레스적 전통과 연결되며, 정의란 공동체적 삶 안에서만 실질적으로 구현될 수 있다는 점을 강조한다.

"가장 고귀한 형태의 사랑은 타인의 삶에 깊이 마음을 쓰게 하여 정의를 가능하게 만든다" – 누스바움에게 사랑은 단지 개인간의 감정이 아니라, 공적 영역에서의 윤리적 행위와 판단의 뿌리이다. 그녀는 스토아 철학적 전통에서 이어지는 '보편적 사랑의 윤리'를 재해석하며, 인간이 단지 법과 계약이 아니라 사랑의 관계 속에서 타인의 존엄성을 이해하고 지킬 수 있다는 통찰을 강조한다. 사랑은 사람을 대상으로 하는 것뿐 아니라, 제도나 사회적 규범이 타인에 대한 애정과 관심 속에서 조직될 수 있음을 말해준다.

정의의 확장 2: 젠더와 동물권

마사 누스바움은 정의의 개념을 기존의 인간 중심적 틀에서 확장하여, 젠더 정의와 동물권을 포함한 보다 포괄적인 정의론을 제시했다.

"여성의 권리는 선택의 자유가 아니라, 삶을 주도할 수 있는 실질적 능력의 보장에 달려 있다" – 누스바움은 여성의 역량이 지속적으로 억압받아온 현실을 분석하며, 여성들이 법적으로 동등한 권리를 보장받는다 해도 실질적으로 교육, 노동, 정치적 참여의 기회를 갖지 못하는 경우가 많다는 점을 지적했다. 예를 들어, 법적으로는 남성과 동일한 노동권이 보장되더라도,

여성들이 가사노동과 육아의 부담을 과도하게 떠안고 있는 현실에서는 노동시장에 진입하기가 어려울 수 있다. 그녀는 여성의 경제적 자립을 돕기 위한 제도적 지원, 성별에 따른 사회적 낙인을 해체하는 문화적 변화, 젠더 기반 폭력을 근절하는 법적 장치 등이 함께 마련되어야 한다고 강조했다.

"동물은 인간과는 다른 방식으로, 하지만 똑같이 고유한 방식으로 세상을 경험하고, 특정한 삶의 가능성을 가지고 있다" – 기존의 정치철학과 윤리학은 대체로 정의를 인간 중심으로 사고해 왔다. 누스바움은 인간만이 아니라 동물 또한 '고유한 역량capabilities'을 지닌 존재이며, 그들의 권리 또한 보호받아야 한다고 주장한다. 동물도 인간과 마찬가지로 건강할 권리, 신체적 온전성을 유지할 권리, 두려움과 고통 없이 살 권리를 가지며, 이러한 권리들은 단순한 윤리적 고려가 아니라 정의의 문제로 다루어져야 한다는 것이다. 누스바움의 주장은 기존의 정의 개념 자체를 확장한다. 그녀는 동물의 권리를 인정하지 않는 사회는 인간의 정의 또한 불완전할 수밖에 없으며, 환경과 생태계의 조화를 고려하는 것이 궁극적으로 인간 사회에도 긍정적인 영향을 미친다고 보았다.

누스바움 철학의 근본적인 목표는 모든 인간이 존엄성을 유지하며 각자의 '좋은 삶eudaimonia'을 추구할 수 있는 조건을 마련하는 것이다. 이는 고대 그리스 철학, 특히 아리스토텔레스(BC 384~322)의 영향이 엿보이는 부분이다. 아리스토텔레스에게 '에우다이모니아'는 단순히 주관적인 행복감이 아니라, 인간 고유의 기능을 탁월하게 발휘하며 잠재력을 완전히 실현하는 상태, 즉 '잘 사는 것' 또는 '인간적 번영'을 의미한다.

그녀의 철학은 추상적인 이론에 머무르지 않고 현실 세계의 문제, 즉 빈곤, 불평등, 정의, 교육, 인간 존엄성 등의 문제에 깊이 관여한다. 그의 '역량 접근법'은 삶의 질을 평가하고 사회 정의를 실현하는 데 새로운 관점을 제공했으며, '감정'에 대한 깊이 있는 분석은 이성 중심의 철학적 전통에 균형을 더하고 윤리적 삶에서 감정의 필수적인 역할을 강조했다.

인간의 구체적인 삶과 경험에 뿌리를 둔 그의 철학은 우리에게 어떻게 하면 모든 개인이 잠재력을 꽃피우며 존엄하게 살아갈 수 있는 사회를 만들 수 있을지에 대한 중요한 성찰과 영감을 제공한다. 누스바움의 작업은 철학이 어떻게 현실의 변화를 이끌어낼 수 있는지 보여주는 강력한 증거이다.

🖋 주요 저술

- **역량의 창조**(Creating Capabilities, 2011/한상연 2015) | 기존의 경제학적 정의 개념을 넘어, 인간이 자신의 삶을 주체적으로 형성할 수 있는 능력을 보장하는 것이 정의로운 사회의 핵심이라고 주장한다.

- **정치적 감정: 정의를 위해 왜 사랑이 중요한가**(Political Emotions: Why Love Matters for Justice, 2013/박용준, 2019) | 정치적 정의를 실현하기 위해 사회적 감정(공감, 연대, 사랑 등)이 중요한 역할을 한다고 주장한다.

- **동물을 위한 정의**(Justice for Animals, 2023/이영래, 2023) | 기존의 정의 개념이 인간 중심적이었다는 점을 비판하며, 동물도 그들의 고유한 '역량'을 보장받아야 한다고 주장한다.

46 | 샌델 1953~
공정함이란 무엇인가?

"정의는 단지 사물을 올바르게 분배하는 방식에 관한 문제가 아니다. 정의는 사물이 지니는 가치를 올바르게 평가하는 방식에 대한 것이기도 하다. 그리고 때로 사람들에게 무엇이 마땅한지를 알기 위해서는, 그들이 어떤 사람인지, 무엇을 했는지, 어떤 가치를 지향하는지를 알아야 한다."

— 『정의란 무엇인가』, 2009

현대 자유주의 정치철학은 공정한 제도와 절차에 집중하며, 국가가 선善에 대한 판단을 회피하고 개인의 자율성과 선택을 보장하는 것을 이상으로 삼아왔다. 그러나 마이클 샌델(Michael Sandel, 1953~)은 이러한 자유주의적 전제에 근본적인 의문을 던진다. 그는 인간은 결코 독립된 선택의 주체가 아니라, 도덕적 관계와 공동체적 서사 속에서 정체성을 형성하는 존재라고 보며, 정의란 이러한 윤리적 삶의 조건을 구성하는 일이라고 주장한다.

공동체적 정의론: 공공선과 도덕적 연대

샌델의 『자유주의와 정의의 한계(1982)』는 존 롤스(1921~2002)의 『정의론』을 비판적으로 분석한 책으로, 그의 철학적 입장을 가장 잘 보여주는 출발점이다. 롤스는 모든 사람이 자신의 사회적 조건과 가치관을 알 수 없는 가상의 상황, 즉 '무지의 베일' 뒤에서 정의의 원칙을 선택할 것이라고 가정한다. 이는 공정한 분배와 정치적 평등을 위한 절차적 조건을 마련하려는 이상이었다. 마이클 샌델은 이런 존 롤스의 정의관이 '자유롭고 자율적인 자아unencumbered self'에 대한 과도한 신뢰에 기반하고 있으며, 인간 존재의 실질적 정체성과 공동체적 맥락을 간과한다고 비판한다. 그는 정의란 인간의 선한 삶에 대한 실질적 관념 속에서 구성되어야 하며, 그 선한 삶은 문화적 전통과 공동체적 실천 속에서 정의된다고 본다.

"인간은 홀로 존재하지 않으며, 자신이 속한 공동체와 가치 안에서 의미를 찾는다" – 마이클 샌델은 현대 자유주의 정치철학, 특히 존 롤스의 정의론이 강조하는 '중립적 정의neutral justice' 개념에 대해 깊은 문제의식을 제기한다. 자유주의는 개인들이 서로 다른 가치관과 신념을 갖고 살아가기 때문에, 국가는 어떤 특정한 '선善의 개념'에도 치우치지 않고 중립적인 절차와 원칙에 따라 정의를 실현해야 한다고 주장한다. 여기서 말하는 '정의'는, 예를 들어 누가 무엇을 얼마나 가질 자격이 있는지를 공정하게 배분하는 것에 초점을 맞춘다. 반면, 샌델은 자아를 '얽혀 있는 자아encumbered self', 곧 공동체의 일원으로서의 존재로 규정한다. 인간은 언제나 추상적이거나 고립된 존재가 아닌, 관계적이고 역사적인 윤리 주체이다. 샌델은 인간을 언제나 특정한 문화, 언어, 종교, 가족, 공동체 속에서 의미를 형성하는 존재로 보고, 자유주의가 추구하는 '중립성' 자체가 문제라고 본다.

"비전의 부재는 오히려 다른, 더 위험한 신념이나 이념이 사회를 잠식하게 만든다" – 자유주의가 '중립'을 명목으로 정치에서 공공선, 도덕적 가치, 공동체적 연대의 중요성을 배제하면, 시민들은 점점 개인적 이해관계만을 추구하는 존재로 사회에 참여하게 된다. 결과적으로 정치가 단지 각자의 권리만을 확보하는 싸움터가 되고, 공동체를 위한 헌신이나 윤리적 책임감은 점차 사라진다. 샌델은 이러한 상황을 극복하기 위해, 정치가 다시 '도덕적 질문을 논의하는 장'이 되어야 한다고 주장한다. 그는 정의란 우리가 어떤 삶을 가치 있게 여기고, 어떤 공동체를 만들고자 하는지에 대한 질문 없이는 완성될 수 없다고 단언한다.

예를 들어, 공공장소에서 전쟁 영웅 기념비를 세우거나, 국가가 시민의 도덕교육에 개입하는 문제를 생각해보자. 자유주의는 이런 문제에 대해 국가는 중립을 지켜야 하므로, 특정한 도덕적 이상을 시민에게 강요해서는 안 된다고 주장할 수 있다. 하지만 샌델은 이렇게 질문한다. 우리가 기념하는 것은 어떤 삶이며, 그로부터 어떤 도덕적 의미를 공유할 것인가? 이 질문 없이는 정의는 단지 기술적 행정 절차로 전락할 수 있으며, 시민들 사이에 도덕적 유대나 공동체적 정체성은 형성되기 어렵다는 것이다.

"정의로운 사회란 단지 공정한 규칙이 아니라, 선한 삶에 대해 함께 고민하는 공동체다" – 공동체적 관점에서 정의는 단지 분배가 아니라, 우리가 어떤 가치를 중심으로 함께 살아갈 것인가에 대한 질문으로 다가온다. 정의는 이해 충돌의 조정이 아닌, '공동의 선'을 함께 논의하고 실현해나가는 윤리적 과정 속에서 만들어진다. 샌델에게 정치적 정의는 절차적 공정성이 아니라, 삶의 의미와 목적을 공유하고 구성하는 실천적 관계 안에서 성립한다.

마이클 샌델의 공동체주의적 관점에서의 롤스의 정의론에 대한 비판에 롤스는 『정치적 자유주의(1993)』에서 일정 부분 응답한다. 그는 다원주의 사회에서 국가가 하나의 '선의 개념'을 강제할 수 없다는 점에서, 공공 이성 public reason이라는 개념을 제시하며, 중립적 절차 속에서 다양한 포괄적 교설이 공존할 수 있는 정치적 정의 개념을 재구성한다. 이는 공동체주의의 도전을 일부 수용하면서도, 정치의 중립성과 개인의 권리 중심 구조는 유지하려는 노력이었다.

능력주의 신화에 대한 비판

"능력주의는 자신이 가진 모든 것을 스스로 이룬 것이라 착각하게 만들고, 덜 성공한 사람들을 자기 책임으로 몰아간다" – 오늘날 우리는 '노력하면 성공할 수 있다'는 능력주의의 신화를 살아간다. 자율적 개인이 자신의 재능과 노력으로 성취를 이뤄내는 것, 그것이야말로 가장 공정한 사회라는 믿음은 교육, 노동, 정치 전반을 관통하는 규범으로 작동해왔다. 그러나 마이클 샌델은 『공정하다는 착각(2020)』에서 이러한 통념이 도리어 사회를 분열시키고, 인간적 연대의 기반을 해체하고 있다고 진단한다.

"능력주의는 오만한 승자와 굴욕당한 패자를 만든다. 이 체제는 공정함의 탈을 썼지만, 실제로는 연대와 존엄을 파괴한다" – 샌델은 현대 사회에서 능력주의가 하나의 도덕적 정당성 체계로 작동하고 있다고 본다. 성공한 사람들은 자신의 성공을 정당한 '보상'으로 여기는 반면, 실패한 사람들은 실패의 원인을 내면화하면서 수치심과 무가치감을 경험한다. 이로 인해 사회는 승자와 패자 사이의 도덕적 간극을 확대하며, 연민, 배려, 사회적 책임감을 마비시킨다. 샌델은 이를 '승자의 오만과 패자의 굴욕'이라 부르며, 현대 민주주의의 가장 위태로운 균열로 지목한다.

『공정하다는 착각』에서 샌델은 미국 엘리트 대학 입학 제도를 예로 들며, 능력주의가 실제로는 얼마나 공정하지 않은지를 폭로한다. SAT 점수, 과외 활동, 에세이, 추천서 등은 자신의 재능과 노력을 평가받는 공정한 경쟁처럼 보이지만, 실상은 사회경제적 자본의 축적이 그대로 반영되는 구조이다.

고소득 가정은 자녀에게 더 나은 교육 기회, 학습 자원, 전문 컨설팅을 제공할 수 있으며, 이는 점점 더 엘리트 계층의 재생산으로 이어진다. 이러한 조건 속에서도 사회는 여전히 '네가 붙었으면 자격이 있기 때문'이라는 서사를 반복한다. 샌델은 이것이 '불공정함의 도덕화'라고 비판한다.

"우리가 존경하는 이들이 아니라, 우리가 의존하는 이들에게 가치를 부여해야 한다" – 능력주의는 또한 노동의 존엄성과 시민적 공동체의 기반을 무너뜨린다. 샌델은 특히 비전문직, 저임금 노동자들의 자존감 위기를 지적한다. 오늘날 사회는 '성공=고소득 직업'이라는 이분법적 사고를 통해, 교육받지 못한 노동자들을 낙오자로 간주하고, 그들의 일을 '덜 가치 있는 것'으로 폄하한다. 그러나 팬데믹 시기 동안 사회를 지탱한 것은 물류, 간호, 청소, 돌봄, 식료품 산업의 필수 노동자들이었음을 우리는 똑똑히 목격했다. 사회가 진정 공정해지기 위해선, 모든 형태의 노동이 사회적으로 기여하고 있다는 인정을 회복해야 하며, 이는 '공공선'이라는 철학적 비전 없이는 가능하지 않다.

샌델은 능력주의 사회가 정치적 양극화와 대중적 분노를 부추긴다고 경고한다. 이는 포퓰리즘, 극우 민족주의, 혐오 정치의 부상을 촉진시키며, 민주주의의 윤리적 기반을 위협한다. 그는 해법으로 '공정한 경쟁'이나 '기회의 평등'을 넘어서, 시민적 연대와 상호 책임에 기반한 공공 철학의 회복을 제안한다. 능력의 경합이 아니라, 공동체적 삶에 기여하는 방식으로 인간의 가치를 재정의해야 하며, 이는 정치가 단순히 자원 분배가 아니라 윤리적 상상력의 공간이 되어야 함을 의미한다.

마이클 샌델의 철학은 자유주의 정치철학의 한계를 비판하면서, 자유, 정의, 공동체 사이의 윤리적 연결을 회복하려는 깊이 있는 사유로 전개된다.

그는 인간을 고립된 권리 주체가 아니라, 공동체적 관계 속에서 자기 이해와 도덕적 책임을 형성하는 존재로 보며, 정치는 그 삶의 의미를 함께 구성하는 공간이어야 한다고 주장한다. 샌델은 또한 공정성의 이상이 역설적으로 도덕적 우월감과 사회적 분열을 낳고 있다고 비판하며, 우리에게 다음과 같은 근본적인 질문을 던진다.

"정의로운 삶이란 무엇인가? 그리고 그 정의는 누구와, 어떤 공동체 속에서 함께 구성될 수 있는가?"

"우리는 누구를 존중하고, 무엇을 공정하다고 여기는가?"

주요 저술

- **자유주의와 정의의 한계**(Liberalism and the Limits of Justice, 1982/이양수, 2014) | 샌델 철학의 출발점. 존 롤스의 『정의론』에 대한 비판적 독해를 통해 자유주의가 전제하는 '자율적 자아' 개념이 실제 인간 존재와는 동떨어져 있으며, 자아는 공동체와 도덕적 관계 안에서 구성된다는 공동체주의적 시각을 제시한다.

- **정의란 무엇인가**(Justice: What's the Right Thing to Do?, 2009/김명철, 2014) | 샌델의 철학을 대중적으로 널리 알린 대표 저작으로 아리스토텔레스, 칸트, 롤스, 공리주의 등 여러 정의론을 비교하며, 정의는 삶의 목적과 연결되어야 한다는 입장을 전개한다.

- **공정하다는 착각**(The Tyranny of Merit: What's Become of the Common Good?, 2020/함규진, 2020) | 샌델의 최근 문제의식이 가장 선명하게 담긴 저작. 능력과 노력에 따른 보상이 공정하다는 믿음이 오히려 승자의 오만과 패자의 굴욕을 낳고, 공동체를 파괴한다고 분석한다.

PART 11

인정과 정체성: 누구이며, 어떻게 받아들여지는가?

인간은 타인의 눈 속에서 자신을 발견한다. 우리는 스스로를 정체화하지만, 동시에 사회가 부여한 위치 속에서 존재한다.

우리는 누구인가? 그리고, 우리의 정체성은 어떻게 인정받을 수 있는가?

이 장에서는 악셀 호네트(1949~)의 '인정 투쟁의 역사', 가야트리 스피박(1942~)의 '서발턴', 킴벌리 크렌쇼(1959~)의 '교차성', 주디스 버틀러(1956~)의 '젠더 수행성', 윌 킴리카(1962~)의 '다문화주의와 소수자 권리', 낸시 프레이저(1947~)의 '인정'과 '재분배' 등의 철학적 사유를 다룬다.

인류의 사유는 자유와 평등과 정의를 거쳐 마침내 주름 잡힌 골짜기 영역의 그늘과 소외에까지 다다르게 된다.

47 | 호네트 1949~
인간은 인정을 통해 자신을 실현하는가?

"인간은 타인과의 상호작용을 통해 자신의 가치를 확인하며, 이러한 인정이 부족할 때 우리는 사회적 고립과 소외를 경험하게 된다."
— 『인정 투쟁』, 1992

악셀 호네트(Axel Honneth, 1949~)의 사회철학은 '인정 이론Recognition Theory'을 기반으로 하고 있다. 호네트는 위르겐 하버마스(1929~)로 대표되는 프랑크푸르트 학파의 비판이론이라는 토양에서 자라났지만, 그 자신만의 독창적인 사상으로 꽃을 피웠다. 기존 비판이론이 사회 구조라는 거시적인 관점에 집중했다면, 호네트는 주체와 관계성을 둘러싼 '인정 투쟁Recognition Struggle'이라는 현미경을 통해 사회를 들여다본다.

'인정'에 관한 철학사적 흐름

'인정(認定, recognition)'은 인간의 사회적 존재 방식과 깊이 연결된 개념으로, 시대와 철학적 조류에 따라 다양한 의미로 해석되어 왔다.

아리스토텔레스(BC 384~322)는 인간이 '사회적 동물'이라는 점을 강조하며, 공동체 속에서 타인에게 인정받는 것이 윤리적 삶의 중요한 부분임을 주장했다. 그는 '덕virtue'과 '명예honor'는 공동체 속에서 '인정'받을 때 의미가 있으며, 개인은 타인의 평가를 통해 스스로를 형성한다고 보았다.

중세 철학에서는 '인정'이 신과의 관계 속에서 논의되었다. 아우구스티누스(354~430)는 인간이 신 앞에서 인정받는 것이 구원의 필수 조건임을 강조했다. 즉, 신의 은총과 인정을 받는 것이 개인의 정체성과 구원에 결정적인 역할을 한다고 보았다.

근대 철학에서는 '인정'이 사회적 맥락에서 중요한 의미를 갖게 된다. 루소(1712~1778)는 인간이 타인의 시선을 통해 자기 자신을 형성하는 과정에서 소외될 수 있음을 지적했다. 『인간 불평등 기원론』에서 타인의 인정에 대한 욕망이 인간을 불행하게 만들 수 있다고 주장했다. 자연 상태의 인간은 자율적이지만, 사회 속에서는 타인의 시선과 평가 속에서 '허영심'이 형성되어 자기 본성을 잃고 소외될 위험이 있다고 루소는 경고했다. 이러한 문제의식은 독일 관념론에서 더욱 심화된다. 독일 관념론의 대표적 철학자 헤겔(1770~1831)은 '인정투쟁'이 자아 형성의 핵심 과정이라고 주장했다. 그는 주인과 노예의 변증법을 통해 개인이 자기 인식을 확립하는 과정에서 타인의 인정이 필수적임을 설명했다.

20세기 실존주의에서는 인정의 양면성이 강조되었다. 사르트르(1905~1980)는 '타인의 시선'이 자유를 억압할 수도 있지만, 동시에 자아를 형성하는 중요한 요소가 될 수도 있다고 보았다. 인간은 타인의 시선 속에서 객체화되며, 자신의 자유를 잃을 위험이 있다. 하지만 동시에 타인의 시선을 통해 자아를 형성할 수도 있다는 점에서 인정과 자기 정체성은 긴장 속에 놓여 있다. 존 듀이(1859~1952)는 교육, 토론, 공공성 등의 실천을 통해 시민이 서로를 상호 존중하는 존재로 인식해야 한다고 강조하였다.

인정 이론

"인정은 인간이 자기를 형성하고 유지하기 위해 반드시 타인으로부터 받아야 하는 존재론적 승인이다" — '인정 이론Theory of Recognition'은 악셀 호네트 철학의 핵심으로, 인간 자아실현의 필수 조건으로서 사회적 '인정'을 강조한다. 호네트는 인간의 사회적 인정을 '사랑', '권리', '연대'의 세 가지 차원으로 나누어 분석한다. 이는 마치 정교하게 세공된 다이아몬드의 각 면처럼, 각 차원은 서로 다른 빛깔을 띠면서도 하나의 완전한 인정을 구성한다.

"사랑은 자아에 대한 신뢰를 가능하게 하는 최초의 인정이다" — 사랑Love은 가족, 연인, 친구와 같은 친밀한 관계에서 싹트는 정서적 인정이다. 이러한 관계에서 주고받는 애정과 신뢰는 자아 정체성 형성의 든든한 버팀목이 된다. 만약 이러한 인정이 결핍되면, 개인은 무관심과 방임 속에서 심리적 상처를 입게 된다.

"권리는 우리가 사회 속에서 평등한 존재로 받아들여지는 두 번째 인정의 형태다" — 권리Rights는 모든 사회 구성원이 보편적으로 누려야 할 법적 인정이다. 법 앞에 평등하고 존엄한 존재로 인정받을 때, 비로소 개인은 사회의 온전한 일원으로 설 수 있다. 법적 인정이 제대로 이루어지지 않으면, 개인은 사회로부터 배제되고 차별받는 고통을 겪게 된다.

"연대는 우리 각자가 사회에 독특하게 기여할 수 있다는 것을 인정받는 조건이다" — 연대Solidarity는 직업, 문화 공동체 등 다양한 사회 집단 속에서 개별성을 존중받는 것을 의미한다. 각자의 고유한 가치와 기여를 인정받을 때, 개인은 자아실현의 날개를 펼칠 수 있다. 호네트는 현대 사회의 병리 현상을 진단하며, 특히 '연대'의 인정이 취약해지고 있음에 주목한다. 마치 지반이 약해진 건물처럼, 사회적 '연대'가 무너지면서 개인은 소외와 고립이라는 깊은 수렁에 빠져들고 있다는 것이다.

'사랑', '권리', 그리고 '연대'라는 세 가지 인정의 축은 개인이 건강한 자의식을 형성하고 자신의 잠재력을 펼쳐나가는 데 필수적인 조건이다. 호네트의 관점에서 진정으로 좋은 사회란, 모든 구성원이 이러한 다층적인 인정을 충분히 경험하며 온전한 자아실현을 이룰 수 있도록 제도적, 문화적 환경을 마련해주는 사회이다. 그의 이론은 우리에게 개인의 행복과 '인정'과 사회적 정의가 분리될 수 없는 깊은 연관성을 지니고 있음을 다시 한번 상기시켜 준다.

지금까지의 역사는 인정투쟁의 역사이다

"사회 발전은 인정의 지평이 확장되는 역사이다" – 호네트는 역사를 움직이는 원동력을 '인정 투쟁 Recognition Struggle'에서 찾는다. 여성, 노동자, 인종·민족적 소수자, 성소수자 등 역사적으로 소외되고 억압받던 사회 집단들은 자신들이 정당하게 인정받지 못한다는 사실, 즉 무시당하고 있다는 사실을 자각하고, 이에 맞서 끊임없이 투쟁해왔다. 이러한 투쟁은 사회 구성원으로서의 온전한 자격을 획득하고, 자신의 가치와 존엄성을 인정받기 위한 투쟁이었다. 이들의 투쟁은 사회적 인정을 확대하고, 더 정의롭고 포용적인 사회를 만드는 데 기여해왔다.

"억압받는 자는 자유를 요구하기 전에, 우선 인간으로 인정받기를 요구한다" – 호네트는 현대 사회에서 발생하는 갈등의 근본 원인 역시 단순한 경제적 불평등을 넘어, '인정받지 못하는 문제 Recognition Deficit'에 있다고 진단한다. 이는 마르크스주의의 경제 결정론적 관점과는 확연히 다른 지점이다. 노동자들이 착취당한다고 느끼는 것은 단순히 낮은 임금 때문만이 아니다.

비정규직 노동자, 이주 노동자, 장애인 등 사회적 약자들이 겪는 어려움 역시 단순한 경제적 빈곤의 문제를 넘어, 사회적으로 존중받지 못하고 배제되는 경험과 깊이 관련되어 있다.

'인정Recognition'이라는 강력한 렌즈로 개인과 사회를 꿰뚫어 보는 악셀 호네트의 사유는 21세기 들어서면서 더욱 더 강렬하게 다가온다. 그는 개인의 정체성 형성, 사회 갈등의 동학, 정의의 규범적 기초, 그리고 인간 해방의 조건을 통합적으로 이해할 수 있는 강력하고 설득력 있는 이론적 틀을 제시하였다. 그의 인정 이론은 경제 환원주의나 절차주의적 정의론의 한계를 넘어 인간의 존엄성과 사회적 관계의 도덕적 차원을 부각시킴으로써 비판이론에 새로운 활력을 불어넣었다.

오늘날에도 여전히 계속되고 있는 다양한 형태의 정체성 정치와 존엄성 및 존중을 위한 요구들을 이해하고 평가하는 데 있어, 호네트의 사유는 근본적 차원에서의 통찰과 분석 도구를 제공한다.

주요 저술

- **인정 투쟁**(The Struggle for Recognition, 1992/문성훈, 이현재, 2011) | 헤겔의 인정투쟁 개념을 발전시켜, 인간은 타인의 인정 속에서 자아를 형성하며, 인정받기 위한 투쟁이 사회 변혁의 핵심 동력임을 설명함. 세 가지 인정 형태(사랑, 권리, 연대)를 분석하고, 인정 결핍이 개인의 소외와 사회적 억압을 초래함을 강조한다.

- **정의의 타자**(Andere der Gerechtigkeit, 2000/문성훈, 장은주 외, 2009) | 사회적 정의 개념을 확장하면서, 정의가 단순히 분배의 문제를 넘어 관계적 인정속에서 실현되어야 함을 강조한다.

- **사회주의의 이념**(The Idea of Socialism, 2015/문성훈, 2016) | 현대 사회주의 이론이 기존의 경제적 평등 개념만 강조하며, '인정과 연대'를 핵심 가치로 발전시키지 못한 한계를 비판한다.

48 | 스피박 1942~
서발턴은 말할 수 있는가?

"서발턴은 스스로 말할 수 있는가? 아니, 그들은 말할 수 없다. 왜냐하면 그들의 목소리는 지배적인 담론 속에서 끊임없이 억압되고, 가려지고, 번역되기 때문이다."

―『서발턴은 말할 수 있는가?』, 1988

우리는 누구이며, 어떻게 인정받는가? 이 질문은 현실 속에서 권력과 억압의 문제와 직접적으로 연결된다. 사회에서 인정받는다는 것은 특정한 규범과 질서 속에서 자신을 드러내야 하는 과정을 의미한다.

가야트리 차크라보르티 스피박(Gayatri Chakravorty Spivak, 1942~)은 현대 '탈식민주의postcolonialism' 이론과 페미니즘 이론의 선구자로, 지식과 권력의 경계를 재구성하며 소외된 집단, 즉 '서발턴subaltern'의 경험과 목소리를 탐구하고 있다.

"서발턴은 말할 수 있는가Can the Subaltern Speak?"
그녀에게 '서발턴'은 단지 사회적 약자나 소수자를 의미하는 것이 아니라, 체계적으로 억압되고 말할 수 없도록 구조화된 존재를 가리킨다.

스피박의 서발턴 개념은 안토니오 그람시(1891~1937)의 용어에서 유래했다. 그람시는 사회주의 혁명에서 배제된 농민·식민지 민중 등을 부르주아 헤게모니 바깥의 계급들로 지칭하며 '서발턴 계급'이라 불렀다. 스피박은 이 개념을 탈식민주의적 맥락에서 재정의한다. 그녀에게 서발턴은 단지 주변부가 아니라, 주체성 자체가 구성되기 이전에 이미 소외된 존재이며, 기존의 담론 구조 안에서는 자신의 목소리로 말하거나 이해될 수 없는 타자이다.

서발턴의 목소리는 왜 들릴 수가 없는가?

"서발턴은 말할 수 있는가?" – 아니, '서발턴'은 들릴 수 없다. 왜냐하면 우리가 듣는 것은 언제나 권력의 언어로 번역된 것이기 때문이다. 스피박이 던진 가장 중요한 질문은 다음과 같다.
누가 자신의 정체성을 말할 수 있으며, 누가 침묵을 강요당하는가?
사회에서 존재를 인정받지 못하는 자는 스스로를 어떻게 표현할 수 있는가?
'서발턴'은 단순히 억압받는 자가 아니라, 자신의 목소리를 낼 수 없는 자다. 스피박은 '서발턴'라는 용어를 통해 권력 구조 속에서 억압받고 주변화된 집단을 설명한다. '서발턴'은 주로 식민지의 피지배 계층, 성별로 차별받는 여성, 인종적 소수자와 같은 집단으로 정의된다. 서발턴은 식민주의와 지배적 담론 구조 속에서 목소리를 온전히 드러낼 수 없는 존재이다.

"서발턴은 단지 말하지 않는 존재가 아니라, 들리지 않는 존재다" – 스피박은 서발턴들이 스스로 목소리를 낼 수 있는지에 대해 회의적 입장을 제시했다. 그녀는 다음과 같은 이유로 서발턴들의 목소리가 주류 담론 속에서 온전히 반영되기 어렵다고 주장하였다.
첫째, 지식 생산의 권력 구조 문제 때문이다. 지식은 중립적이지 않다. 이는 권력 관계에 따라 형성되며, 지배적인 문화와 권력 구조에 의해 주도된다.

주류 담론은 서발턴들의 관점과 경험을 무시하거나, 자신들에게 유리하게 왜곡한다. 서발턴들은 지식 생산의 장에서 배제되고, 목소리는 가려진다.

둘째, 언어와 표현의 제약이 있다. 서발턴들이 자신들의 경험을 표현하려 해도, 주류 담론은 그들의 언어와 방식을 제한한다. 사용되는 언어와 표현은 주로 권력층이 설정한 규범에 따라 작동하기 때문에, 서발턴들은 이를 통해 자신들의 이야기를 온전히 전달하기 어려운 위치에 놓인다.

셋째, 주체성의 상실이다. 서발턴은 자신들의 정체성과 주체성을 유지하기 어렵다. 그들의 경험은 외재화되거나 수동적인 위치로 강요되며, 이는 그들이 자신을 정의하고 목소리를 낼 수 있는 능력을 제약한다.

넷째, 대표성의 문제 때문이다. 서발턴들을 대변하려는 사람이나 구조는 종종 그들의 경험과 목소리를 왜곡한다. 대표성을 띤 자들은 서발턴들의 이야기를 대중에 전달할 때, 원래의 맥락을 잃거나 의도와 다르게 전달하기도 한다. 이로 인해 서발턴의 진정한 목소리는 여전히 주류 담론에 도달하지 못한다.

"우리가 서발턴을 대리하려 할 때 오히려 그들의 목소리를 지우거나 강탈할 위험이 있다" – 기존의 인정 구조는 서구 중심적인 시각에서만 작동하며, 비서구적 존재들의 목소리는 그들이 직접 말하는 것이 아니라, '지배적인 시선에 의해 변형된 방식'으로만 드러난다. 따라서 서발턴은 단순히 목소리를 내지 못하는 것이 아니라, 그들의 말이 들리지 않는 존재로 만들어진다.

스피박은 기존의 인정 구조가 해방이 아니라, 또 다른 억압의 형태가 될 수 있음을 경고한다. 예를 들어, 서구 페미니즘은 비서구 여성들을 인정하면서도, 그들을 '피해자로만 재현'하는 방식을 통해 또 다른 권력 관계를 만들어낸다. 서구적 페미니즘은 비서구 여성을 인정하지만, 그들이 스스로 자신의 정체성을 말할 기회를 박탈한 채, 서구적 논리 속에서 해석하고 대표한다. 즉, '당신은 이런 방식으로 존재해야만 인정받을 수 있다'라는 틀을 강요하는 것이다.

인정의 조건과 방식 바꾸기

"진정한 연대는 대변이 아니라, 발화의 조건을 함께 만드는 것이다" – 스피박은 인정의 구조가 단순히 주어지는 것이 아니라, 새로운 방식으로 구성될 수 있어야 한다고 주장한다. 기존 인정 구조는 서발턴을 '대변'하는 방식으로 작동하며, 지배적인 주체가 그들의 목소리를 대신 전달한다. 스피박은 서발턴 스스로 자신의 이야기를 말할 수 있도록 환경을 조성하는 것이 중요하다고 강조한다. 이를 위해 서발턴이 직접 자신들의 문제를 말할 수 있는 플랫폼을 구축하고, 그들의 글, 인터뷰, 기록된 역사 등을 더 많이 만들어야 한다. 사회적·정치적 운동에서 대변의 방식을 줄이고, 직접적 참여를 높이는 방향으로 나아가야 한다. 나아가 서발턴의 목소리를 직접 들으려는 노력을 기울여야 한다. 인정받지 못하는 자들의 경험을 단순히 해석하는 것이 아니라, 그들이 스스로 말할 수 있는 구조를 만들어야 한다.

"서발턴을 대신해 말하는 것이 해답이 아니다. 다르게 듣는 법을 배우는 것이 해답일 수 있다" – 서발턴은 단순한 피해자가 아니다. 그들은 자신의 방식대로 살아가고 있으며, 우리는 그들의 존재 방식을 이해할 수 있도록 노력해야 한다. 서발턴을 '도와줘야 할 존재'로 보는 것이 아니라, 그들이 이미 가지고 있는 힘과 가능성을 더 잘 이해하는 방식으로 변화해야 한다. 서발턴을 억압받는 존재로 규정하는 것이 아니라, 그들의 저항 방식과 생존 방식을 존중하고, 그들이 만들어가는 문학, 예술, 정치적 실천에 더 많이 주목해야 한다.

저항으로서의 읽기와 사유의 공간 복원으로서의 교육

"읽기는 단지 의미를 해석하는 것이 아니라, 해석이 누구의 목소리를 살리고 지우는지를 물어야 한다" – 스피박은 독자가 단순히 중립적 존재가 아니라, 항상 특정한 지식 체계, 언어, 문화, 계급, 젠더, 인종의 위치에서 텍스트를 이해한다고 본다. 따라서 '읽기'는 자신의 위치성을 성찰하는 행위이며, 동시에 읽히는 타자의 침묵을 어떻게 해석할지에 대한 정치적 책임을 동반한다. 스피박은 해석 행위의 이면에 숨은 배제와 침묵의 구조를 지적한다.

이러한 사유는 스피박의 핵심 문제의식인 "서발턴은 말할 수 있는가?"라는 물음과 깊이 연결되어 있다. 이 질문은 단지 말할 수 있는 기술이나 권리의 문제가 아니라, 타자가 침묵당하는 구조를 인식하는 독자의 윤리적 태도를 요구한다. 읽기는 타자를 대신 말하는 것이 아니라, 그가 말하지 못하게 된 역사적·지배적 조건을 읽어내고 성찰하는 윤리적 응답이다. 다시 말해 읽는다는 것은 침묵의 자리와 그 침묵을 만들어낸 구조에 대해 무지하지 않으려는 태도이며, 말할 수 없는 타자의 고통을 손쉽게 해석하려는 욕망에 저항하는 비판적 노력이다. 우리가 타자의 말을 들을 수 있기 위해서는, 우선 우리의 '듣는 위치'와 '읽는 태도' 자체를 근본적으로 바꾸어야 한다는 것이 스피박의 깊은 요청이다.

이와 같은 사유는 곧 탈식민 교육의 전환으로 이어진다. 읽기는 교육의 시작이며, 누구의 지식이 교육의 중심에 놓이고 누구의 목소리가 배제되는지를 묻는 과정이다. 따라서 스피박에게 읽기는 단지 문자적 해독이 아니라, 식민적 인식틀에 균열을 내고 새로운 윤리적 감수성을 배양하는 교육 행위로 자리잡는다.

"교육은 지배를 위한 훈련이 아니라, 인식론적 불복종으로의 초대여야 한다" – 스피박은 기존의 서구 교육 시스템이 식민적, 자본주의적 구조를 유지하는 교묘한 장치라고 보았다. 서구 교육 모델은 비서구 지역에 서구적 가치관과 세계관을 이식하는 역할을 한다. 탈식민 사회에서도 식민 시대의 교육 체제가 유지되면서, 기존 엘리트 중심의 권력 구조가 고스란히 반복된다. 이는 마치 뫼비우스의 띠처럼, 억압의 고리를 끊임없이 되풀이한다.

"탈식민 교육은 문해력이 아니라, 자기 사유의 공간을 복원하는 일이다" – 스피박은 기존 지식 체계의 해체를 넘어, 서발턴의 경험과 사고방식을 존중하는 새로운 교육, 즉 탈식민적 교육을 제안하였다. 서발턴이 자기 자신을 이해하고, 자신의 경험에 기반하여 세상을 바라볼 수 있도록 돕는 교육이 필요하다. 이는 억압받는 자가 스스로를 객관화하고, 자신의 위치를 자각하는 첫걸음이다. 단순한 문해 교육 Literacy을 넘어, 서발턴 스스로 사고하고 비판하며, 세상에 질문을 던질 수 있는 능력을 길러야 한다. 서구 학문 중심의 획일적인 교육에서 벗어나, 지역적, 문화적 차이를 반영하는 교육과정이 마련되어야 한다. 이는 마치 다채로운 색깔의 실로 아름다운 그림을 수놓듯, 각자의 고유한 빛깔을 살리는 교육이다.

스피박은 자신의 교육 철학을 탁상공론에 그치지 않고, 실천으로 옮겼다. 1980년대 후반부터 인도 서부와 벵골 지역에서 빈곤층 여성과 아이들을 위한 교육 프로젝트를 직접 운영하며, 자신의 이상을 현실로 만들어 나갔다.

스피박의 사회철학은 오늘날 탈식민주의, 젠더 이론, 지식 권력 비판, 교육철학, 윤리적 실천 등 다양한 현대 사상과 운동에 지대한 영향을 미치고 있다. 그녀의 사유는 지식의 생산 방식과 우리가 '타자'를 이해하고 대하는 태도에 대한 근본적 질문을 던지는 철학적 실천이자, 서구 지배 담론의 폭력성을 해체하고 주변부의 목소리에 귀 기울일 것을 촉구하는 끊임없는 요청이다. 그녀는 서발턴의 침묵을 가로지르는 권력 관계를 섬세하게 분석하고, 지식인의 윤리적 책임을 강조한다. 그녀의 작업은 우리에게 익숙한 세계를 낯설게 바라보도록 만들며, 억압 없는 세상을 향한 비판적 사유와 실천을 지속하도록 이끄는 지적 여정이라 할 수 있다.

스피박의 철학은 우리에게 "누가 누구를 위해 말하는가?", 그리고 "어떻게 함께 살아갈 것인가?"라는 근본적인 질문을 던지며, 더 정의롭고 더 평등한 세계를 위한 고민을 멈추지 않도록 한다.

🖋 주요 저술

- **다른 세상에서**(In Other Worlds, 1987/태혜숙, 2004) | 문학과 철학을 통해 탈식민주의적 시각에서 문화와 정치의 관계를 분석한 논문집. '읽기(reading)' 행위 자체가 서구 중심적 해석에서 벗어나기 위한 저항의 방식이 될 수 있다고 주장한다.
- **서발턴은 말할 수 있는가?** (Can the Subaltern Speak?, 1988/태혜숙, 2013) | 서발턴(Subaltern)의 목소리가 지배적인 담론 속에서 어떻게 억압되고 왜곡되는지를 분석한다.

49 | 크렌쇼 1959~
인종, 젠더, 계급이 교차할 때에는?

"흑인 여성은 단순히 흑인이라는 이유로, 혹은 여성이라는 이유로만 차별받는 것이 아니다. 이 두 가지 정체성이 교차하는 지점에서 새로운 억압의 형태가 발생하며, 기존의 법과 정책은 이를 충분히 고려하지 못한다."

— 『인종과 성 교차성의 주류화』, 1989

'정체성 identity'은 개인의 특징이 아니라, 사회적 구조와 권력 관계 속에서 형성되는 정치적 문제이다. 사회는 개인을 특정한 범주(예: 성별, 인종, 계급, 성적 지향)로 분류하고, 이러한 범주를 통해 인정을 부여한다. 그러나, 우리가 특정한 '정체성'으로 인정받는 과정은 항상 공정할까? 여성으로서의 경험은 모두 같을까? 흑인으로서의 경험은 모두 같을까? 한 개인이 '흑인 여성'일 때, 그녀는 '흑인'이자 '여성'으로서 인정받는가?

킴벌리 크렌쇼(Kimberlé Crenshaw, 1959~)는 '교차성 Intersectionality' 개념을 통해 이러한 질문을 분석하며, 기존의 인정 방식이 어떻게 특정한 '정체성'을 배제하고 억압할 수 있는지를 비판적으로 탐구한다. 크렌쇼는 1989년 발표한 논문 「인종과 성 교차성의 주류화 Demarginalizing the Intersection of Race and Sex」를 통해 흑인 여성의 경험이 기존의 법, 정책, 이론에서 어떻게 비가시화되어 왔는지를 날카롭게 비판한다.

정체성 개념의 발전 과정

 1950년대까지의 사회 철학에서 '정체성'은 인간의 변하지 않는 본질에 기반한 것으로 여겨졌다. 특정 민족, 성별, 인종은 태어날 때부터 본질적인 특성을 지니며, 이 고정된 속성이 개인의 정체성을 결정한다고 본 것이다. 이러한 관점은 정체성이 불변하고, 객관적으로 분류될 수 있다는 믿음을 전제로 한다.

 1960년대에서 1980년대에 이르러 포스트모더니즘의 영향을 받은 사상가들은 정체성을 본질이 아닌 사회적 구성물로 보기 시작했다. 미셸 푸코(1926~1984)는 정체성이 권력 관계와 담론 속에서 형성된다고 보았으며, 이에 따라 정체성은 고정된 것이 아니라 사회적 상호작용과 맥락에 따라 변화하는 유동적인 개념으로 이해되었다.

 자크 데리다(1930~2004)는 정체성을 차연différance 개념을 통해 항상 미뤄지고 완결되지 않은 열린 구조로 이해하며, 본질주의를 해체한다. 알튀세르(1918~1990)는 이데올로기의 호명interpellation 개념을 통해, 사회는 개인을 특정한 주체로 부르며 이미 형성된 규범적 위치에 순응하게 만든다고 보았다.

 1990년대 이후에는 악셀 호네트(1949~) 같은 학자들이 '정체성'을 개인이 사회로부터 받는 '인정recognition'을 통해 형성된다고 주장했다. 이 흐름은 페미니즘, 인종, 성소수자 운동과 맞물리며 '정체성 정치'라는 개념을 낳았고, 개인이나 집단이 자신의 고유한 정체성을 사회적으로 인정받기 위한 정치적 요구가 중심이 되었다.

 스피박(1942~)은 "서발턴은 말할 수 있는가?"라는 물음을 통해, 식민주의와 가부장제의 교차 지점에서 말해질 수 없는 존재로서의 정체성, 즉 침묵과 배제를 경험하는 타자성을 철학의 전면에 제시하였다. 주디스 버틀러

(1956~)는 젠더는 본질이 아니라 반복되는 수행performance이라는 급진적 주장을 내놓으며, '여성'이라는 정체성 자체를 탈본질화한다

이러한 정체성 개념의 발전 과정을 배경으로 킴벌리 크렌쇼는 '교차성intersectionality' 개념을 통해, 인종·성별·계급·성적 지향 등 다양한 억압이 어떻게 복합적으로 정체성을 구성하고 억압하는지를 구조적으로 분석한다.

교차성의 틀

"정체성은 단일한 속성으로 환원될 수 없다. 우리는 모두 교차적인 존재다" – '교차성'은 인종, 젠더, 계급 등을 개별적으로 이해할 수 없다고 보고, 이들 각각의 정체성이 '어떻게 얽혀 있는가'를 이해하기 위한 개념이다. 크렌쇼가 1989년 '교차성' 개념을 처음 제시했다. 기존 페미니즘은 '여성'이라는 개념을 중심으로 성차별을 분석했지만, 대부분 백인 여성의 경험을 기반으로 논의가 이루어졌다. 흑인 인권운동도 '흑인'이라는 정체성을 중심으로 인종차별을 분석했지만, 대부분 흑인 남성의 경험을 중심으로 서술되었다. 그러나, 흑인 여성은 이 두 개의 정체성이 교차하는 지점에서 특유의 차별을 경험한다. 흑인 여성은 흑인으로서 차별받고, 여성으로서 차별받지만, 그들이 겪는 차별은 단순한 '흑인 차별 + 여성 차별'이 아니다. 크렌쇼는 법적 차별 사례를 분석하면서, '교차성' 개념이 왜 중요한지를 보여준다.

미국의 한 흑인 여성 노동자가 직장에서 차별을 겪었다고 주장하며 소송을 제기했지만, 법원은 그녀의 주장을 기각했다. 회사는 '흑인' 남성을 고용하고 있었기 때문에 '인종차별'을 하지 않았고, 백인 '여성'을 고용하고 있었기 때문에 '성차별'도 하지 않았다고 판결한 것이다. 하지만, 이 회사는 '흑인 여성'은 고용하지 않았다. 그녀가 받은 차별은 단순한 '흑인 차별'도

아니고, '여성 차별'도 아니었다. 그녀는 '흑인이자 여성'이라는 위치에서 차별을 받은 것이다. 기존의 법적 구조는 차별을 단일한 정체성(흑인 or 여성)으로만 분석하고, 정체성이 교차하는 지점에서 발생하는 차별을 인식하지 못한다.

"교차성을 고려하지 않는 분석은 흑인 여성이 어떤 방식으로 억압받는지를 결코 제대로 설명할 수 없다" – '교차성' 개념이 필요한 이유는 법적 문제뿐만 아니라, 기존의 인정 구조가 특정한 집단을 배제할 수 있기 때문이다. 백인 여성들이 주도한 1세대, 2세대 페미니즘 운동은 '여성'이라는 개념을 중심으로 진행되었지만, 흑인 여성, 유색인종 여성, 저소득층 여성의 경험은 무시되었다. 흑인 여성은 여성으로 인정받았지만, '백인 여성의 경험'을 기준으로 인정받았다. 즉, 그들만의 독특한 경험은 제대로 논의되지 않았다.

마찬가지로, 흑인 인권운동은 대개 흑인 남성의 경험을 중심으로 전개되었다. 흑인 여성들은 운동의 주체가 아니라, 흑인 남성들의 '지원자' 역할을 강요받았다. 흑인 여성은 흑인으로 인정받았지만, '흑인 남성의 경험'을 중심으로 해석되었다. 즉, 그들만의 차별 경험은 사라졌다. 흑인 여성은 흑인 운동에서도, 페미니즘 운동에서도 완전히 반영되지 않았다. 교차성이 없는 인정 구조는 특정한 정체성을 배제할 위험이 있다.

비판적 인종이론과 색맹인종주의

"법은 중립적인 듯하지만, 교차성을 무시하는 순간 정의의 도구가 아니라 차별의 정당화 도구가 된다" – 법은 과연 정의의 저울인가, 아니면 또 다른 억압의 도구인가? 킴벌리 크렌쇼는 데릭 벨(1930~2011), 리처드 델가도(1939~) 등과 함께 '비판적 인종이론 Critical Race Theory, CRT'에 대한 이론을 만들어왔다. 특히 킴벌리 크렌쇼는 '교차성' 이론을 통해 주요한 공헌을 한다. '비판적 인종이론'은 법과 제도가 중립적이고 공정해 보이지만, 실제로는 인종 차별을 유지·강화하는 역할을 한다는 관점을 제시한다.

크렌쇼는 CRT(비판적 인종이론)의 연장 선상에서 '색맹인종주의Color-Blind Racism'의 허구를 폭로하고 강력히 비판한다. '색맹인종주의'는 인종을 보지 않는다는 주장을 통해 표면적으로는 인종차별을 거부하거나 인종 간 평등을 지지하는 듯 보이지만, 실제로는 인종적 불평등의 구조를 무시·축소함으로써 권력관계(백인 중심 체제)를 유지하는 태도나 이념을 말한다. 1960년대 미국의 공민권운동 이후, 법 제도상으로는 인종차별이 공식적으로 금지되었지만, 여전히 교육, 고용, 주거, 형사사법제도 등에서 인종차별은 구조적으로 존재한다. 인종을 극복했다거나, 오바마 대통령 당선으로 더 이상 미국은 인종차별이 없는 나라 같은 수사가 '색맹인종주의'의 대표적 사례로 이는 통계·현실(흑인 대량 투옥, 임금 격차, 교육 기회 불평등 등)과 부합하지 않는, 일종의 이념적 은폐이다.

"색맹 인종주의는 인종에 기반한 억압을 은폐하고 유지하는 이데올로기이다" – '색맹' 정책은 겉보기엔 모두에게 똑같이 적용된다고 하지만, 이미 존재하는 격차나 구조적 불평등을 전혀 보정하지 못한다. 예컨대, 학교 입학 절차에서 인종은 고려하지 않는다는 방침은, 백인 중심의 재정·문화·인맥 자원이 축적된 상태를 그대로 둔 채 흑인이나 라틴계 학생의 불이익을 방치할 수 있다. 또한 여성 정책에서 모든 여성은 동일하다고 주장하며 인종 요소를 지워버리면, 유색인종 여성의 필요나 상황은 정책에서 배제되기 쉽다. 크렌쇼는 이를 흑인 여성은 흑인성도 여성성도 모두 제대로 보장받지 못하는 이중 배제 상태라고 하였다.

크렌쇼는 불평등을 개선하기 위해서는 오히려 '인종'이라는 카테고리를 적극적으로 인식하고, 현실의 불평등을 시정할 수 있는 제도·정책을 마련해야 한다고 하였다. 즉, '역차별 논란'을 두려워해 인종 문제를 외면하기보다, 교차성 관점에서 인종·젠더·계급 등 여러 축에 대한 세밀한 분석 및 보완정책을 수립해야 한다고 주장하였다. 차별 금지법, 가정폭력 보호제도, 교육권 보장 등 각 영역에서, '인종+성' '인종+성+이민자 지위'처럼 다층적 소수자를 고려하는 접근이 필요하다..

킴벌리 크렌쇼는 인정의 방식 자체가 '교차성'을 반영해야 한다고 강조한다. 교차성은 단순한 이론을 넘어, 차별받는 이들의 목소리에 귀 기울이고 그들의 현실을 변화시키기 위한 강력한 연대의 언어이자 분석 도구로 기능하고 있다. 그녀는 또한, '비판적 인종이론(CRT)'을 벼려 법과 제도에 숨겨진 억압과 차별을 폭로하고 개선을 위한 대안을 제시한다.

그녀의 철학은 우리가 복잡하게 얽힌 억압의 구조를 인식하고, 더욱 포괄적이고 정의로운 사회를 만들기 위한 끊임없는 성찰과 실천을 요구한다.

✒ 주요 저술

- 비판적 인종이론의 20년(Twenty Years of Critical Race Theory: Looking Back to Move Forward, 2010) | 법학과 사회 정책에서 CRT가 어떻게 적용되어 왔는지 설명한다.

- 색맹인종주의 비판(Seeing Race Again: Countering Colorblindness Across the Disciplines, 공저, 2019) | '색맹 인종주의'가 어떻게 인종 차별을 은폐하는 방식으로 작동하는지 분석한다.

- 교차성 이론(Intersectionality: Toward a Field of Intersectionality Studies, 킴벌리 크렌쇼(Kimberlé Crenshaw), 수잔 초(S. Cho), 로렐 매콜(Laurel McCall), 2013) | 교차성 이론(Intersectionality)의 역사적 발전과 이론적 틀을 정립한 논문 모음집이다. 킴벌리 크렌쇼의 논문「인종과 성 교차성의 주류화(1989)」등이 포함되어 있다.

50 | 버틀러 1956~
젠더는 타고 나는가?

"젠더는 우리가 본질적으로 가지고 태어나는 것이 아니다. 그것은 우리가 반복적으로 수행하며 사회적으로 구성되는 것이다. 우리는 특정한 젠더 정체성을 연기하도록 강요받지만, 이러한 수행성을 뒤흔들고 전복할 가능성 또한 존재한다."

―『젠더 트러블』, 1990

우리는 누구인가?

이 질문은 철학적 사유를 넘어, 우리의 삶의 방향을 결정하는 본질적인 문제이다. 이 질문은 곧 사회가 우리를 어떻게 인정하는가의 문제로 연결된다. 주디스 버틀러(Judith Butler, 1956~)는 이러한 '인정'과 '정체성'의 관계를 근본적으로 탐구하며, 우리가 특정한 사회적 기준 속에서만 '인정될 수 있는 존재'가 된다면, 그것이 곧 억압이 아닐까라는 질문을 던진다.

정체성은 본질이 아니라 수행이다

"젠더는 우리가 무엇인 것이 아니라, 우리가 하는 것이다" – 버틀러의 가장 독창적이고 중요한 기여는 '젠더 수행성 gender performativity' 개념이다. 그녀가 제시한 '젠더 수행성' 개념은, 인간의 '젠더 gender'가 타고나거나 고정된 정체성이 아니라 일상적 행위를 통해 끊임없이 '재현'되고 '구성'된다는 급진적 관점을 담고 있다. 기존의 철학과 사회이론은 정체성이 먼저 존재하고, 그에 따라 행동이 나온다고 가정했다. 하지만 버틀러는 그 반대라고 주장한다. 우리는 어떤 본질적인 '여성다움'이나 '남성다움'이 있어서 행동하는 것이 아니라, 여성적이거나 남성적인 행동을 반복적으로 수행하면서 '젠더 정체성'을 만들어간다. 그렇다면, 우리가 계속해서 기존의 젠더 규범을 수행하는 한, 그 정체성은 더욱 공고해지고 인정의 틀 속에 갇히게 된다. 하지만, 만약 우리가 다른 방식으로 젠더를 수행한다면? 즉, 우리가 기존의 젠더 규범을 어기고 새로운 젠더 정체성을 실험한다면?

버틀러의 사유는 이 질문에서 시작된다. 여기서 중요한 것은 '정체성'은 타고난 본질이 아니라, 지속적으로 수행되는 것이고, 우리가 기존의 젠더 규범을 수행하는 한, 우리는 그 틀 속에서만 인정받는다는 점, 그리고 젠더를 수행하는 방식을 바꾸면, 새로운 정체성의 가능성을 창출할 수 있다라는 점이다. 버틀러의 이 개념은 젠더의 문제를 넘어, 모든 정체성의 문제에 적용된다.

"우리의 행위가 반복될 때, 우리는 현실을 창조하는 동시에 현실에 의해 형성된다" – 전통적 사고에서 '남성' 혹은 '여성'은 '생물학적 성$_{sex}$' 차이에 대응하는, 이미 주어진 정체성이라고 여겨졌다. 하지만 버틀러는 '생물학적 성'조차도 문화·언어로 해석되면서 의미가 부여된다는 점을 짚는다. '성적 차이' 또한 자연적 사실이 아닌 사회적 구성물일 수 있다고 버틀러는 강조한다. 따라서 '남성다움', '여성다움'은 몸과 말, 행동에 반복적으로 새겨지며 재생산되는 규범적 스타일일 뿐, 어떤 고유 실체가 존재하는 것은 아니다. 버틀러는 철학자 존 오스틴(1790~1859)의 '언어 수행적 발화$_{speech\ act}$' 개념에서 힌트를 얻었다고 알려져 있다. 예컨대 "나는 너와 결혼한다"라는 말이 실제로 결혼이라는 사회적 관계를 '성립시키는' 효력이 있듯, 젠더와 섹슈얼리티 역시 특정 언어·행위가 반복적으로 수행됨에 따라 '현실로서' 실재하게 된다는 것이다. 이러한 행위가 충분히 반복·내면화되면 사람들은 그것을 '본래적'인 것처럼 믿게 되는데, 바로 이것이 '젠더' 또는 '성'이라는 기표가 지닌 강력한 효과이다.

이성애 규범성과 정체성의 경계 뛰어넘기

"나는 내가 되기 전 이미 규범의 틀 속에 포획되어 있다" – 버틀러는 젠더뿐 아니라 섹슈얼리티(성적 지향, 욕망) 역시 문화가 부여한 규범에 따라 구성된다고 말한다. 특히 이성애를 '정상적인 욕망'으로 전제하고, 그 외의 섹슈얼리티를 '비정상'으로 낙인찍는 사회 구조를 '이성애 규범성 heteronormativity'이라고 지칭한다. 고전적인 젠더 이론은 남성성/여성성을 '자연적 보완' 관계로 보는 경향이 강했지만, 버틀러는 '이성애 규범' 자체가 젠더 구분을 공고히 재생산한다고 지적한다. 즉, 남자/여자를 서로 끌리는 대상, 상호 보완적 존재로 규정함으로써, 동성애·양성애·트랜스젠더 등 비非이성애 정체성을 주변화·배제하는 틀을 만든다는 것이다.

버틀러와 동시대 '퀴어 Queer' 이론가들은 이성애 중심이라는 전통적 전제를 해체함으로써, 다양한 욕망 주체와 젠더 실천이 존재함을 드러내려 했다. 이는 기존 페미니즘이 '여성'이라는 통일된 범주에 집중하던 방식에서 벗어나, 더 넓은 스펙트럼의 정체성 해방을 모색하는 정치적 동력이 되었다. 버틀러 이전의 2세대 페미니즘은 '여성성'의 공통적 경험을 부각해 여성해방 운동을 전개해왔다. 그러나 버틀러는 '여성'이라는 범주 자체가 '이성애 규범'과 '생물학적 성'에 동시에 근거해 만들어진 개념일 수 있음을 주장했다. 이로써 페미니즘 내부에서도 여성 내부의 다양성(인종, 계급, 섹슈얼리티 등)을 더 깊이 고려해야 한다는 목소리가 힘을 얻게 되었다. 여성성·남성성이라는 고정된 틀 자체에 근본적 의문이 제기되면서, 트랜스젠더·논바이너리 등 다양한 젠더 표현이 사회적으로 인식·수용될 수 있는 길이 열렸다. 버틀러의 사유는 한편으로 난해하다는 평을 받기도 하지만, 21세기 들어 성적 다양성·정체성의 문제를 더욱 폭넓게 논의하게 만든 원동력이 되었다.

"정체성의 경계를 넘는 실천 속에서, 우리는 새로운 정치의 가능성을 목격하게 된다" – 버틀러에 따르면 '인정'이란 개인의 자유를 보장하는 것처럼 보이지만, 사실상 사회가 정한 기준 속에서만 인정될 수 있다. 즉, 우리가 사회적으로 인정받을 수 있는 존재가 되려면, 주어진 정체성의 규칙을 따라야 한다. 이는 인정이 개인의 정체성을 해방하는 것이 아니라, 특정한 방식으로만 존재할 수 있도록 제한하는 역할을 할 수도 있음을 의미한다. 존재할 수 있는 가능성 자체가 규범적으로 결정된다면, 어떻게 저항할 수 있을까? 동성애자들이 법적으로 인정받기 위해서는 기존의 '정상적인 가족 구조'를 모방해야 하는가? 트랜스젠더가 사회적으로 인정받기 위해서는 특정한 젠더 규범을 따라야 하는가? 소수자가 사회에서 받아들여지기 위해서는 '우리도 당신들과 다를 게 없다'고 주장해야 하는가?

"퀴어는 정체성이 아니라, 정체성이라는 틀을 흔드는 행위다" – 버틀러는 '인정받는 것 자체'가 중요한 것이 아니라, '인정의 조건'이 무엇인지, 그리고 그것이 '누구를 배제'하는지를 보아야 한다고 주장한다. 나아가 버틀러는 새로운 정체성을 창출하는 실험에 열려 있어야 한다고 주장한다. 버틀러는 젠더 수행이 변형될 수 있다면, 인정받는 정체성의 기준도 변화할 수 있다고 본다. 예를 들어, '퀴어queer' 정체성은 기존의 젠더 구분을 따르지 않고, 새로운 존재 방식을 실험하는 과정 자체가 정체성이 될 수 있음을 보여준다.

정치적 실천과 연대

"인정의 규범은 사회적으로 형성되고 유지되며, 그 규범은 누가 주체로 받아들여질지를 결정한다" – 주디스 버틀러는 성별, 젠더, 섹슈얼리티를 고정된 본질이 아니라 사회적으로 구성되고 반복적으로 수행되는 불안정한 정체성으로 본다. 그녀는 전통적 페미니즘이 '여성'을 보편적 주체로 상정함으로써 오히려 다양한 경험과 존재의 가능성을 억압할 수 있다고 비판한다. 이는 사회가 정해 놓은 규범적 성 역할에 도전하는 비규범적 주체성을 새롭게 인정할 필요성과 연결된다. 이러한 문제의식은 그녀의 규범 비판으로 이어진다. 사회는 특정한 성별과 젠더를 '정상'의 위치에 두고, 그 틀에서 벗어난 존재들을 비가시화하거나 주변화하는 구조를 갖는다. 버틀러는 이러한 억압적 규범이 단지 사회적 편견이 아니라, 제도와 언어, 담론 전반에 스며든 헤게모니적 통치 장치라고 본다. 따라서 그녀는 이와 같은 기준에 도전하는 비규범적 주체성, 즉 전통적인 젠더 정체성의 경계를 넘나드는 존재들을 정치적 주체로 새롭게 사유할 것을 요구한다. 버틀러에게 정치란 정체성을 고정시키는 일이 아니라, 그 경계를 흐리고 확장하는 실천이어야 한다.

"과제는 차이를 기념하는 것이 아니라, 차이가 표현되고, 인식되고, 존중될 수 있는 조건을 조성하는 것이다" – 버틀러가 제안하는 실천은 단순한 규범 거부가 아니다. 그녀는 정체성의 유동성과 다양성을 드러내는 언행과 연대의 실천을 요청한다. 퀴어 퍼포먼스, 탈정형적 언어 사용, 주변화된 목소리의 재현, 그리고 제도적 담론 안에서 다중적 주체로 존재할 수 있는 공간을 넓히는 정치적 실천이 바로 그것이다. 그녀에게 진정한 정치란 경계를 넘나드는 삶의 가능성을 열어 주는, 열림과 불확정성의 윤리에 기반한 실천이다.

취약성, 애도, 비폭력의 윤리

주디스 버틀러의 사상적 궤적은 젠더 수행성이라는 혁신적인 개념으로 출발하여, '취약성 vulnerability', '애도 가능성 grievability', 그리고 '비폭력 non-violence'의 윤리로 심화되고 확장된다. 이러한 전환은 9.11 테러 이후 고조된 미국의 군사주의와 '테러와의 전쟁'이라는 전 지구적 폭력의 현실 속에서, 삶과 죽음, 인정과 배제의 정치학을 더욱 근본적으로 성찰하려는 그의 지적 응답이었다. 『위태로운 삶(2004)』, 『전쟁의 프레임들(2009)』 등의 저작을 통해 버틀러는 공유된 인간 조건으로서의 취약성에 기반한 새로운 윤리와 정치적 연대의 가능성을 집요하게 탐색한다.

"인간의 조건은 취약함이다" — 버틀러 후기 철학의 핵심적인 출발점은 '취약성'을 인간 존재의 근본적인 조건으로 재인식하는 데 있다. 그는 취약성을 단순히 개인적인 약점이나 결함이 아니라, 모든 생명체가 타인과 세계에 의존하며 살아갈 수밖에 없는 공유된 상태, 즉 신체적·사회적 의존성으로 이해한다. 우리는 태어나는 순간부터 타인의 돌봄 없이는 생존할 수 없으며, 삶의 과정 내내 질병, 사고, 상실, 그리고 죽음의 가능성에 노출되어 있다. 이러한 근원적인 취약성은 자율적이고 독립적이며 스스로를 통제할 수 있다는 서구 근대의 이상적인 '주권적 주체' 신화에 정면으로 도전한다.

버틀러는 국가나 개인이 통제 불가능한 외부 세계로부터 자신을 보호하기 위해 폭력을 사용하려는 경향, 특히 '테러와의 전쟁'과 같은 국가적 폭력이 취약성의 부인과 밀접하게 연관되어 있다고 분석한다. 자신의 취약성을 인정하지 못할 때, 타인의 취약성 역시 공감하거나 이해하기 어려워지며, 이는 타자를 위협적인 존재로 간주하고 폭력적으로 대응하는 결과를 낳는다. 따라서 버틀러에게 취약성의 인정은 단순히 개인적인 성찰의 문제가 아니라, 폭력의 악순환을 끊고 새로운 공동체를 구성하기 위한 정치적·윤리적 출발점이 된다.

그러나 버틀러는 모든 사람이 동일하게 취약성을 경험하는 것은 아니라고 지적한다. 그녀는 '불안정성 precariousness'이라는 개념을 통해, 사회적·정치적 조건들이 어떻게 특정 집단의 삶을 다른 집단의 삶보다 더 큰 위험과 폭력, 죽음의 위협에 노출시키는지를 분석한다. 즉, 취약성이 모든 생명의 보편적 조건이라면, 불안정성은 이러한 취약성이 정치적으로 이용되고 차별적으로 분배되는 양상이다. 난민, 불법 이주민, 전쟁 지역의 민간인, 특정 인종 및 성소수자 집단 등은 사회적 보호망의 부재, 법적 지위의 불안정성, 그리고 사회적 낙인 등으로 인해 그들의 삶 자체가 위태로운 상태, 즉 '불안정한 삶'에 놓이게 된다.

"누가 인간인가? 누구의 삶이 가치 있는가? 어떤 삶이 애도받을 가치가 있는가?" – 이러한 불안정성의 분배는 '애도 가능성 grievability'의 문제와 직결된다. 버틀러는 어떤 죽음은 사회적으로 애도되고 기억될 가치가 있는 것으로 여겨지는 반면, 어떤 죽음은 그렇지 못한가 하는 질문을 던진다. 사회는 특정한 '프레임'을 통해 어떤 삶을 '인간적인 삶', '가치 있는 삶'으로 인식하고 그 상실을 슬퍼할 가치가 있는 것으로 구성하는 반면, 다른 삶들은 이러한 프레임에서 배제되어 그 죽음조차 제대로 인식되거나 슬퍼지지 않는다는 것이다. 예를 들어, 전쟁에서 자국의 군인의 죽음은 영웅적인 희생으로 애도되지만, 적국의 민간인이나 '테러리스트'로 규정된 이들의 죽음은 부수적인 피해나 당연한 결과로 치부되기 쉽다. 이렇게 '애도 불가능한ungrievable' 존재로 규정된 이들의 삶은 쉽게 폭력의 대상이 되거나 무시당한다.

"우리는 서로를 필요로 하며, 이 상호의존이 정치의 출발점이 된다" – 버틀러에게 애도는 단순히 개인적인 슬픔의 감정을 넘어, 정치적 의미를 함축하는 행위이다. 타인의 상실, 특히 '애도 불가능'하다고 여겨졌던 이들의 상실을 공적으로 애도하는 것은 그들의 삶의 가치를 인정하고, 우리 모두가 서로 연결되어 있으며 상실 앞에서 평등하다는 공유된 인간 조건(취약성)을 확인하는 과정이다.

이러한 인식은 자연스럽게 비폭력의 윤리로 이어진다. 모든 삶이 근본적으로 취약하고 상호의존적이며, 그 어떤 삶도 함부로 파괴되어서는 안 된다는 인식은 폭력, 특히 국가에 의해 정당화되는 전쟁과 같은 조직적 폭력에 대한 강력한 윤리적 반론을 제기한다. 버틀러는 타자의 고통에 대한 감수성과 책임을 강조하며, 복수와 보복의 논리를 넘어서 상호 이해와 환대에 기반한 관계를 모색할 것을 촉구한다.

주디스 버틀러의 철학은 우리가 당연하게 여기는 젠더, 정체성, 주체성의 범주들이 사실은 복잡한 권력 관계와 사회적 규범의 산물임을 드러내는 끊임없는 비판적 작업이다. 그의 이론은 때로는 불편하고 도전적이지만, 바로 그 점 때문에 우리가 세계를 인식하고 타자와 관계 맺는 방식에 대해 근본적으로 성찰하도록 이끈다.

주디스 버틀러의 후기 철학은 젠더와 주체성에 대한 그의 초기 분석을 인간 존재의 근원적인 조건과 지구적 정치 현실 속에서의 윤리적 책임이라는 문제로 확장시킨 심오한 작업이다. 그는 공유된 취약성을 인정하고, 불안정성이 차별적으로 생산되는 구조를 비판하며, 모든 삶의 애도 가능성을 주장함으로써, 폭력과 배제가 만연한 시대에 새로운 윤리적·정치적 상상력을 제시한다. 그의 사유는 우리에게 누가 '우리'의 일부로 간주되고 누구의 삶이 가치 있다고 여겨지는지를 끊임없이 질문하게 만들며, 상호의존성에 기반한 비폭력적인 공동체를 향한 어려운 길을 모색하도록 강력하게 촉구한다. 이는 오늘날 우리가 직면한 수많은 위기 앞에서 더욱 절실하게 요구되는 철학적 성찰이자 윤리적 호소라 할 수 있다.

🖋 주요 저술

- **젠더 트러블**(Gender Trouble, 1990/조현준, 2024) | 젠더 수행성 개념을 정립한 책으로 젠더는 타고난 본질이 아니라, 사회적·문화적으로 구성된 것이며, 우리는 반복적인 행위를 통해 젠더 정체성을 수행한다고 주장하였다.

- **위태로운 삶**(Precarious Life, 2004/윤조원, 2018) | 9·11 이후, 폭력과 윤리, 인정의 문제를 탐구한 책. 국의 9·11 이후, 특정한 삶(미국 시민)은 보호받고 애도되지만, 다른 존재(이라크, 아프가니스탄의 민간인)는 쉽게 희생되는 현실을 비판하고 있다.

- **젠더 허물기**(Undoing Gender, 2004/조현준, 2015) | 젠더 수행성을 더욱 급진적으로 확장하며, 기존의 젠더 체계에서 벗어나려는 존재들의 실천을 분석. 트랜스젠더, 퀴어, 논바이너리 등 기존 젠더 틀에서 벗어난 존재들이 인정받기 어려운 현실을 탐구한다.

- **전쟁의 프레임들**(Frames of War, 2009/한정라, 2023): 전쟁, 애도 가능성, 프레임 이론, 인간성, 폭력의 윤리적 정당화 등을 다룬다. 전쟁, 테러, 인권, 국제정치에서 나타나는 차별적 인간성 구성을 비판한다.

51 | 킴리카 1962~
소수 집단은 어떻게 인정받을 수 있는가?

"다문화주의는 소수집단이 다수 문화에 동화되도록 강요하는 것이 아니라, 다양한 문화가 공존하고 상호 존중할 수 있도록 제도적 지원을 제공하는 방식으로 이해되어야 한다. 따라서 다문화주의는 특정 집단에 특권을 부여하는 것이 아니라, 모든 시민이 자신의 문화를 유지하면서도 평등한 사회적 기회를 누릴 수 있도록 돕는 것이다."
— 『다문화주의 시민권』, 1995

현대 사회는 다양한 문화적 배경을 가진 사람들이 공존하는 '다문화주의 multiculturalism' 사회로 발전하고 있다. 이러한 사회에서 어떤 집단이 인정받아야 하며, 어떤 방식으로 인정받아야 하는가?

캐나다의 정치철학자 윌 킴리카(Will Kymlicka, 1962~)는 현대 자유주의 정치철학의 지형에서 '다문화주의 multiculturalism'와 '소수자 권리 minority rights'에 대해 영향력 있고 체계적인 논의를 발전시켰다. 그는 개인의 자유와 자율성을 핵심 가치로 삼는 자유주의가 어떻게 문화적 다양성을 포용하고 소수 집단의 권리를 정당화할 수 있는지 탐구하며, 자유주의의 틀 안에서 '다문화적 시민권 multicultural citizenship'의 이론적 토대를 마련했다. 그의 작업은 『자유주의, 공동체, 문화(1989)』, 『다문화주의 시민권(1995)』 등의 저작을 통해 전 세계적으로 광범위한 영향을 미쳤다.

자유주의와 문화적 다양성의 딜레마

자유주의 정치철학의 오랜 전통은 개인을 도덕적·정치적 관심의 중심에 두었다. 존 로크(1632~1704)에서 존 스튜어트 밀(1806~1873)을 거쳐 존 롤스(1921~2002)에 이르기까지, 자유주의 사상의 핵심은 국가로부터 간섭받지 않을 개인의 권리, 양심과 사상의 자유, 그리고 모든 시민의 법적 평등을 보장하는 데 있었다. 이러한 개인주의적 토대 위에서, 개인을 넘어서는 집단, 특히 문화적·종교적 집단에 특별한 권리나 지위를 부여하는 것은 종종 의심의 눈초리를 받았다. 왜냐하면 이는 여러 가지 잠재적 위험을 내포하고 있다고 여겨졌기 때문이다.

집단 권리는 집단 내부의 개인의 자유를 억압하는 데 사용될 수 있다는 우려가 있었다. 특정 문화나 종교 집단이 그 구성원들에게 특정 가치관이나 생활 방식을 강요하고, 이를 비판하거나 거부하는 개인을 억압할 수 있다는 것이다. 이는 개인의 자율성이라는 자유주의의 핵심 가치와 정면으로 충돌하는 것으로 보였다. 또한, 국가는 모든 시민을 동등한 개인으로 대우해야 한다는 '중립성 원칙'에 위배될 수 있다는 우려도 존재한다. 국가는 특정 종교나 문화를 지지하거나 장려해서는 안 되며, 모든 시민에게 공평한 기회를 제공해야 한다는 것이 자유주의 국가의 이상이었다. 따라서 특정 집단에게만 특별한 권리를 부여하는 것은 이러한 국가 중립성의 원칙을 훼손하고, 시민들 사이에 위계를 만드는 불공정한 처사로 간주될 수 있었다. 나아가, 집단적 차이를 강조하고 이를 제도화하는 것은 사회 통합을 저해하고 집단 간의 갈등을 유발할 수 있다는 불안감도 존재했다. 자유주의 사회의 안정은 보편적인 시민적 덕목과 권리에 대한 공유된 약속에 기반해야 하는데, 집단적 정체성을 강조하는 것은 이러한 보편적 기반을 약화시킬 수 있다는 것이다.

"자유주의는 중립이 아니다. 그것은 특정 문화적 틀을 배경으로 작동한다" – 그러나 이러한 전통적인 자유주의의 가정은 현실 세계의 복잡성 앞에서 도전에 직면하게 되었다. 정복, 식민화, 연방 결성, 그리고 대규모 이주 등 다양한 역사적 과정을 거치면서, 현대의 거의 모든 자유민주주의 국가는 단일한 문화로 이루어진 동질적인 공동체가 아니라, 다양한 언어, 종교, 관습, 가치관을 가진 집단들이 공존하는 다문화 사회가 되었다. 이러한 현실 속에서 소수 집단들은 개인으로서의 평등한 권리뿐만 아니라, 자신들의 고유한 문화와 정체성을 유지하고 다음 세대에 전승할 권리, 즉 집단적인 문화적 권리를 요구하기 시작했다.

더욱이, 국가가 문화적으로 완전히 '중립적'일 수 있다는 가정 자체에 대한 비판이 제기되었다. 실제로 국가는 공용어 선정, 교육 과정 편성, 공휴일 지정, 국가 상징 사용 등 다양한 방식을 통해 알게 모르게 다수 집단의 문화를 표준으로 삼고 이를 지원하는 경향이 있다. 마치 중립적인 규칙처럼 보이는 것들이 실제로는 특정 문화적 배경을 가진 사람들에게 유리하게 작용하는 경우가 많다. 이러한 상황에서 소수 집단에게 '동일한 규칙'을 적용하는 것은 형식적 평등일 뿐, 실질적으로는 그들의 문화를 소멸시키거나 주변화하는 불평등한 결과를 초래한다.

바로 이 지점에서 윌 킴리카의 사유는 자유주의의 새로운 가능성을 모색하며 등장한다. 그는 자유주의가 문화적 다양성의 문제를 외면하거나 소수자 권리를 단순히 부정할 것이 아니라, 오히려 자유주의의 가장 중요한 가치인 '개인의 자율성'을 실질적으로 보장하기 위해서라도 개인이 속한 문화 공동체의 중요성을 인정해야 한다고 역설한다. 즉, 문화적 소속감과 안정된 문화적 맥락이야말로 개인이 의미 있는 삶의 선택지를 갖고 자율적인 삶을 영위하는 데 필수적인 조건이며, 따라서 특정 형태의 소수자 권리는 자유주의의 원칙과 양립 가능할 뿐만 아니라 때로는 자유주의의 이름으로 적극적으로 옹호되어야 한다는 대담한 주장을 펼치게 되는 것이다. 이는 자유주의가 스스로의 한계를 넘어서 다문화적 현실에 응답하려는 중요한 이론적 전환의 시작이었다.

'사회적 문화'의 중요성

"개인의 자율성은 의미 있는 문화적 맥락 속에서만 가능하다" – 윌 킴리카 이론의 초석을 이루는 개념은 바로 '사회적 문화societal culture'이다. 킴리카가 말하는 '사회적 문화'는 특정 영토를 기반으로 하며, 공통의 언어를 공유하고, 그 언어를 통해 형성된 공통의 역사와 기억을 바탕으로 발전해 온, 광범위한 제도적 삶을 포괄하는 총체적인 문화적 구조를 지칭한다. 여기에는 학교 교육, 경제 활동, 언론 매체, 법률 시스템, 정치 참여 등 공적인 삶의 거의 모든 영역이 포함된다.

킴리카에게 이 '사회적 문화'는 단순한 배경이 아니라, 자유주의가 가장 중요하게 여기는 가치인 '개인의 자율성'을 실현하기 위한 필수 불가결한 '선택의 맥락'이다. 자유주의적 인간관은 개인이 스스로 자신의 가치관을 비판적으로 성찰하고, 삶의 목표를 설정하며, 합리적인 계획을 통해 이를 추구할 수 있는 존재라고 본다. 그러나 이러한 자율적 선택은 진공 상태에서 이루어지는 것이 아니다. 우리는 어떤 선택지가 존재하며, 그것이 어떤 의미와 가치를 지니고, 어떤 결과를 가져올 수 있는지 이해할 수 있어야만 비로소 '의미 있는' 선택을 할 수 있다. 바로 이 지점에서 사회적 문화의 역할이 결정적이다. 사회적 문화는 공유된 언어를 통해 세상에 대한 이해를 가능하게 하고, 역사적 서사와 문학, 예술 등을 통해 다양한 삶의 모델과 가치관을 접하게 하며, 교육 제도와 경제 구조 속에서 특정한 직업적·사회적 역할 모델을 제시한다. 사회적 문화는 개인이 자신의 삶을 영위하고 미래를 설계하는 데 필요한 '의미의 팔레트'이자 '가능성의 지도'를 제공하는 것이다.

"모든 시민을 똑같이 대우한다는 것은 곧 다수 문화를 기준으로 모든 시민을 평가하는 것이다" – 따라서 개인의 자율성을 단지 추상적인 권리로서가 아니라 실질적인 능력으로서 존중하고 보장하고자 한다면, 국가는 개인이 그러한 자율성을 발휘하는 데 필요한 문화적 맥락, 즉 안정적이고 풍부한 사회적 문화에 대한 접근을 보장하는 데 관심을 기울여야 한다고 킴리카는 주장한다. 이는 특히 다문화 사회에서 중요한 함의를 갖는다. 왜냐하면 소수 집단의 사회적 문화는 종종 다수 집단의 문화가 지배하는 사회 구조 속에서 동화되거나 약화될 강력한 압력에 직면하기 때문이다. 다수 집단의 언어는 공교육과 공공 영역에서 표준어로 사용되고, 그들의 문화적 규범은 사회의 암묵적인 기준으로 작동하는 반면, 소수 집단의 언어와 문화는 주변화되거나 사적인 영역으로 밀려나기 쉽다.

만약 소수 집단 구성원들이 자신의 사회적 문화에 접근할 기회를 박탈당하거나 그 문화 자체가 쇠퇴한다면, 그들은 다수 집단 구성원들과 동등한 수준으로 의미 있는 삶의 선택지를 갖고 자율적인 삶을 영위하기 어려워진다. 이는 단순히 문화적 취향의 문제가 아니라, 자율성 실현 기회의 불평등 문제로 이어진다. 그러므로 킴리카는 모든 시민의 자율성을 동등하게 존중한다는 자유주의의 약속을 이행하기 위해서라도, 국가는 소수 집단의 사회적 문화가 부당하게 침식되지 않도록 보호하고 지원하기 위한 적극적인 조치를 고려해야 한다고 결론짓는다. 이는 문화를 개인의 사적인 선택 문제로 치부하거나 자발적인 결사체의 문제로만 보던 기존의 자유주의적 관점에서 벗어나, 문화가 개인의 자율성에 미치는 구조적인 중요성을 인정한 중요한 이론적 진전이다.

소수자 권리의 정당화와 유형

"소수자 권리는 특혜가 아니라, 구조적 불평등을 바로잡기 위한 정의의 도구다" – 킴리카는 소수자 권리가 자유주의의 평등 원칙에 위배되는 특혜가 아니라, 오히려 불리한 처지에 놓인 소수 집단과 다수 집단 간의 불평등을 시정하고 공정한 경쟁의 장을 마련하기 위한 필수적인 조치라고 주장한다. 킴리카는 특히 '국민적 소수자'와 '이민자 집단'을 구분하고, 이들이 국가 공동체에 편입된 방식(비자발적 통합 vs 자발적 이주)과 그들의 요구가 다르다는 점을 강조하며 차별화된 권리를 부여해야 한다고 주장한다.

'국민적 소수자 National Minorities'는 과거 자치적인 사회를 이루었으나 정복, 합병 등 비자발적 과정을 통해 더 큰 국가에 통합된 집단이다. 이들은 대체로 고유한 언어와 제도, 문화를 유지하며 별개의 사회로서 존속하기를 원한다. 따라서 이들에게는 역사적 권리와 자기 결정의 열망을 반영하여 일정 수준의 자치권 self-government rights이 주어져야 한다. 이들은 연방제 하에서의 권한 위임, 독자적인 언어 및 교육 정책 등을 통해 정치적 자율성을 확보할 권리를 갖는다.

반면, '이민자 집단 Immigrant Groups'은 개인이나 가족 단위로 기존의 모국을 떠나 새로운 사회로 자발적으로 이주한 사람들로 구성된 집단이다. 이들은 일반적으로 이주한 사회의 제도와 문화에 통합되기를 기대하며, 주된 목표는 분리된 자치가 아니라 주류 사회 내에서의 공정한 참여와 문화적 관행의 존중이다. 따라서 이들에게는 주로 통합을 지원하고 문화적 차이를 수용하는 다민족적 권리polyethnic rights가 적합하다. 이들은 자신들의 고유한 문화적 관행(종교적 복장, 공휴일 등)을 유지할 수 있도록 법적·재정적 지원을 받거나 차별적인 법률 적용에서 면제받을 권리를 요구할 수 있다. 이는 완전한 자치보다는 기존 사회 구조 내에서의 문화적 통합을 용이하게 하는 데 목적이 있다.

자유주의적 제약: 내부 제한과 외부 보호

"집단 권리는 개인을 억압하기 위해서가 아니라, 집단 외부의 압력을 방어하기 위해 존재해야 한다" – 윌 킴리카는 소수자 권리가 자칫 개인의 자유를 침해하는 반反자유주의적 결과를 낳을 수 있다는 우려를 불식시키고, 자신의 다문화주의 이론이 자유주의의 핵심 가치와 양립 가능함을 보이기 위해 중요한 개념적 구분을 도입하였다. 그것은 바로 집단 권리를 '내부 제한internal restrictions'과 '외부 보호external protections'라는 두 가지 유형으로 나누어 그 정당성을 달리 평가하는 것이다.

"자유주의는 내부 제한을 거부해야 한다. 왜냐하면 그것은 자유주의가 중시하는 개인의 자율성이라는 가치에 반하기 때문이다" – '내부 제한'은 소수 집단이 문화적 전통의 보존, 종교적 순수성 유지, 혹은 집단적 연대 강화 등을 명목으로, 그 집단 내부 구성원들의 개인적인 자유와 권리를 제한하려는 규칙이나 관행을 의미한다. 이는 집단이 개인에게 특정 신념이나 행동 양식을 강요하고, 이를 따르지 않는 구성원에게 불이익을 주거나 처벌하는 방식으로 나타난다. 예를 들어 특정 종교나 문화적 교리에 대한 비판 금지, 구성원의 집단 이탈 방해, 여성의 교육 기회 박탈이나 차별적 대우, 강제 결혼 강요, 소수 의견을 가진 내부 비판자에 대한 탄압 등이 내부 제한에 해당할 수 있다. 킴리카는 이러한 내부 제한이 개인의 자율성, 양심의 자유, 평등권 등 자유주의가 수호하고자 하는 가장 기본적인 가치들을 직접적으로 침해하는 경우 결코 정당화될 수 없다고 단언한다. 자유주의는 개인이 자신이 속한 공동체의 관습이나 신념을 비판적으로 검토하고, 필요하다면 그것을 수정하거나 거부할 수 있는 능력을 존중하고 보호해야 한다. 내부 제한은 바로 이러한 개인의 비판적 성찰과 자율적 선택의 가능성을 억압하기 때문에, 자유주의적 관용의 대상이 될 수 없다.

"외부보호는 개인을 통제하기 위한 것이 아니라, 다수문화 속에서 소수문화가 공정하게 통합되고 존속될 수 있는 조건을 보장하기 위한 것이다" — '외부 보호'는 소수 집단이 자신들의 고유한 문화와 정체성을 더 큰 사회, 특히 지배적인 다수 집단의 경제적·정치적·문화적 압력으로부터 보호하기 위해 요구하는 조치들을 의미한다. 이는 소수 집단이 다수 사회와의 불평등한 관계 속에서 생존하고 번성하며, 그 구성원들에게 안정적인 '선택의 맥락'을 제공할 수 있도록 지원하는 데 목적이 있다. 예를 들어, 소수 언어에 대한 공적 지위 부여(공문서 사용, 공공 서비스 제공), 소수 집단을 위한 학교 및 언론 매체 설립 지원, 원주민 집단의 토지 소유권 및 자원 이용권 인정, 특정 종교적·문화적 관행을 이유로 일반 법률 적용에서 면제(예: 특정 종교적 복장 착용 허용), 소수 집단의 정치적 대표성 보장을 위한 특별 의석 할당 등이 외부 보호의 사례이다. 킴리카는 이러한 외부 보호 조치들이 집단 간의 공정성을 증진하고 실질적인 평등을 실현하는 데 기여하므로 자유주의적으로 정당화될 수 있다고 주장한다. 외부 보호는 소수 집단이 다수 집단의 동화 압력에 맞서 자신들의 사회적 문화를 유지할 수 있도록 힘을 실어줌으로써, 결과적으로 그 구성원들이 자신의 문화적 배경 속에서 자율적인 삶을 영위할 기회를 보장한다.

월 킴리카의 철학은 자유주의의 틀 안에서 문화적 다양성을 존중하고 소수자의 권리를 보장하려는 중요한 이론적 시도이다. 그는 개인의 자율성이라는 자유주의의 핵심 가치가 풍부한 문화적 맥락 속에서만 실현될 수 있음을 강조하며, 다수자와 소수자가 공존하는 정의로운 사회를 위한 자유주의적 다문화주의의 청사진을 제시했다.

월 킴리카의 이론은 다문화주의에 대한 정치철학적 논의를 풍부하게 하고, 전 세계적으로 소수자 권리 정책 수립에 큰 영향을 미쳤다. 그는 자유주의가 문화적 다양성을 포용할 수 있는 이론적 자원을 가지고 있음을 설득력 있게 제시했다. 그의 작업은 오늘날 점점 더 다양해지는 사회 속에서 자유주의가 어떻게 포용성과 정의의 원칙을 확장해나갈 수 있을지에 대한 지속적인 성찰과 논의를 촉발하는 중요한 지적 자원으로 기능하고 있다.

주요 저술

- **다문화주의 시민권**(Multicultural Citizenship: A Liberal Theory of Minority Rights, 1995/ 장동진 외, 2010) | 대표작으로 꼽힘. 기존 자유주의 이론은 '보편적 권리만을 강조하며, 언어·문화·종교적 소수자의 특수한 권익 요구를 충분히 다루지 못했다고 비판한다. 그룹 권리와 개인 권리를 적절히 조화시킨 '다문화적 시민권' 개념을 제시한다.

- **다문화 오디세이**(Multicultural Odysseys: Navigating the New International Politics of Diversity, 2007/이유혁, 진주영, 2017) | 다문화주의가 개별 국가 정책을 넘어, 국제기구(UN, EU 등)와 인권 규범을 통해 확산되는 과정을 살핀다. 세계화 속에서 이주민 문제, 소수민족 분쟁, 국가 분리(분리 독립) 등 다양한 갈등을 다문화주의 틀로 어떻게 풀어나갈 수 있는지 모색한다.

52 | 프레이저 1947~
인정을 넘어서는 반-헤게모니의 구축은?

"진정한 사회 정의는 모든 개인이 물질적으로 보장받을 뿐만 아니라, 자신의 정체성이 사회적으로 존중받고, 정치적으로 동등하게 참여할 수 있는 권리를 가질 때 이루어진다."
— 『분배냐 인정이냐?』(공동 저자: 악셀 호네트), 2005

낸시 프레이저(Nancy Fraser, 1947~)는 이 시대 가장 영향력 있는 미국의 비판 이론가이자 페미니스트 철학자 중 한 명이다. 그의 철학적 사유는 사회 정의, 민주주의, 자본주의, 페미니즘 등 광범위한 주제를 가로지르며, 특히 현대 사회의 복합적인 불의injustice를 진단하고 그것을 극복하기 위한 포괄적인 이론적 틀을 제시한 것으로 높이 평가받는다.

분배-인정 논쟁을 넘어 3차원적 정의론으로

"정치적 정의는 언제나 이중적 과제다. 그것은 경제적 불평등과 문화적 모욕을 동시에 해소해야 한다" – 낸시 프레이저는 현대 사회 정의 이론의 지형을 결정적으로 재구성한 비판이론가로, 그녀의 가장 핵심적인 공헌은 '분배redistribution'와 '인정recognition'의 이분법적 구도를 넘어서 '대표성

representation'을 포함하는 3차원 정의론을 제시한 데 있다. 이론적으로나 실천적으로나 분할된 정의 담론을 통합해낸 이 작업은 단순한 개념의 확장이 아니라, 정치적 해방을 위한 새로운 전략을 제시한 급진적인 패러다임 전환이었다.

1990년대는 사회주의적 전통에서 파생된 계급 정치가 퇴조하고, 신사회운동과 정체성 정치가 중심 무대로 부상하던 시기였다. 이 시기 페미니즘, 성소수자 운동, 반인종주의 운동 등은 '문화적 인정'의 문제에 집중했고, 전통적인 좌파는 '경제적 분배'를 강조했다. 그러나 이 두 흐름은 때로 경쟁하거나 서로를 대체하려 했고, 프레이저는 이 분절된 정의 담론을 문제 삼았다. 분배의 문제는 자원과 부의 공정한 배분을 요구하고, 인정의 문제는 사회적 정체성과 상호존중의 평등한 대우를 요청한다. 하지만 현실에서는 이 두 문제는 나뉘어 있지 않고 복합적으로 얽혀 있으며, 분리해서 다룰 수 없다는 것이 프레이저의 진단이다.

프레이저의 이론은 악셀 호네트(1949~)와의 논쟁을 통해 더욱 정교화되었다. 호네트는 인정 이론의 대표 철학자로, 사회적 억압의 핵심을 '잘못된 인정 misrecognition'에서 찾았다. 그는 자아 실현의 조건으로서 인정이 중심적이고, 경제적 불의도 결국은 사회적으로 무시되고 경멸받는 형태의 인정 결핍으로 볼 수 있다고 주장했다. 하지만 프레이저는 이러한 접근이 경제 구조의 물질적 불평등을 간과할 수 있다고 보았다. 그녀는 잘못된 인정이 중요한 문제임을 인정하면서도, 그것이 자본주의가 구조적으로 생성해내는 경제적 착취, 노동의 불안정화, 불균형한 소득 분배를 대체할 수 없다고 주장했다. 그녀에게 있어 정의는 '지위 status'와 '자원 resource'의 문제를 동시에 다루지 않으면 불완전하다. 이 논쟁은 『분배냐 인정이냐?(2005)』라는 공동 저서를 통해 체계적으로 전개되었고, 이 책은 오늘날까지도 정의 이론의 고전적 텍스트로 남아 있다.

"재분배냐 인정이냐를 묻는 질문을 넘어, 정의의 전체 지형을 재구성해야 한다" – 프레이저는 2000년대 중반 이후 자신의 정의론에 '대표성representation'의 차원을 추가했다. 프레이저는 '인정'을 감정적 자존감의 손상 문제가 아니라, 제도화된 '지위 종속'의 문제로 본다. 특정 집단이 인종, 젠더, 계급, 종교 등을 이유로 열등하게 간주되고, 이로 인해 사회적 상호작용에서 동등한 참여자로 받아들여지지 못하는 상황이야말로 정의의 위반이다. 따라서 인정 투쟁의 핵심은 정체성의 긍정만이 아니라, '참여의 동등성 parity of participation'의 회복이다.

이로써 정의는 단지 "누가 무엇을 가지고 있는가?"(분배), "누가 존중받는가?"(인정)만이 아니라, "누가 말할 수 있는가?", "누가 공동체의 일원으로 간주되는가?"라는 정치적 차원까지 포괄하게 되었다. 대표성의 문제는 특히 국경을 초월한 불의나, 비국가적 소수자, 이주민, 난민, 불법체류자, 식민지 후손처럼 공공성의 경계 바깥에 있는 존재들의 권리 문제를 다룰 수 있는 강력한 분석 틀을 제공한다.

정체성 정치 비판과 신자유주의의 전유에 맞서

"정체성 정치가 진정한 해방이 되기 위해서는 자본주의의 구조적 착취에 맞설 수 있어야 한다" – 낸시 프레이저는 현대 사회의 복합적인 불의에 맞서는 통합적인 이론을 제시한 비판 이론가로서, 특히 '정체성 정치 identity politics'의 한계와 신자유주의가 해방 운동의 언어를 교묘하게 '전유 co-opt'하는 방식에 대한 날카로운 분석을 통해 독자적인 정치적 입장을 구축하였다. 그녀는 문화적 인정 투쟁을 넘어서 경제적 재분배 및 정치적 대표성의 문제를 포괄하는, 그리고 궁극적으로는 자본주의 체제 자체에 도전하는 광범위한 연대의 필요성을 역설한다. 프레이저는 문화적 소수자나 억압받는 집단이 겪는 '잘못된 인정 misrecognition'의 문제를 해결하기 위한 인정 투쟁의 중요성을 부정하지 않는다. 그러나 그녀는 특정 형태의 정체성 정치, 특히 본질주의적이거나 분리주의적인 경향을 보이는 '강한' 정체성 정치에 대해서는 비판적인 거리를 유지한다.

무엇보다 그녀는 '정체성'을 고정불변의 본질적인 것으로 간주하는 경향을 경계한다. 이러한 본질주의는 집단 내부의 다양성을 간과하고 새로운 형태의 규범과 배제를 낳을 수 있으며, 정체성을 유동적이고 구성되는 것으로 보는 그녀의 관점과 배치된다. 프레이저는 또한, 문화적 인정 투쟁이 경제적 불평등 문제, 즉 재분배의 과제를 간과하거나 심지어 대체해버리는 현상을 우려한다. 나아가 그녀는 인정 투쟁의 목표가 단순히 특정 집단의 정체성을 '긍정'하는 데 머물러서는 안 되며, 사회 구성원 모두가 동등한 참여자로서 상호작용할 수 있는 '참여의 동등성'을 확보하는 데 있어야 한다고 주장한다.

"신자유주의는 해방의 언어를 시장의 논리로 오염시켰다" – 프레이저의 정치적 입장을 이해하는 데 핵심적인 개념 중 하나는 '진보적 신자유주의 progressive neoliberalism'이다. 이는 1990년대 이후 서구 사회, 특히 미국에서 지배적인 헤게모니를 구축한 정치 블록을 지칭하는 용어로, 한편으로는 금융화, 탈규제, 복지 축소 등 신자유주의적 경제 정책을 추진하면서 다른 한편으로는 다양성, 포용, 능력주의 등 진보적인 가치를 표방하는 세력을 의미한다. 프레이저에 따르면, 이 '진보적 신자유주의'는 페미니즘, 반인종주의, 다문화주의 등 해방 운동의 일부 요구(특히 개인의 자유와 선택을 강조하는 자유주의적 경향)를 선별적으로 수용하고 전유함으로써 자신의 진보적 이미지를 구축하고 정당성을 확보하였다. 그러나 이러한 피상적인 '인정'은 신자유주의가 초래하는 심각한 경제적 불평등을 은폐하고, 잠재적인 반反신자유주의 연대를 분열시키는 역할을 하였다. '월스트리트'와 '실리콘밸리'로 대표되는 금융자본 및 정보기술자본이 이러한 진보적 가치와 결합함으로써, 신자유주의는 마치 저항 불가능한 시대정신처럼 여겨지게 되었다. 예를 들어, 여성의 고위직 진출이나 소수자의 가시성을 높이는 정책은 실시되었지만, 이것이 광범위한 노동 계급 여성이나 소수 집단이 겪는 구조적인 착취와 불안정성을 해결하는 데는 거의 기여하지 못했다.

이에 대해 프레이저가 제안하는 정치적 전략은 '진보적 신자유주의'의 한계를 비판하는 것을 넘어, 자본주의 자체의 구조적 모순에 맞서는 '반反헤게모니 블록'을 구축하는 것이다. 여기에는 기존 체제 내에서의 점진적 개선을 추구하는 '긍정적' 해결책을 넘어, 불의를 낳는 근본적인 사회 구조를 변혁하려는 '혁명적' 해결책에 대한 모색이 포함된다. 이는 낸시 프레이저가 단순한 이론가를 넘어, 동시대의 절박한 정치적 과제에 응답하며 해방적 미래를 구상하는 실천적 지식인임을 보여주는 대목이다.

낸시 프레이저의 이러한 철학적 태도는 후기 사상인 『식인 자본주의 (2022)』로 이어지며, 새로운 구조적 비판으로 확장된다. 여기서 프레이저는 오늘날의 자본주의가 단지 착취하는 체계가 아니라, 우리가 정의 실현을 위해 지켜야 할 것들(노동, 생태계, 돌봄, 민주주의)을 통째로 삼켜버리는 '식인'의 체계로 변질되었다고 말한다.

식인 자본주의론: 민주주의, 돌봄, 지구를 삼키는 체제

"자본주의는 여성의 돌봄노동과 지구 생태, 민주주의 제도를 삼키며 스스로의 기반을 허문다" – 낸시 프레이저는 현대 자본주의의 파괴적인 본성을 날카롭게 포착하는 개념으로 '식인 자본주의 Cannibal Capitalism'론을 제시하였다. 프레이저에 따르면, '식인 자본주의'는 끝없는 이윤 축적이라는 내재적 동력에 따라 자신의 생존에 필수적인 영역들을 체계적으로 잠식하고 고갈시킨다. 이 과정에서 '먹히는' 대상은 다음과 같은 자본주의의 핵심적인 배경 조건들이다.

식인 자본주의 경제는 노동력을 생산하고 유지하며 사회 구성원들을 돌보는 '사회 재생산' 영역에 깊이 의존한다. 여기에는 육아, 가사 노동, 노인 및 환자 돌봄, 교육, 공동체 유지 활동 등이 포함되며, 역사적으로 주로 여성들이 무급 또는 저임금으로 담당해왔다. 그러나 자본주의는 이러한 돌봄 노동의 가치를 평가절하하고, 그 비용을 최소화하거나 외부화하려 한다. 여성의 사회 진출이 늘어났음에도 불구하고 돌봄의 사회적 지원은 미흡하며, 돌봄 노동은 여전히 불안정한 저임금 노동으로 남아 있는 경우가 많다. 프레이저는 이러한 현상을 '돌봄의 위기 crisis of care'라고 명명하며, 자본주의가 이윤을 창출하는 '생산' 영역을 위해 필수적인 '재생산' 영역을 체계적으로 착취하고 고갈시킨다고 비판한다.

식인 자본주의는 자연을 무한한 자원의 공급원이자 폐기물의 처리장으로 간주하며 무분별하게 착취해왔다. 단기적 이윤 극대화 논리는 장기적인 생태적 지속 가능성을 고려하지 않으며, 환경 파괴의 비용은 사회 전체 혹은 미래 세대에게 전가된다. 기후 변화, 생물 다양성 감소, 자원 고갈 등 오늘날 우리가 직면한 심각한 생태 위기는 자본주의가 지구라는 유한한 행성의 한계를 인정하지 않고 자연을 무한정 '먹어 치우려' 한 결과라고 프레이저는 진단한다. 이는 자본주의적 생산 방식이 자신의 물질적 토대인 자연을 파괴함으로써 스스로의 존립 기반을 허무는 모순을 드러낸다.

식인 자본주의는 사적 소유권 보장, 계약 이행, 노동 규율 등 안정적인 법적·정치적 틀을 제공하는 국가 권력에 의존한다. 그러나 동시에 초국적 자본과 금융 자본의 힘은 개별 국가의 규제 능력을 약화시키고 민주적 통제를 회피하려 한다. 기업의 로비, 정치자금, 조세 회피 등을 통해 공공 정책은 점차 소수의 경제적 엘리트의 이익에 봉사하게 되며, 국가는 시민을 시장의 변덕으로부터 보호하고 공공선을 추구하는 능력을 상실해간다. 프레이저는 이러한 과정을 통해 자본주의가 민주주의적 책임성과 공적 가치를 '삼키고' 있으며, 이는 정치적 위기와 사회적 불만의 심화로 이어진다.

프레이저는 자본주의가 역사적으로 식민주의와 노예제를 통해 비자본주의적 사회의 부와 노동력을 수탈하며 성장해왔으며, 오늘날에도 여전히 전 지구적 남반구 및 소수 인종 집단에 대한 착취와 수탈에 의존하고 있음을 강조한다. 이는 자본 축적 과정에 내재된 핵심적인 메커니즘으로, 자본주의가 중심부의 번영을 위해 주변부의 자원과 인간을 '식인'하는 방식을 보여준다. 인종차별은 이러한 수탈을 정당화하고 영속화하는 중요한 이데올로기적 장치로 기능한다.

낡은 것은 가고 새것은 아직 오지 않은

"우리는 이제 식인 자본주의와 맞서 싸우기 위한 반헤게모니적 연대를 상상할 수 있어야 한다" – 낸시 프레이저는 "낡은 것은 죽어가지만 새로운 것은 아직 태어나지 못했다"는 안토니오 그람시(1891~1937)의 경구를 빌려, 현대 세계가 겪고 있는 정치·경제·문화적 교착 상태를 진단한다. 신자유주의 체제는 식인자본주의의 모습으로 변모하며 대중의 신뢰를 상실하고 붕괴 조짐을 보이는 가운데, 기존 진보 정치 역시 방향을 잃은 채 과거의 언어와 전략에 갇혀 있다는 것이다. 그러나 프레이저는 절망만을 이야기하지 않는다. 그녀는 이러한 자본주의의 모순과 위기가 가장 첨예하게 드러나는 지점, 즉 경제적인 것과 비경제적인 것 사이의 '경계 투쟁boundary struggles'이야말로 저항과 대안 모색의 장이 될 수 있다고 본다. 페미니스트 운동, 생태 운동, 반인종주의 운동, 민주주의 수호 운동 등 다양한 사회 운동들이 각자의 영역에서 제기하는 문제들은 사실상 '식인 자본주의'의 파괴적 논리에 맞서는 투쟁이라는 공통점을 가진다. 따라서 프레이저는 이러한 다양한 운동들이 자본주의라는 공동의 적을 인식하고 연대함으로써, 현재의 위기를 극복하고 보다 정의롭고 지속 가능한 사회를 향한 새로운 '반反헤게모니'를 구축해야 한다고 역설한다.

"지금 필요한 것은 계급, 인종, 젠더, 생태를 통합할 수 있는 새로운 정치적 상상력이다" – '반 헤게모니'는 단순히 좌파의 재결집이 아니라, 다양한 사회운동과 계급, 인종, 젠더적 주체들이 분배와 인정을 교차하는 방식으로 연대하는 정치적 상상력을 요구한다. 프레이저는 이 새로운 정치 프로젝트가 다음을 목표로 해야 한다고 본다.

1. **탈신자유주의적 정치경제 모델의 구축** – 복지, 공공성, 친환경 산업 정책
2. **구조적 인종주의와 젠더 불평등 해소** – 상징적 인정이 아니라 실질적 권한 부여
3. **민주주의의 급진적 재구성** – 시장 논리에서 벗어난 시민주권 강화

그녀의 사유는 우리 시대가 단지 낡은 질서의 붕괴기를 사는 것이 아니라, 새로운 정의의 언어와 연대를 창조할 결정적 전환기에 있다는 통찰을 제공한다. 이 과제는 단지 정치적 전술의 조정이 아니라, 정의의 철학 자체를 다시 구상하는 일이다.

낸시 프레이저는 정의를 분배, 인정, 대표성이라는 다차원적 관점에서 재구성하고, 자본주의가 돌봄, 생태, 민주주의를 잠식하는 '식인 체제'임을 날카롭게 지적함으로써, 우리 시대의 가장 복합적인 문제들을 가로지르는 비판적 언어를 만들어냈다.

그녀의 이론은 오늘날 위기의 시대를 살아가는 우리에게, 분열이 아닌 연대의 정치를 상상하게 하고, 기존 질서를 넘어서려는 급진적 실천의 가능성을 열어준다. 프레이저의 작업은 아직 끝나지 않았다. 그것은 우리가 만들어 가야 할 '정의로운 사회'에 대한, 끊임없는 질문이자 제안이기 때문이다.

주요 저술

- **분배냐 인정이냐?**(Redistribution or Recognition? A Philosophical Exchange, 2005/김원식 문성훈, 2014) | 악셀 호네트와의 대화를 통해 정의의 재분배와 인정의 필요성을 논의하였고, 사회적 불평등을 해소하기 위해 경제적 재분배와 문화적 인정이 상호 보완적으로 작용해야 함을 강조하였다.

- **전진하는 페미니즘**(Fortunes of Feminism: From State-Managed Capitalism to Neoliberal Crisis, 2013/임옥희, 2017) | 여성주의 운동의 역사적 발전과 그 한계를 분석하고, 국가 주도 자본주의에서 신자유주의로의 전환 과정에서 여성주의가 직면한 도전과 이를 극복하기 위한 전략을 제시하였다.

- **낡은 것은 가고 새것은 아직 오지 않은**(The Old is Dying and the New Cannot Be Born, 2019/김성준, 2021) | 신자유주의의 붕괴와 좌파 정치의 위기 속에서, 대안적 사회 체제가 아직 출현하지 못한 과도기적 상황을 분석하며, 새로운 진보적 정치 프로젝트의 필요성을 강조하였다.

- **식인자본주의**(Cannibal Capitalism, 2022/장석준, 2023) | 현대 자본주의를 '식인'이라는 강렬한 은유로 설명한다. 자본주의가 단순한 시장경제가 아니라, 네 가지 비시장적 기반 위에서 작동하며 그것을 침식하고 있다고 본다. 국내에서는 '좌파의 길'이라는 제목으로 번역출간되었다.

PART 12

연결:
새로운 행위자와 힘의 등장

우리는 연결 속에서 살아간다.
하지만 그 연결은 무엇을 만들어내고 무엇을 감추는가?
이 장에서는 브루노 라투르(1947~2022)의 '행위자-연결망 이론(ANT)', 마누엘 카스텔(1942~)의 '네트워크 사회', 쇼샤나 주보프(1951~)의 '감시 자본주의'를 통해 기술이 만들어낸 새로운 권력 구조를 살펴본다. 권력은 더 이상 단순히 위에서 아래로 흐르지 않는다. 현대는 데이터, 알고리즘, 플랫폼이 우리의 행동과 관계, 욕망까지 설계하는 시대이다.
이 장은 통제의 방식이 어떻게 진화했는지를 추적한다. 보이지 않는 인프라가 어떻게 사회를 움직이고, 우리를 계산 가능한 존재로 바꾸는지에 대한 이야기다.

53 | 라투르 1947~2022
인간과 비인간은 동등한 행위자인가?

"현대 사회에서 인간과 비인간(사물, 기술, 환경)은 서로 분리된 존재가 아니다. 우리는 모두 네트워크 속에서 연결되어 있으며, 인간뿐만 아니라 사물도 행위자로 작용한다."
―『우리는 결코 근대인이었던 적이 없다』, 1991

    브뤼노 라투르(Bruno Latour, 1947~2022)는 프랑스의 철학자, 인류학자, 사회학자로서, 과학기술학(STS), 생태학, 정치 철학 등 광범위한 분야에 걸쳐 독창적이고도 지대한 영향을 미친 사상가이다. 그는 자연과 사회, 인간과 비인간, 과학과 정치, 주체와 객체 등 근대성이 당연시해 온 이분법적 구획들을 근본적으로 해체하고, 이들이 실제로는 어떻게 서로 얽히고설켜 작동하는지를 '행위자-네트워크 이론 Actor-Network Theory, ANT'과 같은 혁신적인 개념틀을 통해 보여준다.

사회는 네트워크다: 행위자 – 네트워크 이론(ANT)

    "행위자란 다른 행위자의 행동을 변경시킬 수 있는 존재다" – 브뤼노 라투르의 가장 중요한 주장은 '행위자-네트워크 이론 ANT, Actor-Network Theory'이다. 이 이론에 따르면, 사회는 단순히 인간들로 이루어진 것이 아니라, 기술, 기계, 동물, 데이터, 환경 등의 '비인간 행위자non-human actors'가 함께 구성하는 네트워크이다. 그는 행위자를 다른 행위자들의 행동을 변화시키거나 활성화시킬 수 있는 모든 요소로 정의한다. 여기서 행위자는 인간뿐만 아니라 기술, 사물, 환경, 동물 등 비인간 요소를 모두 포함한다. 예를 들어, 의자는 단순히 앉는 도구가 아니라, 인간의 행동(앉는 행위)을 가능하게 하고, 특정한 공간적 질서를 형성하며, 인간의 삶에 영향을 미치는 행위자로 작동한다. 행위자는 네트워크 속에서 실재를 형성하는 데 기여하는 능동적 존재다. 라투르에게 네트워크는 행위자들이 서로 영향을 주고받으며 새로운 관계와 의미를 생성하는 동적인 구조이다.

"기술은 사회를 구성하는 요소이며, 사회적 행위자다" − 그는 전통적인 사회과학이 사회적 현상을 '인간'만을 중심으로 설명하려 했지만, 현실에서는 기술, 기계, 인프라, 자연환경 등이 인간의 행동을 결정하기도 한다는 점을 지적했다. 자동차, 인터넷, 인공지능(AI) 등은 단순한 도구가 아니라, 인간의 사고방식과 사회 구조를 변화시키는 대표적인 예시이다. 이런 관점에서 사회과학은 인간뿐만 아니라 '비인간 행위자'도 동등하게 다뤄야 한다. '비인간 행위자'의 사례는 다양하다. 인공지능(AI) 알고리즘은 인간의 행동을 결정하는 강력한 행위자가 되었다. 기존 관점에서는 AI가 인간이 만든 기술이며, 인간이 결정한 방식대로 작동할 뿐이라고 보았지만, AI 알고리즘은 인간을 조정하고, 행동 패턴을 변화시키며, 새로운 사회적 관계를 형성한다. 유튜브, 넷플릭스 추천 알고리즘은 우리의 시청 습관을 바꾸고, 여론을 형성한다. 자율주행차의 사고 책임 문제는 운전자뿐만 아니라 AI 시스템도 법적·윤리적 논의의 대상이 된다. 스마트폰 또한 단순한 기계가 아니라, 인간의 행동과 사고를 변화시키는 행위자로 작동한다. 사회는 더 이상

인간만으로 이루어진 것이 아니라, 인간과 비인간이 얽혀 있는 네트워크 속에서 형성된다.

"과학은 순수한 사실을 발견하는 것이 아니라, 사회적·물질적 네트워크 속에서 구축되는 과정이다" – 기존의 과학철학은 과학적 지식이 '객관적'이며, 사회적 영향을 받지 않는다고 주장했지만, 라투르는 과학 지식이 사회적·기술적 요소와 함께 형성되는 네트워크적 과정이라고 보았다. 온실가스 배출과 기후변화 논쟁에서 과학자들의 연구(인간 행위자)뿐만 아니라, 기후 데이터, 탄소 배출량 측정기, 위성 관측 장비(비인간 행위자)도 결정적인 역할을 하는 것이 그 예이다.

사회 변동: 네트워크의 재배열

"네트워크는, 서로를 계속 소환하고 지속시키는 행위자들의 관계다" – 전통적으로 사회 변동은 인간 행위자, 특히 정치적·경제적 엘리트의 의도적 행동이나 대규모 구조적 변화로 이해되었다. 그러나 라투르는 이러한 접근을 넘어서, 변화가 인간과 비인간 행위자의 관계망 전체에서 발생한다고 주장한다. 라투르의 관점에서 사회 변동은 새로운 네트워크의 형성, 기존 네트워크의 재조직화, 혹은 네트워크의 붕괴를 통해 이루어진다. 이 과정에서 인간과 비인간 행위자는 끊임없이 서로의 역할을 조정하고 재정의한다.

"권력은 어느 한 지점에 집중되어 있지 않고, 분산된 네트워크를 통해 실행된다" – 권력 역시 단순히 인간에 의해 행사되는 것이 아니다. 권력은 네트워크를 통해 분배되고, 물질적·기술적 요소들도 권력 관계를 형성하는 요소이다. 전통적인 사회변동론은 주로 계급, 권력, 이데올로기 등 인간 사이의 관계에 초점을 맞추어 왔다. 그러나 라투르는 '비인간' 요소 역시 권력의 작동에 필수적인 역할을 한다고 지적한다. 예컨대 특정 알고리즘이나 플랫폼이 인간의 선택을 제한하고 행동을 유도한다면, 이는 과거의 '인간 권력' 못지않게 큰 영향력을 행사한다고 볼 수 있다. 인간만이 행위자가 아니게 되면서, 기술적·물질적 요인을 포함한 복합적인 권력구조가 사회변화를 이끈다고 해석할 수 있다.

자연의 정치와 사물들의 의회

"비인간도 목소리를 가져야 한다. 우리가 대신 말하는 것이 아니라, 그들이 개입하는 방식 자체를 새롭게 인식해야 한다" – 라투르는 초기부터 인간에게만 특권적인 행위 능력을 부여하고 비인간을 단순한 배경, 자원, 또는 인간 행위의 투사 대상으로 간주해 온 근대적 사고방식을 첨예하게 비판하였다. 그의 행위자-네트워크 이론(ANT)은 과학 실험실의 미생물, 기술적 발명품, 자연환경 등 인간이 아닌 존재들도 인간과 마찬가지로 세계를 변화시키고 관계를 형성하며 역사를 만들어가는 '행위자'임을 강조한다. 이들은 수동적인 객체가 아니라, 인간의 의도와 실천에 적극적으로 개입하고 때로는 그것을 변형시키는 능동적인 참여자이다.

"우리는 인간뿐 아니라 사물, 동물, 생태계가 대변인을 통해 발언할 수 있는 의회를 상상해야 한다" – 이러한 인식은 곧바로 정치적 영역으로 확장된다. 라투르는 자연과 사회, 과학과 정치를 분리했던 근대적 구획이 더 이상 유효하지 않다고 선언하며, 인간과 비인간이 뒤섞인 '하이브리드'의 세계에서 발생하는 문제들을 해결하기 위한 새로운 정치적 구상을 제시한다. 그것이 바로 '자연의 정치' 또는 '사물들의 의회'라는 아이디어이다. 이는 마치 인간 대표들이 의회에서 다양한 이해관계를 조정하듯, 비인간 행위자들(과학자, 전문가, 혹은 다른 형태의 대변인을 통해 그 '이해관계'가 표명될 수 있는) 역시 공적인 논의와 결정 과정에 참여할 수 있는 장을 마련해야 한다는 주장이다. 이는 자연과 사회의 이분법을 넘어서는 새로운 '정치 생태학'을 요구하는 것으로 귀결된다. 즉, 인간 중심주의에서 벗어나 다양한 인간 및 비인간 행위자들이 공존하며 공통의 세계를 함께 만들어가는 새로운 정치적·윤리적 질서가 만들어져야 한다고 보는 것이다.

비인간의 귀환과 지구 정치

"지구는 더 이상 배경이 아니다. 지구는 우리를 판단한다" – 브뤼노 라투르의 철학적 여정에서 가장 도발적이면서도 동시대적 울림이 큰 부분은 인간 중심주의를 넘어 비인간 행위자들의 역할을 조명하고, 나아가 '인류세 Anthropocene'라는 지구사적 위기 앞에서 '가이아 Gaia'라는 반응하는 지구 시스템과 공존하기 위한 새로운 정치 생태학을 모색한 데 있다. '인류세'는 인간의 활동이 지구 전체 시스템에 지대한 영향을 미쳐 지구의 지질학적 기록에 뚜렷한 흔적을 남기는 시대를 의미한다. 이는 더 이상 인간이 자연 바깥에 서서 자연을 객관적으로 관찰하거나 일방적으로 지배할 수 없으며, 오히려 인간 자신이 지구 시스템의 일부이자 강력한 (때로는 파괴적인) 지질학적 행위자가 되었음을 깨닫게 한다.

"가이아는 신이 아니다. 가이아는 우리에게 반응하는 지구다" – 이러한 맥락에서 라투르는 '가이아'를 인간의 활동을 포함한 다양한 요소들의 상호작용에 극도로 민감하게 반응하고 예측 불가능한 방식으로 되먹임하는 복잡하고 불안정한 지구 시스템 '행위자'로 파악한다. 가이아는 인간의 의도와 무관하게, 때로는 인간의 생존을 위협하는 방식으로 반응하며 자신의 존재를 드러낸다. 기후 변화, 해수면 상승, 극단적인 기상 현상 등은 바로 이 가이아의 '반응'인 것이다. 우리는 더 이상 안정적이고 관대한 자연을 배경으로 살아가는 것이 아니라, 언제든 격변할 수 있는 민감한 지구 위에서 아슬아슬하게 살아가고 있음을 인지해야 한다.

"우리는 지구본이 아니라 땅에 거주한다" – 인류세와 가이아의 출현은 우리가 세계를 인식하고 그 안에서 행동하는 방식에 근본적인 전환을 요구한다. 라투르는 마치 신처럼 지구 바깥의 초월적 시점에서 지구 전체를 객관적으로 조망하고 관리할 수 있다는 '지구본Globe'의 관점을 비판한다. 이러한 관점은 종종 기술만능주의적 해결책이나 추상적인 지구 거버넌스 논의로 이어지지만, 구체적인 장소와 그곳에 얽힌 다양한 존재들의 목소리를 간과하기 쉽다. 대신 라투르는 우리가 발 딛고 살아가는 구체적이고 유한하며 취약한 '땅Terrestrial'으로 우리의 시선을 돌려야 한다고 주장한다. '땅의 거주자'로서 우리는 인간뿐만 아니라 수많은 비인간 존재들과 함께 이 땅 위에서 서로 얽혀 살아가고 있음을 깨닫고, 이들과 공존하기 위한 새로운 정치적 감각과 외교술을 발전시켜야 한다. 여기에는 기후 변화와 같은 실존적 위협에 맞서기 위해 서로 다른 이해관계를 가진 인간 집단들뿐만 아니라, 다양한 비인간 행위자들의 '요구'까지 고려하여 공통의 세계를 힘들게 '구성'해 나가야 하는 과제가 포함된다.

뿌리내림의 정치와 녹색계급의 출현

브루노 라투르는 근대성의 신화를 해체하고, 인간과 비인간이 얽힌 새로운 정치 질서를 상상하려는 시도로 일관되어 왔다. 『우리는 결코 근대인이었던 적이 없다』에서 그는 인간과 자연, 주체와 객체의 이분법적 분리를 비판하며, 근대가 실제 세계를 왜곡하는 사유 체계임을 드러냈다. 이 사유는 『가이아 바라보기(2012)』에서 더욱 심화되는데, 그는 여기서 지구를 단순한 배경이 아니라 능동적 행위자로 재정의하고, 이를 바탕으로 비인간의 귀환과 지구 정치의 필요성을 제기했다. 이러한 사유의 연장 속에서 라투르는 인간-비인간의 얽힘 속에서 정치적 정체성을 형성하는 새로운 정치적 주체로서 '녹색계급'을 주장한다.

"생태 계급은 소득이나 직업으로 결합되지 않는다. 위협받는 행성 위에 뿌리내려 살아야 한다는 절박함으로 결속된다" - 2022년 브루노 라투르는 니콜라이 슐츠(1990~)와 함께 집필한 『녹색 계급의 출현』에서 '녹색계급 Green Class'이라는 새로운 주체를 제시한다. 녹색계급은 기존의 자본-노동이라는 생산관계 중심의 계급 구도를 넘어, 지구적 생존 조건, 곧 인간이 어떻게 뿌리내리고 살 것인가에 대한 문제를 중심으로 형성되는 새로운 정치적 주체다. 녹색계급은 더 이상 전통적인 진보-보수, 혹은 좌파-우파라는 구도로 설명되지 않는다. 오히려 그것은 다중적 위기에 직면한 다양한 이들이 공유하는 뿌리내림의 감각, 즉 지구 위에 살아갈 권리와 책임을 새롭게 정의하려는 움직임에서 나타난다. 이 계급은 온실가스 배출의 책임을 지지 않으면서도 가장 큰 피해를 겪는 이들, 예컨대 기후 난민, 저지대 원주민, 생태운동가, 탈성장론자, 청년 세대 등으로 구성된다. 이들은 단지 '환경을 보호하자'는 주장을 넘어, 삶의 방식 전체를 재구성하고, 새로운 정의의 언어를 창조하려는 시도에 나선다.

"정치는 이제 이렇게 시작된다. 당신은 어디에 착지하는가? 누구와 동맹을 맺는가? 어떤 영토에 뿌리내리는가?" - 라투르에게 있어 정치는 생산의 재분배만이 아니라 존재 방식의 재조정, 즉 누가 어디에서 어떻게 살아갈 수 있는가를 결정하는 문제로 전환되어야 한다. 녹색계급은 이 과제를 중심에 두고 형성되는 가이아적 정체성의 정치 블록이다. 그것은 헤게모니를 쥐기 위한 싸움이 아니라, 지구 행성 조건에 맞게 새롭게 공존할 수 있는 방식을 찾아가는 과정이다. 그에 따르면, 기후위기와 생태 파괴는 더 이상 단순한 환경 문제가 아니라, 삶의 조건을 둘러싼 권력의 배치이자 생존권의 정치다.

이러한 사유는 지금 우리가 마주한 위기를 진단하는 데 머물지 않는다. 그것은 라투르가 남긴 가장 급진적인 유산이자, 우리가 앞으로 '정치'라는 말을 어떤 방식으로 재정의해야 할지를 묻는 도전이기도 하다. 녹색계급의 출현은 단순한 사회운동의 언어가 아닌, 생존의 조건이 된 정치의 새 지평을 여는 시도이며, 더는 뒤로 미룰 수 없는 철학적 요청이다.

브뤼노 라투르의 철학은 근대성이 설정한 수많은 이분법적 경계들을 허물고, 인간과 비인간, 자연과 사회, 과학과 정치가 서로 얽혀 끊임없이 상호작용하며 세계를 구성해나가는 복잡하고 역동적인 과정을 드러내고자 하였다. 행위자-연결망 이론에서 시작하여 근대성 비판, 과학기술학 연구, 정치 생태학 구상, 그리고 인류세와 가이아에 대한 논의에 이르기까지, 그의 사유는 우리가 세계를 이해하고 그 안에서 살아가는 방식에 근본적인 질문을 던진다. 라투르는 우리에게 이미 존재하는 세계를 수동적으로 받아들이기보다, 다양한 행위자들의 목소리에 귀 기울이며 공통의 미래를 능동적으로 '구성'해나갈 것을 촉구하는, 동시대 중요한 사상가 중 한 명으로 자리잡고 있다.

🖋 주요 저술

- **우리는 결코 근대인이었던 적이 없다**(Nous n'avons jamais été modernes, 1991/홍철기, 2009) | 현대 과학기술철학과 사회이론에서 중요한 전환점을 이루는 작품으로, 1991년에 프랑스에서 출간되었다. 근대성(modernity)에 대한 기존의 전제를 비판하며, 자연과 사회, 인간과 비인간, 사실과 가치를 나누는 근대의 구분 방식 자체가 허구적이며 모순이라는 주장을 전개한다.

- **판도라의 희망**(Pandora's Hope, 1999/장하원 홍성욱, 2018) | 인간과 비인간의 네트워크를 통해 진리와 현실이 어떻게 구성되는지를 탐구하며, 네트워크적 사고의 구체적인 사례를 제시했다.

- **인간-사물 동맹: 현대성을 재설계하다**(Reassembling the Social: An Introduction to Actor-Network-Theory, 2005/홍성욱, 2018) | 행위자-네트워크 이론을 체계적으로 정리하며, 인간과 비인간 행위자의 관계를 중심으로 사회적 현상을 분석한다.

- **존재 양식의 탐구: 근대성을 넘어서**(An Inquiry into Modes of Existence: An Anthropology of the Moderns, 2013/황장진, 2024) | 근대적 사고방식의 기반인 인간과 자연, 주체와 객체, 과학과 문화 사이의 경계에 대해 비판한다. 인간과 비인간, 과학과 사회, 문화와 기술 간의 관계를 재구성하고자 한 그의 철학적 비전을 담고 있다.

- **가이아 마주보기**(Facing Gaia: Eight Lectures on the New Climatic Regime, 2017) | 라투르가 2013년 독일 기초연구소(Gifford Lectures)에서 진행한 강연을 바탕으로 구성되었으며, 가이아(Gaia) 개념을 철학적, 정치적, 과학사회학적으로 재구성한 가장 핵심적인 저작이다.

- **녹색 계급의 출현**(On the Emergence of an Ecological Class: A Memo, 2022/이규현 2022) | 니콜라이 슐츠(Nikolaj Schultz, 1990~)와 함께 저술하였다. 지구 행성 조건의 변화(기후위기)에 정치적 정체성과 이해관계를 근거로 형성되는 새로운 계급으로서의 녹색 계급을 다룬다.

54 | 카스텔 1942~
권력은 네트워크 속에 존재하는가?

"정보의 흐름을 통제하는 자들이 권력을 가지며, 디지털 격차는 새로운 사회적 불평등을 만들어낸다. 따라서 정보화 시대에서 민주주의를 실현하기 위해서는 네트워크가 어떻게 작동하는지, 그리고 누가 그것을 통제하는지를 이해하는 것이 필수적이다."

— 『네트워크 사회의 도래』, 1996

정보기술 혁명 이후 경제·사회·문화의 구조가 전면적으로 변화하고 있다. 스페인 출신 사회학자 마누엘 카스텔(Manuel Castells, 1942~)은 현대 사회를 '네트워크 사회 Network Society'로 개념화하며, 디지털 정보 기술과 글로벌 자본주의가 결합하면서 사회가 새로운 형태로 재편되었다고 분석한다. 마누엘 카스텔은 현대 사회에서 정보, 네트워크, 자본, 정체성, 권력이 어떻게 작동하는지 이해하는 핵심 개념을 제공한다.

네트워크 사회: 정보와 연결성이 권력이 되는 시대

"권력은 네트워크의 구성 방식에 의해 행사된다. 네트워크에 연결되어 있지 않다면, 당신은 존재하지 않는 것이다" – 마누엘 카스텔은 현대 사회를 '네트워크 사회 Network Society'로 정의하며, 디지털 정보 기술이 경제, 정치,

문화, 인간관계를 어떻게 변화시키는지 설명한다. 그는 산업 사회에서 공장과 기계가 핵심이었다면, 네트워크 사회에서는 정보와 디지털 연결성이 가장 중요한 사회적 자원이 된다고 보았다. 네트워크는 단순한 기술이 아니라, 현대 사회의 권력 구조를 형성하는 핵심 메커니즘이다. 즉, 사회·경제·정치·문화의 모든 영역에서 '네트워크'가 핵심 조직 원리가 되었다는 것이다.

네트워크 사회에서는 시간과 공간의 변화가 일어났다. 정보화 사회에서는 전통적인 선형적 시간 개념이 붕괴된다. 디지털 기술이 발전하면서, 과거, 현재, 미래가 동시에 존재하는 것처럼 작동한다. 공간 역시 변화한다. 과거에는 공간이 지리적 장소에 의해 결정되었지만, 정보화 시대에서는 '흐름'에 의해 공간이 형성된다. 물리적 거리가 중요하지 않고, 네트워크를 통해 연결된 공간이 새로운 사회적·경제적 중심지가 된다. 전통적인 공간(지리적 공간)과 네트워크 공간(흐름의 공간)이 공존하며, 사람들의 생활 방식과 경제 구조를 변화시킨다. 카스텔은 이를 '시간없는 시간 Timeless Time'과 '흐름의 공간 Space of Flows'이라고 표현한다. 이 개념을 통해 확인되듯, 네트워크 사회에서는 물리적 공간보다 '디지털 공간'이 더 중요한 역할을 한다. 정보는 국경 없이 이동하며, 지리적 경계를 초월한 네트워크가 형성된다.

"네트워크 사회에서 권력은 제도나 상징적 통제에 있지 않다. 정보 교환과 커뮤니케이션의 네트워크 속에 존재한다" – 카스텔은 과거의 권력이 물리적 힘(군사력, 경찰력)과 경제적 자원(토지, 공장)을 통해 행사되었지만, 네트워크 사회에서는 정보와 커뮤니케이션을 통제하는 것이 권력의 핵심 요소가 된다고 주장했다. 그는 전통적 권력은 군사력, 경제력, 정치적 권위인 반면, 네트워크 사회의 권력은 정보 흐름, 알고리즘, 플랫폼, 데이터 제어라고 강조했다. 구글, 페이스북, 아마존 같은 IT 기업들이 정보 흐름을 통제하는 방식은 새로운 형태의 디지털 권력이며, SNS 플랫폼이 여론을 형성하고 정치적 결정을 좌우하는 방식은 정치 권력의 네트워크화를 보여주는 대표적인 예시이다.

네트워크 사회에서의 민주주의와 정치

'네트워크 사회'는 정보의 흐름이 빠르고 개방적이라는 점에서 민주주의를 확장할 가능성을 내포하고 있다. 그러나 동시에 정보의 유통 방식이 특정 권력에 의해 조작될 수 있다는 점에서 새로운 방식으로 민주주의를 위협할 수도 있다. 마누엘 카스텔은 이러한 현상을 지적하며, 기술이 민주주의를 강화하는 동시에 감시와 통제의 도구가 될 수 있음을 강조했다.

"정보에 대한 접근이 민주주의의 질을 결정한다" – 네트워크 사회에서 시민들은 더 이상 수동적인 존재가 아니라, 정치적 과정에 능동적으로 개입하는 새로운 행위자가 된다. 네트워크 사회에서 민주주의가 발전할 수 있는 가장 큰 요인은 정보의 개방성이다. 과거에는 정치 의사결정 과정이 일부 계층에 의해 독점되었지만, 인터넷과 소셜 미디어의 발달로 인해 시민들이 직접 정치에 참여할 수 있는 기회가 확대되었다. 정보의 개방성 증가로 누구나 쉽게 정치적 정보를 접할 수 있게 되면서, 시민들은 정책과 사회 문제에 대한 더 많은 이해를 갖게 되었다. 또한 SNS와 온라인 커뮤니티를 통한 풀뿌리 정치의 활성화 가능성이 열렸다. 과거에는 정당과 언론이 주요 정치적 행위자였다면, 이제는 개인도 온라인 공간에서 영향력을 행사할 수 있다. 청원, 시위, 캠페인 등이 소셜 미디어를 통해 빠르게 확산되면서, 정치적 목소리를 내는 것이 더욱 쉬워졌다.

"네트워크가 자유와 민주주의를 확장할 수도 있지만, 동시에 감시와 조작의 도구로 전락할 수도 있다" – 문제는 누가 네트워크를 통제하는가에 달려 있다. 정보가 빠르게 공유될수록 그만큼 조작과 통제의 위험성도 커진다. 디지털 플랫폼의 알고리즘은 특정 이익집단에 의해 조작될 가능성이 높으며, 이는 정치적 여론을 왜곡하는 중요한 도구가 될 수 있다. 네트워크 사회에서는 정보가 빠르게 확산되지만, 이 정보가 반드시 진실이라는 보장은 없다. 오히려 가짜 뉴스나 정치적 선전이 알고리즘을 통해 증폭되면서, 시민들이 거짓 정보를 사실로 받아들이는 현상이 발생한다. 여론 조작과 감시 사회의 등장도 네트워크 사회에서의 부정적 현상이다. 네트워크를 이용한 빅데이터 분석은 정부나 대기업이 시민들의 행동 패턴을 감시하고, 이를 통해 여론을 조작할 수 있는 가능성을 제공한다.

정체성 기반 사회운동과 네트워크

"새로운 사회운동은 노동이나 계급이 아니라, 정체성과 가치의 방어를 중심으로 이루어진다" – 마누엘 카스텔은 기존의 계급 중심 사회운동이 쇠퇴하고, '정체성 기반 사회운동 Identity-Based Social Movements'이 부상하고 있다고 분석했다. 그는 현대의 사회운동이 더 이상 노동운동이나 계급 투쟁이 아니라, 민족, 종교, 젠더, 환경, 인권 등 다양한 정체성을 중심으로 조직된다고 주장한다. 이러한 운동은 인터넷과 소셜미디어를 활용한 '저항의 네트워크 Network of Resistance'를 통해 확산되며, 전통적인 정치 조직과는 다른 방식으로 작동한다.

정체성 기반 사회운동은 다양한 형태로 나타난다. 페미니즘 운동은 여성의 권리를 넘어 젠더 정체성과 사회적 권력 관계를 중심으로 확장되었다. 예를 들어, 2017년 '#MeToo' 운동은 성폭력 피해를 폭로하고 사회 구조적 변화를 요구하는 글로벌 운동으로 발전했다. 또한, 2022년 이란의 히잡 시위는 여성의 복장 규제에 저항하는 젠더 정체성 기반 운동의 대표적인 사례이다. 블랙 라이브즈 매터Black Lives Matter, BLM 운동은 인종 차별이 개인적인 문제가 아니라 사회 구조적 불평등의 결과임을 강조하며, 경찰의 과잉 진압과 인종 차별에 반대하는 운동으로 전 세계적으로 확산되었다.

기후 변화 운동 역시 정체성 기반 사회운동의 한 형태로, 기후 위기를 인류 공동의 문제로 인식하고 적극적인 대응을 요구하는 방식으로 전개되고 있다. 그레타 툰베리(2003~)의 '미래를 위한 금요일Fridays for Future' 운동은 이러한 흐름을 보여주는 대표적인 예시이다. 플라스틱 규제 운동, ESG 경영 압박 운동 등도 네트워크를 기반으로 확산된다.

"사회운동은 커뮤니케이션 네트워크 속에서 그 힘을 키운다" – 이러한 네트워크 기반 저항의 특징은 첫째, 중앙 조직 없이 자발적으로 형성된다는 점이다. 과거에는 정당이나 노동조합과 같은 조직이 중심이 되었지만, 현대 사회운동은 리더 없이 분산된 네트워크를 통해 자발적으로 조직된다. 예를 들어, '월가 점령 운동Occupy Wall Street'은 "우리는 99%다!"라는 구호를 내걸며 중앙조직 없이도 강력한 운동을 전개했다. 둘째, 디지털 플랫폼을 활용하여 빠르게 확산된다는 점이다. 트위터, 페이스북, 인스타그램과 같은 SNS는 사회운동을 조직하고 확산시키는 주요 도구가 되었다. 2011년 '아랍의 봄'은 이러한 디지털 네트워크를 활용하여 독재 정권에 저항하는 혁명으로 발전한 사례이다. 셋째, 국경을 초월한 저항 운동이 가능하다는 점이다. 네트워크 덕분에 특정 국가에 국한되지 않고 전 세계로 확산되며, '#MeToo' 운동처럼 전 세계적으로 유사한 흐름을 만들어내는 데 기여하고 있다.

마누엘 카스텔의 사회 이론은 정보 기술 혁명이 가져온 전 지구적 변화의 복잡성과 다면성을 이해하기 위한 포괄적이고도 경험적인 분석틀을 제공한다. 그의 작업은 기술 결정론에 빠지지 않으면서도 기술이 경제, 사회, 문화, 정치와 어떻게 상호작용하며 새로운 사회 구조(네트워크 사회)를 형성하는지를 역동적으로 보여준다.

흐름의 공간, 영원한 시간, 네트워크화된 개인주의, 다층적 권력, 정체성 투쟁 등 그가 제시한 개념들은 오늘날 우리가 경험하는 세계의 본질을 파악하고, 그 속에서 발생하는 새로운 기회와 도전, 그리고 불평등의 문제를 성찰하는 데 강력한 지적 나침반이 되고 있다.

✎ 주요 저술

- **네트워크 사회의 도래**(The Rise of the Network Society, 1996, 개정판 2010/김묵한 외, 2014) | 카스텔의 대표작이자 '네트워크 사회' 개념을 정립한 책. 전통적인 산업사회에서 정보자본주의로 전환되면서, 경제, 정치, 문화가 네트워크를 중심으로 작동하게 되었다고 주장한다.

- **정체성 권력**(The Power of Identity, 1997/정병순, 2008) | 네트워크 사회에서 정체성과 권력이 어떻게 형성되는지를 분석. 국가, 종교, 민족주의, 여성운동, 환경운동 등이 네트워크를 기반으로 새로운 정체성을 만들어가는 방식을 설명한다.

- **커뮤니케이션 권력**(Communication Power, 2009/박행웅, 2014) | 네트워크 사회에서 권력(Power)이 어떻게 작동하는지를 분석한 책. 현대 사회에서 권력은 단순한 군사력이나 경제력이 아니라, 네트워크를 통제하는 정보와 커뮤니케이션이 중심이 된다는 점을 강조한다.

55 | 주보프 1951~
감시 자본주의는 어떻게 작동하는가?

"감시 자본주의는 민주주의의 적이다. 그것은 자율적 개인의 권리를 부정하며, 투명한 동의 없이 정보를 수집하고 예측하며, 사회를 알고리즘적 통제로 재편한다."

—『감시 자본주의 시대』, 2019

쇼샤나 주보프(Shoshana Zuboff, 1951~)는 미국의 사회심리학자로, 현대 디지털 기술이 만들어낸 새로운 경제 질서와 권력 형태를 '감시 자본주의 surveillance capitalism'라는 개념으로 명명하고 그 위험성을 심층적으로 분석한 석학이다. 그의 저작 『감시 자본주의 시대(2019)』는 구글, 페이스북과 같은 거대 기술 기업들이 어떻게 우리의 일상적인 경험을 원재료 삼아 이윤을 창출하고, 나아가 우리의 행동을 예측하고 통제하려 하는지를 폭로하며 전 세계적으로 큰 반향을 일으켰다.

감시 자본주의의 탄생: 새로운 경제 논리와 축적 양식

"자본주의는 인간의 삶에서 가치를 추출해 왔다. 감시 자본주의는 인간의 삶 자체를 변형하여 예측 가능하고 수익 가능한 구조로 만든다" – 주보프가 정의하는 감시 자본주의는 인간의 경험을 무상으로 확보할 수 있는 원재료로 간주하고, 이를 은밀한 상업적 관행, 즉 추출, 예측, 판매를 통해 이윤을 창출하는 새롭고 독특한 시장 형태이자 특정한 자본 축적 논리이다. 이는 산업 자본주의가 자연을 착취하여 상품을 생산하고, 시장 자본주의가 소비자와의 관계 속에서 이윤을 추구했던 것과는 질적으로 다른, 전례 없는 경제 질서이다.

"감시 자본주의는 인간의 경험을 행동 데이터로 전환하기 위한 무상의 원재료로 일방적으로 주장한다" – 기업들은 사용자의 온라인 및 오프라인 활동(검색, 클릭, 이동 경로, 대화 내용, 생체 정보 등)에서 방대한 양의 데이터를 수집한다. 이렇게 수집된 데이터, 즉 '행동 잉여 Behavioral Surplus'가 바로 감시 자본주의의 핵심 원재료가 된다. 수집된 행동 잉여는 인공지능과 기계 학습 알고리즘을 통해 분석되어, 개인의 미래 행동(무엇을 구매할지, 어디로 갈지, 무엇을 생각할지 등)을 높은 정확도로 예측하는 '예측 상품 Prediction Products'으로 가공된다. 이렇게 만들어진 예측 상품은 사용자의 미래 행동에 영향을 미치고자 하는 다른 기업들(광고주, 보험사, 정치 컨설턴트 등)에게 판매된다. 즉, 사용자의 미래 행동 자체가 거래되는 새로운 시장이 형성되는 것이다. 이렇게 형성된 새로운 시장을 주보프는 '행동 선물 시장 Behavioral Futures Markets'이라고 개념지었다.

산업 자본주의가 '노동과 생산'을 중심으로 작동했다면, 감시 자본주의는 '예측과 조작'을 핵심 동력으로 삼는다. 전통적인 자본주의에서 기업은 소비자의 필요를 충족하는 것을 목표로 삼았다. 그러나 '감시 자본주의' 기업들은 여기서 한 걸음 더 나아가, 소비자의 필요를 창출하고 조작하는 방향으로 움직인다. 구글의 검색 엔진은 단순히 정보를 제공하는 것이 아니라, 우리가 어떤 정보를 소비할지 미리 결정하는 알고리즘을 운영한다. 페이스북의 뉴스피드는 사용자의 관심을 최대한 끌어내기 위해 감정을 조작하는 시스템이며, 아마존의 추천 시스템은 우리의 과거 구매 내역과 행동 패턴을 분석해 우리가 스스로 필요성을 인식하기도 전에 먼저 그것을 만들어낸다.

추출과 통제, 그리고 미래의 박탈

"그들은 우리의 감정을 측정하고, 우리가 언제 불안해지는지 알고 있으며, 심지어 우리의 관계 속에서 언제 외로움을 느끼는지도 알고 있다" – 감시 자본주의는 끊임없이 더 많은 데이터를 추출하려는 '추출 명령extraction imperative'에 의해 추동된다. 스마트폰, 스마트 가전, 웨어러블 기기, 안면 인식 기술 등 우리 삶의 모든 영역이 데이터 추출의 대상이 되며, 이는 종종 사용자의 명확한 인지나 동의 없이 이루어진다.

"목표는 당신에 대한 정보 흐름을 자동화하는 것이 아니다. 진짜 목표는 당신을 자동화하는 것이다" – 감시 자본주의의 세계에서는 정보가 조작되고, 우리의 사고는 조용히 조정된다. 우리는 자유롭게 사고한다고 믿지만, 실상은 보이지 않는 알고리즘의 손에 의해 결정된 정보를 소비하고 있는 셈이다. 페이스북, 인스타그램, 틱톡 등은 사용자의 감정을 분석하고 특정한 감정을 유도하는 방식으로 설계된다. 페이스북의 '좋아요like' 기능은 사람들의 자존감을 조작하는 수단으로 작동한다. 우리의 감정은 우리가 선택하는 것이 아니라, 플랫폼이 유도하는 방향으로 움직이게 된다. 유튜브의 자동 추천 알고리즘은 사용자를 점점 더 자극적이고 극단적인 콘텐츠로 유도한다. 플랫폼은 사용자의 관심을 최대한 오래 붙잡아 두기 위해, 더 강한 감정적 반응을 유발하는 콘텐츠를 추천한다.

"만약 미래가 또 다른 나라라면, 감시 자본주의는 그 나라를 식민지화하는 힘이다" – 감시 자본주의는 인간의 삶에 심각한 비용을 초래한다. 가장 직접적인 피해는 프라이버시의 침해이다. 그러나 주보프는 이것이 단순한 사생활 노출의 문제를 넘어, 인간의 근본적인 자율성과 자유 의지를 침식한다고 경고한다. 우리가 인지하지 못하는 사이에 우리의 행동이 예측되고 조종된다면, 진정한 의미의 자유로운 선택은 불가능해진다. 주보프는 감시 자본주의가 '박탈 주기 dispossession cycle'를 통해 개인으로부터 데이터를 빼앗고, 나아가 미래를 스스로 결정할 권리, 즉 '미래 시제에 대한 권리'마저 박탈한다고 주장한다. 개인의 미래가 이미 예측되고 상품화되어 타인의 이익을 위해 거래된다면, 개인은 자신의 미래를 주체적으로 만들어갈 가능성을 상실하게 된다는 것이다. 이는 인간 존엄성의 근본적인 훼손으로 이어진다.

"감시 자본주의는 기술의 필연이 아니라 특정 경제 논리의 결과이다" – 주보프는 감시 자본주의의 등장이 기술 발전의 필연적인 결과라는 '기술 결정론'을 단호히 거부한다. 그는 현재의 상황이 특정 기업들의 경제적 이익 추구와 의도적인 선택, 그리고 규제 공백의 결과물임을 강조한다. 기술 자체는 중립적일 수 있지만, 그것이 어떤 경제 논리와 권력 구조 속에서 활용되느냐에 따라 그 결과는 판이하게 달라진다는 것이다.

저항의 길: 인간적 미래를 되찾기 위한 투쟁

"우리가 가진 가장 강력한 힘은 이름 붙이는 것이다. 이것을 '감시 자본주의'라고 부르자. 이름 붙이기는 저항의 첫걸음이다" – 절망적인 분석에도 불구하고, 주보프는 감시 자본주의에 맞서 싸울 수 있는 가능성을 포기하지 않는다. 그는 우선 이 새로운 적의 실체를 명확히 인식하고 명명하는 것이 저항의 첫걸음이라고 강조한다. 나아가 그는 '피난처에 대한 권리', '미래 시제에 대한 권리'와 같은 새로운 권리 개념을 정립하고, 이를 보장하기 위한 강력한 법적·제도적 규제가 필요하다고 역설한다. 여기에는 데이터 수집과 활용에 대한 투명성 강화, 행동 잉여의 상업적 이용 금지, 도구적 권력에 대한 민주적 통제 등이 포함된다.

대표적으로 데이터 보호법의 강화가 필수적이다. 유럽연합(EU)의 GDPR(일반 데이터 보호 규정)은 이러한 움직임의 대표적인 사례다. GDPR은 기업이 사용자 데이터 수집을 할 때 반드시 명확한 동의를 받아야 한다는 원칙을 확립했다. 또한, 플랫폼 기업의 독점적 권력을 해체할 필요가 있다. 구글과 페이스북 같은 기업이 우리의 정보 환경을 독점하는 것은 감시 자본주의를 더욱 심화시키는 요인이 된다. 따라서 플랫폼을 공공적으로 규제하거나, 더 분산된 인터넷 구조를 만들기 위한 노력이 필요하다. 여기에 더해, 우리 자신 즉 시민의식의 변화가 요구된다. 우리는 데이터를 단순한 '기술적 문제'가 아니라, 정치적·사회적 문제로 인식해야 한다. 주보프는 데이터 권리가 곧 '디지털 시대의 시민권'이라고 강조한다.

"우리는 민주주의를 가질 수도 있고, 감시 사회를 가질 수도 있다. 하지만 둘 다 가질 수는 없다" – 감시 자본주의가 만들어내는 극단적인 정보와 권력의 비대칭성은 민주주의의 근간을 위협한다. 소수의 거대 기술 기업이 시민의 행동에 대한 방대한 지식을 독점하고 이를 통제하려 할 때, 공정한 여론 형성, 자유로운 정치적 선택, 그리고 민주적 책임성은 심각하게 훼손될 수밖에 없다. 가짜 뉴스, 맞춤형 정치 광고, 여론 조작 등은 이미 현실화된 위험이다. 주보프는 감시 자본주의를 거부하고 인간적 가치에 기반한 디지털 미래를 만들어갈 것인지에 대한 사회적 선택이 우리에게 달려있다고 말한다. 이는 기술 자체를 거부하는 것이 아니라, 기술이 인간의 자율성과 민주주의를 잠식하는 방식이 아니라 그것을 지원하고 강화하는 방향으로 발전하도록 사회적 합의와 정치적 결단을 통해 이끌어야 한다는 요청이다.

쇼샤나 주보프의 철학은 디지털 기술이 지배하는 현대 사회의 이면에 숨겨진 새로운 형태의 자본주의적 착취와 권력의 작동 방식을 날카롭게 파헤친다. 그의 '감시 자본주의'론은 우리가 무심코 사용하는 디지털 서비스의 편리함 뒤에 어떤 대가가 따르는지를 경고하며, 인간의 존엄성과 자율성, 그리고 민주적 미래를 지키기 위한 시급한 각성과 실천을 촉구한다.

쇼샤나 주보프는 감시 자본주의가 21세기의 가장 거대한 권력 변화라고 진단한다. 하지만 감시 자본주의는 피할 수 없는 운명이 아니다. 우리는 법적·정책적 대응을 통해 데이터 권력을 견제할 수 있으며, 시민으로서의 권리를 주장할 수 있다. 데이터가 곧 권력이 된 시대, 감시 자본주의를 넘어서는 새로운 민주주의의 형태를 모색하는 것이 우리의 과제다.

🖋 주요 저술

- **감시 자본주의 시대**(The Age of Surveillance Capitalism, 2019/김보영, 2021) | 빅테크 기업들이 사용자의 행동 데이터를 수집, 예측, 조작하는 새로운 경제 체제를 구축했다고 분석. 21세기 디지털 경제와 민주주의의 위기를 분석한 대표적인 저서로 유럽연합(EU)의 GDPR(일반 데이터 보호 규정)과 같은 법률적 논의에도 큰 영향을 미쳤다.

PART 13

흔들리는 민주주의: 위기와 극복

한 인간이 투표소에 섰다. 그는 한 장의 투표용지를 손에 쥐고 있었다.
자유와 평등, 권리와 법치 … 민주주의가 약속했던 가치들은 여전히 유효한가?
그는 의문을 가졌다.
"우리는 정말 민주주의 사회에서 살고 있는가?"
어느 시대보다 많은 나라들이 민주주의를 채택하고 있지만, 동시에 민주주의는 위기에 처해 있다.
이 장에서는 프란시스 후쿠야마(1952~)의 '역사의 종말'과 '정체성 정치의 문제', 티머시 스나이더(1969~)의 '폭정', 요람 하조니(1964~)의 '민족국가' 등을 통해 현대 자유민주주의의 위기와 극복에 대한 사유들을 살펴본다.
21세기 들어 완전하게 승리한 것으로 여겨졌던 서구 사회의 가치는 전면적으로 흔들리기 시작하였다. 이 장에서는 흔들리는 민주주의를 어떻게든 극복하고 넘어서려는 다양한 사유들을 살핀다.

56 | 후쿠야마 1952~
역사의 종말은 어떻게 끝났는가?

"사람들은 경제적 지위보다 자신이 속한 민족, 인종, 종교, 성별 등의 정체성을 더 중요하게 여기며, 이는 사회적 분열을 심화시키고 민주주의를 약화시킨다. 만약 우리가 자유민주주의를 유지하고 싶다면, 정체성 정치가 아니라 포괄적 시민권을 강화하는 방향으로 정치적 질서를 재정립해야 한다."

— 『존중받지 못하는 자들을 위한 정치학』, 2018

1992년, 프란시스 후쿠야마(Francis Fukuyama, 1952~)는 『역사의 종말과 마지막 인간』을 발표했고, 이 책은 커다란 역사적 논쟁을 불러일으켰다. 그는 냉전이 끝난 후 자유민주주의가 최종적인 정치 체제로 자리 잡았으며, 인류가 더 이상 새로운 정치적 패러다임을 찾지 않을 것이라 주장했다. 그러나 30년이 지난 지금, 우리는 그 예측이 너무 성급했음을 목격하고 있다.

『역사의 종말과 마지막 인간』 그 이후

"자유민주주의는 인류가 도달할 수 있는 최종적 정치 체제이다."
— 프란시스 후쿠야마, 『역사의 종말과 마지막 인간』(1992)

1989년 베를린 장벽이 붕괴되고, 1991년 소련이 해체되면서 냉전 시대는 막을 내린 듯했다. 공산주의 체제가 무너지고 자유민주주의가 승리하는 듯 보이던 이 시점에, 프란시스 후쿠야마는 자유민주주의가 역사의 최종적 형태이며 이를 대체할 새로운 정치 체제는 더 이상 나타나지 않을 것이라는 도발적인 주장을 내놓았다. 그는 이를 '역사의 종말 The End of History'이라 명명하며, 냉전 이후의 세계 질서를 설명하는 핵심 개념으로 제시했다.

후쿠야마 철학의 출발점은 헤겔(1770~1831)과 알렉상드르 코제브(1902~1968)의 영향을 받은 '역사의 종언' 개념이다. 그는 공산주의의 몰락을 목도하며, 인류의 이데올로기적 진화가 자유민주주의라는 정점에 도달했다고 주장했다. 이는 더 이상 역사적 사건이 발생하지 않는다는 의미가 아니라, 인간 사회의 가장 바람직하고 합리적인 정치 체제로서 자유민주주의 외에 다른 대안을 찾기 어렵다는 선언이었다. 그에게 자유민주주의는 개인의 자유와 평등을 보장하고, 경제적 번영을 가져올 수 있는 가장 안정적인 틀이었다. 이러한 주장은 당시 시대적 낙관론과 맞물려 큰 반향을 일으켰지만, 동시에 수많은 비판과 논쟁을 야기하기도 했다.

'역사의 종언'을 뒷받침하는 또 다른 핵심 개념은 플라톤(BC 427~347)으로부터 이어지는 인간의 '티모스 thymos', 즉 '인정받고자 하는 욕구'이다. 후쿠야마는 인간이 단순히 생물학적 욕구나 경제적 이익만을 추구하는 존재가 아니며, 타인으로부터 자신의 가치와 존엄성을 인정받고자 하는 근원적인 열망을 지닌다고 보았다. 그는 이러한 인정 욕구가 역사 발전의 중요한 동력이었으며, 자유민주주의야말로 모든 개인의 존엄성을 평등하게 인정하는 체제로서 이 욕구를 가장 잘 충족시킬 수 있다고 분석했다. '최후의 인간'은 물질적 풍요 속에서 더 이상 위대한 투쟁이나 이념적 헌신 없이 안정된 삶을 살아가는, 어쩌면 다소 권태로울 수 있는 민주주의 사회의 시민상을 의미하기도 한다.

하지만 그 후 등장한 글로벌 테러리즘, 중국의 부상, 일부 지역에서의 민주주의 후퇴 등은 후쿠야마의 이론에 강한 의문을 제기하였고, 후쿠야마 본인도 스스로 자신의 주장을 바꾸게 된다. 과연 그는 어떤 철학적 배경에서 어떤 방식으로 자신의 입장을 수정해왔을까?

정체성 정치와 민주주의의 위기

21세기의 도래와 함께 후쿠야마는 자신이 제시했던 '역사의 종언'이라는 테제에 대한 근본적인 도전들이 다양한 차원에서 분출하는 현실을 직시하게 된다. 9.11 테러로 상징되는 종교적 극단주의의 발호, 중국으로 대표되는 권위주의적 자본주의 국가들의 예기치 않은 성공, 그리고 서구 자유민주주의 국가들 내부에서조차 심화되는 정치적 양극화와 국수주의적 포퓰리즘의 광범위한 확산은 '역사의 종언'이 지나치게 낙관적이거나 서구 중심적인 진단이었다는 비판에 설득력을 더해주었다.

"정체성 정치의 급진화가 자유주의의 자기파멸을 부를 수 있다" – 그는 현대 사회의 가장 중요한 균열 지점이자 자유주의의 새로운 난제로 '정체성 정치 identity politics'의 폭발적인 부상에 주목한다. 후쿠야마에 따르면, 인간의 보편적 존엄성과 평등한 권리에 대한 인정 욕구가 점차 특정 사회 집단, 인종, 민족, 성별, 성적 지향, 종교, 심지어는 특정 세대나 계층의 고유한 정체성에 대한 배타적이고 파편화된 인정 투쟁으로 변질되고 있다는 것이다. 이러한 '정체성의 정치화'는 각 집단이 자신들의 '고유한 경험'과 '피해자성'을 강조하며 다른 집단과의 차이를 부각하고, 때로는 적대감을 표출하는 양상으로 나타난다. 그 결과, 사회 구성원 전체를 아우르는 보편적 가치나 공통의 시민적 연대는 약화되고, 사회는 점점 더 분열되며 통합의 동력을 상실하게 된다. 이는 결과적으로 자유주의가 근간으로 삼는 개인의 자율성, 보편적 인권, 합리적 토론 문화의 토대를 심각하게 위협한다는 것이 그의 핵심 진단이다.

후쿠야마는 그의 저서 『존중받지 못하는 자들을 위한 정치학(2018)』에서 이러한 현상을 더욱 심층적으로 파고든다. 그는 정체성 정치가 단순히 소수자 집단의 전유물이 아니라, 좌파와 우파를 막론하고 현대 정치의 핵심적인 동학으로 자리 잡았음을 지적한다. 그는 좌파 진영에서 나타나는 정체성 정치의 경우, 역사적으로 억압받고 소외된 소수자 집단(여성, 성소수자, 유색인종 등)의 정당한 권리 요구와 차별 시정 노력이라는 중요한 의미를 지니고 있음을 분명히 인정한다. 그러나 이러한 운동이 때로는 각 집단의 '다름'과 '피해 경험'을 절대화하고, 개인의 복합적인 정체성이나 자유로운 선택보다는 소속 집단의 규범과 논리에 개인을 종속시키려는 경향을 보일 수 있다고 우려한다. 나아가, '정치적 올바름 Political Correctness'의 이름으로 자유로운 토론이나 비판적 사고가 위축되고, 사회 전체가 공유할 수 있는 보편적 가치나 합의 형성이 어려워지는 '문화적 발칸화'로 이어질 수 있는 위험성을 경고한다. 즉, 정당한 인정 요구가 모든 것을 집단의 프리즘으로만 해석하고, 개인의 자율성과 보편적 시민성이라는 자유주의의 핵심 가치를 잠식하는 수준까지 나아가는 것을 문제 삼는 것이다.

동시에 후쿠야마는 이러한 좌파적 정체성 정치에 대한 반작용으로, 혹은 그 자체의 논리로 부상하는 우파적 정체성 정치 또한 민주주의의 위기를 심화시키는 핵심 요인이라고 분석한다. 이는 주로 과거 사회의 주류였거나 다수자 집단이라고 인식하는 이들이 자신들의 전통적 가치, 문화적 우위, 혹은 사회경제적 지위가 위협받고 있다는 위기감과 분노에서 비롯된다. 이러한 흐름은 종종 국수주의, 백인 우월주의, 반이민 정서, 특정 종교적 근본주의 등의 형태로 표출되며, 소수자 집단에 대한 적대감을 노골적으로 드러내거나 배타적인 공동체 의식을 강조한다. 트럼프 현상이나 유럽 각국의 극우 포퓰리즘 정당들의 약진이 그 대표적인 예이다. 후쿠야마는 이러한 다수자 중심의 정체성 정치가 사회적 약자에 대한 관용과 다원성을 부정하고, 민주적 절차와 규범을 경시하며, 궁극적으로는 자유민주주의 체제 자체를 내부로부터 침식할 수 있다고 강력히 경고한다.

자유주의의 위기와 시민적 절제

"절제를 바탕으로 할 때만 자유주의가 인간의 보편적 평등과 존엄을 보장하는 세계로 나아가는 길을 제시할 수 있다" – 파편화되고 때로는 적대적으로 변질된 정체성 정치의 소용돌이와 그 근저에 깔린 사회경제적 불안정에 맞서, 후쿠야마는 현상 비판을 넘어 자유민주주의의 회복과 지속가능성을 위한 구체적인 방향을 제시한다. 그는 무엇보다도 극단으로 치닫는 이념적 대립과 감정적 정치 지형 속에서 '절제moderation'라는 고전적 시민 덕목의 회복을 강력히 촉구한다. 여기서 절제는 미온적 태도나 타협을 넘어, 이데올로기적 순수성에 대한 집착을 버리고 실질적인 문제 해결을 위해 대화와 숙의를 중시하는 적극적인 자세를 의미한다. 이는 지적 겸손함, 타인의 견해를 경청하는 자세, 그리고 공동체의 안녕을 위한 자기 제한의 의지를 포함하는, 성숙한 민주 시민의 핵심 자질이다. 이러한 절제의 미덕이 사회 전반에 확산될 때, 각기 다른 정체성을 가진 집단들이 서로를 파괴적인 경쟁 상대로 인식하기보다는 공존 가능한 파트너로 인정하며 건설적인 상호작용을 모색할 수 있는 토양이 마련된다고 그는 본다.

더 나아가 후쿠야마는 자유주의가 단순히 개인의 소극적 권리를 나열하고 보장하는 법적·제도적 체제에 머무르지 않아야 한다고 강조한다. 그는 자유주의가 그 자체로 하나의 도덕적 프로젝트임을 역설하며, 공동체적 책임감과 시민적 연대, 그리고 상호 신뢰와 같은 사회적 자본을 적극적으로 육성하고 함양해야만 지속가능성을 담보할 수 있다고 진단한다. 이는 개인의 자유라는 핵심 가치의 후퇴를 의미하는 것이 아니다. 오히려 개인의 자율성이 공동체의 건강한 발전과 유기적으로 결합될 때 더욱 풍부하게 실현될 수 있다는 인식 아래, 자율성과 공동체의식을 조화시키는 방향으로 자유주의를 창조적으로 재구성해야 한다는 적극적인 주장이다.

"신자유주의는 국가의 개입을 반대하고 시장의 자유를 신봉하며 모든 것을 개인의 책임으로 돌리고 복지국가의 해체를 주장한다. 이는 자유주의 자체를 위기에 빠뜨릴 수 있다" – 프란시스 후쿠야마는 사회적 기반의 약화와 정체성 정치의 격화가 결코 진공상태에서 발생한 것이 아님을 명확히 인지한다. 특히 그는 지난 수십 년간 세계를 휩쓴 신자유주의적 세계화가 야기한 심각한 경제적 불평등과 그로 인한 광범위한 사회적 소외감이, 분노와 원한에 기반한 정체성 정치의 가장 비옥한 온상이 되었음을 날카롭게 직시한다. 경제적 기회의 불균등, 중산층의 몰락, 고용 불안정, 그리고 미래에 대한 비관론은 수많은 사람들에게 깊은 박탈감과 상실감을 안겨주었다. 이러한 감정들은 종종 정치적 극단주의, 외국인 혐오, 그리고 권위주의적 리더십에 대한 갈망으로 이어지며 포퓰리즘의 연료가 된다. 이러한 현실 진단 위에서, 국가는 더 이상 '작고 효율적인 정부'라는 신자유주의적 슬로건 뒤에 숨어 시장의 보이지 않는 손에 모든 것을 내맡기는 소극적 역할에 머물러서는 안 된다고 후쿠야마는 강력히 주장한다. 대신, 그는 자유주의 국가가 단순한 시장경제의 심판자나 규제자를 넘어, 사회 통합을 촉진하고 공공선을 적극적으로 증진하며 시민 각자의 잠재력 실현을 지원하는 능동적 주체로 재정립되어야 한다고 역설한다. 이는 국가가 모든 시민에게 공정한 기회의 사다리를 제공하고, 양질의 교육과 의료 서비스를 보장하며, 갑작스러운 삶의 위기에서 개인을 보호할 수 있는 튼튼한 사회 안전망을 구축하는 것을 포함한다. 나아가, 사회적 약자를 포용하고 차별을 시정하며, 공공 인프라에 대한 투자를 통해 공동체 전체의 삶의 질을 향상시키는 노력이 병행되어야 한다.

프랜시스 후쿠야마의 철학적 여정은 인류 역사의 거시적 방향성에 대한 담대한 질문에서 시작하여, 인간 행동의 심층적 동기인 '인정 욕구'의 본질을 탐구하고, 마침내 현대 사회의 가장 복잡하고 논쟁적인 현상인 '정체성 정치'의 다양한 결들과 그 위험성에 대한 심도 있는 분석, 그리고 그 극복을 위한 실천적 제언으로 이어졌다.

그의 이론과 주장은 격렬한 찬반 논쟁의 중심에 서 왔지만, 자유민주주의의 내재적 가치와 그 지속가능성, 그리고 인간 존엄성의 실현 방식에 대한 그의 근본적인 고민은 오늘날 우리가 직면한 정치적, 사회적, 문화적 과제들을 성찰하고 그 해법을 모색하는 데 여전히 강력하고도 유효한 지적 자양분을 공급하고 있다.

✒ 주요 저술

- **역사의 종말과 마지막 인간**(The End of History and the Last Man, 1992/이상훈, 1992) | 자유민주주의가 인류의 최종적 정치체제라는 주장을 펼쳤다.
- **존중받지 못하는 자들을 위한 정치학**(Identity: The Demand for Dignity and the Politics of Resentment, 2018/이수경, 2020) | 오늘날의 정치 위기(포퓰리즘, 민족주의, 권위주의)가 '정체성' 문제에서 비롯되었다고 분석한다. 경제적 불평등보다 정체성의 위기가 민주주의를 위협한다고 주장한다.

57 | 스나이더 1969~
폭정에 맞서 우리를 보호하는 방법은?

"20세기의 독재자들은 시민들이 정치에 무관심해지고, 거짓 정보가 만연하며, 민주적 제도가 약화될 때 권력을 장악했다. 우리는 과거의 실수를 반복하지 않기 위해, 적극적인 시민으로서 행동해야 한다. 자유는 자연스럽게 주어지는 것이 아니라, 그것을 지키기 위해 끊임없는 노력이 필요하다."

— 『폭정: 20세기에 배워야 할 20가지 교훈』, 2017

민주주의는 인류가 도달한 가장 이상적인 정치 체제로 보였다. 그러나 21세기에 접어들며 민주주의는 위협받고 있다. 티머시 스나이더(Timothy Snyder, 1969~)는 민주주의를 위협하는 요소로 독재, 권위주의, 선전, 법치 파괴, 역사 왜곡, 시민 참여의 약화를 꼽으며, 민주주의를 지키기 위해 시민들이 행동해야 한다고 촉구한다. 그의 저서 『폭정(2017)』과 『가짜 민주주의가 온다(2018)』는 오늘날의 정치적 현실과 밀접하게 연결되어 있다. 그렇다면, 민주주의의 붕괴는 어떻게 시작되는가?

21세기 민주주의의 새로운 위협

"민주주의는 투표함에서 사라지지 않는다. 그것은 서서히 무너진다" — 21세기의 민주주의는 다양한 형태의 위협에 직면해 있다. 과거에는 군사 쿠

데타나 독재 정권이 민주주의를 직접적으로 파괴했다면, 오늘날에는 내부에서 민주주의를 약화시키는 새로운 방식이 등장하였다. 대표적으로 권위주의적 포퓰리즘, 선전과 가짜 뉴스, 기술적 감시, 그리고 경제적 불평등이 민주주의의 지속성을 위협하고 있다.

티머시 스나이더는 민주주의 내부에서 발생하는 권위주의적 포퓰리즘의 부상을 가장 큰 위협 중 하나로 지적한다. 전통적인 독재 정권과 달리, 21세기의 권위주의 지도자들은 민주주의 시스템을 이용해 합법적으로 권력을 장악한 후, 그 체제를 내부에서 붕괴시킨다. 포퓰리즘 지도자들은 '국민의 뜻'을 독점적으로 해석하며, 반대 세력을 적으로 간주한다. 그들은 법치와 제도를 약화시키고, 언론과 사법부를 장악하며, 소셜미디어를 이용해 직접 선동하고, 대중의 감정을 조작한다. 결국 전통적인 정당과 의회를 무력화하며, 강한 지도자 중심의 통치를 정당화한다.

인터넷과 소셜미디어의 발달로 인해 선전과 가짜 뉴스가 민주주의에 대한 새로운 위협으로 떠올랐다. AI 알고리즘은 편향되거나 가짜 뉴스를 퍼뜨리면서 거짓 정보가 빠르게 확산된다. 시민들은 더 이상 신뢰할 수 있는 정보를 찾기 어려워지고, 진실 자체를 의심하게 된다. 독재자는 시민들이 '아무것도 믿을 수 없다'고 느끼도록 만든다. 그 순간, 그는 승리한다.

민주주의는 시민들이 정보를 신뢰할 수 있을 때 유지된다. 그러나 거짓 정보가 확산될수록 시민들은 정치에 대한 냉소주의에 빠지고, 민주주의의 기반이 약화된다. 과거에는 전체주의 정권이 사람들을 감시하기 위해 비밀경찰을 동원했지만, 오늘날에는 빅 데이터와 AI 기술이 이를 대신하고 있다. 스나이더는 빅 테크 기업과 정부의 감시 시스템이 민주주의를 위협한다고 지적한다. 시민들은 온라인에서 검열을 두려워하며 '자기 검열'을 시작한다. 만약 당신이 감시를 우려하고 있다면, 당신은 이미 자유롭지 않다.

현대 감시는 과거보다 더 정교하고 보이지 않게 진행된다.

경제적 불평등 역시 민주주의를 위협하는 중요한 요소이다. 스나이더는 부유한 엘리트들이 정치 권력을 장악하면 민주주의가 흔들릴 수 있다고 경고한다. 부유한 엘리트들은 이제 정치 권력까지 장악하면서 부의 불평등을 더욱 심화한다. 중산층과 노동계급은 경제적 좌절감을 느끼며 포퓰리즘에 의존하게 된다. 포퓰리스트 지도자들은 경제 불평등을 악용하여 권력을 강화한다. 미국에서는 상위 1%의 부유층이 전체 부의 40% 이상을 차지하고 있다. 또한, 경제적 불평등이 심한 국가일수록 포퓰리스트 지도자가 쉽게 권력을 잡는 경향이 있다.

민주주의를 보호하라

"우리가 정치적 냉소주의에 빠지는 순간, 권위주의자들은 승리한다" - 스나이더는 민주주의를 방어하기 위해 시민들이 직접 행동해야 한다고 강조한다. 그는 『폭정(2017)』에서 20세기 독재의 역사를 분석하며, 현대 민주주의를 지키기 위한 행동 지침을 제시한다. 티머시 스나이더의 행동 지침 중 몇 가지를 살펴보도록 하자.

• 권위주의의 초기 징후를 감지하라
스나이더는 전체주의가 급격히 도래하는 것이 아니라, 점진적인 변화를 통해 사회를 장악한다고 경고한다. 나치 독일의 예에서 볼 수 있듯이, 권위주의 정권은 먼저 언론의 자유를 제한하고, 반대 세력을 탄압하며, 국가의 공식 서사를 강요한다. 이러한 변화를 민감하게 감지하고, 민주주의가 후퇴하는 신호를 무시해서는 안 된다.

- **제도를 보호하라**

　민주주의 제도는 저절로 유지되지 않는다. 스나이더는 법치와 헌법이 전체주의의 첫 번째 희생양이 되기 쉬우며, 시민들이 이를 방어해야 한다고 강조한다. 스나이더는 제도적 장치를 마비시키거나 사유화하는 것이 권위주의 정권이 민주주의를 무너뜨리는 핵심 방법이라고 지적한다. 사법부와 언론의 독립은 그 자체로 민주주의를 수호하는 기둥이 된다.

- **정보 조작에 저항하라 – 가짜 뉴스와 선전에 휘둘리지 말라**

　스나이더는 사람들이 어차피 세계는 이렇게 갈 수밖에 없다며 정보를 비판적으로 보지 않고 수동적으로 받아들이면, 권위주의 세력이 거짓 정보를 '진실'로 둔갑시키기 훨씬 쉬워진다고 주장한다. 스나이더에 따르면, 상대편 사회를 혼란에 빠뜨리기 위해서는 사실을 왜곡하고 음모론陰謀論과 혐오·분열을 조장하면 된다. 그 결과 시민들은 무엇이 참인지 알 수 없는 상황에 빠져 정치적 무관심 혹은 극단적 분열에 이르게 된다. 가짜 뉴스를 가려내고 공신력 있는 출처를 찾는 노력이 '민주주의의 안전장치'이다. 정보 조작에 저항하려면, SNS·인터넷 매체를 무비판적으로 신뢰하지 않고, 다양한 관점과 사실 확인 과정을 거쳐야 한다.

- **시민으로 행동하라 – 민주주의는 자동으로 유지되지 않는다**

　스나이더는 현대사에서 민주주의가 자동적으로 발전하거나 유지된 적은 없다고 본다. 그는 시민들의 일상적 참여와 투쟁이 없으면, 민주주의는 쉽게 미끄러진다고 강조한다. 스나이더는 투표에서부터 집회·시위, 언론·SNS의 적극적 발언, 정치적 의견 표명, 지역사회 활동 등 '작은 행동'이 쌓일 때야 비로소 권위주의적 경향에 제동을 걸 수 있다고 역설한다. 시민으로 행동한다는 것은 홀로 외치는 것이 아니라, 연대를 통해 서로 정보를 교환하고 지적 자원을 공유하며 권위주의가 세뇌시키는 단일 내러티브를 허무는 데 힘을 모으는 과정이다.

• 직업 윤리를 지켜라 – 권위주의에 맞서는 도덕적 책임

전체주의 정권은 단번에 수립되는 것이 아니라, 기존의 시스템에 몸담고 있는 사람들이 순응할 때 점진적으로 자리 잡는다. 정권이 권력을 확대하고 독재로 변질되는 과정에서, 관료, 법조인, 학자, 언론인 등 각 분야의 전문가들이 어떻게 행동하느냐가 민주주의 운명을 결정짓는 중요한 요소가 된다. 그들은 체제에 맞서 싸울 수도 있고, 혹은 권력의 명령에 따라 행동하며 민주주의 붕괴에 기여할 수도 있다.

독재자는 스스로 법을 만들지 않는다. 독재자가 원하는 법을 만들고 실행하는 것은 바로 법조인, 공무원, 경찰, 언론인, 지식인이다. 전체주의 정권 아래에서 "나는 그저 내 일을 했을 뿐이다"라는 변명이 얼마나 위험한 결과를 초래할 수 있는지를 우리는 이미 목격했다. 오늘날에도 민주주의는 위협받고 있다. 선거 조작, 언론 탄압, 가짜 뉴스, 법치 약화 등 다양한 방식으로 권위주의가 침투하고 있다. 이 과정에서 법조인, 공무원, 언론인, 학자 등 사회의 중요한 역할을 맡고 있는 사람들이 어떻게 행동하느냐가 미래를 결정짓는다.

• 폭력에 반대하라 – 권위주의 정권은 폭력을 이용해 정당성을 확보한다

폭력이 일상화되면, 정부의 비판자들이 납치·고문·살해 등의 위협을 느끼고 침묵하게 된다. 그 결과 정치적 다양성이나 시민의 비판이 사라져, 권위주의는 더욱 공고해진다. 스나이더는 폭력은 결국 권위주의자를 이롭게 한다고 강조한다. 무장투쟁이 벌어지면, 정부는 치안 유지나 국가 안보를 명분으로 더 강력한 통제를 정당화하기 쉽다. 시민사회가 폭력에 반대하고, 법적인·평화적인 수단으로 문제를 해결하려고 할 때 민주주의의 공간이 유지된다.

- **역사를 기억하라 – 독재의 방식이 어떻게 반복되는지 이해해야 한다**

스나이더는 '정치의 영원성 Politics of Eternity'이라는 개념을 제시한다. 이는 권위주의 정권이 역사를 왜곡하거나 특정 신화를 반복해 국민에게 우리는 늘 희생자였고, 적들은 늘 침략자라는 식의 허구적 내러티브를 주입하는 방식이다. 스나이더는 역사를 기억한다는 것은 단순히 사건 연표를 외우는 것이 아니라, 과거 독재와 전체주의가 어떤 과정을 거쳐 민주제도를 파괴했는지 구체적으로 살피는 것이라 강조한다. 과거를 제대로 기억하지 못하면, 같은 메커니즘(공포정치, 선동, 희생양 만들기)이 얼마든지 현대에도 재현될 수 있다. 역사는 반복되지 않는다. 그러나 그것은 운율을 가진다.

- **단어를 신중하게 사용하라**

전체주의 정권은 언어를 조작하여 현실을 왜곡하고, 사람들이 독립적 사고를 하지 못하도록 만든다. 권위주의 정권은 특정 집단을 탄압하거나 제거하려 할 때, 그들을 '인간'으로 보지 않도록 언어를 조작한다. 예를 들어, 나치는 유대인을 '해충'으로 묘사하며 학살을 정당화했고, 구 소련은 반체제 인사를 '국가의 적'으로 몰아 탄압했다. 미국의 노예제에서도 흑인을 '비인간적인 존재'로 규정하는 언어를 사용하여, 노예제도를 정당화했다.

단어의 의미를 의심하고, 조작되지 않도록 주의하라. 미디어 리터러시를 강화하라. 비판적 사고를 유지하고, 침묵하지 마라. 가짜 뉴스와 선전이 범람하는 시대에 우리는 언어의 중요성을 다시 인식해야 한다. 자신의 언어를 지키는 것은 민주주의를 지키는 것이다.

• 눈에 보이는 상징을 받아들이지 말라

독재자들은 단순히 법과 제도를 바꾸는 것이 아니라, 대중의 의식을 장악하기 위해 시각적 상징과 구호, 의례적인 행동을 동원한다. 이런 과정은 사람들이 점차 특정한 사상에 무감각해지거나, 순응하게 만드는 역할을 한다. 전체주의 정권은 사람들의 머릿속을 장악하기 전에, 먼저 그들의 눈앞을 장악한다. 히틀러는 나치 문양과 깃발을 사회 전반에 퍼뜨려 사람들의 의식을 장악했다. 오늘날에도 권위주의 정권들은 특정 상징과 구호를 강조하여 국민을 세뇌하려 한다. 상징은 사회를 '우리 vs 그들'로 분열시킨다. 상징은 저항할 기회를 사라지게 만든다. 상징은 독립적인 사고를 불가능하게 만든다.

특정 상징이 사회를 점령하는 것을 경계하라. 억압적 상징을 강요하는 것에 저항하라. 언어를 지키고, 침묵하지 마라. 자신이 원하지 않는 말을 하도록 강요받는다면, 그것이 전체주의가 시작되는 신호임을 기억하라.

• 진실을 찾고 믿어라

전체주의 정권은 종종 '모든 것이 거짓'이라는 인식을 퍼뜨려 사람들이 냉소적이 되고, 결국 진실을 찾으려는 노력을 포기하게 만든다. 이것이 바로 권위주의가 원하는 결과다. 독재자는 사람들이 믿을 만한 진실이 없다고 느끼게 만들기를 원한다. 사람들이 아무것도 믿을 수 없다고 생각하는 순간, 그는 승리한 것이다. 전체주의 정권은 가짜 뉴스를 퍼뜨리고, 선전을 통해 현실을 왜곡한다. 현대 사회에서는 소셜미디어와 알고리즘이 이러한 거짓 정보의 확산을 더욱 쉽게 만들었다.

진실은 저절로 퍼지는 것이 아니다. 거짓이 끊임없이 공격해오기 때문에, 우리는 스스로 진실을 찾고 지켜야 한다. 신뢰할 수 있는 정보원을 찾아라. 객관적 사실을 확인하라. 냉소주의에 빠지지 마라. 민주주의 사회가 유지되려면 진실이 존재해야 한다. 진실을 찾는 것은 단순한 지적 활동이 아니라, 민주주의를 지키는 행동 그 자체이다.

- **용기를 내라**

자유는 용기가 없다면 사라진다. 전체주의는 사람들이 두려워하고, 순응할 때 자리를 잡는다. 전체주의 정권은 시민들의 두려움을 조장하고, 순응하도록 만든다. 사람들이 정부를 두려워할수록, 점점 더 많은 자유를 포기하게 된다. 독재 정권은 단번에 모든 자유를 빼앗는 것이 아니라, 점진적으로 권력을 확대한다. 초기에는 사소해 보이는 법률과 정책이 도입되지만, 결국에는 사람들이 점점 더 많은 자유를 잃게 된다. 처음에는 사소해 보이던 변화가 결국 자유를 완전히 빼앗는다. 처음부터 용기를 내어 저항하지 않으면, 더 이상 되돌릴 수 없는 상황이 된다.

민주주의를 지키는 데는 개인의 용기가 필요하다. 전체주의는 사람들이 저항하지 않고 순응할 때 가장 쉽게 자리 잡는다. 우리가 부당한 권력에 맞서려면, 서로 연대하고 적극적으로 행동해야 한다. 두려움을 극복하라. 저항의 작은 행동을 실천하라. 연대하고 행동하라.

스나이더는 민주주의가 과거 전체주의의 길을 반복하고 있음을 경고하며, 우리가 지금 행동하지 않으면 돌이킬 수 없는 결과를 맞이할 것이라고 주장한다. 21세기의 권위주의는 법치를 서서히 약화시키고, 언론을 통제하며, 시민들의 정치적 무관심을 조장하는 방식으로 진행된다. 따라서 민주주의를 지키기 위해서는 시민들이 깨어 있어야 하며, 적극적으로 자신의 권리를 방어해야 한다.

스나이더는 우리들에게 역사를 공부하라, 진실을 지켜라, 제도에 의존하지 말고 직접 나서라, 다른 사람에게 손을 내밀라고 말한다. 이는 단순한 도덕적 권고가 아니라, 민주주의의 조건을 구성하는 실천적 윤리다. 무엇보다 중요한 점은, 시민은 통치의 대상이 아니라 민주주의의 주체라는 자각이다. 민주주의는 그 자체로 지속되지 않는다. 우리가 행동하지 않으면 그것을 잃게 될 것이다.

🖋 주요 저술

- **폭정: 20세기의 스무 가지 교훈**(On Tyranny: Twenty Lessons from the Twentieth Century, 2017/조행복, 2017) | : 민주주의가 전체주의로 전락하지 않기 위해 현대 사회가 배워야 할 교훈을 다룬다. 히틀러와 스탈린의 독재에서 배울 수 있는 20가지 교훈을 제시하며, 시민 개개인이 독재를 막기 위해 실천해야 할 행동을 강조한다.

- **가짜 민주주의가 온다**(The Road to Unfreedom, 2018/유강은, 2019): 현대 러시아의 권위주의적 팽창과 서구 민주주의의 위기. 푸틴 체제의 러시아가 어떻게 서방 민주주의를 약화시키고 있는지 분석하며, 가짜 뉴스, 선전, 역사 왜곡을 통해 전체주의적 국가가 성장하는 과정을 설명한다.

- **치료받을 권리**(Our Malady, 2020/강우성, 2021): 미국 의료 시스템의 문제와 민주주의 위기. 코로나19 팬데믹을 배경으로 미국의 보건 시스템이 실패한 이유를 분석하며, 건강권이 민주주의 유지에 필수적임을 주장한다.

58 | 하조니 1964~
민족국가는 대안이 될 수 있는가?

"인간 사회는 전통, 역사, 문화, 종교 등의 요소로 이루어진 민족 공동체를 중심으로 형성되며, 개인의 자유는 강력한 공동체적 기반이 있을 때만 유지될 수 있다. 글로벌리즘과 자유주의적 보편주의는 민족국가의 자율성을 파괴하며, 오히려 민주주의를 위협하는 요소가 된다. 우리가 필요로 하는 것은 강한 민족국가를 바탕으로 한 보수주의적 질서이다."
—『민족주의의 미덕』, 2018

요람 하조니(Yoram Hazony, 1964~)는 "자유민주주의는 보편적 모델이 아니다. 국가는 민족적 정체성과 역사적 전통을 바탕으로 조직되어야 한다"라고 주장한다. 그는 핵심 저서인 『민족주의의 미덕(2018)』을 통해, 현대 세계 질서의 지배적 이념으로 간주되는 자유주의적 보편주의와 국제주의에 도전하며, 민족국가 nation-state와 건전한 의미의 '민족주의 nationalism'를 옹호하는 독창적이고 강력한 주장을 펼쳤다.

자유주의의 제국주의적 경향성

"자유주의는 민족국가가 인류의 자연스러운 정치 형태라는 점을 무시하고 있다" – 요람 하조니 정치사상의 중심축에는 현대 자유주의, 특히 특정한 계몽주의적 합리성에 기반한 자유주의가 지닌 '제국주의적' 경향성에 대한 근본적이고도 첨예한 비판이 자리 잡고 있다. 하조니는 오늘날 서구의 많은 지식인과 정책 결정자들이 신봉하는 소위 '자유주의적 국제 질서'가 실제로는 특정 문화권(주로 서구)에서 발현된 자유민주주의의 특정 모델과 인권 개념을 유일하고 보편적인 가치로 상정하고, 이를 전 세계 모든 국가에 일률적으로 적용하려는 시도라고 진단한다. 그에게 이러한 시도는 과거 물리적 힘을 앞세웠던 제국주의와 마찬가지로, 각 국가와 민족이 지닌 고유한 역사적 경험, 문화적 전통, 그리고 정치적 자결권을 본질적으로 침해하는 '새로운 형태의 제국주의'로 귀결될 수밖에 없다.

"강요되는 가치란 때로 특정 민주주의 절차나 개인 권리에 대한 보편적 해석을 가리키며, 이러한 해석은 전통적 공동체 윤리와 충돌할 때 정체성의 혼란과 사회적 분열을 초래한다" – 하조니에 따르면, 이러한 자유주의적 보편주의는 추상적 이성에 대한 과도한 신뢰에서 비롯되며, 각 민족 공동체가 처한 구체적인 현실과 역사적 맥락을 무시하는 경향을 보인다. 그가 지목하는 '강요되는 가치'에는 특정 형태의 민주주의 절차, 개인의 권리에 대한 특정 해석(해당 사회의 전통적 공동체 윤리와 충돌하는), 그리고 때로는 특정 종교적·문화적 전통을 배제하는 세속주의 등이 포함될 수 있다. 이러한 가치들이 보편적 선의 이름으로 외부로부터 이식될 때, 해당 사회 내부에서는 정체성의 혼란, 기존 질서와의 마찰, 심지어는 극심한 사회적 갈등까지 유발할 수 있다고 하조니는 경고한다.

"초국가적 기구들은 유엔·EU·ICC의 이름 아래 자국의 주권을 제약하고, 해당 국민의 민주적 통제로부터 벗어난 결정을 강제함으로써 진정한 책임성을 훼손한다" – 하조니는 유럽연합(EU), 국제연합(UN) 및 그 산하 기구들, 국제형사재판소(ICC)와 같은 초국가적 기구들이 종종 이러한 자유주의적 보편주의를 관철하는 도구로 기능한다고 비판한다. 예를 들어, EU

의 경우 개별 회원국의 법률보다 우위에 있는 초국가적 규범을 통해 각국의 고유한 정책 결정권을 제약하며, UN이나 ICC는 보편적 인권이나 국제법의 이름으로 특정 국가의 내정 문제에 개입하거나 주권을 침해하는 사례를 낳고 있다는 것이다. 그는 이러한 초국가적 기구들의 결정이 종종 해당 국가 국민들의 직접적인 민주적 통제로부터 벗어나 있어, 국가 단위에서 작동해야 할 민주적 책임성의 원리를 심각하게 훼손한다고 본다.

이러한 문제의식 위에서 하조니는 역사적 고찰을 통해 자신의 주장을 뒷받침한다. 로마 제국에서부터 신성 로마 제국, 나폴레옹 제국, 그리고 20세기의 공산주의 제국에 이르기까지, 단일한 이념이나 원칙에 기반하여 보편적 제국을 건설하려는 시도는 예외 없이 피정복 민족의 저항에 직면했으며, 결국 내부적 모순과 외부의 반발로 인해 폭정으로 흐르거나 와해되는 역사를 반복해왔다는 것이다. 반대로, 그는 (이상화된 형태의) 베스트팔렌 체제나 혹은 각 민족이 자신들의 종교적·문화적 전통에 따라 독립을 쟁취했던 프로테스탄트 국가들의 시대를 참조하며, 독립적인 주권국가들이 서로의 존재와 고유성을 인정하고 세력 균형을 이루며 공존하는 질서가 상대적으로 평화와 진정한 자유(타자로부터의 자유뿐 아니라 스스로를 다스릴 자유)를 더 효과적으로 보장해왔다고 역설한다. 그에게 있어 다양한 민족국가들이 각자의 방식으로 발전하며 상호작용하는 국제 질서야말로 강압적인 보편주의보다 훨씬 더 안정적이고 다원적인 세계를 가능케 하는 현실적인 대안인 것이다.

민족국가 모델

"세계는 서로 다른 고유한 문화, 언어, 종교 및 역사적 경험을 가진 독립적인 국민(민족)들로 구성되어 있으며, 각 국민(민족)은 자신들의 고유한 전통과 집합적 이익에 따라 스스로를 통치할 권리가 있다" – 자유주의적 보편주의가 지닌 제국주의적 경향에 대한 첨예한 비판 위에서, 요람 하조니는 현대 사회에서 종종 부정적으로만 인식되는 '민족주의nationalism'에 대한 근본적이고도 긍정적인 재해석을 시도한다. 그에게 민족주의는 19세기와 20세기의 역사 속에서 나타났던 맹목적인 국수주의, 군국주의적 팽창주의, 또는 타민족에 대한 배타적 적대감과 동일시될 수 없다. 하조니에게 있어 민족주의는 독립된 문화와 전통을 지닌 공동체가 스스로의 운명을 결정할 권리를 옹호하는 사상이다. 이는 각 민족 공동체가 자신들의 독자적인 생활양식과 가치 체계를 발전시키고 보존할 자유를 핵심으로 삼으며, 외부의 간섭 없이 공동체의 운명을 스스로 결정할 권리, 즉 민족자주권을 적극적으로 옹호하는 이념이다.

하조니는 이러한 형태의 민족주의가 개인들에게는 심리적 안정감과 깊은 소속감을 제공하고, 공동체 구성원 간의 상호 신뢰와 연대의식을 고취하여 공공선 추구를 위한 견고한 정치적·사회적 토대를 마련한다고 강조한다. 나아가 그는, 각기 다른 특성을 지닌 다양한 민족국가들이 각자의 독창적인 방식으로 발전하고, 때로는 경쟁하고 때로는 협력하는 과정 속에서 인류 전체의 문화적 다양성과 지적 창의성이 오히려 더욱 풍부해질 수 있다고 주장하며, 획일적인 보편주의보다 다원적인 민족주의가 인류 문명에 더 큰 기여를 할 수 있다고 역설한다.

하조니 사상의 이러한 독특한 관점은 특정 철학적 전통과 깊이 연관되어 있다. 그의 사상적 뿌리는 무엇보다도 영미 경험주의 정치철학과 히브리 성서 전통에 깊이 맞닿아 있다. 그는 존 로크(1632~1704), 데이비드 흄(1711~1776), 그리고 특히 에드먼드 버크 (1729~1797) 등으로 대표되는 영미(또는 앵글로-스코티시) 경험주의 정치철학의 흐름을 중시한다. 이 사상가들은 인간 이성의 한계를 인정하고 추상적이고 보편적인 원리보다는 구체적인 역사적 경험, 세대를 통해 전승된 전통, 그리고 공동체 내에서 자연스럽게 형성된 관습의 중요성을 강조했다고 하조니는 평가한다. 그에게 있어 성공적인 민족국가 역시 이러한 역사적 경험과 수많은 시행착오를 통해 점진적으로 형성되고 발전해 온 현실적이고 유기적인 정치 공동체이다. 이러한 국가들은 특정 민족의 고유한 상황과 필요에 부응하여 발전한 헌정 질서와 제도를 지니며, 이는 추상적 이론으로 설계된 인위적 국가 모델보다 훨씬 안정적이고 지속 가능하다는 것이다.

더 나아가 하조니는 자신의 민족국가론과 보수주의 사상의 또 다른 중요한 원천으로 히브리 성서(구약성서) 전통을 강조한다. 그는 성서에 나타난 고대 이스라엘 민족의 자기 이해, 즉 신과의 언약을 통해 하나의 공동체를 이루고, 자신들의 땅에서 고유한 법과 정의로운 통치 질서를 추구하며 외부 제국의 압제에 저항하여 독립을 지키려 했던 모습이야말로, 각 민족이 고유한 정체성을 바탕으로 자율적인 정치 공동체를 형성하고자 하는 민족국가 이념의 중요한 역사적 선례이자 사상적 영감을 제공한다고 역설한다.

"자유주의적 보편주의는 추상적 이성이 주도함으로써 구체적 현실과 역사적 경험을 간과하는 오류를 범하였다" - 반면, 하조니는 토머스 홉스(1588~1679), 장 자크 루소(1712~1778), 그리고 이마누엘 칸트(1724~1804) 등으로 대표되는 대륙 합리주의 철학에 대해서는 비판적인 입장을 견지한다. 이들 합리주의자들은 인간 이성의 보편적 능력을 통해 시공을 초월하는 이상적인 국가 모델이나 정치 원리를 발견하고 이를 현실에 적용할 수 있다고 믿었지만, 하조니는 이러한 접근 방식이 종종 현실을 무시한 유토피아적 기획으로 흐르거나, 심지어 자신들의 합리적 모델을 타자에게 강요하는 제국주의적 야심으로 이어졌다고 비판한다.

민족 보수주의 철학

"민족보수주의는 주권 수호와 전통 존중, 그리고 공동체가 자생적으로 발전할 자유를 핵심 가치로 삼는다" – 요람 하조니는 현대 정치철학에서 '민족보수주의 National Conservatism'라는 뚜렷한 흐름을 주도하고 있다. 그의 저서 『보수주의의 본질(2022)』은 이러한 민족보수주의의 철학적, 역사적 토대를 심층적으로 제시하며, 현대 사회에서 보수주의가 나아가야 할 방향을 재정립하려는 야심 찬 시도이다. 이 책을 통해 하조니는 오늘날 보수주의가 종종 자유지상주의나 추상적 보편주의와 혼합되는 현실을 비판하고, 경험과 전통, 그리고 특정 국가 공동체의 고유한 가치에 뿌리내린 '진정한 보수주의'를 '재발견'해야 한다고 역설한다.

하조니가 『보수주의의 본질』에서 시도하는 '재발견'은 현대 보수주의가 그 역사적 뿌리로부터 멀어졌다는 문제의식에서 출발한다. 그에 따르면, 오늘날 많은 자칭 보수주의자들은 개인의 자유와 자유 시장을 강조하는 고전적 자유주의(또는 자유지상주의)의 이념을 무비판적으로 수용하거나, 혹은 국경을 넘어선 보편적 가치와 국제 질서를 추구하는 경향을 보인다. 하조니는 이러한 흐름들이 보수주의 본연의 모습이 아니라고 단언한다. 그가 복원하고자 하는 '보수주의의 본질'은 존 로크, 에드먼드 버크 등 영미권의 역사적 보수주의 사상가들에게서 발견되는 경험주의적이고 전통주의적인 지혜에 기반한다. 이들은 추상적이고 보편적인 이성의 법칙보다는 각 사회가 오랜 역사와 경험을 통해 축적해 온 관습, 제도, 그리고 종교적 신념의 중요성을 강조했다는 공통점을 지닌다.

이러한 철학적 토대 위에서 하조니는 보수주의의 핵심 원리로 다음 세 가지를 제시한다.

첫째, 역사적 경험주의이다. 정치적 지혜와 올바른 통치 방식은 인간 이성의 추상적 구성물에서 나오는 것이 아니라, 특정 공동체가 세대를 거쳐 겪어온 구체적인 경험과 그로부터 얻은 교훈에서 비롯된다는 것이다.

둘째, 전통에 대한 존중이다. 사회는 개인들의 단순한 집합체가 아니라, 과거로부터 물려받아 현재를 살아가며 미래로 계승해야 할 유기체이다. 가족, 종교 공동체, 지역사회, 그리고 국가와 같은 전통적 제도와 그 안에 담긴 도덕적 가르침은 사회 질서와 개인의 정체성 형성에 필수적이다.

셋째, 종교적 신념의 공적 역할이다. 특히 하조니는 유대-기독교 전통, 특히 히브리 성서(구약성서)가 제시하는 공적 경건함, 정의, 겸손, 그리고 국가 공동체의 도덕적 책임감이 서구 문명의 중요한 토대였음을 강조하며, 종교가 사적인 영역에만 머무를 것이 아니라 공적인 삶과 정치 질서에도 긍정적인 영향을 미쳐야 한다고 주장한다.

이러한 '재발견된' 보수주의의 원리들은 자연스럽게 민족보수주의로 귀결된다. 만약 정치적 지혜가 역사적 경험과 전통에서 비롯된다면, 각기 다른 역사와 전통, 언어와 문화를 공유하는 '민족nation'이야말로 정치 공동체의 가장 자연스럽고 안정적인 단위가 된다. 국민은 추상적 인류애나 보편적 이성이 아니라, 구체적인 장소와 역사 속에서 형성된 상호 충성심과 연대의식을 바탕으로 공동선을 추구할 수 있다. 따라서 하조니의 민족보수주의는 각 국민이 자신들의 고유한 전통과 가치에 따라 스스로를 통치할 권리, 즉 민족 주권과 민족 자주를 핵심 가치로 내세운다.

『보수주의의 본질』을 통해 구체화된 하조니의 민족보수주의는 다음과 같은 핵심적인 정책적, 정치적 함의를 지닌다.

첫째, 국가 주권의 절대적 수호이다. 국제기구나 초국가적 연합체에 의한 주권 침해에 반대하며, 각 국가는 자국의 이익과 안보를 최우선으로 고려해야 한다.

둘째, 전통적 가치와 제도의 보존이다. 건강한 가족, 종교 공동체의 활성화, 지역 사회의 유대 강화를 통해 사회적 질서와 도덕성을 함양해야 한다.

셋째, 국민적 정체성과 문화적 동질성의 강조이다. 이민 정책 등에 있어 국가의 문화적 연속성과 사회 통합을 신중하게 고려해야 하며, 공교육을 통해 자국 역사와 전통에 대한 자긍심을 고취해야 한다.

넷째, 자유 시장에 대한 비판적 접근이다. 경제적 효율성만을 추구하는 신자유주의적 세계화가 국가 공동체의 기반(예: 국내 산업, 노동자 계층)을 약화시킨다면, 국가는 이에 개입하여 국민 경제를 보호하고 공동체의 안정을 도모할 책임이 있다.

하조니의 민족보수주의에 대한 비판도 만만치 않다. 그의 이론이 자칫 배타적 민족주의나 권위주의로 흐를 수 있다는 우려, 다문화 사회의 현실과 부합하지 않는다는 지적, 또는 그의 역사 해석이 선택적이라는 비판 등이 그것이다. 그럼에도 불구하고, 요람 하조니는 『보수주의의 본질』을 통해 현대 보수주의가 나아가야 할 방향에 대한 심오하고도 논쟁적인 화두를 던졌다. 그의 민족보수주의 철학은 전 지구화와 자유주의적 보편주의의 흐름 속에서 국가 정체성과 공동체의 의미를 되묻고, 전통적 가치에 기반한 새로운 정치적 질서를 모색하려는 이들에게 중요한 이론적 자양분을 제공하며 현대 정치사상 지형에 지속적인 영향을 미치고 있다.

하조니의 논의는 현대 정치질서에 대한 근본적 물음을 던진다. 자유주의적 보편주의가 만능 해법인 양 제시되던 시대는 지나갔으며, 국가는 더 이상 추상적 이성의 산물이 아니라 역사와 전통 속에서 길러진 유기적 공동체로 이해되어야 한다. 그는 민족국가 모델이 자국민의 정체성과 주권을 지키는 최선의 장치임을 역설하며, 이를 통해 참된 자유와 평화를 실현할 수 있다고 보았다.

하조니가 강조하는 것은 단순한 과거 회귀가 아니다. 각 민족국가는 상호 인정과 협력을 통해 다원적 국제질서를 구축할 수 있으며, 이러한 과정 속에서 인류 문명은 더욱 풍성해질 수 있다. 그는 민족자주권과 전통 존중이 국제사회의 지속 가능성과 정의를 보장하는 토대가 될 수 있음을 설득력 있게 제시하였다. 하조니는 우리에게 묻는다.

보편적 가치의 강요가 아니라, 각 공동체가 스스로 길을 모색할 때 진정한 정치적 책임성과 도덕적 결속이 가능하지 않겠는가?

그의 사상은 오늘날 분열과 갈등이 심화되는 세계에서, 민족국가의 의미와 한계를 재고하며 새로운 대안을 모색하는 중요한 출발점이 된다.

주요 저술

- **민족주의의 미덕**(The Virtue of Nationalism, 2018) | 자유주의적 세계 질서가 제국주의적 성격을 띠고 있으며, 민족국가가 더 윤리적이고 실용적인 대안이라고 주장한다.

- **보수주의의 본질**(Conservatism: A Rediscovery, 2022) | 보수주의는 개인의 자유를 극대화하는 것이 아니라, 국가, 종교, 가족, 공동체를 유지하는 전통적 가치에 기반해야 한다고 주장한다.

PART
14

민주주의 너머
— 새로운 대안

21세기, 민주주의는 여전히 인류가 가진 가장 강력한 정치 체제이지만, 동시에 그 한계와 모순이 점점 더 분명해지고 있다. 기존의 시스템은 불평등을 해결하지 못하고 있으며, 대의 민주주의는 시민들의 의사를 제대로 반영하지 못하는 경우가 많다.

이제 우리는 민주주의 이후를 상상해야 하는가?

이 장에서는 샹탈 무페(1943~)의 '급진적 민주주의', 토마 피케티(1971~)의 '불평등 확대 법칙'과 '참여 사회주의', 왕후이(959~)의 '중국식 정치모델'과 '천하', 패트릭 드닌(1964~)의 '포스트 리버럴 보수주의' 등을 통해 21세기 민주주의 이후 새로운 대안에 대한 인류의 지적 여정을 살펴본다.

우리는 무엇을 대안으로 삼아야 하는가?

민주주의 너머에는 무엇이 기다리고 있는가?

59 | 무페 1943~
급진적 민주주의는 실현 가능한가?

"진정한 민주주의는 항상 대립과 갈등을 수반하며, 서로 다른 집단 간의 차이를 인정하고 정치적 대결을 통해 해결하는 공간이다. 우리는 정치적 반대를 사라지게 하는 것이 아니라, 그것을 민주적인 방식으로 표현하고 제도화하는 방식을 찾아야 한다."

— 『민주주의의 역설』, 2000

현대 사회는 민주주의가 심각한 도전에 직면한 시대이다. 자유민주주의가 보편적인 정치 체제로 자리 잡았지만, 정치적 무관심과 불평등의 심화, 대의 민주주의의 한계 등 여러 문제가 제기되고 있다. 이러한 상황에서 벨기에 출신의 정치철학자 샹탈 무페(Chantal Mouffe, 1943~)는 기존의 자유민주주의를 비판하면서 대안적인 민주주의 모델로 '급진적 민주주의 radical democracy' 개념을 제안했다.

자유주의와 신자유주의 비판

"자유주의는 민주주의를 약화시키고, 민주주의는 자유주의의 한계를 폭로한다" – 무페는 '자유주의'와 '민주주의'가 역사적으로 결합되어 있지만, 본질적으로 긴장 관계를 형성한다고 주장한다. 자유주의는 개인의 권리 보호와 법치주의를 강조하며, 다원성을 존중하는 정치체제를 지향한다. 반면 민주주의는 대중의 집합적 의사결정과 주권을 중시한다. 개인의 권리와 대중의 집합적 의사결정, 법치와 주권… 이 원리들은 근본적으로 상충하며, 자유주의가 강조될수록 민주주의는 약화된다.

"신자유주의는 정치의 공간을 기술관료적 관리로 대체하였고, 민주주의를 공허한 형식으로 만들었다" – 무페는 신자유주의에 대해서도 비판의 날을 댄다. 그는 신자유주의가 경제적 논리를 정치에 적용하면서, 민주주의의 핵심 가치를 약화시켰다고 비판한다.

신자유주의적 정치질서는 국가의 역할을 축소하고, 시장의 논리를 모든 사회적 영역에 적용하려 한다. 그 결과, 정치적 결정이 민주주의적 절차를 통해 이루어지기보다, 시장 논리에 의해 좌우되는 상황이 발생한다. 즉, 국가 정책이 대중의 요구보다는 금융 시장, 글로벌 기업, 경제적 엘리트의 이해관계에 따라 결정되는 구조로 변질되었다. 대중은 선거를 통해 정부를 선택할 권리를 갖지만, 실제 정책 결정 과정에서는 대중의 의견이 반영되지 않는 경우가 많다. 결과적으로 국민은 정치적 무기력을 느끼게 되며, 정치적 냉소주의가 확산된다. 무페는 이 상황을 '포스트정치 post-politics'라 부른다. 그것은 이념적 투쟁이 사라진 사회, 즉 정치의 탈정치화이다.

샹탈 무페는 오늘날의 민주주의가 점점 더 기술적 관리와 합의 중심의 정치로 수렴하고 있다고 보았다. 갈등은 억제되거나 외면되며, 정치는 중도적 '공통 감각'에 의해 대체되고 있다. 샹탈 무페는 이러한 정치의 탈정치화 과정을 비판하며, 민주주의란 본질적으로 갈등을 제도화하는 과정, 다시 말해 적대성 antagonism을 인정하고 그것을 대립성 agonism으로 전환하는 장이어야 한다고 주장한다. 그녀는 이를 급진 민주주의 radical democracy 혹은 좌파 포퓰리즘 left populism이라고 부른다.

정치적 갈등의 전면화와 급진적 민주주의

"진정한 민주주의는 적대를 억압하는 것이 아니라, '대립'을 수용하는 것이다" – 무페는 '급진적 민주주의'를 통해 사회 변화를 이끌어낼 수 있다고 주장한다. '급진적 민주주의'는 다양한 사회 집단들의 참여와 토론을 통해 사회적 합의를 형성하고, 이를 바탕으로 사회 구조를 변화시키는 것을 목표로 한다. 무페는 이러한 과정에서 갈등과 적대는 불가피하지만, 이를 통해 사회는 더욱 민주적이고 평등한 방향으로 나아갈 수 있다고 본다. 샹탈 무페의 '급진적 민주주의'의 개념은 다음과 같은 핵심 요소로 구성된다.

첫째, '대립적 민주주의'이다. 무페는 기존 자유민주주의가 정치적 갈등을 가능한 한 제거하려고 한다고 비판한다. 그러나 현실에서 갈등과 차이는 불가피하며, 오히려 이를 제도적으로 인정하고 적극적으로 활용해야 한다고 주장한다. '급진적 민주주의'에서는 갈등을 단순한 '적대 Antagonism'로 보지 않고, 건설적인 정치적 '대립 Agonism'으로 변환하는 것이 중요하다. '적대'는 민주주의가 실패할 때 나타나는 현상이다. 정치적 반대자가 단순한 경쟁자가 아니라, '절멸해야 할 적'으로 규정되는 상태이다. 반면, '대립'은 민주주의가 건강하게 작동할 때의 상태로, 정치적 경쟁자가 적이 아니라, '정당한 반대자'로 인정되며, 공존할 수 있는 구조를 의미한다. 이를 통해 무페는 민주주의를 보다 역동적인 정치 체제로 만들고자 한다.

둘째, '헤게모니 이론'이다. 무페는 기존 마르크스주의의 계급 중심적 사고에서 벗어나, 정치적 헤게모니가 다양한 사회적 집단과 담론 속에서 형성된다고 보았다. 즉, 정치적 질서는 고정된 것이 아니라 지속적으로 변화하며, 사회 세력이 그 의미를 규정하는 과정에서 형성된다. 급진적 민주주의에서는 단일한 '국민'이나 '보편적 이익'이 존재하는 것이 아니라, 서로 다른 가치와 이해관계를 가진 다양한 집단이 존재하며, 이들 간의 정치적 경쟁이 필수적이다. 따라서 민주주의는 특정한 집단이 영원히 지배하는 것이 아니라, 끊임없는 투쟁과 협상을 통해 지속적으로 구성되어야 한다.

셋째, '포괄적 민주주의와 시민 참여'이다. 급진적 민주주의는 단순한 대의 민주주의를 넘어, 보다 적극적인 시민 참여를 요구한다. 무페는 기존 자유민주주의가 국민을 수동적인 투표자로 만들고, 정치적 의사 결정을 엘리트에게 맡기는 방식으로 운영된다고 비판한다. 이에 대한 대안으로, 시민들이 '공론장'에서 적극적으로 정치적 논쟁을 펼치고, 다양한 사회운동과 참여적 민주주의 형태를 통해 정치 과정에 개입할 것을 주장한다. 이는 기존의 제도적 민주주의를 넘어서는 실천적 민주주의를 의미한다.

넷째, '민주 사회주의'이다. 상탈 무페는 전통적인 사회주의 사상에서 중시했던 경제적 평등의 가치가 민주주의의 핵심 요소로 통합되어야 한다고 주장하며, 이를 '민주 사회주의'라고 부른다. 그녀는 민주주의가 경제적 영역에서도 실질적인 평등을 보장할 수 있도록 변혁되어야 한다는 점을 강조한다. 그녀는 자본주의가 민주주의적 원칙과 조화를 이루기 어려운 체제이며, 경제적 자유주의가 사적 소유권과 시장의 자율성을 절대화하면서 사회적 평등을 실질적으로 파괴해왔다고 비판한다. 그녀는 시장의 역할을 완전히 배제하는 극단적 사회주의 모델을 옹호하지 않지만, 사적 소유와 시장 경제가 민주주의적 통제와 조화를 이루어야 한다고 주장한다.

정동의 힘과 좌파 포퓰리즘

"우리가 감정을 정치에서 배제하려 한다면, 그것은 더 위험한 방식으로 폭발할 것이다" – 현대 민주주의는 논리와 이성이 지배하는 체제로 여겨져

왔다. 그러나 현실의 정치에서는 사람들의 '정동Affects'과 '열정Passion'이 중요한 역할을 한다. 샹탈 무페는 민주주의와 정치에서 감정의 역할을 강조하며, 이를 '정동情動'의 힘이라고 개념화했다. 이는 기존의 자유주의적 민주주의 이론이 감정과 정동을 배제하고 지나치게 이성적 합의를 강조한 것과는 대비되는 관점이다.

"정동은 민주주의를 확장하는 열쇠다" – 정치적 행위는 단순한 합리적 논의에서 비롯되는 것이 아니라, 사람들의 감정적 열망과 집단적 소속감에 의해 형성된다. 정치적 정체성을 형성할 때, 논리적 이유보다 감정적 유대가 더 큰 영향을 미친다. 사람들이 어떤 정치적 이념이나 정당을 지지하는 이유는 단순한 정책적 이익 때문이 아니라, 그 이념과 집단이 자신과 정서적으로 연결되어 있다고 느끼기 때문이다. 따라서 정치적 논쟁에서 감정적 요소를 제거하려는 시도는 비현실적이며, 오히려 민주주의를 약화시킬 수 있다.

"우리는 새로운 인민을 만들어야 한다. 좌파적 인민은 민주주의의 미완의 약속을 실현할 수 있다" – 샹탈 무페는 『녹색 민주주의 혁명을 위하여: 좌파 포퓰리즘과 정동의 힘(2022)』라는 최근 저작에서 '좌파 포퓰리즘' 정치 전략을 제안하며, 이를 오늘날 민주주의의 위기를 극복하기 위한 실천적 대안으로 제시한다. 그녀에 따르면, 기존의 자유주의 정당정치가 사회의 다양한 요구를 수용하지 못하고 제도화된 정치 엘리트 중심으로 고착되면서, 대중은 점점 더 정치로부터 소외되고 있다. 이로 인해 극우 포퓰리즘이 득세하고, 민주주의의 기반 자체가 흔들리고 있는 현실 속에서, 무페는 좌파 포퓰리즘이야말로 새로운 민주적 가능성을 열어줄 정치적 구성 방식이라고 주장한다.

무페가 말하는 좌파 포퓰리즘의 핵심은, '엘리트 대 다수'의 대립 구도를 중심으로 다양한 사회적 불만과 요구를 하나의 공통된 정치적 의지로 결집하는 것이다. 여기서 '인민'은 단일하고 고정된 집단이 아니라, 사회 각계각층에서 배제되고 침묵당해 온 다양한 주체들, 즉 노동자, 여성, 이주민, 소수자 등을 새로운 정치적 주체로 구성하는 과정을 의미한다. 무페는 이를 '새로운 인민의 창조'라고 표현한다. 그녀에게 있어 좌파적 인민은 기존의 정치 체제가 감당하지 못한 요구들을 발언 가능하게 만들며, 진정한 민주주의가 지닌 미완의 약속, 모두가 동등하게 발언하고 참여할 수 있는 사회를 실현하는 잠재력을 지닌다. 좌파 포퓰리즘은 갈등을 없애는 정치가 아니라, 갈등을 드러내고, 충돌을 정치의 장으로 옮기며, 그것을 민주주의 안에 통합하는 과정이다. 이와 같이 무페는 좌파 포퓰리즘을 통해, 민주주의를 합의의 이름으로 중립화하는 정치에서 벗어나, 불일치와 차이, 투쟁이 살아 숨 쉬는 살아 있는 정치로 다시 되살리고자 한다. 그것은 단지 좌파를 위한 전략이 아니라, 민주주의 자체를 재정의하고 심화시키려는 시도이다.

우리는 종종 '분열'을 민주주의의 위기로 여긴다. 그러나 무페는 그 반대의 길을 가리킨다. 분열 없는 민주주의는 생명 없는 민주주의다. 갈등과 대립, 충돌과 불일치는 우리가 함께 사유하고 결정할 수 있다는 가능성의 다른 이름이다. 중요한 것은 적대성을 억압하는 것이 아니라, 그 적대성을 민주적 언어와 제도 속에 끌어들이는 능력이다. 샹탈 무페의 급진적 민주주의는 자유민주주의가 숨겨온 균열을 드러내며, 정치의 본질을 충돌과 긴장의 장으로 돌려놓는다. 그 과정에서 정동은 단순한 감정이 아닌 정치적 가능성을 열어젖히는 힘으로 작동한다.

결국 무페는 우리에게 묻는다.
당신은 어떤 정치적 공간을 원하는가? 모두가 침묵하는 위생적 평온인가,

아니면 충돌 속에서도 공존을 시도하는 생동하는 장인가?

그녀의 정치철학은 완전한 합의가 아니라, 정당한 불일치의 공간을 열어주는 것이 민주주의의 과제임을 다시 일깨워준다.

✒ 주요 저술

- **민주주의의 역설**(The Democratic Paradox, 2000/이행, 2006) | 자유주의와 민주주의는 역사적으로 결합되어 있지만, 본질적으로 긴장 관계를 형성하는 상충적 개념임을 주장하였다.

- **경합들 - 갈등과 적대의 세계를 정치적으로 사유하기**(Agonistics: Thinking the World Politically, 2013/서정연, 2020) | 정치란 본질적으로 적대적 관계를 내포하며, 완전한 합의에 도달할 수 없는 영역으로, 정치적 반대 세력 간의 갈등을 억누르는 것이 아니라, 공적 영역에서 표현하고 충돌하도록 하는 것이 민주주의를 건강하게 유지하는 길이라고 주장한다.

- **녹색 민주주의 혁명을 향하여: 좌파 포퓰리즘과 정동의 힘**(Towards a Green Democratic Revolution: Left Populism and the Power of Affects, 2022/2022, 이승원) | 좌파 포퓰리즘과 생태 민주주의(녹색 정치)의 결합 가능성을 탐색. 기후 위기와 정치적 대립 속에서 민주주의의 역할을 재구성하며, 정동의 힘을 강조한다.

60 | 피케티 1971~
자본주의는 불평등을 완화할 수 있는가?

"자본주의가 자동으로 균형을 이루며 불평등을 완화한다는 믿음은 환상에 불과하다. 역사적으로 볼 때, 불평등은 감소하기보다는 증가하는 경향이 있으며, 이를 막기 위해서는 민주적 개입과 공정한 조세 정책이 필수적이다."

—『21세기 자본』, 2013

토마 피케티(Thomas Piketty, 1971~)는 프랑스 경제학자로, 자본주의와 불평등 문제를 분석하는 데 집중한 현대 정치경제학의 대표적 사상가이다. 그는 방대한 역사적 데이터를 분석하며 자본주의가 본질적으로 부의 불평등을 확대하는 경향이 있으며, 이를 조정하지 않으면 민주주의와 사회 정의가 위협받을 수 있다고 주장했다.

자본 소득율 r과 경제 성장률 g의 관계

토마 피케티는 자본주의 경제가 자유와 번영을 가져오기도 하지만, 동시에 심각한 경제적 불평등을 초래하며, 이러한 불평등이 사회 정의를 훼손할 위험이 있다고 경고했다. 그의 대표작『21세기 자본(2014)』은 역사적 데이터를 바탕으로 자본주의가 시간이 지남에 따라 소득과 부의 불평등을 확대하는 경향이 있으며, 이를 민주적 방식으로 조정하지 않으면 자유와 평등이 위협받을 수 있다는 점을 강조한다.

"자본 수익률이 경제 성장률을 초과할 때, 불평등은 자동적으로 심화된다" – 피케티는 데이터를 분석하여, '자본 소득율return on capital'이 '경제 성장률growth rate'보다 항상 더 높은 경향이 있음을 발견했다. 즉, 부자들은 자본을 통해 소득을 얻으며 점점 더 부유해지는 반면, 노동자들은 임금 상승이 자본 수익률을 따라가지 못하면서 상대적으로 가난해진다. 이는 시장 경제가 스스로 불평등을 해소하지 못하며, 자본을 가진 사람들에게 더욱 유리하게 작용한다는 점을 보여준다. 그는 이 발견을 'r 〉 g 법칙'이라 표현한다. 즉 '자본 소득율r'은 언제나 '경제 성장률g'보다 컸던 것이고, 자본주의가 자연 상태에서 불평등을 확대하는 경향이 있음을 데이터로 보여준 것이다.

피케티는 경제적 자유를 강조하는 것만으로는 정의로운 사회를 만들 수 없다는 것을 과학으로 보여준 셈이다. 피케티는 이러한 경제적 불균형이 '정치적 자유'에도 영향을 미친다고 보았다. 경제적 불평등이 심화될수록 부유층이 정치적 영향력을 더 많이 행사하게 되며, 정치 과정이 특정 계층에게 유리한 방향으로 작동할 위험이 커진다. 이는 자유민주주의의 근본 원칙과 충돌하는 문제로, 피케티는 이를 해결하기 위해 보다 평등한 경제 시스템이 필요하다고 주장한다.

정의와 불평등: 불평등이 정당화될 수 있는가?

"부는 과거보다 훨씬 더 집중되고 있다" – 존 롤스(1921~2002)는 『정의론』에서 불평등이 존재할 수 있지만, 그것이 가장 불리한 계층에게도 이익이 되어야 정당화될 수 있다고 주장했다. 피케티는 이러한 롤스의 관점을 확장하며, 현대 자본주의가 만들어내는 불평등이 과연 정당한가를 분석한다. 피케티는 『자본과 이데올로기』에서 과거의 봉건제와 현대 자본주의가 본질적으로 유사하다고 지적했다. 과거 봉건제에서는 귀족들이 토지를 세습하며 부를 독점했으며, 현대 자본주의에서도 부유층이 금융 자산과 기업을 세습하면서 부가 집중되고 있다.

"불평등은 경제가 아니라 정치의 문제다" – 피케티는 경제적 불평등 자체보다, 그 불평등이 사회적 이동성과 기회의 평등을 제한하는지를 따져봐야 한다고 주장한다. 현대 사회에서는 부모의 경제적 지위가 자녀의 교육, 직업, 사회적 위치에 결정적인 영향을 미치는 구조가 고착화되고 있다. 피케티는 불평등의 경제적 원인을 분석하는 것을 넘어, 왜 불평등이 지속되는가라는 질문을 던진다. 그는 사회가 불평등을 유지하기 위해 이데올로기를 동원해 왔다고 주장한다.

"모든 사회는 자신이 정당하다고 믿는 불평등 구조 위에 서 있다" – 역사적으로 귀족제, 식민주의, 노예제 등은 특정한 이데올로기를 통해 불평등을 정당화해왔다. 현대 사회에서도 자유시장주의와 신자유주의 이데올로기가 불평등을 자연스럽고 필연적인 것으로 보이게 만든다. 그러나 피케티는 이러한 이데올로기가 실체적 진실이 아니라 사회적 담론과 권력관계를 통해 만들어진 것이라고 본다. 따라서 우리는 다른 방식의 경제 시스템을 상상하고 설계할 수 있으며, 이를 위한 민주적 논의가 필요하다는 점을 강조한다.

새로운 사회 계약과 참여 사회주의

"우리는 자본주의를 폐지할 필요는 없다. 그러나 민주적으로 통제할 필요는 있다" – 피케티는 시장 자본주의가 자유를 보장하는 듯 보이지만, 실제로는 경제적 권력과 자원이 소수에게 집중되면서 실질적인 자유와 민주주의를 제한하는 결과를 초래할 수 있음을 데이터를 통해 증명했다.

그렇다면, 경제적 불평등을 어떻게 조정할 수 있을까?

피케티는 '참여 사회주의participatory socialism' 개념을 제안한다. 이는 전통적 중앙집권적 사회주의가 아니라, 민주적 시장경제와 사회적 통제를 조화시키는 체제를 의미한다. 피케티의 참여 사회주의는 크게 네 가지 특징으로 요약된다.

첫째, '부유세', '누진세', '보편적 기본소득UBI, Universal Basic Income' 등의 제도를 통해 보다 평등한 사회를 만들어야 한다. 부의 세습과 축적을 제한하기 위해 초고소득층과 자본 보유자에게 더 높은 세금을 부과한다. 피케티는 최고 소득세율을 80%, 부유세율을 2~5%로 설정하는 방안을 제안하며, 이를 통해 부의 집중을 완화할 수 있다고 주장했다. 부유한 계층이 세습적으로 부를 축적하는 것을 막기 위해, 글로벌 차원의 누진적 부유세를 부과해야 한다.

둘째, '노동자 공동결정제Co-determination'를 확대하여 노동자들이 기업 운영과 의사결정에 실질적으로 참여하도록 보장한다. 현재 대기업에서는 주주들이 대부분의 의사결정을 독점하고 있다. 피케티는 노동자 공동결정제 모델을 확대하여, 노동자가 기업 운영에 실질적으로 참여하도록 해야 한다고 주장한다. 예를 들어, 모든 대기업의 이사회의 50%는 주주가 추천하는 사람 외에 노동자가 차지하도록 하는 등과 같은 노동자 참여를 적극 도입할 것을 주장한다.

셋째, '보편적 기본 자본Universal Basic Capital'을 제공하여 모든 개인이 경제적 기회를 동등하게 활용할 수 있도록 한다. UBI(보편적 기본소득)가 주로 소비와 관련된 개념이라면, UBC(보편적 기본 자본)는 공정한 경쟁을 위한 일종의 기초 자본 역할을 한다. 예를 들어 모든 시민이 성인이 될 때 일정 금액(예: 12만 유로)을 지급받아, 교육·창업·자산 형성 등에 활용할 수 있도록 보장한다. 이를 통해 부유층만이 자본을 축적하고 투자할 수 있는 구조를 해소하고, 경제적 기회를 평등하게 제공할 수 있다.

마지막으로, 보건·교육 등의 공공 서비스 확대와 공공 부문 투자를 통해 공동체적 경제 기반을 확충한다. 주택, 의료, 교육 등 필수적인 사회적 자원이 시장 논리에 의해 운영되는 것이 아니라, 모두에게 공정하게 제공될 수 있도록 해야 한다. 보건, 교육, 교통 등 공공 서비스의 민영화를 억제하고, 공영화 및 공공 투자를 확대해야 한다.

전통적 사회주의(국가 사회주의)는 시장과 사유재산을 인정하지 않고 생산수단을 국가가 소유하며 중앙에서 경제활동을 통제한다. 부의 재분배는 생산수단의 국유화를 통해 강제적으로 이루어지며, 기업의 운영 역시 국가가 전면 통제한다. 경제적 기회는 국가의 계획에 따라 배분되고, 공공 서비스 역시 국가가 독점적으로 공급한다. 하지만 이러한 방식은 경제적 비효율성과 개인의 자유 억압이라는 부작용을 낳으며 역사적으로 한계를 드러냈다.

'참여 사회주의'는 기존 사회주의 모델이 가진 비효율성과 개인 자유 억압의 문제를 극복하면서도, 시장 자본주의가 가진 극단적 불평등 문제에 대응하려는 새로운 대안이다. 참여 사회주의는 시장과 사유재산을 인정하되, 시장에 대한 민주적 개입을 확대하여 시장의 부작용을 최소화한다. 즉, 시장과 사적 소유를 유지하면서도 민주적 통제 방식을 결합하여 경제 정의를 실현하고자 하는 것이다.

토마 피케티는 불평등의 구조를 역사적·데이터 기반 분석을 통해 명확하게 보여준다. 그의 작업은 소득과 부의 격차를 수치로 보여주는 것을 넘어, 이 불평등이 어떻게 제도, 이데올로기, 정치의 협력 속에서 정당화되고 고착화되어 왔는지를 드러낸다. 대안으로 그가 제시하는 '참여 사회주의'는 중앙집중적 계획경제와는 전혀 다른 상상이다. 그것은 재산권의 민주화, 자본의 공동통제, 누진적 과세, 지식과 교육의 공유, 전 지구적 차원의 조세 협력을 바탕으로 한다. 이 새로운 사회주의는 경제에 대한 시민의 참여를 중심에 놓으며, 민주주의와 평등을 함께 확장하려는 윤리적·제도적 기획이다.

오늘날의 불평등은 개인의 실패가 아니라 구조의 결과이며, 그 구조는 바꿀 수 있다. 참여 사회주의는 이상이 아니라, 지속 가능한 민주주의를 위한 현실적 대안이다. 피케티의 분석은 우리에게 불평등을 감내하는 법이 아니라, 그 너머를 상상하는 용기를 요구한다.

우리는 물어야 한다.
누구를 위해 생산하고, 누구와 함께 소유하고, 어떻게 나눌 것인가?
그 질문에 대한 새로운 대답이, 자본주의 이후의 정치를 여는 출발점이 될 것이다.

주요 저술

- **21세기 자본**(Capital in the Twenty-First Century, 2014/장경덕 외, 2015) | 18세기부터 현재까지의 데이터를 분석하여 부의 불평등이 어떻게 형성되고 지속되는지를 탐구한다.

- **불평등 경제**(The Economics of Inequality, 2014/장경덕 외, 2014) | 소득과 부의 불평등에 대한 경제학적 분석을 담고 있으며, 불평등의 원인과 그에 따른 사회적 영향을 다룬다.

- **자본과 이데올로기**(Capital and Ideology, 2020/안준범, 2020) | 불평등의 역사적 변천과 그 이면에 작용하는 이데올로기를 분석한다. 다양한 사회에서 불평등이 어떻게 정당화되고 유지되었는지를 살펴보며, 보다 공정한 사회를 위한 정책적 대안을 제시한다.

61 | 왕후이 1959~
중국 모델이 대안으로 되는가?

"우리는 중국의 전통과 사회주의적 유산을 기반으로, 서구 자본주의와는 다른 새로운 현대성을 모색해야 한다. 이를 위해 서구식 민주주의와 시장 경제 모델을 무비판적으로 받아들이는 것이 아니라, 중국의 역사적·사회적 맥락 속에서 대안을 찾아야 한다."

―『근대중국사상의 흥기』, 2004

왕후이(汪暉, Wang Hui, 1959~)는 서구 중심적 자유민주주의 모델에 대한 비판과 중국적 정치 모델의 가능성을 탐구하는 대표적 지식인이다. 그는 마르크스주의, 동아시아 철학, 그리고 중국의 역사적 경험을 바탕으로 현대 자유민주주의의 한계를 분석하며, 대안적 정치 질서를 구축할 가능성을 모색한다.

서구 자유민주주의의 한계

"자유민주주의는 형식적 절차를 강조하지만, 그것이 실제로 불평등한 사회 구조를 감추는 기능을 한다면 진정한 민주주의라 할 수 없다" – 왕후이는 자유민주주의가 표방하는 자유가 실질적인 참여를 보장하지 못하고 있다고 주장한다. 경제적 자유를 명분으로 한 시장 자유주의는 부의 불평등을 확대하며, 이는 정치적 불평등으로 이어진다. 그는 다당제 민주주의 역시 대중의 실질적 참여를 보장하기보다는 엘리트 중심의 권력 구조를 유지하는 수단이 되고 있다고 비판한다. 특히, 현대의 자유민주주의는 신자유주의 경제 체제와 결합하면서 빈부격차를 심화시켰다. 왕후이는 민주주의가 실질적인 정치적 평등을 보장하지 못하고, 자본이 권력을 독점하는 시스템으로 변질되었다고 지적한다.

"서구적 민주주의는 보편성을 주장하지만, 그것은 역사적 특수성의 산물이다" – 왕후이는 자유민주주의가 서구적 역사 속에서 형성된 특수한 형태의 근대성이라고 주장한다. 그는 이를 '근대성의 제국주의'로 규정하며, 서구식 민주주의가 보편적 가치로 강요되는 것에 의문을 제기한다. 또한, 서구식 민주주의가 식민주의와 밀접한 관계를 맺고 있으며, 이는 비서구 사회에서 민주주의의 실패를 초래하는 주요 요인이라고 본다. 서구 자유민주주의는 '보편적 가치'를 주장하지만, 이는 사실상 서구의 특정한 역사적 산물이다. 왕후이는 동아시아 정치 철학(유교, 도가, 중국적 사회주의)이 민주주의의 다른 가능성을 제공할 수 있다고 본다.

중국식 정치모델의 경험

"중국의 주민자치와 참여는 투표만으로 환원될 수 없는 정치적 실천이다" – 중국식 정치모델은 선거 중심의 정치가 아니라, 직접적인 대중 참여를 강조한다. 그는 중국의 주민 자치 조직과 같은 제도가 대중이 정치 과정에 적극적으로 개입할 수 있는 기회를 제공한다고 본다. 또한, 정치적 참여가 단순히 투표에 국한되지 않고, 일상적인 사회적 실천 속에서 이루어져야 한다는 점을 강조한다.

"중국은 서구의 길을 따르지 않고도 경제 성장과 사회 안정을 이루어냈다" – 왕후이는 자유민주주의가 경제적 불평등을 방치하는 반면, 중국식 정치모델은 '경제적 평등'을 정치적 민주주의의 전제 조건으로 삼고 있다고 본다. 국가는 사회적 자원을 공정하게 분배하고, 대중의 복지를 보장하는 역할을 해야 하며, 이는 시장 자유주의가 지닌 근본적 한계를 극복하는 대안적 모델이 될 수 있다고 주장한다. 그는 중국이 서구식 다당제 민주주의를 거치지 않고도 경제 발전과 사회 안정성을 유지해왔다는 점에 주목한다. 중국은 시장경제와 국가 개입을 조화롭게 결합하며, 경제 발전을 성공적으로 이루었다. 그리고 공산당 일당 체제 역시 국가의 장기적 정책 방향을 유지하는 데 효과적임이 입증되었다. 공산당 일당 체제는 선거 민주주의가 아니라 숙의 민주주의와 기술 관료주의적 통치를 통해 서구식 민주주의보다 더 효율적일 수 있음을 보여준다.

천하의 현대적 해석과 국제 질서에 대한 비판

"천하는 패권의 논리가 아니라 포용과 공존의 원리를 내포하고 있다" – 왕후이는 중국의 전통적 정치철학 개념인 '천하天下'를 현대적으로 재해석하여, 서구 중심의 국제 질서를 대체할 대안적 모델로 해석한다. 전통적으로 '천하'는 중국 고전 사상에서 세계를 하나의 통합된 정치·문화 공동체로 간주하는 개념이었다. 중국 전통 정치에서의 '천하'는 덕치德治를 바탕으로 한 왕도王道 정치와 연결되었다. 전통적 천하 질서는 문화적 포용성을 갖지만, 동시에 중국을 중심으로 한 위계적 질서였다. 주변 국가들은 조공朝貢 체제를 통해 중국과 외교·경제 관계를 맺었으며, 이는 서구적 의미의 식민지 관계와는 달랐지만, 여전히 중심과 주변 간의 위계 관계를 내포하고 있었다.

"천하의 질서는 중심과 주변의 위계가 아닌, 조화와 윤리적 책임을 강조한다" – 왕후이는 이러한 전통적 천하 개념을 현대적으로 '재구성'하여, 서구 중심의 국제 관계와 신자유주의 경제 체제가 초래한 불평등과 갈등을 해결할 가능성을 모색한다. 현대 국제질서는 국민국가 시스템을 기반으로 하지만, 실제로는 서구 강대국이 헤게모니를 유지하며 개별 국가의 자율성을 제한하는 방식으로 작동한다. 왕후이는 이러한 불균형을 천하 개념을 통해 극복할 수 있다고 본다. 천하는 특정 국가가 패권을 독점하는 것이 아니라, 보다 포괄적이고 초국가적인 질서를 지향하는 개념으로 해석될 수 있다.

왕후이의 천하 개념은 현대 중국의 외교 담론과도 연결된다. 중국은 '일대일로一带一路'나 '공동 번영'과 같은 개념을 내세우며 글로벌 리더십을 강화하고 있다. 왕후이는 천하 개념을 통해 '일대일로'가 국민국가 간의 전통적 국경 개념을 초월하여 경제·문화적 네트워크를 구축하는 방식임을 주장한다.

천하가 현대 국제 질서의 현실적 대안이 될 수 있는지는 논쟁의 대상이다. 민주주의 및 주권 개념과의 관계를 명확히 정립하고, 중국 중심적 세계 질서로 해석될 위험을 극복할 수 있는가 하는 의문도 제기된다. 그럼에도 불구하고 천하는 현대 세계 질서의 원리를 다시 생각해 볼 수 있게 해주는 도전적인 이론으로서의 의미가 충분하다.

정치의 귀환, 인민의 재구성

왕후이는 오랫동안 '인민'이라는 개념을 철학적·정치적 사유의 중심에 두고 이론을 전개해왔다. 그의 사유는 단지 중국 내부의 정치 담론을 넘어, 자유주의 질서 이후의 정치적 상상력을 재구성하는 세계적 기획으로 읽힐 수 있다. 그는 '인민'을 단순한 통계적 다수나 민족국가의 피지배 대중으로 보지 않으며, 오히려 정치적 실천과 갈등을 통해 구성되는 이질적이고 역사적인 주체로 해석한다.

"인민은 이미 존재하는 공동체가 아니라, 정치적 행위를 통해 구성되어야 하는 집합적 정체성이다" – 왕후이는 '인민' 개념이 근대 정치철학의 핵심 개념임에도 불구하고, 현대 자유주의 체제에서는 점차 공백화되고 있다고 진단한다. 현대 정치에서 '시민'은 법적 권리의 주체로 규정되며, 정치 참여는 절차적 제도 안에 봉쇄되어 있다. 이때의 정치는 관리와 통치의 기술로 축소되며, 인간은 더 이상 자신의 삶에 대해 정치적으로 말할 수 있는 존재가 아니다. 이에 반해 '인민'은 항상 정치적인 개념이다. '시민'이 주어진 권리의 틀 안에서 움직인다면, '인민'은 권리 그 자체를 요구하고 재정의하는 실천의 주체다.

왕후이는 이 지점에서 인민 개념을 자유주의적 시민 개념의 대항으로 호출한다. 그는 '인민'을 통해 정치의 장을 다시 열고, '누가 말할 수 있는가', '무엇이 문제로 등장하는가'를 재구성하고자 한다. 왕후이에게 인민은 항상 미완의 주체이며, 갈등을 통해 구성되고 변형되는 역사적 실체다. 그는 이를 통해 동질적 민중 개념이나 단일한 계급 주체 개념과도 선을 긋는다. 인민은 단일한 실체가 아니라, 모순과 분열을 내포한 상태에서 '정치적으로 등장'하는 실천적 범주다. 왕후이에 따르면, '인민'은 주어지는 것이 아니라 구성되는 것이다. 그것은 이미 주어진 공동체적 실체가 아니라, 불평등과 갈등의 현실 속에서 스스로를 정치적 주체로 등장시키는 과정이다. 이 개념은 계급, 민족, 지역, 젠더, 세대, 직업 등 다양한 분절된 조건들을 꿰뚫어 '공통의 문제의식'을 공유하는 집단으로의 구성을 전제로 한다.

예컨대 중국 현대사에서 농민은 단순히 경제적 하층 계급이 아니라, 국가 형성기의 결정적 정치 주체였다. 그러나 21세기 중국의 신자유주의적 전환 속에서 농민은 다시 주변화되었고, 도시-농촌 간 불평등은 심화되었다. 왕후이는 이 과정에서 농민, 도시 하층 노동자, 비공식 노동자, 소수민족, 젠더 소수자 등이 갖는 구조적 소외를 가시화하는 정치 언어로 '인민' 개념을 호명한다. 이런 의미에서 인민은 단일한 실체가 아니라, 정치적 재구성을 통해 등장하는 다수자의 집합적 이름이며, 기존 정치 체제의 외부에서 체제 변화를 요청하는 주체적 힘이다. 즉, '인민'은 정치의 내파 상태를 돌파하는 실천적 개념이다.

"인민은 특수성 안에서 보편을 요청하고, 보편을 통해 특수의 억압을 넘어설 수 있는 유일한 정치적 이름이다" – 왕후이는 오늘날 자유민주주의가 '인민 없는 민주주의'를 낳고 있다고 비판한다. 형식적으로는 선거와 법치가 보장되어 있지만, 실질적으로는 자본과 기술관료주의가 민주적 자율성을 잠식하고, 다수의 삶은 체제에 의해 관리되고 통제되는 객체가 되었다. 이는 신자유주의적 통치 합리성의 필연적 귀결이다. 이러한 체제에서는 대중의 불만이 극우 포퓰리즘으로 분출되거나, 냉소와 무관심으로 귀결된다.

왕후이는 진정한 '인민의 귀환'은 체제의 틀 내에서가 아니라, 그 너머에서 정치적 공간을 다시 여는 실천을 통해 가능하다고 본다. 이것이 곧 그가 말하는 '정치의 귀환'이자, 정치의 재정립이다. 자유민주주의를 넘어선다는 것은 단순한 전복이 아니라, 그 내부의 긴장을 폭로하고, 억눌린 정치적 주체성을 재구성함으로써 다른 형태의 민주주의를 가능하게 하는 것이다. 여기서 '인민'은 대의제 민주주의를 넘어서, 직접적 참여, 새로운 공공성, 대항적 의사소통의 장을 조직하는 이름이 된다.

왕후이의 구상은 구체적으로 다음과 같은 방향으로 나아간다.
- 신자유주의에 대한 인민적 반전략으로서의 공동체적 삶의 재구성
- 경제 민주주의를 포함한 포괄적 자기결정권의 정치화

- 지방 자치와 지역 공동체를 기반으로 한 분권적 인민주권의 실현
- 단일 민족주의나 전통주의에 기반한 인민 개념이 아닌, 차이를 인정하면서 공통의 문제의식으로 연대한 연합 주체로서의 인민

왕후이는 '인민' 개념을 통해 근대적 보편주의에 대한 대안적 보편성을 재구성하려 한다. 그는 서구 자유주의가 내세운 보편 개념이 식민성과 제국주의를 통해 확장된 것임을 비판하면서, 특수한 역사적 경험에서 출발한 인민 주체의 보편적 정치 가능성을 탐색한다. 이처럼 보편성과 특수성이 대립하지 않고 변증법적으로 조합될 수 있는 조건을 모색하는 것이 그의 정치철학의 핵심 기획이다.

왕후이의 정치철학은 단지 중국의 특수한 길을 정당화하는 '모델론'이 아니다. 그것은 근대의 보편성 자체를 다시 질문하고, 자유민주주의가 유일한 정치적 보편이라는 믿음을 해체하려는 철학적 기획이다. 오늘날 우리가 목격하는 자유민주주의의 위기는 그 체제가 내포한 이념적 모순이 드러난 결과이며, 왕후이는 그 빈자리를 채울 새로운 정치적 상상력의 이름으로 '인민'과 '정치의 귀환'을 호출한다.

그에게 있어 인민은 단일한 실체가 아니라, 억압받는 다수의 연합이며, 갈등과 차이 속에서 자기 결정의 능력을 스스로 구성해내는 정치적 주체이다. 정치란 주어진 제도를 관리하는 기술이 아니라, 억압된 삶들을 가시화하고 새로운 질서를 상상하는 힘이다. 그 정치의 복원이야말로, 신자유주의적 세계화가 지운 가장 근원적인 과제다.

동시에 왕후이는 중국 전통 사유 속 '천하天下' 개념을 현대적으로 재해석하며, 단극적·제국적 세계 질서를 넘어서는 다극적 보편성의 철학을 제시한다. 이는 단순한 반서구적 민족주의가 아니라, '자기 안의 타자'를 사유하

는 보편의 재구성이며, 지역성과 보편성을 변증법적으로 연결하려는 시도이다.

자유민주주의의 한계는 현실이 되었고, 이제 필요한 것은 상상력이다. 왕후이의 상상력은 '인민'과 '천하'라는 과거의 이름을 빌려 말하지만, 지금 이곳에서 '정치란 무엇인가'를 다시 묻는 급진적 사유이다.

🖋 주요 저술

- **죽은 불 다시 살아나: 현대성에 저항하는 현대성**(死火重溫, 2000/김택규, 2005) | 현대성을 단순히 희망으로 삼지도 않고 현대성에 절망하지도 않음에 대한 에세이이다.
- **탈정치 시대의 정치**(去政治化的政治, 2008/성근제 외, 2014) | 사회주의 중국의 정치마저도 '탈정치화' 되고 있음을 비판하면서 탈정치화된 정치를 갱신할 수 있는 정치적 상상력에 대한 사유를 보여준다.
- **동아시아를 어떻게 볼 것인가?** (The Politics of Imagining Asia, 2012) | 서구 중심적 관점에서 벗어나, 동아시아의 독자적인 정치·문화적 발전 경로를 탐색한다. 그는 서구 자유주의가 보편적인 모델이 아니라, 특정한 역사적 조건에서 형성된 정치 모델일 뿐이라고 주장한다.
- **근대중국사상의 흥기**(The Rise of Modern Chinese Thought, 2004-중국어판, 2023-영문판/김소영 외, 2024) | 유학을 중심으로 중국 사상과 정치 문화가 어떻게 트랜스 시스템 사회에서 작동하고 시대적 조건에 적응 변화하는지를 다룬다.
- **단기20세기 중국혁명과 정치의 논리**(短二十世紀: 中國革命與政治的邏輯, 2015/송인재, 2021) | 왕후이가 2000년부터 2018년까지 '20세기 중국'을 주제로 집필한 논문, 강연 및 발표원고로 구성됨. 중국의 단기 20세기는 자신의 새로운 문화를 창출하기 위해 분투한 시기라고 본다.

62 | 드닌 1964~
자유주의 이후의 대안은?

"자유주의는 인간 본성을 고려하지 않고, 개인의 자율성과 선택을 극단적으로 확대하면서 결국 사회적 결속을 약화시켰다. 우리는 자유주의를 근본적으로 재검토하고, 보다 공동체 중심적인 가치와 정치 구조를 회복해야 한다. 자유주의 이후의 미래는 개인주의를 넘어, 공동체적 덕목과 공동선을 강조하는 새로운 정치 질서를 요구한다."
—『왜 자유주의는 실패했는가』, 2018

    자유주의는 지난 몇 세기 동안 서구 문명의 핵심적인 정치 체제로 자리 잡아 왔다. 자유주의는 인간의 자유와 평등을 보장하며, 사회의 발전을 이끄는 이상적인 체제로 평가받아 왔지만, 21세기에 접어들면서 그 지속 가능성에 대한 의문이 커지고 있다. 특히, 2020년대 이후 서구 사회에서 '민주주의의 후퇴democratic backsliding' 현상이 두드러지며, 기존 정치 체제의 한계를 지적하는 논의가 확산되고 있다.

    이러한 흐름 속에서, 정치 철학자 패트릭 드닌(Patrick J. Deneen, 1964~)은 자유주의가 근본적으로 실패한 실험이라고 주장한다. 그의 저서 『왜 자유주의는 실패했는가(2018)』는 자유주의의 구조적 문제를 분석하며, 기존 체제를 넘어선 새로운 정치 모델을 모색해야 한다는 도발적인 주장을 펼친다. 드닌은 자유주의가 실패한 것이 아니라, 오히려 너무나도 성공했기 때문에 그 모순이 드러났다고 본다.

자유주의의 약속, 모순, 그리고 인간 본성의 왜곡

"자유주의는 인간을 해방시켰지만, 인간을 고독한 존재로 만들었다" – 패트릭 드닌이 제기하는 자유주의 비판의 핵심에는, 자유주의가 초기에 내걸었던 해방의 약속이 시간이 흐르면서 그 자체의 논리에 의해 어떻게 변질되고 결국 인간 소외라는 예기치 않은 결과를 낳았는지에 대한 심층적 분석이 자리 잡고 있다. 드닌에 따르면, 자유주의는 개인을 봉건적 신분 질서나 종교적 권위와 같은 전통적 속박으로부터 해방시켜 자율성과 권리를 지닌 주체로 세우고자 하였다. 이는 분명 중세적 억압으로부터 개인을 해방하고 근대적 자아의 탄생에 결정적으로 기여한 긍정적 측면을 지니고 있었다. 개인은 태생적 제약에서 벗어나 스스로 삶을 설계할 수 있는 가능성을 부여받았으며, 이는 인류 역사에서 혁명적인 진전으로 평가될 수 있었다.

"진정한 자유는 공동체, 전통, 자율적 덕성의 뿌리 안에 있다. 자유주의가 뿌리를 제거하면서, 자유의 기반도 사라졌다" – 그러나 드닌은 이 해방의 과정이 점차 인간 삶의 구체적이고 역사적인 맥락을 제거하는 방향으로 나아갔다고 지적한다. 자유주의가 추구한 '자유'는 점차 '무엇으로부터의 자유freedom from'에 치중하면서, 개인이 속해 있던 공동체, 그 공동체가 공유하던 문화와 전통, 그리고 가장 기초적인 사회 단위인 가족과 같은 인간적 유대로부터 개인을 분리시켰다. 이러한 분리는 개인에게 선택의 폭을 넓혀주는 듯 보였으나, 동시에 정체성의 기반이 되었던 뿌리를 상실하게 만들었다. 그 결과, 개인은 사회적 관계망 속에서 유기적으로 연결된 존재가 아니라, 마치 외딴 섬처럼 고립된 '원자화된 개인'으로 전락하였다. 드닌은 이러한 상태에서 개인이 누리는 자유란, 수많은 선택지 앞에서 오히려 무엇을 선택해야 할지 모르는 공허함과 불안감을 동반하는 '공허한 선택의 자유'일

뿐, 진정한 의미의 인간적 번영이나 행복과는 거리가 멀다고 진단한다. 삶의 의미와 목적을 제공하던 전통적 가치 체계가 해체된 자리에, 시장의 논리와 소비문화가 그 대안으로 자리 잡으면서 개인은 끝없는 욕망의 주체이자 소비의 객체로 전락할 위험에 처하게 되었다는 것이다.

드닌은 서로 대립하는 듯 보이는 두 가지 형태, 즉 고전적 자유주의와 진보적 자유주의 모두 궁극적으로는 유사한 결과를 초래한다고 분석한다. 고전적 자유주의는 개인의 소유권과 경제적 자유를 중시하며 국가의 개입을 최소화하는 '작은 정부'를 지향한다. 이는 시장의 자율성을 통해 사회 전체의 부가 증진될 것이라는 믿음에 기반한다. 반면, 진보적 자유주의는 형식적 자유만으로는 불평등이 심화될 수 있음을 인지하고, 국가의 적극적인 역할을 통해 개인의 실질적인 평등과 권리 확장을 도모한다. 여기에는 소수자 보호, 복지 증진, 기회의 균등 보장 등이 포함된다.

드닌은 이 두 자유주의가 방법론적으로는 차이를 보이지만, 개인의 자율성을 절대화하고 그 결과로 국가 권력을 강화하며, 국가와 개인 사이의 중간 공동체intermediate institutions를 약화시킨다는 점에서 공통된 귀결을 낳았다고 주장한다. 고전적 자유주의는 시장의 무한 경쟁과 개인의 각자도생을 강조함으로써 전통적인 상호부조 공동체를 해체하고, 그 공백을 결국 국가가 메우도록 하는 결과를 초래할 수 있다. 시장 실패나 경제 위기 시 개인은 국가의 구제에 의존하게 되기 때문이다. 한편, 진보적 자유주의는 개인을 전통이나 공동체의 '억압'으로부터 해방시킨다는 명분하에 국가의 역할을 증대시키고, 교육, 복지, 문화 등 삶의 많은 영역에서 국가의 영향력을 확대한다. 이 과정에서 가족, 지역 공동체, 종교 단체, 직업 길드와 같은 자생적인 중간 공동체들은 그 기능과 권위를 상실하고 약화된다. 개인들이 이러한 중간 공동체의 지원과 유대감 없이 오롯이 개인으로서 국가나 거대한 시장과 대면해야 할 때, 그들은 필연적으로 이 거대한 힘에 더욱 의존하게 되며, 역설적으로 개인의 자율성은 더욱 축소될 수 있다는 것이 드닌의 통찰이다.

"자유주의는 인간을 부담 없는 자아로 상정하지만, 인간은 관계를 통해 의미를 찾는 존재다" – 이러한 자유주의의 문제점은 근본적으로 인간 본성에 대한 자유주의의 피상적이고 왜곡된 이해에서 비롯된다. 자유주의는 인간을 주로 이성적 판단에 따라 자신의 이익을 추구하고, 타인과 분리되어 독립적으로 존재하는 '추상적 개인abstract individual' 또는 '부담 없는 자아unencumbered self'로 간주하는 경향이 있다. 이러한 인간관은 인간이 지닌 사회성, 관계성, 그리고 역사성을 간과한다. 드닌은 아리스토텔레스적 전통을 따라 인간을 본질적으로 '폴리스적 동물zoon politikon', 즉 공동체 안에서 타인과의 관계를 통해 자아를 실현하고 의미를 찾으며 덕성을 함양하는 존재로 이해한다. 인간은 고립된 개인이 아니라 특정한 문화와 전통, 그리고 구체적인 장소에 뿌리내리고 살아가는 존재이며, 이러한 구체적인 삶의 맥락 속에서만 진정한 정체성과 소속감을 느낄 수 있다는 것이다.

"자유주의는 실패한 것이 아니라, 성공한 것이다. 단지 그 성공이 인간 삶의 기반을 파괴했을 뿐이다" – 자유주의가 인간의 이러한 관계성과 소속감에 대한 깊은 갈망, 그리고 세대를 통해 전승되는 지혜와 가치에 대한 필요를 제대로 인식하지 못하거나 심지어 억압해야 할 구시대의 유물로 치부함으로써, 현대인들은 깊은 정체성의 혼란, 만성적인 불안, 그리고 삶의 목적 상실이라는 실존적 위기에 직면하게 되었다고 드닌은 분석한다. 자유가 모든 구속으로부터의 해방을 의미하게 될 때, 그 자유는 결국 아무것에도 헌신하지 못하고 어떠한 깊은 유대도 형성하지 못하는 공허한 방황으로 귀결될 수 있음을 그의 철학은 경고하고 있는 것이다.

포스트 리버럴 보수주의: 공동선, 엘리트, 공동체

"지금 필요한 것은 단순한 개혁이 아니라 체제의 전환이다" – 패트릭 드닌은 현대 정치사상 지형에서 '포스트-리버럴리즘Post-Liberalism' 논의를 주도하고 있다. 그의 최근 저작『레짐 체인지: 포스트리버럴 미래를 향하여(2023)』를 통해 구체화하고 있는 '포스트-리버럴 보수주의post-liberal conservatism'는 기존 자유주의의 한계를 넘어 '일반인common man'의 삶과 '공동선'을 복원하려는 새로운 보수주의의 길을 제시한다. 드닌이 구상하는 포스트-리버럴 보수주의는 시간적으로 자유주의 '이후'를 지칭하는 것을 넘어, 자유주의의 핵심 전제였던 개인주의, 추상적 권리, 무한한 해방의 이념을 비판적으로 극복하고, 인간의 본성적 필요와 공동체의 지속가능성에 조응하는 새로운 정치철학적 대안을 구축하려는 시도이다. 포스트-리버럴 보수주의는 자유주의의 총체적 실패와 그로 인한 문명적 위기에 대한 보수주의적 응답이다.

"포스트리버럴 질서는 개인의 자율성 추구만이 아니라, 공동선을 향한 공유된 이해에 의해 이끌려야 한다" – 드닌이 제시하는 포스트-리버럴 보수주의의 핵심에는 자유주의적 인간관에 대한 근본적 전환과 함께 '보수'하고자 하는 대상의 재정립이 있다. 자유주의가 상정한 고립되고 추상적인 권리 주체로서의 개인 대신, 이 새로운 보수주의는 인간을 특정한 장소, 역사, 문화, 전통 속에 '뿌리내린 존재'로 이해한다. 따라서 포스트-리버럴 보수주의의 정치적 목표는 개인의 무한한 자율성 보장이 아니라, 공동체 구성원 모두의 실질적 안녕과 번영을 의미하는 '공동선'의 적극적인 실현에 있다. 이는 단순히 개인적 선호의 총합을 넘어, 공동체가 공유하는 가치와 역사적 경험에 기반한 객관적 선으로 이해되며, 이를 보존하고 증진하는 것이 정치의 핵심 과제가 된다. 여기서 '보수'란, 바로 이러한 공동선, 덕성, 그리고 인간다운 삶을 가능 케하는 전통적 제도와 문화적 유산(가족, 종교, 지역사회 등)을 자유주의의 해체적 경향으로부터 지켜내고 복원하는 것을 의미한다. 드닌은 국가가 사회 구성원들이 함께 추구해야 할 가치, 예를 들어 정의, 덕성, 공동체의 번영과 같은 것들을 적극적으로 제시하고 장려해야 한다고 주장한다. 마치 훌륭한 부모가 자녀에게 좋은 가치를 가르치듯, 국가도 시민들에게 공동체의 일원으로서 갖춰야 할 미덕을 일깨움으로서, '일반인'들이 윤리적이고 책임감 있는 존재로 성장할 수 있도록 돕는 것이 곧 포스트리버럴 질서의 가장 중요한 핵심으로 드닌은 보고 있다.

"우리는 가족, 교회, 학교, 지역 등 인간을 양성하는 제도들을 되살려야 한다" – 드닌의 포스트-리버럴 보수주의는 '일반인'의 삶의 터전인 '지역주의localism'와 그들의 구체적인 삶의 양식을 보존하는 데 중점을 둔다. 드닌은 거대한 국가 단위의 정치 시스템만으로는 시민들의 참여를 이끌어내고 공동체의식을 함양하기 어렵다고 본다. 대신 그는 가족, 지역 사회, 종교 공동체 등 우리가 일상적으로 접하는 작은 단위의 공동체들이 활성화되어야 한다고 강조한다. 이러한 소규모 공동체는 개인들이 직접 참여하여 문제를 해결하고, 서로를 돌보며, 공동의 목표를 세울 수 있는 장이 된다. 마치 작은 씨앗이 튼튼한 나무로 자라듯, 건강한 소규모 공동체들이 모여야 비로소 견고한 국가가 될 수 있다. 드닌은 '일반인'의 지혜와 경험, 그리고 세대를 통해 전승된 문화적 관습이야말로 건강한 사회의 초석이라고 보며, 구체적인 삶의 현실에서 발현되는 공동체적 가치를 중시한다.

"우리에겐 더 적은 엘리트가 아니라, 덕성과 공동체에 뿌리를 둔, 봉사를 지향하는 더 나은 엘리트가 필요하다" – 드닌은 자유주의가 개인을 해방시킨다는 명분 아래 오히려 국가 권력을 비정상적으로 팽창시켜 '일반인'의 삶을 억압하는 결과를 낳았다고 비판한다. 드닌은 또한 오늘날의 엘리트 체제가 능력주의라는 허울을 뒤집어쓴 새로운 귀족정치라고 본다. 따라서 필요한 것은 민중주의적 파괴가 아니라, 공공선에 헌신하는 새로운 엘리트 계층의 형성이다. 그는 이를 '위에서부터의 체제 교체Regime Change from above'로 설명한다. 포스트-리버럴 보수주의적 엘리트는 가족과 지역 공동체의 자율성을 존중하고 지원하며, 시장의 파괴적인 힘으로부터 '일반인'의 삶을 보호하고, 국민적 통합과 공동선을 위한 적극적 역할을 수행할 수 있어야 한다. 이는 국가와 엘리트가 특정 이념을 강제하는 것이 아니라, 공동체의 건강한 발전을 위한 공적 질서를 유지하고, 필수적인 공공 서비스와 기반 시설을 제공하며, 특히 '일반인'의 경제적 안정과 문화적 정체성을 지키는 데 주력해야 함을 의미한다.

패트릭 드닌의 사유에서 전개되는 포스트-리버럴 보수주의는 자유주의의 한계를 절감하고 '일반인'의 삶과 공동체의 가치를 회복하고자 하는 중요한 지적·정치적 도전이다. 이는 단순한 과거로의 회귀가 아니라, 자유주의가 파괴하거나 간과했던 인간적 가치들, 즉 소속감, 연대, 덕성, 노동의 존엄성, 문화적 전통 등을 현대 사회의 맥락에서 새롭게 구현하려는 미래지향적 모색이다. 현대 사회가 직면한 심각한 정치적 양극화, 경제적 불평등, 공동체 해체, 그리고 '일반인'의 소외감과 분노가 증폭되는 상황에서, 드닌의 포스트-리버럴 보수주의는 기존의 낡은 이념적 틀을 넘어 보다 인간적이고 정의로우며 지속 가능한 사회를 위한 새로운 상상력과 실천적 지혜를 제공하는 중요한 담론으로 주목받고 있다.

패트릭 드닌의 정치철학은 단순한 이념 비판이 아니라, 우리 시대의 가장 근본적인 질문으로 돌아가는 작업이다. 그는 자유주의의 위기를 개인주나 경제 실패의 차원에 국한시키지 않고, 인간이란 무엇인가, 우리는 어떻게 함께 살아야 하는가라는 철학적 물음으로 되돌려 놓는다.

자유주의는 우리에게 자율성과 권리를 약속했지만, 그 결과는 공동체의 해체, 덕성의 상실, 정치의 엘리트화였다. 드닌은 이 흐름의 끝에서 단순한 회귀나 반동이 아닌, '포스트리버럴 보수주의'라는 새로운 정치적 상상력을 제안한다. 그는 공동선에 기초한 질서, 도덕적 엘리트의 재구성, 지역 공동체의 회복을 통해 '더 나은 자유', '더 깊은 책임', '더 인간다운 정치'를 다시 그려낸다.

드닌의 사유는 보수주의와 공동체주의, 자유와 책임, 전통과 재구성을 통합하려는 시도다. 그가 강조하는 것은 우리가 지금 이 자유를 어떻게 사용할 것인가가 아니라, "이 자유는 누구와 함께, 무엇을 위해 존재하는가?"라는 질문이다. 우리가 직면한 시대적 전환은 자유주의의 한계를 넘어, 공통의 선을 중심에 둔 새로운 정치 질서의 가능성을 묻는 도전이다. 드닌은 그 물음 앞에 가장 정직하게 응답하려는 이 중 하나다. 그리고 그것은 오늘날 우리가 정치에 다시 의미를 부여하기 위한, 하나의 출발점이 될 수 있다.

🪶 주요 저술

- **왜 자유주의는 실패했는가**(Why Liberalism Failed, 2018/이재만, 2019) | 현대 자유주의는 인간의 자유와 번영을 보장하기보다는 사회적 해체와 개인주의의 극단화를 초래했다고 주장한다. 좌파 자유주의(진보적 자유주의)와 우파 자유주의(시장 중심 자유주의) 모두 공동체의 파괴와 정치적 양극화를 심화하는 원인이 되었다고 비판하면서, 해결책으로 자율적 공동체와 도덕적 질서를 회복해야 한다고 주장한다.

- **레짐 체인지: 포스트리버럴 미래를 향하여**(Regime Change: Toward a Postliberal Future, 2023) | 자유주의 이후 어떤 정치질서가 가능한가를 구체적으로 탐색한 포스트리버럴 정치철학서이다. 현존 자유주의 기반 엘리트 체제의 붕괴 이후 어떤 새로운 정치 주체가 필요하고, 어떤 철학적 기초 위에 재건될 수 있는가를 모색한다.

ON THE SHOULDERS OF GIANTS: ASKING ABOUT SOCIETY AND POWER

거인의 어깨에서
사회와 힘을 묻다

초판 1쇄 | 2025년 8월 10일

지은이 | 벤진 리드 · 진승혁
펴낸이 | 진승혁
진행 | 김하연

디자인 | 기민주
인쇄 | 상지사 피앤비
펴낸곳 | 도서출판 준평
임프린트 | 자이언톡
주소 | 서울시 서초구 방배로19길 18, 남강빌딩 301호
전화번호 | 02-6959-2050
팩스 | 070-7500-2050
홈페이지 | http://www.giantalk.com
전자우편 | pungseok@naver.com

ISBN 979-11-993876-0-7 04100

- 자이언톡은 인류 역사의 위대한 거인들의 사유와 삶을 다룹니다.
- 이 책은 저작권법에 따라 보호 받는 저작물이므로 무단 전재와 복제를 금합니다.
- 책의 가격은 뒷면 표지에 표기되어 있습니다.